제국공화주의

현대중국의 자기인식과 역사서사

중국근현대사학회 연구총서 *09*

제국공화주의

현대중국의 자기인식과 역사서사

Imperial Republicanism:

Self-Perceptions and Historical Narratives in Contemporary China

유용태 지음

한울 아카데미

중국근현대사학회 연구총서 간행사

전통 시대부터 중국은 한국에 영향력이 가장 큰 나라이다. 중국은 19세기 중엽 이후 서구 열강의 침략을 받아 한때 '약소국'의 지위로 전락한 적이 있지만, 21세기에 들어 세계 최강국 미국과 함께 G2의 반열에 오르면서 그 영향력은 전통 시대 이상으로 커졌다. 2017년 사드 사태 이후 현재까지 계속되고 있는 한국에 대한 일련의 제재 조치[한한령(限韓令)]는 무지막지한 경우지만, 중국의 영향력이 얼마나 큰지를 실감 나게 보여주는 대목이다.

한국에 대한 중국의 영향력이 크면 클수록 우리가 중국을 정확하게 알아야 할 이유는 많아진다. 중국에 대한 학문적 접근에는 여러 가지가 있겠으나, 시간적 안목을 가지고 전체적 모습을 그려보는 역사학적 접근은 더 장기적이고 체계적으로 중국을 이해하려고 할 때 가장 적절한 방법 중 하나라고 하겠다. 그 가운데서도 오늘날의 중국과 직결되는 시대인 근현대 시기의 중국에 대한 연구, 곧 중국근현대사 연구는 현재의 중국과 함께 장래의 중국을 가늠하게 해주는 길잡이가 될 것이다.

한국에서의 중국 연구는 전통 시대부터 이어져 왔지만, 과학적 방법으로서의 중국근현대사 연구가 본격적으로 등장한 것은 그리 오래된 일이 아니다. 1979년 이후 중국의 개혁·개방 정책이 본격화되면서 동아시아 지역의 경제적 협력에 대한 요구가 냉전체제의 변화를 가져오기 시작한 가운데, 1990년부터 시작된 한국과 소련, 한국과 중국 간의 협력체제 모색은 급기야 한-소와 한-중 국교 수립으로 이어졌다. 1980년대부터 우리 학계에 중국근현대사 연구가 하나의 학문 분야를 형성하기에 이르렀으며 이를 바탕으로 하여 1992년 1월 중국현대사학회가 만들어졌던 사실을 생각하면, 한국에서의 중국근현대사 연구의 본격 등장은 말 그대로 냉전체제 와해의 선물이었다고 말할 수 있다.

1992년 학회 성립 당시와 비교할 때, 오늘날 중국 자체의 변화나 한·중 관계의 변화는 말 그대로 격세지감을 느낄 만하다. 많은 연구자들은 경제 총량(국민총생산)을 기준으로 할 때 2030년 이전에 중국이 미국을 추월하고 세계 최강국이 될 것으로 예상하고 있다. 이런 와중에서 한미동맹을 생존의 기반으로 삼고 있는 한국의 대중국 관계에는 험난한 앞날이 예견된다. 냉전체제 와해가 중국근현대사 연구를 가능하게 했지만 최근에는 다시 냉전체제(신냉전)로의 복귀가 논의의 초점이 되고 있으며, 중국의 제국 회복 움직임(중국몽)도 등장하고 있다. 변화하고 있는 중국에 대한 정확한 이해가 어느 때보다 절실히 요구된다.

중국근현대사학회의 성립 시기와 비교해 보면 우리 학계의 모습 또한 많은 변화를 보여준다. 전통적 연구 분야라고 할 정치사나 경제사·사상사에 대한 연구가 쇠퇴한 반면, 개념사·생활사·도시사 등 새로운 연구 분야가 속속 등장하고 있는 것으로도 그 변화의 크기를 짐작할 수 있다. 그럼에도 우리 학계가 우리 사회의 중국에 대한 지식 수요를 충분히 채우고 있다고 말하기는 어렵다. 또 사료를 기반으로 하는 논증을 기본적 방법으로 삼아야 한다는 학문적 특성상 구체적인 연구에 매몰되어 시대상이라는 전체 그림을 그리지 못하는 '연구의 파편화' 또한 경계해야 할 문제로 지적되고 있다.

우리 학회에서 2013년부터 연구총서를 기획·출판하고 있는 것은, 바로 이러한 필요와 요구에 대한 대응이기도 하다. 단독 저서든 학술대회 개최 등 기획에 의한 연구서든, 포괄적 주제에 대한 체계적인 저술을 만들고 출판함으로써 연구의 파편화를 극복하고 근현대 중국에 대한 우리 사회의 지적 수요를 충족시키는 데 연구총서 출판의 기본 의도가 있는 것이다. 어려운 여건에도 학회의 기획 의도에 공감해 출간을 선뜻 맡아준 한울엠플러스(주)에 감사의 말씀을 드리며, 더 많은 연구자들이 연구총서 출판에 참여해 주기를 희망한다.

중국근현대사학회 총서간행위원회

책을 펴내며

요즘 중국(사) 연구자들은 전에 없던 곤혹감을 느낀다. 21세기 초 중국이 대국의 지위를 회복해 미국과 세계 패권을 겨루게 됨에 따라 '중국이란 대체 어떤 나라인가?'를 둘러싼 논의가 극단적 편향을 보이며 분기하고 있기 때문이다. 이는 한국을 뛰어넘는, 글로벌 시대의 지구적 현상이다. 시진핑 체제의 퇴행이 이를 더욱 조장하고 있다.

중국에 대한 인식이 극단적으로 분기한 것은 이전에도 있던 현상이다. 최근 중국의 경제대국화를 곧 제국화로 여겨 위협론을 퍼뜨리는 패도중국론은 냉전기에 정치대국 중국을 괴물·오랑캐로 간주한 인식의 변형이며, 근대 이래의 식민제국과 비교해 전례 없는 평화발전의 모델이라고 여기는 왕도중국론은 냉전기에 인류를 구원할 혁명모델로 여기던 인식의 변형이라 할만하다. 다만 교역과 인적 왕래가 급증함에 따라 중국(인)과 외국(인)의 이해관계가 더욱 복잡하게 얽혀 엇갈린 인식을 증폭시키면서 '혐오'의 정서가 더해진 차이가 있다. 그때나 지금이나 사람들이 두 극단 사이의 균형을 잡을 수 있도록 돕는 것은 실사구시의 역사연구자로서 피할 수 없는 책무에 속한다.

이 책은 이런 필요성을 느끼면서 현대중국의 자기인식과 역사서사를 "제국공화주의"의 관점에서 거시적으로 파악하려 시도한 결과물이다. 중국인은 어느 나라 사람보다 역사를 중히 여기며 이를 바탕으로 현실을 인식하고 미래를 구상한다. 그런 만큼 중국의 자기인식은 자신의 현실과 역사에 대한 인식을 포괄하며 양자는 다른 나라의 경우보다 더 긴밀히 연계된 채 상호작용하는 관계에 있다. 따라서 필자는 중국의 자기인식을 현실중국과 역사중국에 대한 인식으로 나누어 전자에 대해서는 그때그때의 현실에 대한 인식을, 후자에 대해서는 그것이 과거의 역사에 대한 인식에 어떻게 투영되는지를 통사의 서사를 중심으로 살폈다.

"제국공화주의"란 신해혁명의 와중에 새로 탄생할 공화중국이 어떻게 대청제국의 제국성을 유지하면서 건국을 진행할 것인가를 고민한 사람들에 의해 제기되었다. 이민족에 대한 위계적 지배를 기본 요건으로 삼는 제국성과 어떠한 위계도 허용하지 않는 공화성 사이의 긴장을 직시하면서도 양자를 조화시키려는 모순적이며 절충적인 하이브리드적 사고의 한 사례가 아닐 수 없다. 검토를 거듭한 끝에 필자는 제국공화주의의 눈으로 공화중국 = 현대중국 100년을 조망함으로써 오늘의 중국에 대한 역사적 이해에 한 걸음 더 다가갈 수 있을 거라는 판단에 이르렀다. 공화국의 모델로 알려진 미국·프랑스와의 비교를 통해 제국 경험의 역사가 중국만 못한 두 나라가 오히려 "제국적 공화국"의 선구임을 확인하고는 이른바 '미국예외론'과 '중국예외론'을 동시에 상대화할 수 있지 않을까 하는 기대도 더해졌다.

이에 관한 연구는 그동안 필자가 진행해온 세 방면의 연구 중 하나인 근현대 중국의 대안적 정치경제 체제의 구상·실천을 가능성의 유산으로 재음미하는 연구와 짝을 이룬다. 장구한 제국 경험으로 인해 내면화된, 그래서 자각되기도 극복되기도 어려운 제국관성이 대안질서의 모색과 어떻게 병존하며 얽혀 있는지를 밝혀야 양자 사이의 경쟁과 타협의 소산인 현대중국을 좀 더 핍진하게 파악할 수 있다고 보았기 때문이다. 나머지 하나가 동아시아 역사인식과 역사교육에 관한 연구인데, 거기서도 전근대 중화제국과 근대시기 일본제국의 제국성을 직시하고 성찰하는 것이야말로 동아시아 지역사 구성의 관건임을 절감했다. 그 정도에 따라 냉전시기 미소 쟁패의 제국성에 대한 인식도 달라질 수 있다.

원래 이 책은 정년에 맞춰 출간하려고 준비하던 중 체력의 한계를 느껴 중단할 수밖에 없었고 작년 말부터 다시 집중해 탈고할 수 있었다. 부득이한 사정으로 4년 가까이 늦어지는 바람에 숙고할 시간은 번 셈이지만 여전히 빈구석이 많이 남아 있다. 그러는 사이에 음모론적 혐중정서가 더욱 확산하여 심지어 극우파의 "12.3 내란" 옹호론으로까지 둔갑하는 지경에 이르렀으니 출간의 여건은 오히려 나빠졌다는 안타까운 느낌도 든다.

이 책에서 한중관계는 최소한으로만 언급하고 중국의 자기인식을 가능한 한 냉정하게 객관화하려고 힘썼다. 물론 그 이면에는 내가 발 딛고 서 있는 한국/한반도의 시각이 놓여 있다. 그렇더라도 극히 비대칭적인 양자 관계 속에서 대상을 인식하는 단순화의 우를 범하지 않기 위해 다자관계 속에 넣고 상대화하면서 역지사지하려 노력했다. 최근의 한 시론에서 이렇게 쓴 적이 있다. "1992년 중국은 한중수교 당시 한중관계의 발전이 미국 패권주의, 부활 조짐을 보이는 일본 군국주의, 타이완 독립세력을 견제하는 데 유리할 것으로 판단했다고 한다. 한국을 미일동맹의 패권에 대응하는 완충지대나 지렛대로 여긴 셈이다. 미일 쪽에서 보아도 한국은 그러한 위치에 있다. 그런 만큼 한국은 자신의 역량과 의지에 따라 상당한 운신의 폭을 확보할 수 있다"라고. 이 책의 종장에서 말한 중국의 안보 딜레마는 이에 대해 모종의 시사를 줄 수 있지 않을까 싶다.

정년 후 서재를 제천의 논골마을로 옮겨 작은 텃밭을 가꾸며 지내고 있다. 여유롭게 생각을 이어가긴 좋으나 자료 접근성이 약해 외부의 도움이 필요한 때가 적지 않다. 음으로 양으로 도와주신 분들을 기억하며 중국근현대사학회 연구총서의 하나로 승인해준 학회 학술위원회, 어디에 있는 책이든 제때 대출해 준 서울대도서관 상호대차실, 자료의 검색과 수집에 도움을 준 정동연 교수와 이은주 박사를 비롯한 제자들, 계획된 일정대로 편집을 마무리해 준 한울엠플러스(주)의 김종수 대표와 편집진께 감사드린다. 바삐 오가며 외진 곳의 일상을 받쳐주는 아내에게는 따로 고마움을 전한다.

가장 가까운 이웃 나라지만 일정한 거리를 확보해야 하는 '불가원 불가근'(不可遠 不可近)의 중국을 그 안과 바깥을 넘나들며 살피고자 하는 독자들에게 작은 시사라도 줄 수 있기를 소망하며 질정을 고대한다.

2025년 9월, 제천 곡신재에서

유용태

차례

제3부 역사서사 속의 제국성과 공화성

서장

현대중국 100년을 보는 눈

오늘날 '중국'이란 대체 어떤 나라인가? 국내외의 관련 논의는 그 어느 때보다 심하게 엇갈리고 있다. 이 곤경과 마주하기 위해 필자는 현대중국 100년의 자기인식과 역사서사를 "제국공화주의"의 관점에서 분석해 거시적으로 드러내고자 한다. '현대중국 100년'이란 신해혁명으로 1912년 중국의 국가형태가 제국에서 공화국으로 바뀐 때부터 최근까지를 말한다. 그런 의미에서 '현대중국'과 '공화중국'을 필요에 따라 혼용하려 한다.

중국은 신해혁명으로 공화국을 수립해 '현대'라는 새로운 시대를 열고 '5족공화'의 힘으로 불평등조약 체제의 반(半)식민지에서 벗어나고자 했다. 그런데 바로 그 과정에서 제정중국의 전통적 제국성이 세계열강의 근대적 제국성과 상호 상승작용을 일으켜 강렬한 제국 지향의 자기인식을 드러냈다. 이는 과거로 투사되어 중국과 그 주변국의 역사를 인식하고 서사하는 역사화로도 이어졌다. 현대중국이 공화와 반제로 시작했음에도 불구하고 이러한 것은 중대한 역설이다. 중화민국과 중화인민공화국이라는 국호는 모두 '공화건설'과 '중화부흥'이 현대중국의 양대 과제임을 말해준다. 따라서 공화성·제국성과 함께 중화성도 자기인식과 역사서사를 살피는 데 간과할 수 없는 요소다.

'공화중국'은 영어권 학계에서 민국 시기의 중국(1912~1949)을 지칭하는 'Republican China'의 번역어로 쓰였으나 이 책에서는 민국 수립 이후 최근 100년을 포괄하는 의미로 사용할 것이다. 그럼으로써 역사상 가장 긴 제정 시대로 꼽히는 Imperial China = 제정중국(진~청)이 남긴 '과거의 힘'도 헤아리면서 공화성과 제국성의 중첩·긴장·모순이라는 복잡한 관계를 드러내고자 한다. '현대중국'의 '현대'라는 시대는 그 기점이 시간의 경과에 따라 뒤로 이동하는 것이지만 첫 번째 기점이 1912년 공화국 수립이었으니 이 책에서는 '공화중국'과 혼용해도 무방하리라 본다.

서장에서는 이 책의 관점과 접근 방법에 관해 간략히 다룬다. 우선 제국 공화주의의 관점과 일부 상통하는 '제국-국민국가'의 이분법을 넘어서자는 양자 중첩론과 절충론을 검토하고 이를 위해 불가결한 '제국' 개념과 '중국'의 범위에 관한 다양한 논의를 차례로 살펴본다. 끝으로 이 책의 기본 관점인 제국공화주의의 의미를 제2장에 기초해 간략히 소개하고 이 책의 접근 방법과 내용 구성을 소개한다.

1. 국민국가와 제국 | 기존의 인식 틀

세계사의 근대는 '국민국가'의 시대라는 교과서의 서사와 달리 '제국'의 시대, 좀 더 명확하게는 '국민국가 + 식민지'로서의 제국의 시대였다. 당시 식민지를 갖지 않은 국민국가는 거의 없었고, 2차대전 이후 식민지의 독립과 함께 국민국가의 시대가 비로소 열렸다. 그렇다고 종래의 식민제국들이 갑자기 제국처럼 행동하기를 그만둔 것은 아니다. 식민제국과의 전쟁에서 패배한 전통적 제국도 마찬가지다.

이에 '제국에서 국민국가'로라는 근현대사의 인식 틀에 대한 의문이 제기되었다. 중국사에서도 종래의 '제국-(국민)국가' 이분법이 과거와의 단절을 강조함으로써 실상 파악을 어렵게 한다는 반성에 따라 양자가 중첩된 복잡성에 주목하는 연구가 시도되었다. 학문 외적으로는 현실사회주의의 붕괴, 9.11 이후 미국의 테러와의 전쟁, 국제금융위기 이후 중화제국의 회귀를 상기시키는 중국의 급속한 대국화가 이런 연구를 촉진했다.

우리 학계에서는 중국 근현대사에 대한 제국론적 연구의 축적이 거의 없는 상태에서 '제국-국가' 이분법을 넘어 중첩 양상을 주목하자는 논의가 일어났다. 백영서는 동아시아 근현대 지역질서를 제국론의 관점에서 검토한 데 이어 중첩론의 시각에서 제국론적 연구의 의미를 인정하면서도 우려되는 바를 지적했다. '중심'에 편향되어 '주변'(약소국/약소민족)의 주체성을 간과할 수 있으니 주변의 시각으로 상대화하는 한편 복합국가론으로 제국론의 한계를 보완할 필요가 있다고 했다.[1]

그에 앞서 중국에서는 왕후이(汪暉)가 제국론은 중국사에 부합하지 않는 서양사의 개념이라는 자국 내 다수 의견을 비판하고 이를 중국사에 적용하되 양자의 상호 침투에 주목하자 했고, 거자오광(葛兆光)은 군현지구와 변강의 이원구조로 이루어진 중화제국에서 전자는 "송 이후 점차 민족국가를 형성했다"면서 중국은 제국인 동시에 민족국가라고 했다.[2] 뒤에서 보듯이 '중국은 한 이래 민족국가'라는 견해의 원조는 쑨원(孫文)이고 후스(胡適)도 같은 주장을 한 바 있다. 해리슨(H. Harrison)은 민족국가를 "근대의 상상된 공동체"로 여기는 관점에 비추어 이를 예외주의적 주장이라고 비판했다. 이 상상의 공동체는 국가의 경계와 일치하지 않았고 그 공통의 문화도 제한된 범위에서만 발전했으며 그조차 19세기에 비로소 절정에 도달했다는 한계가 있다고 했다.[3]

이상의 논의는 새로운 관점을 제기한 의미가 있으나 이를 중국 현대사에서 실증하는 연구는 이제 막 시작된 상태다. 조병한은 근대민족주의의 형성 과정을 분석해 진한 이래 국가통합과 문화통합이라는 "중화제국의 대일통 전통"이 이어졌음을, 유용태는 중화민족론과 민국 시기 쑨원을 비롯한 조야의 영토 인식을 검토해 그 속에 "내면화된 제국성"을 드러냈고 배경한은 민국 시기 중국이 아시아주의를 내세워 "전통적 중화제국체제의 회복"을 도모했음을 규명했다.[4] 전인갑은 민국 시기 국가를 청조 "제국체제의 근대적 재구성"에 의한 "제국성 국민국가"로 보고 통치제도와 이념 및 사회경제적 관행 면에서 제국 유산이 변형된 채 지속되었음을 강조했다. 차태근은 1900년 전후의 담론분석을 통해 제국으로서 전통중국이 구미·일본의 제국주의 담론을 학습하여 내면화함으로써 "전통제국에서 근대제국으로 자기전환"을 이룩한 것으로 보았다. 전인갑이 전통성을 중시한 데 비해 차태근은 근대성을 중시한 차이가 있다.[5]

이상의 견해들은 대체로 공감하는 바이나 좀 더 논의할 여지도 있다. 우선 제국을 전통시대에 한정해 논의할 뿐 근대제국 혹은 전통제국의 근대제국화에 관심을 두지 않은 것이다. 특히 거자오광과 왕후이는 '제국-국가'의 중첩을 각각 송 이후와 청대의 현상으로 한정하였다. 근대제국화를 다룬 차태근도 실제가 아닌 담론분석에 집중했다. 전통제국이 근현대 시기에 세계체제의 규정을 받으면서 어떻게 변형되어 지속되었는지 밝혀 이를 전통과 현대, 과거와 미래 사이의 징검다리로 삼을 필요가 있지 않을까.

중화제국 안에 "민족국가"가 병존할 수 있는지도 더 따져봐야 한다. 거자오광과 왕후이의 중첩설은 송 이후 또는 청대에 전통제국 안의 군현지구가 "근대 민족국가"에 해당한다는 주장이다. 그때 한족이 이미 근대민족 = 네이션 = 국민이었고 그곳이 근대사회였음을 실증해야 비로소 성립할 수 있는 견해다. 원래 중첩설은 야마무로 신이치의 "국민제국론"처럼 근대의 현상을 말한 것이기 때문이다. 즉 근대 식민제국에서 그 본국은 동질의 국민국가이지만 식민지를 포함하는 전체 지배영역은 이질적인 종족/민족과 지역을 포함한 제국이라는 것이다.[6] 국민제국은 국민국가의 제국화 혹은 양자 동시 진행으로 형성되거나 왕조제국 안의 핵심부가 "국민화"함으로써 형성되었다.[7] 이와 달리 그들이 말하는 중화제국 안의 "민족국가"는 비록 한족사회로서의 공통점을 갖고 있음에도 국민주권의 형식조차 결여했고 말이 통하지 않을 정도로 이질성이 컸기에 식민제국의 본국과 다르다. 이는 '민족'(문화민족)과 '국민'(국가민족)의 차이인 동시에 전통제국과 근대제국의 차이 중 하나다.

더구나 그런 "민족국가"와 병존하는 제국이란 어떤 의미인지도 모호하다. 이 같은 견해의 차이와 모호함은 '제국'의 개념을 명확히 하지 않거나 각기 다르게 사용한 것과 무관하지 않은 듯하다. 한자어 '帝國'은 중국 고문헌에서 극히 예외적으로만 쓰였고 역대 왕조가 이를 자처한 적이 없다. 다만 17세기 이래 유럽이 선교사를 통해 명청대의 'China'를 'Empire'로 칭했을 뿐이다. 지금 우리가 말하는 '제국'은 'empire'의 번역어로 19세기 일본에서 만들어진 용어다. 그 개념에 관한 다양한 논의를 종합해 보면 다음과 같이 낮은 심급에서 높은 심급으로 분류할 수 있다.

가장 단순한 의미의 제국은 황제가 통치하는 중앙집권적 국가를 지칭한다.[8] 이는 고려나 조선의 '왕국'과 다를 바 없고 제국의 핵심 요소인 이역·이족(異域·異族)에 대한 지배를 전제로 하지 않기에 이 책에서 다루는 제국의 범주에 들어가지 않는다.[9]

'제국1'은 황제가 있든 없든 국가 시스템으로 지상권력을 추구하며 문화적 종족적으로 이질적인 이역·이족을 정복해 위계적으로 지배하는 광역지배체제다.[10]

'제국2'는 '제국1'을 바탕으로 대외적으로도 지상권력을 추구해 자국을 정점으로 하는 위계적 국제질서(지역적, 세계적 범위)를 형성하는 정치체다. 제국은 국제질서의 형성자로서 질서 안의 타국이 공감할 제도적 문화적 보편성을 갖춰야 한다.[11] 이게 가장 제국다운 유형이다.

'제국3'은 '제국1'의 영토적 지배 없이도 '제국2'처럼 지역적 혹은 세계적 범위에서 위계적 국제질서를 형성하고 지상권력을 추구하며 제도적 문화적으로 다양성을 포용하는 보편성을 갖춘 정치체다. 비공식적 제국으로서 제2차 세계대전 후의 미국과 같은 현대제국을 지칭한다.[12]

이 책에서 다루는 대상은 주로 '제국1' 혹은 '제국2'와 관련된다. 어느 쪽을 기준으로 보느냐에 따라 같은 중국이 제국일 수도, 아닐 수도 있게 된다. 관건은 '제국2'가 '제국1'과 달리 최고 권력의 대외적 행사, 즉 국제질서의 형성을 필수 요건으로 한다는 점이다. 가령 현실중국을 제국으로 간주하는 로스 테릴(R. Terrill)은 그 근거로 인민공화국이 영토의 2/3를 차지하는 몽·장·회 지역의 주권을 수호하고자 전통제국의 통치 이념과 수단을 활용해 억압정책을 시행한다는 점을 들었다. 동시에 대외적으로는 "상호의존적인 국제상황과 타협하면서 영향력을 행사해야 하는 어정쩡한 위치에 있다"면서 "제국과 국민국가의 중간쯤에 놓인 상태"라 했다.[13] 전자는 '제국1', 후자는 '제국2'의 기준에 따른 판단으로 보인다. 그러나 '제국1'의 기준으로 보면 오늘날 유엔 회원국의 대부분을 차지하는 다민족국가를 제국으로 봐야 하는 문제가 생긴다.

흔히 사람들은 제국1~3에 공통되는 요건으로 팽창과 함께 포용을 중시한다. 심지어 포용을 제국의 본질적 특징이라 강조하고는 한다. 가라타니 고진(柄谷行人)은 근대의 자본주의경제하에서는 그런 포용의 제국이 있을 수 없다고 했다.[14] 기실 제국은 정복과 포용을 양날의 검처럼 사용해 이역을 지배했으나, 포용은 이족에게 폭력으로 복종을 강요한 다음 그 울타리 안에서의 자치를 허용한 조건부 방임에 불과하다. 그럼에도 그는 이런 포용을 과대평가해 제국을 미화한 위에서 그 부정적 측면은 모두 제국주의로, 제국주의는 국민국가의 확장으로 간주했다. 전형적인 '제국-국가' 이분법이다. 그러나 주지하듯이 근대의 "열강(Great Powers)"은 모두 식민제국이었다. 농목업에 기초한 전통제국과 상공업에 기초한 근대제국의 차이가 있을 뿐이며, 두 제국이 전쟁을 벌이면 전자가 이길 수 없다. 대청제국의 연패가 이를 말해준다.

'제국1'과 '제국2'의 개념에 비추어 중국의 역사와 현실을 볼 때 누구도 부인할 수 없는 제국은 "대청(大淸)"이다. 청 황제는 진한 제국 이래 군현지구의 유교 권역을 중심부로 하여 몽·장의 라마불교 권역과 회강의 이슬람 권역까지 지배하는 공동의 군주(天下共主)였다. 이는 '제국1'에 해당한다. 경제적으로도 청조는 세계 최고여서 1750~1800년 세계 공업 생산량의 32~33%를 차지했다(영국은 1.9~4.3%). 청조는 이를 바탕으로 주변국들과 조공 관계를 통해 위계적 국제질서를 형성하고 주도함으로써 경쟁을 허용하지 않는 대외적 최고 권력까지 행사하며 군림했다. 이는 '제국2'에 해당한다. 따라서 대청이야말로 분석 개념으로서의 '제국'에 가장 부합하는 사례의 하나다.

그뿐만 아니라 대청은 아편전쟁 이후(1842~1911) 스스로 자국을 'Empire'와 '제국'으로 칭했다. 각국과의 조약문에 자국을 8차례나 "Empire"로 표기했으며 마침내 『흠정헌법대강』(1908)에서 국명을 "大淸帝國"으로 개명했다.[15] 먼저 대외적으로, 이윽고 대내적으로 제국을 자처한 것이다. 이는 제국경쟁 시대 모방 심리의 소산이라 할 수 있으나 이미 명실상부한 전통제국인 대청이 일본·구미의 모델을 참조해 근대제국화를 시도한 것과도 연관되어 있다. 민족격리정책의 폐기와 토사·번부·만주의 내지화는 사실상 국민제국화에 속한다.[16] 다만 '제국2'의 국제질서는 회복하지 못해 '제국1'를 유지하는 데 그쳤을 뿐이고 이 상태는 청조 멸망 후에도 이어졌다. 이와 달리 일본을 포함한 서방의 근대제국은 왕국 혹은 국민국가에서 '제국2'의 근대제국으로 비약하는 데 성공했다. 역설적인 것은 조공에 기초한 국제질서가 무너져 '제국2'에서 '제국1'로 대청의 지위가 약화되는 시점에 제국을 자처했다는 사실이다. 이는 대외관계에서의 '중화성'이 사실상 사라지는 시점에 '중국/중화'를 국호로 썼다는 사실과 조응한다.

제국은 일단 형성되고 나면 팽창을 지속하는 속성을 지니는데, 이 '제국관성'은 통치자의 의지, 국가의 역량, 국제적 여건에 따라 그 실현 정도가 달라진다. 대청제국–중화민국–중화인민공화국은 혁명으로 교체되면서도 이족·이역에 대한 지배를 이어갔다. 이를 근거로 두 개의 공화국이 여전히 '제국1'에 해당한다고 볼 수 있으나 필자는 '제국성'(특히 '제국2'의 구성 요소들과 관성 및 이를 형성·유지하려는 성향)에 주목한다.[17] 제국인가 아닌가를 따지기보다 어떠한 제국적 요소를 선택해 전략적으로 활용하는지를 살피는 게 더 유익하다고 보기 때문이다.

2. 제국공화주의 | 제도, 관념, 지향

제국공화주의는 신해혁명 시기 남북협상의 한 타협안으로 제기된 절충적 정체론이다. 우리는 당시 중국인의 근대국가 구상을 군주입헌제와 민주공화제의 이분법으로 파악하는 경향이 있으나 이는 《신민총보》와 《민보》의 논쟁 구도 속에 형성된 편향적 인식이라 할 수 있다. 이 책 제2장에서 보듯이 양자를 절충하려는 구상과 논의는 넓고 깊었으며 그 결과 여러 절충론이 제기되었고, 그중의 하나가 제국공화주의다.

제국공화주의는 1911년 12월부터 이듬해 2월 사이 제기되었는데, 그에 관한 자료는 3단체 대표 6인 공동명의로 총리대신에게 제출된 건의문과 그 대표격인 장친(張琴, 한림원 편수)의 헌법 초안 및 논설 등 3종의 형태로 남아 있다. 그 경위에 대해서는 제2장에서 상론했으니 여기서는 핵심 요지와 의미만을 간추려 제시하기로 한다.

그 요지는 다음 셋이다. ① 공화정체를 시행해 대통령은 헌법과 법률에 따라 국사를 담당하며 정치상의 책임을 진다. ② 황제는 대성황으로 개명해 존치하며 오직 종교적 권위만 가지고 관련 의례를 주관한다. ③ 만·몽·회·장의 고유한 왕공·세작과 종교는 종전대로 유지한다. 이는 일반적 의미의 공화제와 군주입헌제를 절충해 정치적 실권을 행사하는 대통령과 종교적 권위만 갖는 군주를 함께 두자는 것이다.

왜 이를 "제국공화"라 하고 굳이 이런 정체라야 한다는 것인가? ① 중국은 각기 종교·언어·풍속이 다른 "5대 민족으로 구성된 대제국"이어서 이들을 공화국 안에 통합하려면 청 황제가 5족의 공동 군주로서 갖고 있던 종교적 권위를 이용해 구심점 역할을 해야 한다. ② 공화국이란 식민지를 가질 수 없다고 하지만 프랑스·미국처럼 중국도 만·몽·회·장을 포함한 제국 영토 전체를 유지한 채 공화국을 건설할 수 있으며, 그러려면 반드시 그들의 동의를 얻어야 한다. ③ 남북 양측이 군사적으로 대치한 상황에서 일방이 극단을 추구해 승리하면 국가의 분할·분열을 면하기 어려우니 공화주의와 군주입헌주의를 절충해야 이를 막을 수 있다. 이족·이역을 아우르는 광역 지배체제를 형성하려는 데에 '제국1'의 제국성이, 그들의 동의에 기초해 이를 실현하려는 데에 공화성이 나타나 있다.

특히 공화와 제국이라는 서로 모순되는 조합에 대한 고민과 논리적 해명은 장친의 논설 「제국공화주의론」에 더 잘 집약되어 있다. 공화에 대한 만·몽·회·장의 동의를 구해야 한다는 그의 주장은 공화의 요체와 직결된다. 그 요체는 이 체제에 참여해 주권자의 권리와 혜택을 누릴 사람들의 범위를 결정하는 것인데, 누가 어떤 기준으로 결정하는가야말로 관건이 아닐 수 없다. 장친의 고민은 이와 관련해 공화제가 이민족을 그 주권자 범위에서 배제하고 위계적으로 지배하는 제국과 양립할 수 없음을 인지한 위에서 나온 것이다. 그에 앞서 프랑스공화국에서 식민지와 노예제의 유지 여부를 둘러싸고 격렬한 논쟁이 벌어진 까닭도 인간은 누구나 신분은 물론 인종·민족과 상관없이 권리에 있어서 평등하다는 인권선언에 담긴 공화주의 때문이다.[18] 이를 한마디로 응축하면 "어떠한 위계도 허용하지 않는다"라는 것이다.[19] 이를 고려하면 공화에 대한 이민족의 동의를 필수로 여긴 장친은 보기 드문 공화주의자라 할 수 있다. 동시에 그는 강렬한 제국주의자의 사고도 지니고 있다. 중국은 해외로 나가 사방에 인구를 이식할 수 있으나 지금은 "만·몽·회·장이라는 천연의 식민지"를 지키는 데 주력해야 한다고 했다. 다만 그렇다 하더라도 이를 "무력으로 수복해 강제하는 것은 감정상으로도 사실상으로도 허용할 수 없는" 바이니 "제국공화주의를 높이 들고 공화와 제국 영토 양쪽을 온전히 하는 길"을 가야 한다고 했다. 무위(武威)가 아닌 문덕(文德)의 '제국적 공화국'을 추구한 것이다.

중국사에서의 제국공화(주의)는 최근에 와서야 학계의 관심을 받아 검토되기 시작했다. 3단체 건의문을 근거로 허군공화론의 일종으로 보는 연구와 장친의 헌법초안을 건의문과 함께 검토해 법제사의 시각에서 다룬 연구가 나와 있다.[20] 모두 "제국공화"의 '제국'을 황제 통치의 "제제(帝制)"로 좁게 보고 접근했을 뿐만 아니라 장친의 논설 「제국공화주의론」을 간과한 한계가 있다. 그래서인지 '제국'을 앞에서 말한 분석 개념으로 보고 긴 안목에서 그 속에 담긴 관념과 지향까지 검토한 연구는 아직 나오지 않았다. 서양정치사에서는 미국과 프랑스를 공화국이 이역으로 팽창해 제국화했다는 의미에서 "제국적 공화국(Imperial Republic)"으로 보는 연구가 있다.[21]

제국공화주의를 이해하려면 '제국' 개념에 상응하여 '공화'의 의미도 인민주권의 실현 정도를 기준으로 몇 개의 심급으로 구분해 볼 수 있다. 공화1은 국민/인민의 선거에 의한 대표제(민선의 의회와 대통령)를 근간으로 하는 정치체다. 공화2는 공화1의 제도를 기초로 공덕을 갖춘 인민이 공무에 참여해 스스로 결정한다. 주권을 선거일에만 행사하는 공화1의 '제도적 공화'와 달리 매일매일 행사고자 하는 '윤리적 공화'다. 공화3은 공화2의 시민윤리 = 공덕(公民의 정치적 덕성)를 뒷받침하기 위해 국가가 인민의 평등하고 독립적인 생계를 보장한다. 실질적 주권자가 상층으로 제한된 공화2와 달리 전 인민으로 확대되는 '사회적 공화'다.[22]

필자는 제국공화주의에 대해 기존 연구에서 사용되지 않은 논설 자료도 포함해 검토하되 정체로서는 물론이고 거기에 담긴 관념 및 지향으로서의 의미를 더 중시하고자 한다. 그 이유는 다음 두 가지다. 비록 정체로서는 채택되지 않았으나 전후 맥락으로 보건대 그 주요 취지가 체제 전환에 상당 정도 반영되었으며, 관념과 지향은 그 후 중국의 자기인식에 음으로 양으로 이어졌다고 보기 때문이다. 이 책의 제목을 "제국공화주의"라 한 까닭이다.

3. 세 개의 중국 | 두 개의 실체와 하나의 상상

현대중국의 자기인식을 제국공화주의 관점에서 공화성과 함께 제국성을 드러내기 위해서는 '제국' 개념에 더해 '중국'의 안과 밖을 구분할 필요가 있다. 지상권력이 국내에서 추구된 전제(專制)와 달리 제국이란 그것이 국외에서 추구된 것이기 때문이다.

'중국'의 의미와 범위는 진한 이래 좁게는 중원, 넓게는 9주나 통일왕조의 강역을 지칭했고 역대 왕조의 통칭으로도 쓰였다. 앞서 검토한 기존의 연구는 대부분 '중국'의 범위를 현재의 영토로 여겨 이미 주어진 것으로 전제했고 극히 드물게 거자오광이 문화중국, 정치중국, 역사중국으로 나누었으나 주로 전근대사의 분석에 적용하는 데 그쳤다. 필자는 실체를 가진 한족중국과 다민족중국, 그리고 상상된 중국의 셋으로 나누어 보려고 한다.

한족중국과 다민족중국. 제국공화주의가 제기된 신해혁명기에 중국은 '한족의 중국'이라는 견해와 5족으로 표현되는 '다민족의 중국'이라는 견해가 나뉘어 있었다. 각각 '소중국'과 '대중국'이라 부르기도 했다. 이러한 자기인식은 그 후에도 병존하면서 지속했으니 실체를 가진 개념으로서 나름의 역사적 연원을 갖고 있기 때문이다. 제3장에서 검토한대로, 이 용어는 신해혁명 직전 군주입헌파와 청조에 의해 만들어졌다.

입헌파 지도자 양두(楊度)는 1907년 1월 만일 공화혁명을 단행하면 몽·회·장은 그 틈을 타고 분리·독립할 터이니 중국은 몇 개의 "소중국"으로 분리될 것이라면서 그중의 하나가 한족만의 '소중국'이라 했다. 이는 5족의 '대중국'을 전제한 개념이다. 우창봉기 이후 공화정체로의 전환이 불가피해진 상황에 1912년 2월 청조는 황제 퇴위조서의 초고본에서 "인민의 안위와 영토 보전을 위해 만·한·몽·회·장 5족을 합하여 하나의 대중국으로 할 수 있으면 지극히 다행이겠다"라고 했다. 최종본에서는 "대중국"이 "대중화민국"으로 표기되었다. '대중국'은 청조 강역 전체를 지칭하며 이런 중국인식은 뒤에 보듯이 18세기 청 황제와 만주족 고관에 의해 만들어져 점차 보급되었고 20세기 초 입헌파에게도 공유되었다.

소중국 = 한족중국 관념은 진한 이래 형성되어 지속되었다. 그것은 팽창과 수축을 반복하는 중원왕조의 강역 중에서도 한족의 안정적 거주구역으로서 중앙정부가 군현제로 관리하는 구역을 말한다. 따라서 일시적 통치구역, 가령 조선·베트남의 한4군·교지7군 같은 변군(邊郡)과 기미부주·도호부 등은 제외되었다. 한족의 화하(華夏) 정체성은 유목화·무장화한 4이(夷)와의 대결을 통해 동한 말에 명확해졌고 그 경계는 농경의 생태적 한계와 일치한다.[23] '한족중국'은 『사기』 이래 24사에도 이어졌기에 2000년간 중국인의 보편적 자기인식으로 각인되었으며, 그로 인해 '대중국' 관념의 출현은 억제되었다. 서양인이 말하는 '프로토 차이나'는 바로 이 '한족중국'

을 가리킨다.

대중국 = 다민족중국 관념은 청 중기 이후 비로소 점차 형성되었다. 옹정제는 전통적 화이론을 개조해 정식국호 "대청"을 5족의 중국으로 간주하는 통치 이념을 만들어냈고, 건륭제는 1767년 먼 외국에 청조를 높여 부를 때는 반드시 "천조나 중국으로" 표기하도록 제도화했다. 그 후 청 황제들은 '대청이 곧 중국'이라는 관념을 이어가면서 외교문서에도 이를 적용해 명기했다.[24] 이에 따라 그 후 중국은 한족중국 = 소중국 개념과 동시에 청조 강역 전체를 포괄하는 다민족중국 = 대중국 개념을 하나 더 갖게 되었다. 그 형성 과정은 제3장에서 다루었듯이 3단계로 구분해 볼 수 있다. 청 황제와 조정이 선도한 18세기, 내우외환에 대한 다민족의 공동 대응 속에 다수의 한인고관이 등용되고 그들에게 공유되는 아편전쟁~청일전쟁 시기, 국제법상의 주권과 결부된 영토 관념이 형성되고 국적법과 교과서 등을 통해 일반인에게 보급된 광서신정~민국성립기가 그것이다.

후어샹(胡阿祥)에 따르면 '대중국' 관념이 제2차 아편전쟁 이후 뚜렷해진 까닭은 '대청'이란 정식국호 대신 천하의 중심이라는 의미가 담긴 '중국'을 씀으로써 굴욕적 지위에 대한 심리적 보상 효과를 기대했기 때문이라 한다.[25] 그는 이를 "슬픈 중국"이라 했는데, 그 후에도 지속된 '중국의 역설'이 아닐 수 없다. 그렇더라도 대청은 여전히 '대중국'으로서 '제국1'에 해당한다. '소중국'도 그 안에 토사를 비롯한 다수의 "화외지민(化外之民)"인 이족을 포함하므로 마찬가지다. 한족의 남진과 한족 왕조의 팽창·포용으로 생긴 현상이다.

중화민국 수립 전후 다수의 한족 지식인에게 보이는 '소중국'과 '대중국'이라는 이중적 정체성의 상호 관계는 매우 복잡하다. 당시 '대중국' 관념은 길어야 100년 내외, 짧게는 50년이나 10여 년 전에 형성된 것이라서 2000년간 당연시된 '소중국' 관념을 대신할 수 없다. 량치차오(梁啓超)는 1902년 당시 "중국인"이 "5대 종족"으로 구성되어 있다 하면서도 한말 이래 "우리 중국의 전토 혹은 황하 이북이 다른 종족에 점령당한 것"이 1700년 중 1117년이니 "중국의 역사는 하늘을 채울 만큼 치욕스러워 차마 다시 입에 올릴 수조차 없다"라고 했다.[26] 전자는 '대중국'으로 현실중국이고 후자는 '소중국'으로 역사중국이다. 쑨원은 1912년 중화민국이라는 현실중국이 5족공화의 대중국임을 인정하면서도 몇 년 뒤에는 진한 이래 역사중국을 한족의 민족국가, 곧 소중국으로 여겼다. 문화계 인사인 루쉰(魯迅)과 후스도 다르지 않았다.

이처럼 '소중국'과 '대중국'이 각각 역사와 현실이라는 서로 다른 영역의 자기인식으로 나뉘어 조화를 이루면 좋으련만 그렇지 않았던 듯하다. 제3장에서 검토한 대로 가령 루쉰은 1925년 "오호난화(五胡亂華)에서 만주인의 입관(入關)에 이르기까지 처음에는 '주인-노예'의 관계로 지내다가 나중에 소위 '동화'되는 그런 사태는 더는 차마 볼 수 없다"라고 했다. 그는 이 참담한 심정을 이렇게 표현했다. "신선한 피를 가진 야만족의 침입이 없었더라면 중국이 어느 정도까지 부패했을지 모를 일이라고 했으니 우리 역사를 들춰볼 때 부끄러워 진땀이 나는 건 어쩔 수 없다. 외적이 침입하면 잠시 혼란을 겪다가 결국 그를 주인으로 모시고 그의 무력 아래 옛 법을 손질했다." 1932~1933년 후스는 이로 인해 중국이 "능히 스스로 주인일 수 있던 시기가 별로 없었다"라며 이를 "중화의 비극"이라 말했다.

소중국과 대중국 사이에서 량치차오와 루쉰과 후스는 '하늘을 채울 만큼 치욕스러운 중화의 비극'이라는 곤혹감을 떨칠 수 없었다. 이 곤혼감은 이미 오래전부터 '한족중국인'의 심리에 내면화된 것인데 그것이 치유되지 않은 채 '다민족중국'을 인정해야 하는 상황이어서 더 커졌을 것이다. 그들 개인을 넘어서는 중국의 곤혹이 아닐 수 없다.

그렇다고 다민족중국 = 대중국 개념을 역사인식에 적용한 예가 없는 것은 아니다. 적용하기는 했으나 분절적 선택적 적용에 그쳤다. 량치차오는 『중국역사연구법』(1922)에서 중국통사의 요목을 제시하면서 5족의 중화민족을 주체로 하는 대중국의 역사로 써야 한다고 주장했으나 역사적 사실들의 상호 관계를 설명하면서는 어느새 '소중국' 관념으로 돌아갔다.[27] 제7장에서 검토한 대로 그 후 출간된 중국통사 저작들도 이와 크게 다르지 않았다. 현실인식의 소산인 '대중국'을 역사의 인식과 서사에 적용하기가 쉽지 않음을 보여준다. 통사 저자들에게도 루쉰 등이 느낀 곤혹감이 있었을 터이다.

이런 예에서 보듯이 '한족중국'은 중국인의 심리에 깊이 각인된 문화체로 대양의 심층수였다면 '다민족중국'은 낯선 것으로 대양의 표면에서 형성 도중에 있는 정치체다. 중국동맹회 이론가 주즈신(朱執信)의 「심리적 국가주의」(1908)에 따르면 전자는 "심리적 국가", 후자는 "법률적 국가"라 할 수 있다. 쑨원도 이런 이중정체성을 갖고 있었다. 인민공화국에서도 마오쩌둥에서 시진핑에 이르기까지 줄곧 '한족중국'에 뿌리를 둔 "대한족주의"(한족중심의 사고)를 국책으로 반대한 까닭은 다른 데 있지 않다.

상상된 중국. 실체를 가진 두 개의 중국만도 이렇게 복잡한데 '상상된 중국'이 하나 더 있다. 민국 시기의 것은 조선·베트남 같은 조공국들까지 중국 영토로 여기는 관념이고 인민공화국 시기의 것은 당시의 영토를 과거로 소급 적용해 고대 이래 "역사상 중국"의 강역으로 삼은 것이다. 전자는 공간상 인접 국가로 팽창한 상상이고 후자는 시간상 과거로 팽창한 상상이다. 논의의 편의상 앞에서 본 '소중국'을 '중국1', '대중국'을 '중국2'라 하고 이 상상된 중국을 각각 '중국3', '신중국3'이라 표기하자.

먼저 민국 시기의 '중국3'은 청조의 인접한 조공국이 모두 제국주의 열강의 침략으로 빼앗긴 "중국 영토"이며 이를 회복해야 한다는 것이다. '중국3'은 청조 강역의 '대중국'을 훌쩍 뛰어넘는 '초대중국'으로서 '이념의 천하'를 곧 주권국가 중국의 영토와 동일시한 '천하중국' 개념이라 할 수 있다. 이런 견해는 1917~1924년 쑨원, 1922년 량치차오에 의해 제기되었고 쑨원과 가까운 시에빈(謝彬)의 『중국토지상실사』(1925)에 의해 보급되었으며 1929~1949년 국민정부 교과서를 통해 학교교육에 제도화되었다. 1930~1940년대 역사지리학에 의해 학술화되었으니 구제강(顧詰剛) 등의 『중국강역연혁사』(1938)가 대표적이다. 모두 청대의 조공국 = 번속을 국제법상의 속지 = 식민지로 간주하고 그에 대한 종주권의 상실을 국제법상의 주권 상실과 동일시하여 "번속의 상실"을 곧 "중국 영토의 상실"이라 하였다. 거기에 조선, 베트남, 유구, 미얀마, 샴, 네팔, 부탄 등이 포함된다. 이런 영토관의 형성에는 쑨원의 역할이 가장 컸다.[28] '중국3'은 제2차 세계대전 이후 과거의 번속국이 모두 열강의 식민지로부터 독립을 회복함에 따라 슬그머니 자취를 감췄다. 이를 계속 주장할 경우 외교문제로 비화할 수 있기 때문이다.

그 뒤를 이어 인민공화국은 새로운 상상된 중국 = '신중국3'을 만들었다. 그 공식 명칭이 "역사상의 중국"이다. 인민공화국 영토, 혹은 18세기 청조 전성기의 강역을 고대 이래 "역사상의 중국" 범위로 한다는 것이다. 전자는 주로 통사편찬의 기준으로, 후자는 역사지도의 기준으로 쓰였다. 중공중앙의 역사문제연구위원회가 당시 역사주의 입장에서 역대 중원왕조의 강역을 "역사상의 중국" 범위로 삼아야 한다는 학계 주류 견해를 누르고 채택한 기준이다. 이렇게 탄생한 "역사상의 중국" 개념은 중국 안에서는 누구도 변경할 수 없는 국가 이데올로기의 하나가 되었다. 이는 현재의 필요에 따라 설정된 기준을 과거에 일괄 적용한 현재주의의 산물로서 중국 안팎의 역사학자들이 흔히 말하는, 시기에 따라 변화하는 "역사중국"과 전혀 다른 개념이다.

이로써 국가체제의 전환기인 신해혁명기 이래 '공화100년' 중국인의 자기인식은 '한족중국' = 중국1, '다민족중국' = 중국2, '상상의 중국' = (신)중국3으로 구성되어 필요에 따라 각기 다른 영역에 적용되었다. 그에 상응하여 중국 바깥의 외부도 외부1, 외부2, 외부3의 3종이 있게 되었다. 같은 만·몽·장·회 등 소수민족이라도 중국1에서는 외부1에 속하지만 중국2와 (신)중국3에서는 내부에 속한다. 조선·베트남·유구 등 인접한 외국은 중국1~2의 외부이지만 '중국3'의 내부에 속한다. 중국의 제국성, 특히 지상권력이 대외적으로 행사될 때 그 주체와 대상은 중국1~3에 따라 달라진다.

근대 이전 중국인에게 줄곧 모호했던 중국과 외국의 경계는 이렇듯 21세기 지금까지도 여전히 모호하다. 천하관념과 결부된 전통중국의 사유에 담긴 '과거의 힘'이 그만큼 크다는 얘기다. 중국의 특징 중 하나는 이 같은 모호성이다. 이제 우리 함께 그 속으로 들어가 보자. 그러려면 나름의 관점과 방법이 있어야 한다.

이 책의 관점과 구성

이 책은 현대중국 = 공화중국이 공화와 반제로 시작되었음에도 공화성의 추구와 함께 제국성을 보인 사실에 주목하여 제국공화주의의 관점에서 양자 사이의 병존·중첩과 모순·긴장의 복잡한 관계를 드러내는 데 집중하려고 한다. 제국성은 기본적으로 대외관계에서 표출되는 것이지만 대외정책과 이념은 이를 떠받치는 내부구조와 연동되어 있다. 그러나 이 책에서는 중국인이 주로 대외관계에서 형성한 자기인식과 국제질서 구상, 그리고 그런 자기인식이 자국의 통사 서사에 어떻게 투영되었는지를 검토하려 한다. 이는 각각 현실과 역사 차원의 자기인식이며 상호작용하는 관계에 있다. 따라서 논의의 중점은 공화성보다 제국성에 두어질 것이다. 이렇게 분석대상을 한정한 위에서 다음과 같은 방법으로 접근하려 한다.

첫째, 현대중국의 자기인식을 현실과 역사의 두 차원으로 나누고 그 각각에 공화성과 제국성이라는 상반된 두 지향이 어떻게 조합되어 투영되는지를 동태적으로 파악한다. 이를 위해 분석 개념으로서의 '제국'과 '공화'를 각각 세 심급으로 구분한다. 둘째, '중국'의 범위를 소중국(한족중국), 대중국(5족중국), 상상된 중국의 셋으로 나누고 '공화100년'을 공화1기(1912~1949, 혁명으로 정권이 교체된 1928년을 분기로 전기와 후기로 나눌 수 있다), 공화2기(1949~1979), 공화3기(1979~)로 나누어 시기와 논자에 따라서도 다른 인식을 보이면서 겪는 갈등과 곤혹을 드러낸다. "회복중화"와 "부흥중화"의 '중화성'이 어떻게 드러나는지에도 유의한다. 셋째, 공화성과 제국성의 모순·긴장 관계를 드러내기 위해 제국의 대응 개념으로 국민국가 대신 공화국에 주목한다. 자유·평등·박애와 인권이라는 보편적 공화주의 이념은 공화국의 제국화에 비판적 시각을 견지하면서 제국성을 상대화하는 규범적 인식 틀로 작용할 수 있다고 보기 때문이다. 장친의 제국공화주의는 이러한 규범적 인식을 보여주는 좋은 사례다. 그에 비해 국민국가는 이런 규범적 자기구속력이 취약해 "국민제국"(민족제국)으로 변하는 것을 '위대한 발전'으로 당연시하고 자랑스럽게 여기는 경향이 강하다.

이상과 같은 문제의식에서 이 책은 서장과 본문 9장, 그리고 종장으로 구성했다. 제1·2부는 현실중국에 대한 인식을 다룬다. 1부 "공화만세와 제국관성: 제국공화주의"에서는 신해년의 공화혁명을 기점으로 '현대사'라는 새로운 역사인식 틀이 탄생한 경위와 의미, 제국공화주의의 정체 구상과 관념 및 지향, 대중국론과 중화민족론의 구조를 검토한다. 이들은 공화1, 2, 3기에 걸쳐 중국인의 현실인식과 역사인식을 규정하는 밑바탕이 되었다. 제2부 "공화중국의 약진: 반제연대와 세계 속의 중국"에서는 항일전쟁에서 베트남전쟁에 이르는 시기 '정의전쟁론'의 형성과 전개, 동방/세계의 약소민족을 아우르는 중국 주도의 삼민주의 인터내셔널을 조직해 중국의 세계적 영향력을 행사하려 한 구상과 그 의미, 한국전쟁 이후 인민공화국이 중간지대를 발판으로 미·소와 함께 '대3각'의 일각이라는 자기인식을 형성하는 한편 동방혁명의 센터로서 아시아 코민포름을 건립하려다 무산된 후 문화대혁명기에 "세계혁명중심"을 자처한 맥락을 검토한다.

제3부 "역사서사 속의 제국성과 공화성"은 역사중국에 대한 인식을 다룬다. 인민공화국 수립 전후에 편찬된 통사를 통해 제정중국의 대외전쟁을 보는 세 관점(정벌론, 무용론, 침략론), 개혁·개방기 새로 편찬된 통사를 통해 "부흥중화"의 열망과 그 속의 제국성·공화성, 시진핑 시기 국가편찬 대학 교재의 '중국-세계' 인식과 "중국특색 세계사"의 (불)가능성을 다룬다. 종장에서 제국공화주의를 미국·프랑스의 경우와 비교하면서 '중국 예외주의'를 비판적으로 검토하고 중화의 모순에서 유래하는 안보 딜레마의 역사적 맥락을 짚어본다.

제1부

공화만세와 제국관성

:

제국공화주의

제1장

현대사의 탄생

공화와 반제의 새로운 시대

'현대중국' 혹은 '중국현대사'라고 할 때의 '현대'는 어떤 의미이고 우리는 언제부터 이런 용어로 시간관념을 표현했을까? 근대 역사학은 역사상의 변화를 좀 더 명확하게 파악하기 위해 일정한 기준에 따라 시대를 구분해 왔다. 고대-중세-근대의 3분법은 르네상스 인문주의자들의 발상을 이어받아 17세기 말 독일의 켈러(Christoph Cellarius)가 만든 것이다. 거기에 '현대'라는 시대는 없다. 그 영향 속에 성립된 일본의 근대사학은 중국과 한국에도 영향을 미쳤다.

그런데 중국을 비롯한 동아시아의 전통적 역사학에는 이 같은 3분법이 없었다. 고대를 이상화하여 숭상하는 상고(尙古) 사상과 과거를 古와 今으로 나누는 고금이분법이 당연시되었기 때문이다. 한비자(韓非子)가 상고-중고-근고-당금(當今)으로 구분한 것처럼 '고'를 세분했을 뿐 '고'와 '금' 사이에 '중세'라는 개념도 없었다.[1] '근대(近代)'(전국책, 후한서 등)와 '근세(近世)'(한비자, 한서 등)는 있었으나 막연히 자기와 가까운 시대를 지칭했다. 더구나 이런 개념들을 사용해 시대를 구분하고 역사를 인식·서술한 것도 아니다.

따라서 중국의 근대 역사학도 일본의 영향으로 3분법에 따라 시대를 구분했다. 중국 근대사학의 기초를 닦은 량치차오는 1901년 중국사를 상세-중세-근세로 구분했다. 혹은 거기에 고금이분법을 가미해 상고-중고-근고-근세로 구분하기도 했다. 1902~1911년 청조의 국가교육과정과 개인의 저작도 이러한 구분법을 벗어나지 않았다. 오늘날 우리가 당연시하는 '현대사', 그리고 '근세사'와 다른 의미의 '근대사'는 3분법에 없었다.

'현대사'는 동아시아인의 전통적 상고사상에 반하는 진화론적 시간관념의 표현이므로 그것이 언제 어떻게 탄생했는지는 특별한 설명을 요구한다. 한·중·일 3국에서 이 문제를 다룬 연구는 아직 없다. 그동안 시대구분에 대한 학계의 관심은 근대사·현대사를 기정사실로 인정한 위에서 그 기점이 언제인가에 대한 논의로 집중되었을 뿐이다.[2]

'현대'와 '현대사'라는 용어는 원래 중국과 동아시아의 고문헌에 없던 용어다. 선궈웨이(沈國威)는 이 용어가 각각 1895년과 1897년 일본에서 처음 출현했다고 보았다.[3] 그러나 그는 현대사라는 시대가 왜 하필 그때 어떤 의미로 구분되었는지에 관심을 두지 않았다. 서양사학자 차하순은 현대사의 용어와 유래에 대해 간략히 언급했다. 그에 따르면 자신의 동시대를 '새로운 시대'(modern age)로 여겨온 유럽인들이 필요에 따라 '더 새로운 동시대'를 구분하여 'contemporary'라 했고 '현대'란 그 번역어다.[4]

이 장에서는 중국에서 '현대사'가 공화국 = 중화민국의 성립(1912) 이후를 '새로운 시대'로 구분하기 위해 탄생했고 점차 여러 의미가 부가되었는데, '공화'와 함께 '반제'가 중심을 이루게 되는 사정을 밝히고자 한다.

1. '현대' 용어의 출현과 그 의미

'현대사'가 성립하려면 먼저 '현대'라는 용어가 사용되어야 한다. 따라서 그 경위부터 살펴보는 게 순서다. 서양의 3분법이 일본을 거쳐 동아시아에 수용될 때, 세 시대 중 'modern age'는 흔히 '近世'로(극히 드물게만 '近代'로) 번역되었다. 이는 메이지 시기 일본의 관행이 반영된 결과다. 개항 전에 이미 한·중·일 3국은 고문헌에 나온 '근세/근대'라는 용어로 자기와 가까운 시대를 표현했다. 그런데 일본의 경우 유신 이후에는 '근세'가 훨씬 더 많이 쓰였고 이는 ≪요미우리신문(讀賣新聞)≫(1874~) 기사와 각종 일본 문헌의 제목에서 쉽게 확인된다.

이처럼 번역어 '근세'는 '근대'와 혼용되었으나 어느새 그 의미가 바뀌었다. 단지 자기와 가까운 시대라는 전통적 의미를 벗어나 역사상의 특정한 시대를 지칭하게 된 것이다. 그에 따라 '현대'는 '근세/근대'와 구별되는 새로운 시간관념으로 출현했다.

션궈웨이에 따르면 '현대'는 일본에서 1895년 잡지 ≪태양(太陽)≫에 처음 출현했고 1910년 전후부터 널리 쓰였다. 그것은 'contemporary/recent'의 번역어로 '동시대', '현재의 시대'를 의미했다. 그러나 ≪요미우리신문≫ 기사에서는 '현대'가 1875년 7월 15일부터 이미 사용되었다. 예를 들면 "현대의 명배우는 진실에 가까운 연기를 연구"하며 "현대의 학문은 실익을 가져온다"라는 식으로 쓰였다.[5] modern이 '근세/근대'로 번역되던 상황에서 '현대'는 그보다 시간상으로 더 가깝고 더 새로운, 따라서 '최신의'라는 의미로 만들어진 것이다. 이전부터 있었던 영어단어를 하필 그 무렵 '현대'('現世', '最近世' 등으로도)로 옮긴 까닭은 동시대에 대한 자신감의 표현으로 보인다. 그러나 뒤에 밝혔듯이 메이지유신 이후를 '현대사'로 구분하는 발상이 나오려면 좀 더 기다려야 했다.

중국에서는 일본의 영향 속에서 얼마 후에 '현대'라는 용어가 출현해 널리 쓰였다. 그 시점은 중국인의 전통적 시간관념인 상고관념이 진보관념의 수용으로 인해 동요·붕괴하는, 무술변법(1898)-과거제 폐지(1905) 이후일 수밖에 없다. 이러한 논리적 추론은 청말~민국 시기 발행된 잡지·신문 기사에서 그대로 확인된다. '현대'는 량치차오가 망명지 일본에서 창간한 ≪청의보(淸議報)≫(요코하마) 44기(1900년 4월)에 실린 「신민설(新民說)」에 처음 쓰였고 역시 동시대/당대를 의미했다. 그러나 1901년 12월 정간될 때까지 이 잡지에서 '현대'는 단 두 차례만 등장할 뿐이다.[6] 따라서 이 사례는 일본에서 만들어진 '현대'를 편의적으로 한두 번 차용한 것에 불과하다.

중국 국내의 잡지나 신문에서는 '현대'가 1905년 전후 출현했고 1915년부터 점차 널리 쓰였다. 검색시스템(全國報刊索引)을 이용해 조사해 보니, '현대'가 기사 제목과 잡지 제목에 처음 나타난 것은 1904년이며 1907년까지 6개, 1908~1910년 24개, 1911~1913년 52개다. 대부분 구미와 일본의 최근 인물이나 최신 현상을 지칭하는 의미로 사용되었다. 용례는 1915년 이후 점차 증가하더니 1920년대 초부터 급증했다. 이런 추세는 우선 근대 중국의 대표적인 일간지 ≪신보(申報)≫(1872~1949, 상하이)의 기사 색인에서 확인된다. '현대'를 이름으로 내건 교과서와 각종 잡지도 쏟아져나왔다. 『현대청년』(1920), 『현대부녀』(1922), 『현대초중교과서』(1924), 『현대평론』(1924) 등 수없이 많다. 그리고 청말~민국 시기에 활동한 역사 인물 네 명의 문집을 조사해 봐도 마찬가지 추세를 확인할 수 있다. 국민당 초기 지도자 주즈신의 문집(수록범위 1905~1920), 신문화운동에 앞장선 천두슈(陳獨秀)의 문집(1897~1942), 리다자오(李大釗)의 문집(1912~1927), 차이위안페이(蔡元培)의 문집(1883~1940)에서 '현대'가 처음 쓰인 예는 순서대로 각각 1914년 6월, 1915년 11월, 1916년 8월, 1918년 5월이다.[7]

이상의 사례는 '현대'라는 용어가 제1차 세계대전과 5.4신문화운동을 계기로 급속히 일반화되었음을 말해준다. 이런 추세는 "지금 여기"의 삶을 중시하는 사조와 관련되어 있다. 리다자오는 1916년과 1918년 청년들에게 다음과 같이 말했다. "무한한 과거는 모두 현재로 귀착되고 무한한 미래는 모두 현재로부터 연유한다." "'지금'을 혐오해 헛되이 '과거'를 회고하거나 '미래'를 몽상하지 말고 '지금'을 잘 활용해 노력함으로써 '미래'를 창조하라." 리다자오의 베이징대학 제자로서 함께 신문화운동에 참가한 장선푸(張申府)는 1918년 11월 "잡지는 현대의 기재(記載)다. 현대를 아는 것을 중시하는 것이 최근의 추세다. …… 현대를 아는 것은 장래를 아는 기초다"라고 했다. 그의 후배 뤄자룬(羅家倫)은 1920년 9월 "실험주의는 현대 사상계에서 극히 큰 영향력을 갖고 있는데, 그것이 중시하는 것은 바로 '지금 여기'이다"라고 강조했다.[8] 이러한 시간관념은 고대·중세보다 '현대'나 '근세/근대'에 대한 관심을 촉진하는 결과를 초래할 수 있다.

이처럼 '현대'는 현재에 대한 긍정과 자신감을 바탕으로 긍정적 의미로 쓰였다. ≪신청년(新青年)≫과 ≪신조(新潮)≫ 등 신문화운동에 앞장선 잡지의 '현대'는 개인독립·해방·경제민주의 시대로 인식되었다. 천두슈는 "현대생활"이 개인독립주의를 대원칙으로 하기 때문에 어른에 대한 청년, 남성에 대한 여성의 독립성은 생활의 모든 분야에서 관철된다고 강조했다. 리다자오도 "현대의 문명은 해방의 문명이다. 국가에 대한 인민의 해방, …… 강대민족에 대한 약소민족의 해방, 지주에 대한 농민의 해방, 자본가에 대한 노동자의 해방, 남자에 대한 여자의 해방, 부모에 대한 자녀의 해방 등이 그것이다"라고 썼다. 베이징대 학생 탄핑산(譚平山)은 "프랑스혁명 시기의 민주주의"는 자산계급 패권과 소유권 신성에 의거해 무산계급을 억압했으나 "현대 민주주의"는 무산계급의 자유·평등과 정치·경제 등 각 방면의 민주를 요구한다고 대비시켰다.[9] 이 세 명의 저자는 모두 1921년 공산당 창당에 참여했다.

이와 달리 '현대'의 의미를 부정적으로 파악한 예도 있다. ≪동방잡지(東方雜誌)≫의 '현대'는 심리적 불안과 비인간화의 시대로 인식되었다. 중국의 '현대인생'은 경제문제로 인해 소란을 겪고 있으며 그 와중에 신사상이 유입되어 대란을 겪고 있다고 하거나 유럽으로 대표되는 '현대문명' 일반의 폐해를 논의 대상으로 삼아 현대생활의 기계화, 곧 생활이 기계조직에 의해 포위되어 개인의 지위와 특성이 무시된다는 것이다.[10] 이 잡지에는 그 밖에도 "현대문명의 약점", "혼란스러운 현대인심" 등을 다룬 논설이 많이 실렸다. 이러한 현대와 문명에 대한 부정적 인식은 제1차 세계대전의 참상을 반영한 것인 동시에 19세기 말 구미에서 대두한 '세기말' 사조의 영향이라 할 수 있다. 문명의 진보를 신뢰하는 유파와 달리 그것이 초래한 폐해에 주목하면서 자연으로 돌아가자고 외치는 유파의 호소력이 톨스토이와 러셀 등을 통해 당시 중국에 넓고 깊게 받아들여졌다.[11] 그러나 흥미롭게도 이러한 세기말 사조가 ≪신청년≫과 ≪신조≫에서는 간과되었다.

이상의 사례들로 볼 때 '현대'의 용례는 대부분 당대 = 동시대를 가리키는 의미로 쓰였다. 신문과 잡지에서 '현대'를 역사인식에 적용하여 근세/근대 이후의 역사시대를 지칭한 용례는 거의 없으며, 이에 대해서는 아래에서 따로 다루겠다.

2. '현대사'의 탄생과 그 유래

중국의 공화혁명과 현대사의 탄생

'현대'가 근세/근대 이후의 역사시대를 지칭하는 의미로 쓰인 것, 곧 '현대사'는 ≪신보≫에서 1922년에 처음 등장한다. '현대사'는 '현대'가 이미 널리 사용되던 당시에도 비교적 낯선 개념이었음을 뜻한다. 이런 상황에서 중화민국 교육부는 1913년 3월 「중학교과정표준」(한국의 '교육과정'에 해당)에서 근세사 다음에 현대사를 구분했는데, 그 기점은 중화민국의 성립

(1912. 1.1)이다. 신해년의 공화혁명으로 민국이 수립된 지 불과 1년밖에 안 된 과거를 현대사로 구분한 것인 만큼 학계나 교육계의 논의를 바탕으로 한 것이 아니라 정치적 필요에 따른 것이었음을 알 수 있다.

이 「과정표준」은 새로 편찬될 교과서가 본국사를 상고-중고-근고-근세-현대로 구분할 것을 명시했다.[12] 이전에는 상고-중고-근고-근세로 구분할 뿐이어서 청(혹은 명)의 성립 이후가 모두 근세사였다. 1912년 중화민국 교육부는 "민국" = 공화국(Republic) 건립을 중시해 '공화'의 취지에 반하는 청조의 교과서를 모두 폐지하라고 지시했다.[13] 그 위에서 이듬해 민국 성립 이후를 현대사로 명시해 따로 구분한 것은 역사교육을 통해 민국 성립을 중시하는 관점을 제도화하려는 의지의 표현이라 할 수 있다.

그러나 현대사를 왜 따로 구분하며 그 의미는 무엇인지에 대한 설명은 교육과정에도 교과서에도 보이지 않는다. 다만 당시 가장 널리 사용된 중학교용 "공화국 교과서"(상무인서관)에 현대사의 주요 특징이 제시되어 있다. 저자 자오위썬(趙玉森, 復旦公學)은 중국사를 상고(태고-동진 말), 중고(남북조-원말), 근고(명), 근세(청), 현대(민국)로 나누어 서술했다. 그가 현대사의 주요 특징으로 강조한 것은 다음 두 가지로, 가히 "공화만세!" 소리가 전국 각지에 울려 퍼지던 당시 상황을 반영한 것이라 할 수 있다.

첫째, 국민을 주체로 하는 "공화민국"의 시대라는 것이다. "현대의 문화" 중 첫 번째 항목인 정치제도에서 "전제제국(專制帝國) 무너뜨리고 공화민국(共和民國)을 세워 전 국민을 주체로 하였으며 참의원과 중의원이 대총통을 선거해 정권을 총람한다", "국민 중의 공민(公民) 자격을 가진 자는 모두 법률이 부여하는 선거권과 피선거권을 가진다"고 명시했다. 동어반복인 '공화민국'이란 조어로 '전제-공화', '제국-민국'의 대립 구도를 분명히 함으로써 공화국의 탄생을 강조한 것이다.

'공화민국'이라는 용어는 중화민국의 임시대총통 쑨원에 의해 쓰이면서 일반화되었다. 그를 지도자로 하는 혁명파는 처음에 국명을 '중화공화국'이라 하려다가 공화의 의미가 잘 전달되지 않을 것을 우려해 '중화민국'으로 바꾸었다. 쑨원은 1912년 1월 1일 임시대총통에 취임한 직후 「대외선언」에서 "우리 중화민국 전체는 감히 만청(滿淸)의 전제정부를 타도하고 공화민국을 건설하였음을 여러 우방에 포고한다"라고 선언했다. 이어서 교육부도 "각종 교과서는 모두 공화민국의 취지에 부합해야 한다"라고 규정했다.[14] 그 후 관방문서와 교과서가 흔히 '공화민국'이라는 용어로 민국이 곧 공화국임을 강조한 것은 이에 근거한 것이다.

둘째, 5대 민족의 명의로 공화정부를 조직하여 상호연합을 실행한 "5족공화(五族共和)"의 시대라는 것이다. "이번의 연합은 형식상의 연합을 넘어서는 정신상의 연합이며 앞으로 5대족의 명칭(한족, 만주족, 몽골족, 위구르족, 티베트족)은 반드시 도태되고 완전한 중국을 합쳐 하나의 대민족을 이루게 될 것"이라고 과제와 전망까지 제시했다.[15] '하나의 대민족'은 '중화민족'으로 일컬어졌으니 공화민국은 곧 중화민족의 공화국이라는 뜻이다.

여기서 주목되는 점은 '5족공화'가 처음부터 자기모순을 내포하고 있다는 것이다. 이 책의 제2~3장에서 보듯이 중화민족은 아직 명분이자 장차 형성해야 할 정치적 과제였을 뿐이고 당시 몽골족과 티베트족은 분리독립을 선언했을 정도로 강한 독자성을 갖고 있었는데, 이를 "도태"하고 "완전한 하나로 합한다"고 했기 때문이다. 이는 교과서 저자의 개인 견해가 아니라 임시대총통 쑨원이 취임선언에서 "한·만·몽·회·장 각 족을 합하여 한 사람(一人)으로 만들며 이를 민족의 통일이라 한다"라고 한 데 따른 것이다.[16] 이를 5족공화론이라고 해석하는 견해가 일반적이지만 실상은 5족동화론에 가깝다. 5족의 문화적 독자성을 인정한 위에서 정치적으로 상당한 자치나 연방을 허용해야 비로소 5족공화의 의미에 부합한다. 정부는 교과서를 통해 이처럼 '5족공화'의 취지에 역행하여 '5족동화'라는 정치적 목표를 분명히 한 것이다.

5족공화냐 5족동화냐 하는 문제는 "공화만세!"의 환호성 속에 이내 묻혀 버렸다. 우창봉기 이후 각성이 광복독립을 외치며 공화를 표방하고 그들의 연합으로 난징에 중화민국 임시정부를 수립하고 공화국의 성립을 국내외에 선언한 데 이어, 위안스카이(袁世凱) 총리대신이 이끄는 청조 측과 정치적 타협으로 통일된 중화민국 정부가 베이징에 수립되기까지 "공화만세!"의 환호성은 갈수록 커졌다. 누구는 이 네 글자를 마을 입구의 패방에 큼지막하게 적어 걸었고 누구는 변발을 자르면서 공화국의 만세를 기원하는 글을 썼고 누구는 "공화만세"라는 제목의 연극을 만들어 공연했다. 공화국의 제도 건설이 시작되자 "건설공화", "촉진공화", "모구공화(謨求共和)" 등의 구호가 쏟아져 나왔다. 공화건설촉진회, 공화당 같은 정치단체들도 속속 출현했다. 공화정을 군주정으로 되돌리려던 위안스카이와 장쉰(張勳)의 단막극을 저지하면서는 "재조공화"의 구호로 바뀌고 "옹호공화" 기념장(記念章)이 제작되었다. 공화만세의 환호는 각국의 화교 사회로까지 확산했으니 인천의 차이나타운에 '공화춘'(공화국의 봄)이라는 상호를 내건 중화요리 집이 생긴 것도 그런 분위기를 말해준다.

이렇듯 중화민국이 5족공화의 공화민국이라 강조했으나 그 주체 혹은 주체의 핵심이 '중화'라는 사실에 대해서는 따로 주목해야 한다. 혁명파가 '건립민국'과 짝을 이루어 추구해 온 목표가 '회복중화'이기 때문이다. 공화민국을 회복중화와 함께 강조한 예는 상무인서관 편집부의 편찬 주안점에 보인다. 그에 따르면 "중국이 공화국 정체를 건립한 것은 동아시아 최초의 새로운 사건"임을 강조하는 데 그치지 않고 공화국민의 자질을 함양하기 위해 "공덕·지식·권리의 증진과 계발에 관한 세계 최신의 주의(主義)를 널리 채용하고 중화 고유의 국수(國粹)를 수집해 공화국 소학교과서를 편집하였다"라고 밝혔다.[17] 이는 각 교과목에 공통적으로 적용된 방침이었다. '중화 고유의 국수'를 세계 최신의 주의와 함께 중시한 것은 '회복중화'의 열망을 나타낸 것이다.

초중등 학교에서 이런 교과서를 가지고 역사를 공부한 학생들은 점차 공화국 = 민국의 성립을 기점으로 하는 현대/현대사 관념을 형성해 이를 자신의 논설에 적용하기 시작했다. 이는 당시의 학생 잡지에서 확인할 수 있다. 먼저 중국사 영역에서 현대사를 근세사/근대사와 구분한 예를 보자. 베이징대학생 푸스넨(傅斯年)은 1918년 4월 대학 신문에 기고한 「중국역사 시기구분의 연구」에서 중국 종족(種族)의 변천과 성쇠를 기준으로 상세-중세-근세(송 이후)-현세(민국)로 구분했다.[18] 쑤저우의 소학교사였던 왕종치(王鍾麒)는 1919년 10월 베이징대 학생 잡지 ≪신조≫에 투고한 「고등소학교 역사지리 교재 편찬의 대강」에서 근세와 현대를 구분하고 민국 시기를 현대로 보았다.[19] 푸스넨과 왕종치는 공화국 교과서가 출간되기 전에 중학교를 졸업했음에도 그 영향을 받았음을 알 수 있다. 특히 왕종치는 3년 뒤 이런 시대구분법에 따라 중학교 교과서를 집필했다.

한편 세계사 영역에서도 현대사를 구분해 인식하려는 시도가 나타났다. 이 경우에는 앞에서 본대로 현대사를 공화국의 수립이라는 정치적 변화만을 기준으로 인식하는 교과서의 관점을 뛰어넘어야 했다. 그 좋은 예는 난카이중학(南開中學) 연극반 학생이던 저우언라이(周恩來)가 1916년 교지에 발표한 글에서 신극의 역사를 고대의 고전극-중세의 종교극-근세의 고전극-근대의 낭만극-현대의 사실극으로 구분해 '현대'를 설정한 것이다.[20] 또 다른 예는 1919년 베이징대 학생 탄핑산이 ≪신조≫에서 민주주의의 역사를 계급적 관점에 따라 고대-중세-근세/근대-현대의 네 시대로 구분한 것이다.[21] 그리하여 그는 자산계급 주체의 '근대민주'와 구별되는 무산계급 주체의 '현대민주'를 강조했다.

이상 네 명의 사례는 1913년 탄생한 중국의 '현대사'가 1918년 전후부터 중학생과 대학생 사이에 역사를 인식하는 하나의 방법으로 자리 잡아가기 시작했음을 보여준다. 그 시점이 1918년 전후인 것은 우연이 아니다. 중국 안에서 공화제를 군주제로 바꾸려던 반동이 실패하고 공화가 되돌릴 수 없는 대세로 굳어진 것은 1917년이며, 세계적으로도 1917~1918년 러시아혁명과 제1차 세계대전의 종결을 거치면서 수많은 공화국이 탄생했다. 이런 시점에 '신청년' 세대(1915~1923년 5.4신문화운동의 세례를 받은 신세대)는 나름의 기준에 따라 현대사의 새로움을 인정하여 근세사와 구분했으니 조산한 미숙아가 죽지 않고 생명을 이어가게 된 것이다.

그들이 인식한 중국의 현대사는 교육과정 속의 그것처럼 당대사 = 동시대사를 의미한다. 현대사는 현재의 국가-사회의 기본 질서가 형성되어 작동하는 시대의 역사다. 전통시대 중국에서는 자기로부터 먼 시대를 중시하고 가까운 시대를 경시하는 후고박금(厚古薄今)의 원칙 아래 자기가 속한 본조(本朝)의 역사는 후대 왕조에 의해서만 편찬될 수 있었으므로 당대사/현대사란 전에 없던 새로운 개념이다. 따라서 이 후고박금의 원칙에서 벗어나는 인식상의 변화가 그 전제로서 불가결해진다.

그런 방향으로의 변화는 청말의 신정개혁(1901~1911)에서 시작되었다. 청조는 이때 뒤늦게 국가 전반에 걸친 근대적 제도개혁을 추진하면서 그 일환으로 근대적 학제를 도입했다. 1904년 공포된 소학·중학 교육과정에 따르면, 중국사 영역에서 "본조 황제들의 치적과 100년 이내의 중대한 사적(事績)"을 포함하고, 외국사 영역에서 가까운 "근대"의 사적을 먼 시대의 사적보다 중시해 최근 "50년 이내의 일"을 더욱 상세히 다루라고 명시했다.[22] 이로써 당대의 역사를 포함한 근세사를 상세히 다루는 후금박고(厚今薄古)의 새로운 원칙이 등장한 것이다. 이는 중대한 변화로서 현대사 탄생에 유리한 여건을 조성해 주었으나 아직은 근세사까지만 구분되었을 뿐이다.

그렇다면 중국이 불과 몇 년 뒤에 현대사를 따로 구분해 자국사를 파악한 발상은 외국에서 빌려온 것으로 볼 수밖에 없다. 중국이 근대학제를 마련하고 시행하는 과정에서 초기에는 교과목의 운용과 내용 체계, 교과서, 역사이론 등의 각 방면에서 일본의 영향을 가장 크게 받았다.[23] 이런 맥락을 고려하면 중국의 「과정표준」(1913)이 '근세' 다음에 '현대'를 따로 구분한 것은 일본의 선례를 참고한 결과일 가능성이 크다.

메이지 일본의 역사서와 '현대사' 구분의 유래

일본의 근대역사학은 메이지 시기에 형성되었으나 학계는 자신과 가까운 시대의 역사, 특히 유신 이후의 역사를 과학적 연구 대상으로 인정하지 않는 분위기였다. 그래서인지 일본의 근대 사학사는 물론 역사교육사 연구 논저에서도 현대사에 대한 논의는 거의 찾아보기 어렵다.[24] 따라서 일본에서 현대사는 학계의 논의와 연구가 아니라 역사교육의 필요에 따라 먼저 구획된 다음에 학계가 이를 뒷받침한 것으로 보인다.

일본국회도서관에 소장된 메이지 시기 각종 역사서(교과서 포함)를 조사해본 결과 필자는 시대구분법의 두 가지 추이를 확인했다. 하나는 1870년대부터 서양사의 3분법을 수용해 시대를 구분했으며, 먼저 서양사와 일본사에 적용했고 1880년대 후반에 가서야 동양사와 중국사에도 적용했다는 것이다. 일본사에 적용한 첫 사례는 기무라 마사코토(木村正辭)의 『국사안(國史案)』(1879)이 상고-중고-근대(에도막부 성립 이후)로 구분한 것이다.[25] 이는 3분법을 따르되 '근세' 대신 '근대'라 한 점에서 예외적이다. 대체로 일본사·중국사·동양사에서는 3분법을 고금이분법과 결합해 상고(고대)-중세(중고-근고)-근세사로 구분했다. 어느 경우도 근세사로 끝난 것이다.

또 하나의 추이는 근세사를 다시 구분해 근세사와 대등한 또 하나의 역사시대를 설정하는 구분법이 1895년부터 나타났다는 것이다. 이는 먼저 서양사 분야에서 1789년 프랑스혁명(드물게 1814~1815년 빈회의) 이후를 따로 구분한 데서 시작되었다. 미카미 산지(三上參次)의 『근세사(近世史)』(1895)는 15세기 이후 서양사를 다루면서 프랑스혁명 이후를 "최근세사"라 했고, 마쓰시마 코(松島剛)의 『중학 서양역사』(1897)와 히로타 나오사부로(廣田直三郎)의 『중학 서양역사』(1899)에서 그것을 각각 "현세사(現世史)"와 "현대사(現代史)"라 했다.[26] "18세기 말 일어난 프랑스혁명은 정치사회상 기운의 전환으로서 역사가들은 통상 여기서 현대사가 시작된다고 본다"라는 것이다.[27] 공화국의 성립과 신분제 폐지를 비롯한 정치사회적 변화를 중시한 것이다. 션귀웨이가 '현대사'의 기원으로 주목한 기무라 다카타로(木村鷹太郎)의 『만국사(萬國史)』(1897)는 시대를 3분법에 따라 고대사-중세사-근세사로 구분하고 근세사의 일부[1~5기(期) 중 제5기]를 '현대사'(나폴레옹 1세 이후)로 명명했을 뿐이다.[28] 그러니까 현대사가 근세사와 대등한 또 하나의 역사시대로 설정된 것은 아니었다.

서양사 인식에서 먼저 나타난 일본인의 이런 발상은 곧바로 일본사에도 적용되었다. 마쓰이 히로키치(宋井廣吉)의 『신찬대일본제국사(新撰大日本帝國史)』(1896)과 세키네 마사나오(關根正直) 외의 『일본사요(日本史要)』(1896) 등은 모두 근세사 다음에 "금대사(今代史)"를 따로 구분했다.[29] 거기서 '금대사'는 메이지유신 이후의 역사다. '근세사'의 일부가 아닌 그 이후의 새로운 시대로서 '금대사'는 사실상 '현대사'와 다를 바 없다. 이는 뒤에서 보듯이 청일전쟁 직후의 인식주체가 메이지유신 이후를 새로운 시대로 실감한 결과일 것이다.

그러나 이상의 사례를 일반화하기는 아직 이르다. 메이지 시기 역사서는 대부분 중등학교 교과서와 교재였고 위의 사례도 모두 검정제하에서 발행된 것이어서 그중에는 여전히 근세사까지만 구분하는 3분법을 따르는 경우가 많았기 때문이다. 일본의 교과서 발행제도가 검정제에서 국정제로 전환되면서 위에서 본 일부 교과서의 근세사/금대사/현세사/현대사는 '현대사'라는 이름으로 제도화될 수 있었다.

일본사의 '현대'는 1902년 국정제의 시행과 동시에 공포된 교수요목에서 탄생했다. 「중학교교수요목」은 일본사를 태고-상고-중고-근고-근세-현대로 구분했는데, 에도막부 성립 이후가 근세사이고 메이지유신 이후가 현대사다.[30] 이런 구분법은 에도막부 이후를 하나로 묶어 근세사로 간주하던 이전의 구분법과 크게 달라진 것으로서, 곧바로 그해에 출간된 교과서에 그대로 반영되었다.[31] 이 역시 역사연구를 바탕으로 한 것이 아니었으니, 역사교육이 역사연구를 앞질러 간 것은 근대 일본과 중국 등 동아시아에서 흔히 나타난 현상이다.

이렇게 메이지 시기 일본에서 탄생한 현대사의 의미는 동시대의 역사 = 당대사를 의미한다. 현대사란 현재의 국가-사회 체제가 형성된 시기의 역사인 것이다. 앞에서 본 최근세사/당금사/현세사/현대사 등은 서양사와 일본사의 근세(modern) 중에서 인식주체가 보기에 동시대로 인정되는 시간대인 'contemporary'를 다시 구분해 한자어로 표기한 것이다. 일본사의 에도막부 이후를 하나의 근세사로 묶어서는 동시대의 직접적인 유래를 표현할 수 없다는 거리감, 뒤집어 말하면 동시대 = 당대에 대한 자신감·자부심의 표현이다.

일본인에게 그런 자신감을 가져다준 중대한 변화와 관련해 따져 물어야 할 것은 저자 개인도 정부도 왜 하필 1895~1902년에 '현대사'(최근세사/현세사/금대사 포함)를 따로 구분했는지의 문제다. 1895년은 일본이 청일전쟁에서 중국을 격파하고 타이완을 영유함으로써 서구열강의 전유물이던 '식민제국'으로 웅비한 해다. 이 성취감은 일본의 당대에 대한 전에 없던 자신감으로 표출되었다. 그 근거는 '현대사'라는 한자어를 처음 사용한 기무라 다카타로가 세계현대사의 주요 내용 중 하나로 독일·이탈리아의 통일 등과 함께 일본의 발흥을 다음과 같이 강조한 데서 찾을 수 있다. 일본은 1854년 세계무대에 나선 이래 메이지유신의 각종 개혁으로 국력을 증대하여 스스로 제조한 "근세적 신식 군함과 무기"로 "10배의 청국 군대와 싸워 연전연승"함으로써 "유럽의 동양전략과 동방 아시아의 형세에 변동을 초래"했다는 것이다. 이어서 "서양 각국은 일본의 실력을 보고 일면 탄복하며 일면 놀랐으니", "일본은 이로부터 큰 날개를 펼쳐 세계로 웅비하게 될 것"이라 했다.[32] 이는 바로 청일전쟁 직후 고조된 "일본주의"를 드러낸 것으로서, 기무라 자신이 그 제창자의 한 사람이었다.

일본에서 청일전쟁 직후 '현대사'가 탄생한 것은 (프랑스)혁명이나 (메이지)유신 등의 변혁을 만들어낸 행위자의 주체성을 중시한 역사인식의 산물이라 할 수 있다. 따라서 러일전쟁 승리 이후에는 현대사를 따로 구분하는 발상이 더욱 가속화했으니, 그 직후 일본현대사 단행본이 처음 출간된 것은 우연이 아니다. 가령 고쿠후 쇼토쿠(國府鍾德)는 『대일본현대사(大日本現代史)』(1909)에서 메이지유신 이후를 현대사로 구분하고 이를 일본사의 "가장 빛나는 치세"로 "찬양"했는데,[33] 이는 문부성의 현대사 구분 취지를 십분 반영한 것이라 할 수 있다. 여기서 현대사의 주요 특징은 천황 중심의 집권체제와 입헌군주제 수립이라는 정치적 변화에 국한하지 않고 공업화에 의해 추동된 사회경제적 변화까지 포함하는 것으로 되어 있다. 그 후 마쓰자와 츄키치(增澤長吉) 편 『일본현대사강(日本現代史綱)』(1911)이 나왔고 다카쿠와 고마키치(高桑駒吉)의 『일본통사(日本通史)』(1912)도 근세 다음에 현대를 따로 두었다.

흥미로운 점은 당시 일본에서 서양·일본의 현대사를 따로 구분하면서도 동양·중국의 현대사는 구분하지 않고 근세사라는 하나의 시대로 묶어버린 것이다.[34] 이는 직접적으로는 중국·동양에 프랑스혁명이나 메이지유신 같은 정치사회적 변화의 계기가 없었기 때문이고, 간접적으로는 이들을 아직

문명화에 이르지 못한 반(半)개화 상태로 간주하던 인식의 반영이라고 할 수 있다.[35]

청말 중국의 교육당국은 그 무렵 일본에서 '현대사'가 탄생한 사실을 알고 있었을 터이다. 1898~1903년 장즈둥(張之洞)과 청조는 수차례 일본에 관원을 파견해 학제와 교육과정을 조사하고 관련 자료를 번역해 참조했기 때문이다.[36] 그럼에도 중국의 1904년 교육과정은 이를 따로 구분하지 않았다. 굳이 그래야 할 이유가 없었기 때문이다. 가령, 쉬녠츠(徐念慈)의 ≪중국역사강의≫(1908)가 '근세기'와 '현세기'를 구분했지만 '현세기'는 '청대사'(1644~)였을 뿐이다.[37] 그러던 중국이 신해혁명으로 공화국이 수립되자마자 기다렸다는 듯이 이를 기점으로 삼아 '현대사'라는 새로운 역사시대를 구분한 것은 자신의 필요에 따른 선택이라 하겠다. 근세로부터 당대 = 동시대를 분리해 구분할 근거인 중대한 변화, 특히 현대사의 주요 특징인 '주체적' 변혁이 비로소 일어났기 때문이다.

3. 현대사 교육의 제도적 안정

신해혁명 직후 탄생한 중국의 '현대사' 관념이 실제 역사인식에 적용되어 일반화되려면 아직도 상당한 시간을 기다려야 했다. 너무 일찍 태어난 조산아였던 데다 정치 상황의 반동과 혼란으로 "공화민국"이 위협받았기 때문이다. 1915~1917년 황제제도 부활 시도가 저지된 후에도 군벌들의 전쟁과 이에 맞서는 중국국민당의 혁명전쟁이 1928년까지 지속되었기에 "공화민국"의 실상은 교과서에서 강조하는 것처럼 실감하기 어려웠다. 이런 사정이 반영된 탓인지 군벌세력이 베이징정부를 장악했던 1923년의 중학 교육과정은 상고-중고-근고-근세(현대 포함)만을 구분했을 뿐이다.[38] 현대사를 따로 구분하지 않고 근세사의 일부로 간주한 것이다.

그러나 이 같은 정치적 혼란과 교육과정의 변화 속에서도 상당수 교과서가 '현대사'를 그대로 유지했다. 상무인서관의 『현대 초중교과서 본국사』(1924)가 대표적인 예이다. 이 교과서는 그 명칭을 "공화국"(교과서)에서 "현대"(교과서)로 바꿨으나 그래도 공화국의 성립 = 현대사의 시작이라는 일관성을 보였다. 구제강과 왕종치가 함께 쓴 이 교과서는 저자가 바뀌었음에도 '현대사'의 의미를 이전보다 더욱 확장했다. 서두에서 "시대정신은 역사의 요점"이므로 각 시대의 특징을 계통적으로 드러내야 한다고 한 다음, 현대사의 특징을 다음과 같이 설명했다.

> 중화민국은 4000년 이래의 군주정치를 끝내고 공화국가로 출발하여 중국 역사상 신기원을 열었다. 비록 10여 년간 때때로 신구사상의 충돌이 일어나고 두 차례 짧은 황제제도 부활운동이 일어난 바 있지만 이는 과도시대에 불가피한 현상이며 끝내 민주(民主)에 역행하는 사람은 모두 실패하였다. 세계에 대한 민간의 관념이 점차 명료해져 정치·사회 문제에 대해 대중운동의 형식을 빌려 의견을 표시하는 경향을 보이고 있다. 정치의 현재 상황은 좋지 않으나 민간에 잠복한 민치정신은 어디서든 분출되어 나올 수 있다. 모든 학술사상도 곳곳에서 세계화의 색채를 띠고 있다. 그러므로 현대는 중국문명의 세계화 시대라 할만하다.[39]

여기서 구제강과 왕종치가 주목한 현대사의 특징은 공화제, 민주(정신), 대중운동, 세계화 등 네 가지다. 이 넷은 서로 긴밀히 연관된 것으로 파악되었으나, 공화보다 민주 = 민치와 대중운동이 더 강조되고 있는 점이 눈길을 끈다. 세계화라는 새로운 추세에 주목한 점도 놀랍다. 이로써 정치 영역에 국한돼 있던 협소한 시야가 사회와 문화 영역으로 확장되었다.

이전 교과서와 달리 저자가 민주주의, 대중운동, 세계화를 강조한 것은 제1차 세계대전과 5.4운동의 경험이 반영된 결과라 할 수 있다. 1917년 중국은 독일에 선전포고한 상태에서 군대 대신 17만 명의 노동자를 유럽에 파견했기에 중국 언론의 유럽과 세계에 대한 보도는 획기적으로 많아졌고 노동자의 귀국과 함께 새로운 관념과 가치관 등이 들어왔다.[40] 제1차 세계대전은 '군국주의에 대한 민주주의의 승리'라는 인식이 언론을 타고 널리 확산되었다. 게다가 구제강과 왕종치는 베이징대학 학생 잡지 신조사(新潮社) 동인으로서 5.4신문화운동에 적극 참여했으니 누구보다 현대사의 관념과 그 후 새로워진 국내외 현실을 분명하게 인식할 수 있었을 것이다.[41]

교육과정과 교과서 양쪽에 모두 현대사가 전면적으로 도입된 것은 난징국민정부가 군벌들 간의 내전을 일단락 지은 1928년 이후다. 국민정부가 1929년 공포한 중학 교육과정은 중국사와 세계사를 상고-중고-근세-현대의 네 시대로 구분하도록 명시했다. 근고사가 중고사에 통합되었을 뿐 근세와 현대를 구분해 민국 이후를 현대사로 여기는 틀은 유지했다.

중화민국 베이징정부 시기(1912~1927)와 난징국민정부 시기(1927~1937) 중학 교과서의 시대구분법의 추이를 보면 근세와 현대의 구분은 갈수록 뚜렷해졌다. 현대를 명시한 교과서가 1913~1927년에는 검토 대상 교과서 7개 중 4개(57%)인데 비해 1930~1937년에는 12개 중 10개(83%)이다.[42] 갈수록 교육부의 지침을 많은 교과서가 따르고 있음을 보여준다. 메이지 시기 일본에서 만들어져 내용상 현대를 지칭했던 "최근세"가 베이징정부 시기에 사용되었으나 1930년 이후 사라졌고 '근세사'는 1940년부터 '근대사'로 바뀌었다.[43] 이로써 난징정부 시기에 현대사는 역사교육 영역에서 4분법(고대-중세-근대-현대)의 틀 속에 제도적으로 정착되었음을 알 수 있다.

이렇게 정착된 현대사의 주요 특징이 무엇인지 살펴보자. 우선 1929년 교육과정은 교수목적에 대하여 공화민국 대신 반제 민족주의와 민권주의를 강조하는 변화를 보였다. "중국민족이 열강에 침략당한 과정을 설명하여 학생의 민족정신을 불러일으키고", "민권 발전의 유래를 설명하여 학생의 정치와 민권 운용의 기초를 세운다"라고 한 것이다.[44] 이런 변화는 실제 교과서에서도 그대로 확인된다.

그 사례로 저우위통(周予同)의 『개명본국사교본(開明本國史教本)』(1931)를 살펴보자. 저우위통이 베이징사범대학 학생으로 5.4신문화운동에 참여한 점에서 구제강과 공통된 이력을 갖고 있어서다. 그는 문화의 발전을 중국민족이 다른 민족의 문화와 접촉해 변화하는 과정으로 이해해 몇 개의 시대로 구분하고 현대사를 "전에 없던 위대한 변화의 시대"라면서 그 특징을 다음과 같이 설명했다.

> 현대기는 비록 매우 짧지만 의심할 여지도 없이 중국 문화가 서양 신문화의 자극을 받아 현저한 변화를 개시한 시기이다. 민족 방면에서는 본국 각 민족이 세계의 조류를 접수해 새롭게 각성하였다. 정치방면에서는 민주정치가 출현하 점차 발전했으며 줄곧 정치권력을 장악해 온 사대부 계급이 사회조직의 변동으로 인해 동요하기 시작했다. 사회방면에서는 한편으로 (그 전에 이미 시작된) 구미의 물질적 정신적 문명의 접수를 이어받고 다른 한편으로 제국주의의 군사적 경제적 침략에 저항하기 시작하였다. 사회조직과 학술사상이 모두 날로 변화하여 점차 세계화의 추세를 보였다.[45]

여기서 저우위통이 강조한 현대사의 특징은 국내 각 민족의 각성, 민주정치, 반제투쟁, 세계화의 네 가지다. 구제강의 교과서와 비교해 보면, 반제·세계화를 똑같이 중시하면서도 '공화'나 '5족공화' 대신 민주정치를 강조한 것이 눈길을 끈다. 구제강의 1923년 교과서는 민주와 함께 공화도 중시했으니 중대한 변화다. "각 민족의 각성"이라 한 것은 반제와 연결되는 민족주의적 각성을 뜻하는 것으로 보인다. 앞서 본대로 교육과정이 공화민국보다 반제와 민권을 중시한 데 따른 변화라 하겠다.

그렇다고 그가 공화민국 건립이 현대사의 기점으로서 갖는 획기성을 부인한 것은 아니다. 바로 그때 "전에 없던 위대한 변화의 시대"가 시작된 것은 분명하나 현대의 기간이 너무 짧아 공화의 실질을 이뤄내지 못한 현실을 직시한 것이다. 본문의 서사에서 이에 대한 그의 견해를 확인할 수 있다. 현대사 7장 중 제2장(반동세력의 대두와 실패)에서, "초기의 혁명운동은 만주 왕조 배척(排滿)을 주된 공작으로 삼았을 뿐이어서 소수의 영수를 제외하고는 사회조직에 대한 개조 계획이 없었다. 그 결과 신해혁명의 성공으로 표면상 군주전제 정부에서 민주공화제로 바뀌었지만 실제상 중국 사회의 수천 년 이어져 온 봉건세력은 여전히 존재하였다"라고 썼다.[46] 봉건세력은 위 인용문에 나온 "줄곧 정치권력을 장악해온 사대부 계급"이 동요하면서도 존속하여 농민사회를 지배하는 것을 말한 것으로 보인다. 실제로 당시 "토호열신"으로 지칭된 "봉건세력"이 농민에게 자의적 폭력을 행사하며 그들의 의식과 행동을 짓누르고 있어 농민협회의 타도 대상이 되었다.[47] 그는 좁은 정치사를 넘어 이러한 사회구조로까지 시야를 넓혀 공화국의 건립과 시련을 냉정하게 인식한 것이다.

뤼스몐(呂思勉)도 "공화민국 시기"가 비록 짧지만 새로운 시대의 의미는 충분히 갖고 있다고 보았다. 그는 『부흥 고중교과서 본국사』(1934)에서 "민국 성립 이후 지금까지 불과 22년이지만 낡은 정치·문화의 개량과 새로운 환경에의 적응이 시작되었다. 모두가 혁신의 정신을 갖고 있으며 이후 무궁한 희망이 모두 여기에 그 기초를 두고 있다. 그러니 마땅히 현대사라는 하나의 시대를 구분하며 이는 더 설명할 필요가 없다"라고 했다.[48] 양둥춘(楊東蓴)은 『고중 본국사』(1935)에서 현대는 전제를 타도하고 민주정체를 건립한 변혁시대로서 중화민족 부흥의 기점이라고 했다.[49] 5.4 이후 갈수록 공화보다 민주를 강조하거나 아예 공화를 민주로 바꿔 부르고 있음을 재확인할 수 있다.

4. 현대사 연구의 지체

조산한 현대사가 공화혁명의 정치사를 넘어 그 시대 전체상을 담아내는 시대사의 하나로 진화하려면 사료 편찬과 그에 의거한 연구가 불가결하다. 당연하지만, 현대사의 연구도 그 교육의 제도화 못지않게 지체되었다. 중화민국의 사료편찬을 담당한 첫 기구는 베이징대학 부설 국사편찬처(國史編纂處)다. 이는 신해혁명 직후 새로운 시대정신에 의거해 국사를 편찬하자는 혁명파의 건의로 베이징정부 산하에 세워진 국사관(國史館)의 후신이다.[50]

국사편찬처는 1917~1919년 "민국사"부를 설치해 공화국사인 민국사 사료를 수집했다.[51] '민국사'라는 용어는 이렇게 처음 만들어졌다. 정치적 혼란과 재정난 속에 국사편찬처는 1919년 다시 베이징정부 산하기구로 환원되어 유명무실한 상태로 돌아갔다. 1939년 국민정부가 국사관 건립에 나서 1947년 개관했으나 국공내전에 패함에 따라 민국사 자료를 수집·정리할 겨를이 없었다.[52] 그에 앞서 근대적 학술연구 기구로 1928년 국립중앙연구원 역사어언연구소가 설립되었으나 그 안의 역사분야는 상고사, 중고사, 근세사(명청사)를 연구 대상으로 삼았을 뿐이다.[53] 이는 일본 학계가 그랬듯이 중국의 학계도 현대사를 학술연구의 대상으로 여기지 않았음을 말해준다.

그래도 현대사에 대한 민간사회 지식인의 관심은 적지 않았다. ≪동방잡지≫가 1926년부터 "현대사료"라는 고정란을 두어 관련 사료를 게재한 것을 시발로 1930년대에는 ≪사회신문≫, ≪시사연구≫, ≪중외문제≫, ≪중외평론≫ 등도 이를 따른 것이 그런 분위기를 보여준다. 따라서 각 대학들도 여건이 허락되는 한에서는 현대사 교육을 외면할 수 없었다.

중국의 주요 대학에서 역사학은 1920~1930년대에 독립된 학과 체계를 수립했으나 '현대사'가 개설된 사례는 드물다. 교과목은 통사와 전문사(분야사)를 위주로 하고 소수의 시대사로 이를 보조하는 구조였다. 베이징대학의 경우 1919년까지 중국사는 상고-중고-근고-근세로 구분했으나 1921년 거기에 현대사를 추가했다.[54] 당시 현대사 과목의 개설 여부에 대해 이견이 있으나 ≪베이징대학일간≫ 1924년 5월 28일 자에는 "중국현대사"와 "외국현대사" 과목의 시험 일시와 장소가 공지되었으니 그 무렵 개설된 것은 분명하다. 하지만 몇 년 지나지 않아 현대사는 폐지되고 왕조사로 대체되었다.[55] 중국현대사 강좌의 범위가 신해혁명 이후라면 한 학기 동안 다룰 분량이 되지 않았을 터이니 그 기점은 신해혁명 이전으로 올라갔을 가능성이 크다. 조산으로 생겨난 문제점이라 할 수 있다.

더구나 다른 대학에서는 중국현대사라는 교과목 자체가 개설되기도 쉽지 않았다. 이는 1930년대에 작성된 교학 계획에서 확인된다. 뤼스멘(光華大學)은 1926년 중국사와 세계사를 상고-중고-근고-근세-현대로 나누어 개설할 계획을 세웠으나 1936년 실제로 개설된 교과목에 세계현대사만 있고 중국현대사는 없다.[56] 차이상스[蔡尙思, 中華大學]는 1939년 대학교과과정에 대한 건의서를 교육부에 제출했는데, "중국근백년사"와 "서양현대사"가 포함되었을 뿐이다.[57] 그는 공산당원으로서 유물사관을 신봉하고 있었기에 아편전쟁 이후를 반식민지 반봉건사회로 파악했으므로 신해혁명 기점의 현대사를 따로 구분할 필요를 느끼지 않았을 것이다. 일제강점기 조선총독부 조선사편수회의 『조선사』(1922~1938)와 경성제국대학의 조선사 강좌(1931~1941)는 시대구분을 아예 하지 않은 채 왕조사로 나누었다.[58]

이 같은 대학에서의 현대사 강의의 곤경은 현대사 연구의 곤경을 반영한 것이다. 국학연구원/연구소가 1922년 베이징대학을 시발로 주요 대학에 잇달아 설립되었는데, 현대사를 전담할 부서는 없었고 경비 부족으로 이내 문을 닫았다. 대학의 연구소는 국고(國故) 정리와 고사변(古史辨) 논쟁으로 촉발된 고대사 연구에 집중했다. 이에 국학운동의 편향을 우려한 루쉰은 "청년들을 낡은 종이 더미 속으로 끌고 들어가 살아 있는 학문과 신예술을 보지 못하게 함으로써 중국이 영원히 세계로부터 격절되게 만들까 염려된다"라고 비판했다.[59]

그래서인지 현대사의 필요성과 의미에 대한 학술적 논의는 의외로 취약했다. 1920~1930년대에 나온 역사연구법이나 사학개론 유의 책들은 대부분 중국사를 단지 상고-중고-근세의 셋으로만 구분했다. 중국 근대사학의 기초를 닦은 량치차오는 1901년 신사학을 제창할 당시 수용한 3분법을 『중국역사연구법』(1922)에서도 그대로 견지했다.[60] 그런 만큼 차이상스의 『중국역사 신연구법』(1940)과 구제강의 『당대 중국사학』(1947)이 "현재사회와 가까우므로 더욱 쓸모가 있다"는 이유로 현대사의 중요성을 강조한 것은 드문 예이다.[61] 그러나 그 의미와 범위 및 성격 등에 대해서는 논하지 않았다.

이런 상황에서 현대사의 저술은 주로 소수 대학의 현대사 강의와 연계된 채 진행되었고, 그 결과 현대사의 주요 특징과 기점에 대한 이해가 중등교과서의 그것과 사뭇 달랐다. 그 괴리는 아편전쟁 기점설이 다수라는 점에서 단적으로 드러난다.

아편전쟁 기점설은 1928년 뤄자룬에 의해 처음으로 명확히 제시되었다. 그는 1928년 옌징대학(燕京大學) 강연에서 아편전쟁을 계기로 비로소 국가 차원의 광범한 대외 접촉과 교류가 열렸으며 그로 인해 각 분야의 새로운 변화가 시작되었다면서 이를 현대사의 기점으로 보았다. 그는 현대사를 제

1기(1834~1860), 제2기(1861~1894), 제3기(1895~1918), 제4기(1919~)로 구분하였다. 그중 제3기는 혁명운동이 일어나 민국을 건립하는 시기이며, 제4기는 5.4운동으로 각성한 민중이 혁명군과 함께 전국을 제패함으로써 중국 역사상 미증유의 신기원을 연 시기다.[62] 뤄자룬은 1920~1925년 미국 유학과 유럽 방문을 마치고 귀국해 국민혁명군 정치부에 들어갔으며 난징국민정부에 의해 1928년 국립칭화대학(國立淸華大學) 교장으로 임명되었다. 그가 이처럼 국민당에 가까운 사람임에도 현대사의 기점을 공화혁명이 아니라 아편전쟁으로 보고 신해혁명보다 5.4운동을 더 중시한 것은 주목되는 점이다.

아편전쟁 기점설은 1930~1940년대에도 이어졌다. 이는 두 계열로 나눠 볼 수 있다. 하나는 "현대화" 담론이다. 중국인은 'modernization'을 1923년부터 '현대화'로 번역했고, 1933년 ≪신보월간(申報月刊)≫의 특집 "중국 현대화 문제"를 계기로 관련 논의가 확산했다.[63] 이 계열의 논자들은 대부분 현대화의 기본 내용을 공업화와 생산력 발전을 중심으로 파악하면서 각 분야를 포괄하는 전체적 이해로 나아갔다. 후스나 뤄자룬 같은 이들도 마찬가지였다. 그들은 아편전쟁 이후의 변화에 주목했다. 다른 하나는 마르크스주의 사학이다. 공산당원 량위안동(梁園東, 大夏大學)은 『본국현대사』(1932)에서, 현대사는 중국 봉건사회가 아편전쟁 이후 유럽자본주의와 접촉하며 그 침략을 받아 변형되는 속에 양쪽의 성격을 동시에 갖게 된 것으로 보았다.[64] 공산당원 리다(李達, 北平大學)는 1935년 중국의 "현대경제"를 아편전쟁 이후 "半식민지적 자본주의화" 과정의 경제로 파악했다.[65] 그 직전 중국사회사 논쟁에 참여한 다수의 논자도 현대사를 아편전쟁 이후로, 현대사의 성격을 반봉건사회 혹은 반식민지 반봉사회로 파악했다. 1939년 마오쩌둥(毛澤東)도 이 견해를 따랐다. 논쟁 참가자 중 현대사의 기점을 신해혁명으로 본 예는 없다. 정치체제의 변화가 아니라 물적 토대와 사회경제의 구조 및 성격을 중시한 결과다.

이와 달리 아편전쟁을 근대사 또는 근백년사의 기점으로 보는 견해도 있었다. 이는 민족주의 계열과 마르크스주의 계열의 두 갈래로 나눠진다. 전자의 대표적인 예는 천공뤼(陳恭祿, 武漢大學)의 『중국근대사』(1935)이다. 이 책은 "중국근세사" 강의 교재로 저술되었고 제목을 "중국근백년사"로 할 생각이었으나 이미 출간된 동명의 책들이 있어서 중복을 피하려고 부득이 "중국근대사"로 바꾸었다고 한다.[66] 여기서 신해혁명은 "개혁과 혁명"이라는 제목의 두 장에서 청조의 광서신정(光緖新政)과 함께 다루어졌을 뿐 특별한 위치에 있지 않다. 장팅푸(張廷黻)의 『중국근대사』(1939)도 이 계열에 속한다. 후자의 대표적인 예로는 리딩성(李鼎聲)의 『중국근대사』(1933)를 들 수 있다. 그는 공산당원으로서 상하이에서 지하공작을 하면서 핑신(平心), 리웨(李悅) 등의 필명도 사용하면서 저술과 번역에 종사했다. 옌안에서 공산당 간부 교재로 편찬된 판원란(范文瀾)의 『중국근대사』(1946)도 아편전쟁에서 시작하는 근백년사다.

현대화 담론과 마르크스주의 사학의 대두로 인해 나타난 현대사 인식의 변화에서 다음 두 가지는 따로 주목할 만하다. 하나는 공화혁명 = 신해혁명의 의의가 크게 약화된 점이다. 다른 하나는 근세사를 다시 구분하되 현대사가 아니라 '근대사'라 이름한 것이다. 이로써 근대사는 아편전쟁에서 시작하는 근백년사라는 인식이 형성되었으니 '근대사의 탄생'이라 할만하다. 이는 근세사와 근대사의 혼용에서 벗어나 양자를 명확히 구별한 것으로, 현대사의 탄생 못지않게 중요한 변화다. 이로써 '근세사'는 'modern age'에서 'early modern age'로 그 의미가 바뀌게 되었다.[67]

이런 연유에서인지, 신해혁명을 기점으로 하는 현대사 대학 교재나 저술은 찾아보기 어렵다.[68] 일본인에 의해 신해혁명 이후 정치사를 다룬 히로카와 세이푸(平川清風)의 『지나공화사(支那共和史)』(1920)와 마쓰이 히토시

(松井等)의 『지나현대사(支那現代史)』(1924)가 나온 것과 비교된다. 전자는 ≪오사카매일신문≫ 상하이 주재 기자가 현지에서 펴낸 책으로 "지나가 공화 9년간 어떠한 상태로 거쳐왔는지를" 다루었다. 800쪽이 넘는 방대한 분량의 책인데 3개월만에 3판을 찍을 정도로 중국 독자의 관심을 끌었다. 후자는 와세다대학과 일본육군대학 강의안을 출판한 것으로 그 내용은 전자와 흡사하다.[69] 중등교과서가 아니라 대학 교재나 연구서에서 신해혁명을 현대사의 기점으로 간주한 견해는 1949년 이후 대만 학계에 의해 형성되었다. 이 견해는 지금도 대만에서 유지되고 있다.

5.4운동을 현대사의 기점으로 보는 견해도 민국 시기에는 없다가 1949년 이후 공산당에 의해 형성되었다. 이는 두 단계를 거쳤다. 처음에는 현대사나 근대사 안에서의 중요한 전기로만 간주되었을 뿐이다. 흔히 마오쩌둥의 「신민주주의론」(1940)에 의해 5.4운동 기점설이 공식화된 것으로 알려져 있으나 이는 사실과 다르다. 앞서 본대로 당시 마오쩌둥은 아편전쟁 이후를 현대사로 보았으니, 그가 이 논설에서 중국혁명을 구민주주의혁명(1840~1919)과 신민주주의혁명(1919~1940)의 두 단계로 나눈 것은 '현대사' 안에서의 구분에 불과하다.[70] 몇 년 뒤 판원란은 옌안의 공산당 간부 교재로 저술한 『중국근대사』(1946)에서 이 두 단계를 마오쩌둥과 달리 '근대사'의 두 시기로 구분했다.[71] 아편전쟁 이후를 '근대사'로 보고 이를 5.4운동 이전과 이후의 두 단계로 구분한 시초는 블라디보스톡 소재 소련과학원 원동부 주임 우위장(吳玉章)의 「중국사대강(中國史大綱)」(1936)이다.[72] 그는 1938년 귀국해 옌안의 루쉰예술학원 원장과 옌안대학 교장을 역임했으니 판원란의 저작에 영향을 미쳤을 것이다. 어느 경우에도 5.4운동은 '현대사'나 '근대사' 안에서의 전기일 뿐 새로운 시대의 기점으로 주목된 것이 아니다.

공산당이 5.4운동을 전후해 근대사(1840~1919)와 현대사(1919~1949)로 구분한 것은 인민공화국 수립 이후의 일이다.[73] 중국공산당 중앙선전부 교재편찬조 조장 후성(胡繩)은 1954년 무산계급이 정치무대에 등장한 5.4운동을 현대사의 기점으로 보았으며 이 견해가 공산당과 각급 학교의 교과서·교재 편찬 원칙이 되었다. 그러나 당시 역사학계의 주류 견해는 계급투쟁론이 아닌 사회성격론을 기준으로 1949년을 현대사의 기점으로 잡아야 한다는 것이었다.[74]

사회성격론을 기준으로 1949년 이후를 현대사로 보는 관점은 개혁개방 이후 공식화되었다. 이제 "중국 현대사란 인민공화국 건국에서 시작하는 사회주의혁명과 사회주의건설의 역사"로 규정되었다. 학계에서는 중국사회과학원이 1979년『근대사연구』를 창간할 때 근대사의 범위를 1840~1949년으로 잡고 그 이후를 현대사로 간주했다. 후성도 1981년 1949년 기점설을 주장해 그동안 당·정부의 공식 견해와 학계의 주류 견해 사이의 괴리를 해소했다. 이는 1988년 중등교육과정에도 반영되었는데, 그 무렵부터 '(인민)공화국사'라는 용어가 사용되어 현대사와 동일시되었다. 이는 기점만 달리할 뿐 동시대의 역사를 현대사로 구분하는 시간관념의 표현이라는 점에서 1913년 중화민국 교육부가 중화민국사를 현대사로 구분한 것과 동일하다. 그러므로 중국에서 역사인식의 새로운 틀로서의 현대사의 탄생은 1913년의 일이며 그것은 분명 조산이었지만 시련 속에서도 중화민국 국민정부의 필요에 따라 생존했고 인민공화국 정부에 계승되어 지금까지 살아 있는 것이다.

현대사란 인식주체로부터 '가장 가까운' 과거의 한 시대다. 그것은 근대사와 연속되면서도 크게 달라진 시대로 구분하고 싶은 욕구가 투영된 사상적 기획이다. 중화민국은 건립 직후부터 이런 필요를 깨닫고 공화민국의 탄생과 중화의 회복을 이전의 근세와 다른 '현대'라는 새로운 시대로 구분하고 이를 역사적으로 정당화하고자 시도했다. 여기에는 정권 차원의 필요뿐만 아니라 국민교육을 통해 새 시대의 국민정체성을 함양한다는 필요에 부응하려는 뜻도 있었다. 이 점에서는 베이징정부 시기의 현대사도 국민정부나 인민공화국정부 시기의 현대사도, 그리고 일본에서도 마찬가지다.

중국현대사학회 명예회장 펑밍(彭明, 1924~2005)은 1999년 20세기 중국의 3대변혁으로 신해혁명, 인민공화국 수립, 개혁개방을 꼽았다.[75] 5.4운동 연구의 권위자인 그가 5.4운동보다 신해혁명을 중시한 점이 무게감 있게 다가온다. 국내에서는 신해혁명-5.4운동-인민공화국 수립을 1차, 2차, 3차 공화혁명으로 보는 견해가 있다. 공화의 실질이 단계별로 누적적으로 채워지는 긴 과정으로 보려는 것이다. 1912년의 '공화'와 1949년의 '공화' 사이에는 연속과 단절이 있다. 국제적 조건과 국가 주도세력이 달라진 만큼 공화의 의미도, 그걸 실현하고자 채택한 제도도 달라졌다. 이에 관해서는 다음 장에서 살펴보기로 한다.

제2장

제국공화주의

제국관성과 공화이념의 절충·긴장

1912년 1월 수립된 중화민국은 중화민족의 공화국이다. 중화공화국도 중화민족도 새로 만들어진 개념이자 형성 도중에 있는 불완전한 실체였다. '공화'와 '민족'은 근대 서양에서 형성된 개념을 들여온 것이어서 그 함의에 대한 이해는 논자에 따라 각양각색이었다. 더구나 그것은 이전의 제국관성이 작용하는 중국 현실 속에서 구체화해야 할 과제였기에 더욱 복잡한 관계 속에 놓이게 되었다.

신해혁명 시기 중국인은 군주입헌제와 민주공화제를 양자택일적인 이분법으로 이해했다는 것이 학계의 통설이다. 이는 ≪신민총보≫와 ≪민보≫의 논쟁으로 형성된 대립 구도에 제약받은 결과다. 그러나 당시 중국 국내에서 다양한 논자들의 참여 속에 진행된 국체/정체 논쟁으로 시야를 넓혀보면 이분법적 관점에 얽매이지 않은 견해가 적지 않았음을 알 수 있다. 공화정체의 의미와 형태는, 가령 최고통치권이 의회에 있음을 근거로 영국·독일의 정체를 공화 혹은 허군공화(虛君共和)로 여길 정도로 다양하고 넓어서 그 경계가 모호했다. 특히 군주입헌과 민주공화 사이에 허군공화가 있고 대영제국이 그 가장 성공적인 사례로 꼽히고 있었기에 양자를 절충하려는 시도가 나타났다. 1903~1912년 잇달아 제기된 입군공화론, 허군공화론, 제국공화주의가 그런 예이다.

중화민국은 세 정치세력의 경쟁과 타협으로 성립되었기에 그 정체를 더욱 모호하게 만들었다. 경쟁과 타협은 관료집단을 포함한 군주입헌 노선의 청조와 쑨원으로 대표되는 급진공화파 사이에서 장젠(張謇) 등의 '온건공화파'가 청조 총리대신 위안스카이를 지렛대로 삼아 진행되었다. 그 결과 황제의 퇴위 후에도 그 존호와 황실을 보존하고 만몽회장의 왕공·세작을 우대하는 조건으로 '5족공화'를 표방하며 출범했다. 이를 정당화하는 데 가장 근접한 정체론이 제국공화주의로 보인다. 이는 가깝게는 청제국 이래의, 멀게는 진한 이래의 제국 경험에서 나오는 제국관성이라는 '과거의 힘'이 작용한 결과일 터이다.

제국공화주의에 대한 연구는 최근에야 극히 일부 연구자들의 관심을 받아 시작되었다. 일찍이 1993년 허우이제(侯宜杰)가 그것을 청말 입헌운동의 일환으로 간략히 다룬 바 있으나 후속 연구가 진행되지 않았다.[1] 최근 그것을 허군공화론의 일종으로 파악한 쌍빙(桑兵)의 연구와 그 주창자 장친의 「중화민국헌법초안」에 초점을 두고 검토한 리동무(李冬木) 등의 연구가 나왔다.[2] 이들 연구는 모두 제국공화의 제국을 단지 황제가 통치하는 국가, 공화를 군주가 없는 정체로 보고 접근했다. 이와 달리 필자는 제국을 분석 개념으로서의 제국1과 제국2의 의미로 보고 공화는 그 정체의 제도(공화1)뿐만 아니라 이념과 규범(공화2, 공화3)까지 포함해 접근하고자 한다.

이 장에서는 이 점을 고려하며 먼저 당시 사람들이 인식한 정체론 중에서 절충적 정체론에 주목해 이를 제국관성의 맥락과 연관 지어 파악한 다음 이를 이론적 배경으로 삼아 제기된 제국공화주의의 주요 내용과 특징을 허군공화론과 비교해 드러내고자 한다.

1. 공화정체의 유형과 절충론

정체 구분의 기준과 유형

근대중국의 체제변혁기에 일어난 정체 논의는 극히 복잡하고 혼란스러우며 만인만색이다. 3분법으로는 몽테스키외의 견해에 따라 전제-입헌-공화로 구분하거나 이를 군주-군민공주-민주로 바꿔 표기했다. 2분법으로는 마키아벨리의 견해에 따라 군주-공화로 구분했다. 공화제를 군주제와 대립하는 '국체'로 간주하는 견해가 있는가 하면 전제와 대립하는 '정체'로 간주하는 견해도 있다.

원래 서방의 국가학·국법학이나 정치학 이론에서는 '정체(polity)'만 쓰였는데, 메이지 시기 일본의 인사들이 천황제를 절대화하기 위해 '국체'(주권의 소재를 따짐)라는 용어를 만들어 '정체'(주권의 행사 방식을 따짐)와 구분하면서부터 관련 논의가 더욱 복잡해졌다. 량치차오도 이 영향을 받아 국체와 정체를 구분했다. 특히 천황주권을 절대화한 일본식 군주입헌제로 인해 군주 = 전제, 공화 = 민주로 단순화시키는 폐단이 생겼다. 이 같은 단순 이분법과 거리를 두고 큰 시야로 정체론을 조망하면 두 극단 사이에서 다양한 스펙트럼의 정체를 구상할 수 있다는 발상이 가능해진다.

정체의 실질적 의미를 온전히 파악하기 위해서는 다음 두 가지 기준에 유의해야 한다. 하나는 주권의 소재와 함께 그 행사 방식을 따로 살피는 것이다. 주권이 군주에게 있는 군주입헌국이라도 인민의 의사에 따른 정치를 하면 민주이고, 주권이 인민에게 있는 공화국이라도 대통령이 민의를 무시하며 멋대로 권력을 행사하면 전제/독재이기 때문이다. 주권의 행사 방식 면에서 보면, 공화국 안에는 공화민주와 공화전제가 있고 입헌국 안에는 입헌민주와 입헌전제가 있다. 가령 미국은 공화민주이나 나폴레옹 1세와 3세

시기의 프랑스는 공화전제라는 식이다. 제2차 세계대전 이후 제3세계 국가의 다수가 공화국이면서 독재국가였던 것도 같은 이치다.

다른 하나는 정체의 형식과 함께 그 속에 담긴 정신을 따로 살피는 것이다. 앞에 말한 정체의 3분법이나 2분법은 그 형식을 중시한 구분인데, 이를 그대로 따르는 경우와 그 정신까지 살피는 경우의 차이는 크다. '형식의 공화'와 '정신의 공화'라는 구분이 바로 그런 예이다. "형식의 공화"란 세습 군주 없이 임기제의 대통령과 의회가 주권자인 국민 전체의 의사에 따라 선출되어 그 의회가 제정한 헌법에 따라 정사를 운영하는 정체를 말한다. 그럼으로써 국가는 '인민 전체의 공공의 것(res publica)'이 된다는 의미에서다. 신해혁명 시기 이러한 '형식공화'는 미국·프랑스·스위스 등 소수에 불과했다.

이와 달리 시야를 '정신의 공화'로 넓혀서 보면 형식상 군주입헌인 국가 중에도 정신상/실제상 공화인 국가가 있음을 인정하게 된다. 영국을 공화로, 일본을 입헌전제로 구분하는 식이다. 가령 1912년 1월 《성경시보》가 "형식공화와 정신공화"를 구분해 영국·벨기에는 "명의상 군주입헌 국체이지만 실은 공화의 정신을 갖추고 있다"라며 "정신상의 공화"라 본 것이 그 전형이다.[3] 그에 앞서 량치차오가 1910년 3월 법의 형식인 법제(法制)와 그 정신인 법리(法理)를 구분해 "벨기에는 세습군주국이지만 국회가 최고 기관이므로 법리상으로 보아 민주국체"라고 한 것도 같은 맥락이다.[4] 그는 국체를 군주-귀족-민주로 구분했으니 여기서 '민주'는 '공화'에 해당한다. 이 같은 정신공화론의 사례와 계보를 추적하다 보면 입군공화론, 허군공화론과 제국공화주의를 만나게 된다.

정신공화론과 입군공화

우선 입헌정치를 공화정의 핵심으로 간주한 견해가 주목된다. 공화정의 범주를 가장 넓게 인정하는 견해다. 쌍빙의 연구에 따르면 1902년 번역된 기신자키 아키라(岸崎昌) 외의 『국법학』이 그런 첫 사례다. 이 책에 따르면 "공화국체란 주권의 전부 또는 일부가 인민에게 있는 것"이며 인민이 이를 군주와 나누어 갖는 군민공주도 공화국체의 하나다.[5] 1907년 번역된 가케이 가츠히코(筧克彦)의 『국법학』과 같은 해 2월 ≪만국공보≫ 사설에도 이와 유사한 발상이 담겨 있다. 특히 후자는 헌법에 따른 인민의 자치야말로 공화의 핵심 내용이라 강조하고 "전국의 정치가 인민의 선거로 구성된 의회에 장악되어 있다면" 굳이 공화와 군주입헌을 구분할 필요가 없다고 했다.[6] 이는 일찍이 루소가 공익을 추구하는 법에 의해 지배된다면 정부 형태와 관계없이 "res publica"라고 한 것을 상기시킨다.[7]

여기서 논의의 초점은 같은 군주입헌국에 대해서도 인민의 주권행사 범위와 정도를 파악하려 한 데 있다. 당대인이 보기에 이를 가늠할 수 있는 제도적 요소는 인민의 민의를 대표하는 의회의 권한이었다. 이를 기준으로 영국을, 또는 영국과 독일을 사실상의 공화국으로 분류하고 일본은 그와 다른 전제국으로 여겼다. 1907년 9월부터 1912년 1월까지 ≪신보≫ 사설, ≪동방잡지≫·≪학해學海≫·≪법정잡지≫·≪국풍보≫·≪성경시보≫의 논설에서 이런 견해가 공유되었다. 이들 논설은 모두 "진정한 입헌은 군주권을 제한하는 것이므로 일단 이를 실현하면 입헌은 곧 민주이고 공화와 대동소이하다"는 데로 수렴되었다. 대영제국은 군주에게 실권이 없으며 국회가 국민을 대표하여 최고 권력인 주권을 행사하므로 공화제라 하고, 독일은 그 입법·사법·행정권이 모두 연방참의원에 있으므로 "엄연한 공화제"라 하였다.[8]

이상의 번역서와 논설은 모두 군주입헌에 호의적이라는 공통점을 갖고 있다. 우선 일본인 저자의 ≪국법학≫ 2종은 일본식 군주입헌론에서 자유로울 수 없는 한계가 있다. 그럼에도 이런 종류의 역서나 저서는 청말~민국 초 중국 각지에 우후죽순처럼 설립된 법정학교의 교재로 사용되어 상당한 영향을 미쳤다. 이런 교재로 학습한 학생들이 졸업 후 청조와 민국의 관료로 진출했기 때문이다.[9] 일반 중학교에서도 수업 중 교사로부터 학생들은 인민과 신민의 차이에 대한 설명과 함께 "비록 군주가 천하를 사유재산으로 여긴다 해도 이제부터 나는 천하를 전국인의 공유재산으로 여길 것"이라는 얘기를 듣고 일기에 남길 정도였다.[10] 그 밖의 논설은 발표 지면이 모두 군주입헌론 성향의 신문/잡지인 만큼 군주입헌의 의미를 확대해 강조하려는 의도에서 출발한 것으로 볼 수 있다.

이런 점을 고려하고 보면 공화혁명파의 잡지 ≪장쑤≫(江蘇, 상하이)의 한 논설이 사실상의 '정신공화론'에 해당하는 사례를 소개한 것은 따로 주목할 만하다. 이 잡지는 1897년 창간된 후 1902년 상하이/장쑤 지역 혁명파 인사들의 단체인 중국교육회(회장 蔡元培, 2년 뒤 광복회로 이어짐), "공화학교(共和學校)" 학생들과 상부상조하는 관계를 형성함에 따라 주로 공화혁명의 논설을 게재했다.[11] 그중 하나가 1903년 6월 경암(竟盦)의 「정체진화론」이다. 작자의 이력은 확인되지 않지만, 이 논설에서 단연 돋보이는 것은 유연하고 폭넓은 관점으로 여러 정체를 형식과 정신의 양면에서 이해할 수 있도록 해준 점이다. 그중의 하나인 "입군공화(立君共和)"는 몇 년 뒤 허군공화론이나 제국공화주의로 이어지는 디딤돌이라 할 만한 하다.

경암은 군주입헌이든 공화든 헌정과 민권 운용의 방식에 따라 각기 전제와 민주로 갈라질 수 있다고 분석적으로 접근했다. 주권의 소재만 보지 않고 주권을 행사하고 운용하는 방식도 함께 살핀 것이다. 그에 따르면 민주정체란 국가의 최고통치권인 주권이 군주가 아닌 인민에게 있음을 헌법으로 보장하는 정체다. 주권재민이면 비록 군주를 봉대하더라도 민주라 할 수 있고, 이런 정체 안에는 공화정·민주전제정·입군공화정의 3종이 있다.

공화정에서 "모든 권력은 민의가 결정한 국회에 속하며, 국회 바깥의 모든 권력도 국회의 위임에서 나온다". 미국·프랑스가 그 대표다.[12] 그러나 국회가 다수 빈민에 장악되어 상류층의 이해를 무시하면 의회 전제이고, 나폴레옹 1세와 3세처럼 군사력을 배경으로 국회를 통하지 않고 국정을 운영하면 대통령 전제다. 양자 모두 "공화란 국가의 전체 인민이 권리를 갖고 의무를 다하되 서로 침해하지 않는 것"을 위배한 것이다. 이것이 민주전제정, 곧 공화전제정이다.[13]

입군공화정은 민의로 군주를 세우고 의회의 감독을 받아 국정을 운영하는 정체로, 군주가 국민의 의사에 따르지 않을 수 없도록 국회가 감독하는 것이다. "공화는 그 정신이고 입군은 그 형식이다." 지금 벨기에가 이를 시행하고 있는데, 군주는 허명이고 그 실질은 공화국 대통령과 다르지 않다. 그 헌법에 "모든 권력은 국민에게서 나온다", "국왕은 헌법과 그에 따라 제정된 특별법이 규정한 것 외에 어떠한 권력도 가질 수 없다"라고 명시했다.[14] 뒤에 보듯이 벨기에는 당시 중국인의 큰 관심을 끌었는데 식민지 콩고를 가진 세계열강의 하나였다.

군주입헌정의 대표자는 영국·독일·일본이다. 영국은 의회가 국정의 대사를 결정하고 국왕은 채택의 의례를 행할 뿐이어서 민주공화정과 별 차이가 없다. 독일과 일본의 헌법은 흠정이어서 이와 다르다. 군주입헌정은 정체진화의 과정에서 소강(小康) 단계의 일시적 현상일 뿐 지속할 수 없는 정체다.[15]

경암은 결론적으로 중국의 정체가 10년 안에 최고 단계인 공화정체에 이르기를 소망했다. "군권과 민권의 강약·대소는 인민의 경쟁이 얼마나 치열한가에 따라 선택될 터이니 가장 열렬한 경쟁으로 가장 뛰어난 정체를 취해야 한다"라는 것이다. 미국식 공화정은 연방제 공화국인데, 그가 다민족이 아닌 하나의 민족을 단위로 하는 "민족적 공화국"을 건립해야 한다고 주장한 것이 눈길을 끈다.[16] 그는 한족중국론자인 것이다.

이상의 정체론을 통해 확인할 수 있는 것은 군주를 존치하면서도 국민을 대표하는 의회가 헌법에 입각한 국정 운영의 중추라면 실질상 공화정과 다르지 않다는 인식이 널리 공유되었다는 점이다. 그 사례는 영국식 군주입헌정과 벨기에식 입군공화정이다. 정체론의 이분법적 틀을 벗어난 이 같은 절충적 사고는 해외의 공화혁명파와 입헌개혁파에게 관심의 대상이 아니었다. 하지만 그것이 국내의 다양하고 광범위한 신문잡지에서 지속적으로 논의된 것으로 보아 신사·관료·상공업자와 지식인·학생들에게 상당한 관심을 끌었던 것으로 보인다.

경암 자신은 당시에 입군공화론의 소개자였을 뿐 지지자는 아니었으나 다양한 정치성향의 독자들에게 선택지를 넓혀준 것은 분명하다. 앞서 본대로 량치차오가 1910년 3월 벨기에를 "법리상의 민주", 즉 "정신상의 공화"로 간주한 논설을 발표한 것은 그런 가능성을 말해주는 좋은 사례다.

"공화의 정신"과 공덕, 공화주의

이상의 정체 논의에서 거론된 공화의 의미는 여전히 모호하고 제도 차원의 공화1에 한정되어 있다. 그 초점은 헌법에 따라 국회가 인민을 대표해 주권을 행사한다는 것에 두어져 있어서 특히 군주입헌과의 경계가 모호하다. 혁명파의 대다수가 공화를 정체나 정권 형식으로 좁게 이해했는데, 신해년 혁명에 앞장선 후베이 지역도 예외가 아니었다.[17] 공화주의, 즉 공화에 대한 규범적 논의가 필요한 까닭이다.

량치차오와 쑨원으로 대표되는 입헌파와 공화파의 논쟁(1905~1907)은 군주입헌제와 민주공화제라는 정체의 제도 측면에 집중되었다. 전자는 군주가 국가통치의 주체로서 인민의 이해관계로부터 초연한 지위에 있어 그 이해충돌을 공정하고 정의롭게 조정할 수 있다고 보지만 후자는 국가통치의 주체는 인민이며 그 대표기관인 국회가 이해충돌을 조정하는 것이 민의에 부합한다고 본다. 그런데 공정하고 정의로운 조정자로서의 군주는 이상일 뿐 실제로 늘 존재하는 게 아니어서 이를 현실화하는 필수 장치가 국회이고 헌법이며 군주의 조정은 이에 기초하는 것이다. 결국 양측 모두 헌법, 민선의회, 책임내각(대신의 부서), 사법독립을 공통의 필수 제도로 삼고 있음을 말해준다.[18]

군주입헌과 민주공화의 차이는 형식적 제도를 떠받치는 규범과 운용 주체의 정신 자세에 있다. 공화2의 핵심 요소다. 량치차오는 '공화'란 "인민 각자가 스스로 치자이면서 동시에 피치자인 정체"이므로 이를 실행하려면 인민이 자치심과 공익심을 갖고 공무에 참여하며 자신을 절제해야 한다며 이 "공덕"을 "공화의 정신" 혹은 "공화의 심리"라 불렀다.[19] 이에 주목해 중국에서 공화는 시기상조라며 반대했고 심지어 입헌도 아직 이르다면서 국가가 국민의 정치 능력과 공덕을 증진하는 "개명전제"의 단계를 거쳐야 한다고 주장하기도 했다. 그는 공화정체에 관해 쑨원보다도 더 많은 글을 써서 설명했다. 그에 비해 쑨원은 공화란 용어를 자주 회피했고 공화정에 관한 체계적인 글을 거의 남기지 않았다.[20] 다만 자유·평등·박애를 공화정의 이념으로 제시해 동맹회원들과 공유하고 공화의 핵심 요소를 간명하게 함축적으로 표현하는 방식을 취했다.

그렇더라도 쑨원 역시 공화2의 함의를 명확히 인지하고 실천 강령으로 제시했다. 그는 「중국동맹회 혁명방략」(1906)에서 "민국은 국가를 인민의 공유재산(公産)으로 여기며" "인민의 모든 일", 즉 국가의 공무는 인민이 "공리(公理)", "자리(自理)"(공정하게 스스로 처리)한다. 다만 현실적으로는 인민의 선거로 구성된 국회가 "인민의 공의(公意)를 대표하여" 결정하고 정부가 이를 집행한다고 했다.[21] 공산, 공리, 공의라는 용어로 공공성을 특별히 강조한 것은 국가가 '공공의 것'이라는 republic = 공화국의 함의를 드러내기 위함일 터이다. 비록 공화국 대신 '민국'이라는 용어를 썼으나 그가 '공화'의 진정한 의미를 이보다 더 분명하게 설명한 자료는 찾기 어렵다. 그는 제도로서의 "공화가 성립되어도 그 실질이 채워지려면 국민의 정치 능력과 공공 도덕이 충족되어야 한다"라면서 언론의 역할을 강조하기도 했다.[22] 윤리적 공화에도 주목한 것이다.

공화에 대한 규범적 논의에서 간과할 수 없는 요점의 하나는 국민의 정치 능력과 공덕을 어떻게 갖출 수 있는가의 문제다. 이는 공화의 실질과 직결되는 관건이 아닐 수 없다. 군주입헌파의 국회 즉시개설 요구를 청조가 낮은 민도를 이유로 탄압하자 다급해진 입헌파는 그것을 의회제의 실행으로 경험을 통해 함양할 수 있음을 인정했다. 공화파는 원래 이런 학습효과를 인정한 위에서 민도를 뒷받침할 인민의 생계 평등에 주목했다. 평균지권론을 골자로 하는 민생주의가 그것이다.

쑨원이 민생주의로 사회적 공화를 추구한 것은 공화3으로 나아간 심원한 의미가 있다. 그가 동맹회 강령으로 "건립민국"과 함께 "평균지권(平均地權)"을 제시한 것은 "군주전제"와 짝을 이루어 인민이 "부자(富者)전제"로부터도 벗어나야 비로소 "공화국의 실효"를 거둘 수 있다고 보았기 때문이다. 이를 "사회공화의 정체"라 부르면서 "국민적 국가"와 짝을 이루는 "사회적 국가"라 했다. 임시대총통 선언에서는 사회경제조직을 개조해 "인민에게 삶의 즐거움이 있음을 알게 해야 한다"라고도 했다.[23] 장빙린(章炳麟), 후한민(胡漢民), 류스페이(劉師培) 등은 입헌이든 공화든 재산의 균등화 조치 없이는 의회 선거를 통해 지역 유력자의 부패를 추인하고 그들의 권력을 강화할 뿐이라고 보아 평등을 강조했다.[24] 쑹자오런(宋教仁)은 토지와 자본을 균등화하는 목적은 자유·평등·박애의 공화주의 대의를 실현하는 데 있다고 하였다.[25] 이는 공화국민의 능력과 자질인 독립적 판단능력과 공덕을 함양하려면 무엇보다 국민 개개인의 '독립적 생계', 즉 경제 자립이 필수적이라는 인식으로 이어졌다.[26]

평균지권에 대하여, 량치차오를 비롯한 입헌파는 "실행할 필요도 없고 할 수도 없으며 해서도 안 된다"라면서 생산 증대에 힘써야 한다고 주장했다.[27] 동맹회 안에서도 반대론이 적지 않았지만 민생주의는 "사회적 공화"로 "공화의 실효"에 도달하려는 공화국의 원대한 비전을 담은 공화주의 이념이라 할 수 있다. 당시의 비난처럼 현실문제 해결의 방략으로서는 약점이 있었으나, 그것은 민두기가 간파한 대로 "장래의 사태에 대응하는" "사상의 깊이를 나타낸 것"으로서 그의 영도력이 오래 지속될 수 있었던 요인이라 할 수 있다.[28]

시야를 좀 더 넓혀서 보면, 공화국의 유지를 위해 토지균분제가 필요하다는 주장은 고대 로마에서 처음 나온 이래 마키아벨리를 거쳐 루소와 토머스 스펜스(T. Spence)에 이르기까지 이어졌다.[29] 특히 스펜스의 지대공유론은 헨리 조지(H. George)의 단세론의 원조로 알려져 있으며, 쑨원의 평균지권론은 바로 이에 기초해 형성되었다. 사회적 공화주의, 곧 민생주의와 공화주의의 상관성은 "항산(恒産)이 있어야 항심(恒心)이 있다"는 맹자의 정전론(井田論)과도 상통한다.

아쉬운 것은 공화에 관한 규범적 논의에서 중대한 한 가지가 간과된 점이다. 공화의 내실을 위해 사회공화까지 추구한 혁명파도 입헌파와 마찬가지로 공화가 민족과 국가를 초월해 적용되는 보편 가치여서 민족적 위계를 인정하지 않는 주의라는 점에 관심을 두지 않았다. 뒤에서 보듯이 제국공화주의는 이 점을 환기시킨 점에서 주목할 만하다.

2. 허군공화론과 '대중국'의 제국성

앞서 살펴본 절충적 정체론이 우창봉기 직후 구체화 된 예가 허군공화론과 제국공화주의다. 모두 몽골·티베트가 분리독립 움직임을 보이는 상황에서 만·몽·회·장을 포괄하는 "대공화중국"을 건립하는 방안으로 제기된 것이다. 동맹회 이래의 '급진공화파'는 대체로 한족중심의 소중국론을 선호한 것과 달리 입헌파와 거기서 분화돼 나온 '온건공화파'는 시종일관 다민족의 대중국론을 선명하게 주장했다.

국내의 입헌파는 캉유웨이(康有爲)·량치차오를 비롯한 해외로 망명한 입헌파와 달리 신사이거나 상공업자여서 경제력은 물론 폭넓은 인맥도 갖고 있었다. 그 인맥은 신사층 특유의 연결망과 동향·동업·친인척·사제 등을 포함한다. 이를 통해 그들은 자기 지역의 혁명파와도 협력관계를 유지했고 군주전제를 비판하는 언론과 집회나 청원운동에서 상호 연대했다. 이는 해외에 망명한 상태의 군주입헌파와 공화혁명파가 입헌정치라는 중대한 공유점에도 불구하고 군주의 존폐를 둘러싸고 첨예하게 대립한 것과 다르다.

입헌파는 청조가 국회 즉시개설 요구를 탄압하고 황족내각(1911.4)을 출범시켜 황제권과 황족의 특권을 대폭 강화하자 군주입헌에 대한 기대를 포기하고 공화입헌으로 선회했다. 입헌파가 투자한 민영철도의 국유화 조치는 거기에 기름을 부은 격이다. 그 일부는 우창봉기(1911.10.10) 이후 종래의 구호인 '5족입헌'을 '5족공화'로 바꾸어 혁명의 대세에 합류했다.[30] 원래의 공화혁명파를 '급진공화파'라 한다면 이들은 '온건공화파'라 부를 수 있다. 그들은 급진공화파와 함께 각 성·시의 혁명정권을 수립하고 경제력을 기반으로 많은 지역에서 이를 주도하면서 필요에 따라 제어하기도 했다.

온건공화파는 향후 진행될 공화국의 국회 선거를 염두에 두고 각종 정치단체를 속속 결성했다. 1911년 11월 중순부터 이듬해 1월 말까지 성립된 공화통일회, 공화건설토론회, 공화구진회, 공화국민회, 중국공화연구회, 국민협회, 공화촉진회 등이 그런 예다. 대부분 온건공화파만의 단체이지만 공화통일회(汪精衛, 張謇)처럼 급진공화파와 연대해 구성한 단체도 있다. 그들은 기득권층으로서 정국의 안정을 무엇보다 우선했다.

그들과 제휴한 급진공화파가 공화혁명을 완수하려면 북진하여 청조를 타도해야 했으나 각 성의 혁명정부는 그럴만한 재력과 군사력이 부족했다. 내전의 혼란을 틈타 열강이 중국을 분할 점령할 수 있다는 우려도 있었다. 이에 온건혁명파와 손잡고 청조의 총리대신이자 군사영수인 위안스카이의 힘을 빌려 청 황제를 퇴위시키는 대신 그에게 임시대총통 직위를 넘겨주기로 했다. 이렇게 비밀리에 시작된 남북 간 정치협상은 1911년 12월 20일 공식 협상으로 진전되었으나 양측은 황제 퇴위 후 그와 황족, 그리고 만주족 및 청조와 동맹관계에 있던 몽·회·장족의 왕공·귀족을 어떻게 우대할 것인지에 관한 이견으로 이듬해 1월 말까지 밀고 당기기를 거듭했다.

쟁점은 결국 '어떠한 형식의 공화'냐에 있었는데, 남측의 민주공화론 외에 허군공화론과 제국공화주의가 바로 이 무렵 제기된 것은 우연이 아니다. 이는 앞서 본 절충적 정체론의 연장선에서 군주입헌과 민주공화를 절충한 것이어서 타협책으로 수용될 가능성이 커졌다. 차선책에 불과했던 절충적 정체론이 이제는 현실적인 선택지로 급부상하게 된 셈이다.

허군공화론은 1911년 11월 9일 캉유웨이에 의해 처음 제기되었다. 그는 당시 남방 혁명정부의 실세인 리위안훙(黎元洪), 황싱(黃興), 탕화룽(湯化龍)에게 보낸 서한에서 다음과 같은 요지의 국시해결 방안을 제시하였다. ① 청조가 「헌법중대신조19조」(1911.11.3, '19신조'로 약칭)를 반포해 스스로 "영국식 군주공화"로 이행했다. 국권이 국회에서 나오는 게 공화다. ② 중국이 청조를 버리면 내지의 3배 면적인 만·몽·회·장 지역을 포괄할 수 없으니, 이를 온전히 수습하는 길은 "영국식 군주공화를 참조하여 허군공화 정체를 수립"하는 것이다. ③ 영국, 벨기에, 노르웨이 등은 그 최고통치권(주권)이 군주가 아닌 국회에 있어 "군주공화"라 하니 이를 참조할 수 있다. ④ 청 황제를 퇴위시킨 후 나무인형과 같은 허위에 두고 국호를 '중화'로 바꾼다. 국가는 연방제가 아닌 단일제 형태를 취하며 그 실권은 국회와 국회가 선출하는 내각 총리에게 있다.[31]

이 제안은 평소의 지론인 일본식 군주입헌보다 진보한 것이지만 공화의 대세를 의식해 영국식 군주입헌을 허군공화로 포장한 것일 뿐이다. 허군과 대통령을 동시에 두는 정체도 아니다. 더구나 「19신조」는 헌법에 따라 황제의 정치적 실권을 불허하고 황실의 내각 참여를 금지하면서도 만세불변의 황통과 신성불가침한 황제를 강조하고 황제의 대내적 군사권을 조건부(국회의 동의)로 허용하는 것이어서 '허군'과 거리가 있다.[32] 영국과 벨기에를 똑같이 허군공화 정체로 본 것은 견강부회다. 앞서 본대로 경암은 벨기에의 군주가 민의에 의해 봉대·교체될 수 있고 헌법에 따라 사실상 대통령과 같은 실권을 행사할 수 있다며 이를 '입군공화'라 하였다. 그것은 허군이 아니다.

캉유웨이가 허군공화론을 제기한 가장 중요한 목적은 청제국 영토의 보전이다. "몽·장은 우리 중화(吾華)의 고유영토가 아닌데 만인(滿人)이 힘써 얻어서 우리 중화인(吾華人)에게 준 것이다. 그러니 몽·장은 실로 만주에 속할 뿐이지 우리 중화와는 아무 상관이 없다. …… 만일 청조를 잘라버린다면 몽·회·장을 받아들이려 해도 할 수 없다"라는 것이다.[33] 중국인과 상관없는 몽·회·장의 제국 영토를 유지하려면 청 황제를 허군으로라도 모셔야 한다는 것이다. 그 후 일반인에게 허군공화론을 알려 여론화시키려고 「공화정체론」을 소책자로 발행해 좀 더 상세히 설명했으나 새로 추가된 내용은 거의 없다.[34] 실권도 상징적 권위도 대부분 상실한 허군 청 황제가 무슨 권위로 몽·장·회족을 중화공화국 안에 아우를 수 있다는 것인지 밝히지 않았다.

그 후 량치차오는 스승의 허군공화론을 지지하는 논설을 발표해 호응했다. ≪대공보≫에 연재된 「신중국건설문제」(1911.12.28~1912.1.10)에서 그것을 신묘한 정체이자 유럽 각국의 모범이라 상찬했다. 이 논설은 그 직후 ≪성경시보≫ 등에 연재되었으니 북방 언론으로부터 상당한 호응을 받은 셈이다. 소책자로도 출판되었다. 이 논설에서 그가 캉유웨이의 주장을 지지한 주된 이유 역시 만·몽·회·장을 포함하는 제국 영토의 보전과 안정이다. 미·프식 공화제는 정당간의 과열 경쟁으로 대립과 혼란을 조장하며, 만·몽·회·장 각 족이 동거하는 중국 현실에 맞지 않으니 "만·몽·회·장의 복속"을 유지하려면 영국·벨기에식 허군을 본받아 황통을 허위로 존치하는 게 최선이라는 것이다.[35]

량치차오의 지지 논설이 나오자 ≪대공보≫를 비롯한 북방의 언론은 허군공화론을 지지하는 논설과 독자투고를 잇달아 게재해 찬반 논쟁을 불러일으켰다. 논쟁은 11월 29일부터 이듬해 2월 15일까지 이어졌다. 당시 영·미·프 등 열강도 위안스카이의 집권을 도우려고 허군공화를 지지했다.[36]

찬성론 중 주목되는 것은 연방제를 도입하자는 제안이다. 여기에는 연방제국안과 연방공화국안의 두 종류가 있다. 연방제국안은 직할성을 공화제로 하고, 몽·회·장은 본래 왕공(王公)이 있으니 그들을 존대하는 제국제도를 취해 "중화연방제국"을 건립하자는 것이다.[37] 직할성과 몽·회·장을 이원화하고 이들을 아우르는 국가 중앙에 허군을 두는 제국이라는 점에서 독일식 군주입헌제국에 가깝다. 11월 29일 쉬스잉(徐士瀛)이라는 장시성 출신의 진사가 제기한 것인데, 연방제를 반대한 캉유웨이와 량치차오에게 없던 발상이다. 그 직후 동맹회 출신의 다이지타오(戴季陶)도 영토 확장에 유리하다는 이유로 연방공화국을 지지했다.[38]

연방공화국안은 총통과 허군을 동시에 두는 형태로 나아간 점에서 눈길을 끈다. 이것은 12월 16일 남북협상의 북방 측 대표인 탕사오이(唐紹儀)가 협상용으로 제안한 것이다. ① 직할성은 물론 몽·장과 청해도 공화제를 채택하는 "중화연방공화국"을 구성한다. ② 각 성 인민의 선거로 구성되는 국회가 최고 기관으로서 입법권을 행사하며, 거기서 선출된 대통령이 국가원수로서 행정권을 총람한다. ③ 대청 황제의 명칭은 연방공화국 국왕으로 바꾸어 정사에 관여하지 않는 대신 "헌법상의 특권"을 누리게 한다.[39] 이 특권이 무엇인지는 명시되지 않았으나 "헌법과 국왕 권한에 관한 개정은 국왕의 동의를 받도록" 하였다. 국왕에게 모종의 권한이나 역할을 부여한다는 뜻이니, 뒤에 검토할 제국공화주의의 발상과 흡사하다. 청 황제에 대한 위안스카이의 배려가 반영된 안으로 보인다.

반대론은 다음 세 가지다. 첫째, 대세는 이미 공화로 기울었고 청조에 대한 혐오 정서가 강렬해서 청 황제와 황실을 존치하기 어렵고, 반청 혁명이 급속히 전국에 파급되어 폭력과 살인이 일어난 만큼 시기상으로도 이미 늦었다(≪애국보≫). 둘째, 그동안 청조가 몽장을 통일한 것은 종교 정신의 응집력에 의한 것이 아니며, 직할성은 청 황제를 신성한 교황으로 여기지 않는다(≪태동일보≫). 셋째, 군주가 있으면 공화일 수 없고 공화이면 군주가 있을 수 없으니 허군공화는 국체의 논리상 자기모순이다(≪대공보≫, ≪성경시보≫). 허군공화는 물론 민주공화에 대한 회의론도 특히 북방언론에서 여전히 제기되었다.[40]

이상으로 허군공화론과 그에 호응해 나온 몇 가지 변형된 제안을 살펴보았는데, 모두 만·몽·회·장을 포괄하는 대중국론을 강렬하게 추구한 공통점을 보였다. 연방공화국이든 단일공화국이든 그 점에서 차이가 없다. 연방제와 단일제 중 어느 것이 대중국 = 다민족중국의 보전에 유리한가를 둘러싼 논의는 그 후 줄곧 지속되었다.[41] 공화성과 제국성의 긴장·모순에 관해서는 별 관심을 두지 않은 셈이다. 「공화통일회 의견서」(1911.12.22)는 이런 사정을 보여주는 좋은 예다. 이 단체는 급진공화파(陳其美, 汪精衛, 王寵惠 등)와 온건공화파(張謇, 溫宗堯, 趙鳳昌, 馬君武 등)가 발기인으로 참여해 결성한 단체인데, 모두 양파의 쟁쟁한 실력자들이며 특히 남북협상의 물꼬를 트고 적극 지지했다.[42]

그들이 연방제에 반대한 이유는 분열을 조장하므로 영토를 보전할 수 없다는 것이다. 그에 따르면, 사람들은 만·몽·회·장인이 언어와 문자가 달라서 단일한 공화정체 안에 받아들이기 어렵다고 하며 공화국은 그 국가의 범위를 축소해야 한다고 하지만 이는 잘못된 주장이다. "프랑스와 미국은 공화 건설 후에 비로소 절대적 영토를 획득했으니 이는 모두 공화국이 공화의 대국가주의를 펼친 데서 말미암은 것이다." "우리 소위 공화주의자"는 "22성과 몽·장을 모두 합해 하나의 공화정체 안에 받아들이는" "대공화국가"를 세워야 한다. "번속의 기미를 포함한 번속 영토의 경영"은 "공화정치 시대의 유력한 핵심 과제"다.[43] 공화성과 제국성의 긴장 관계를 지적한 견해를 자칭 공화주의자들이 간단히 무시해버리고 미·프로 대표되는 "제국적 공화국"을 당연시하고 있음을 볼 수 있다.

공화통일회 회원의 절반은 군주입헌에서 공화혁명으로 선회한 지 겨우 한 달 남짓한 '자칭 공화주의자'인데, 5족입헌의 대중국론자인 이들이 동맹회 혁명파와 손잡고 "공화의 대국가주의"를 당연시한 것이다. 그 직전 장젠은 연방공화가 광대한 미국에 적합하니 중국도 이를 취해야 한다고 한 바 있다.[44] 반대할 때와 마찬가지로 선택의 기준은 대중국의 제국성 유지에 있었던 셈이다. 왕징웨이(汪兆銘)는 "여러 민족이 한 국가 안에 있어야 할 때 가장 크고 강한 민족이 그 국가의 중추가 되어야 한다"라는 블룬칠리(J. C. Bluntschli)의 견해를 인용해 자신의 대중국론을 정당화하면서도, "(약소민족은) 이 원칙을 따를 수도 있고 거부할 수도 있다"라는 이어지는 문장을 무시했다.[45] 연방제로 그들을 아우르더라도 동의 여부를 물어 선택 기회를 주어야 공화의 이념에 부합한다고 볼 수 있다. 그들의 사전 동의를 중시한 장친의 제국공화주의가 주목되는 까닭이다.

3. 제국공화주의와 '대중국'의 제국성

제국공화주의는 허군공화론에 대한 찬반 논쟁이 진행되는 와중에 1912년 1월 2일 남북협상의 또 다른 타협안으로 제기된 절충적 정체론이다. 제국공화주의를 담은 문헌자료는 3종이다. 생성 순서대로 말하면 장친이 스스로 작성해 내각총리대신 위안스카이에게 올린 「중화민국헌법초안」, 장친 등 6명이 3단체 대표 명의로 총리대신에게 올린 「건의문」(呈文), 장친 개인이 잡지에 발표한 논설 「제국공화주의론」이 그것이다. 모두 1911년 12월부터 이듬해 2월 사이에 생성된 자료들이다. 헌법초안은 간략한 조문의 나열이어서 편의상 건의문을 먼저 검토하고 나서 이 둘을 비교해 보자.

건의자는 전국연합진행회 대표 장친·리리(李離), 임시국민공회 대표 주통루(朱通儒)·류전위안(劉振源), 헌정실진회 대표 쑹위런(宋育仁)·위방화(于邦華)다. 맨 앞에 이름을 올린 장친(1876~1952)이 이들의 대표인 셈인데, 그는 푸젠성 출신의 진사(1904)로 한림원 편수를 거쳐 1912년 초 위안스카이 총통에 의해 푸젠성 교육사장(教育司長)에 임명되었으나 사임했고, 8월 국민당 결성대회에서 참의(30명, 중앙위원에 해당)로 선출되었다. 이듬해 국회 중의원에 당선되었고 ≪아동신문(亞東新聞)≫ 주필로 위안스카이의 총통독재와 황제제도 부활에 반대했다. 전국연합진행회는 국민당 결성에 합류하였으니 공화파들의 단체로 보인다. 임시국민공회와 그 대표 2명의 이력은 확인되지 않는다. 쑹위런은 쓰촨성 출신의 진사(1886)로 1894년 영·프·이·벨 4국 공사관 참찬에 임명되었고 귀국 후 캉유웨이가 주도한 강학회

(强學會)에 참여했다. 위방화는 당시 자정원 의원이었다. 이 두 사람이 속한 헌정실진회는 입헌파 신사들의 단체다.

대표들의 이력과 소속단체의 성향으로 보아 이 건의문은 급진공화파와 온건공화파가 연대하여 남북내전을 조기에 종식하고 통일공화국을 수립하기 위한 목적에서 제출한 것이다. 그 서두에 "정부와 민군(혁명파) 양측 모두 평화적 해결의 의지를 갖고 있으나 정치 학설에 대한 이해가 불명확하여 서로 양보하지 않고 있다"라고 밝힌 다음 구체적인 방안을 제시한 데서 이를 알 수 있다.[46] 그들은 이 건의문을 총리대신에게 제출하면서 남북협상 대표에게 전달하라고 요청했다. 그 주요 내용을 검토해 보자.

우선 그들은 '공화'를 국가의 최고통치권 = 주권이 의회에 있는 정체로 규정하고 출발한다. 그래서 일본·러시아는 군주입헌이고 영국·독일은 "공화입헌"이라 하였다. 따라서 프랑스·미국은 공화정체의 일부일 뿐 그 전부라 할 수 없다고 하였다. 이에 "우리는 각국의 정체를 검토한 결과 〈19신조〉의 취지를 살리고 영국과 프랑스의 제도를 절충해 제국공화주의를 제창"하니 "이로써 국체를 조기에 정하고 정쟁을 종식할 수 있기를 희망한다"라고 했다.

제국공화주의의 요지는 다음 셋이다. ① 공화정체를 선포해 국회를 소집하고 대통령을 선거하며 헌법을 제정해 공화입헌을 시행한다. 대통령은 헌법과 법률에 따라 정해진 임기에 국사를 담당하며 정치상의 책임을 진다. ② 청 황제를 대성황으로 개명해 존치하며 황실 경비는 국가가 지급한다. 대성황은 세습하는 신성한 존재로 정치상의 권한이 없고 책임도 지지 않는다. 오직 국내 각 종교에 봉호(封號)하고 인민에게 표창·영예를 수여하며(典禮), 국가의 제사의례를 주관한다. ③ 만·몽·회·장족의 고유한 왕공·세작과 종교는 종전대로 유지한다. 장친은 이를 자신의 논설에서 〈그림 1〉과 같이 나타냈다.

〈그림 1〉 **제국공화 정체의 개념도**

앞에서 본 형식공화와 정신공화를 절충하는 사고와 같은 맥락에서 공화정의 대통령과 종교적 권위만 가진 군주를 병치하자는 것이다. 허군에게 종교적 지위와 역할을 부여한 점, '공화' 앞에 '제국'을 관형어로 내세운 점에서 허군공화론과 다르다. 왜 굳이 양자를 절충하여 '제국공화주의'라 불러야 하고, 왜 이를 취해야 하는가? 그 이유를 여섯으로 나누어 설명했는데 핵심을 간추리면 다음과 같다.

첫째, 영토와 민족 양면에서 중국의 통일성을 유지하기 위해서다. 중국은 영토가 광대하고 "5대 민족으로 구성된 대제국"이다. 각기 문화가 다르고 진화의 정도가 다른 "5족을 획일적으로 통치하면 그들의 감정을 손상시켜 분리독립을 초래할 수 있고" 더구나 열강이 사방에서 몽·회·장 외번(外藩)을 노리고 있다. 5족이 함께 하는 "공화정체를 세워 영토를 통일"하려면 "청조의 황제가 대성황이 되어 종교상의 감정으로 번속과 연락해야 한다."

대성황이 종교적 권위를 가지고 정신적 구심점으로서 청제국 당시의 통일성을 지켜나가자는 것이다. 여기에는 제국의 경계를 분명히 하자는 뜻도 담겨있다.[47]

둘째, 주의의 명칭이 갖는 의미상으로도 실제에 부합한다. "정치가들은 (해외) 영토를 가진 국가를 제국이라 부르며 합중국을 민국이라 부른다. 소위 민국이란 번속을 가질 수 없고 번속이란 제국의 대칭(對稱)이다. 그러나 프랑스와 미국은 모두 공화국이면서 속지를 갖고 있으니 제국주의가 아닐 수 없어" 이를 "제국공화주의"라 한다. 공화국이면서 번속 = 속지 = 식민지를 갖는 제국공화주의를 주창한 것이다. 실제로 미국과 프랑스 안에서 이를 둘러싼 논쟁이 일어나 오랫동안 이어졌다.

셋째, 정치적 당파 면에서 당쟁으로 인한 분열을 방지하기 위해서다. 지금 남북 양측이 군사적으로 대치하고 있는 상황에서 일방이 극단을 추구해 승리하면 당쟁의 화를 면하기 어려우니 공화주의와 군주입헌주의를 절충해야 이를 막을 수 있다. "정당은 모두 제국공화의 틀 안에서 정강을 정하게 해야 국체를 공고히 할 수 있다." 정당은 공화정에서 국회를 구성하는 주체임에도 그 자유를 제한할 수 있다고 본 것이다.

이 설명으로 우리는 그들이 왜 "제국공화주의"를 제기했는지 이해할 수 있다. 프·미 공화국이 번속 = 식민지를 가진 제국공화주의인 것처럼 중국도 몽·회·장 번속을 가진 제국공화주의의 길로 나아가야 한다는 것이다. 미·프를 '제국공화주의'라는 개념어로 인식한 그의 관점은 놀라운 선취다. 세계 학계에서 그것을 이와 동일한 의미의 "제국적 공화국(imperial republic)"으로 보는 관점은 1970년대 이후에 비로소 나왔기 때문이다. 그런데 중국이 제국에서 제국적 공화국으로 바뀌는 과정에서 그들의 동의도 없이 그것을 공화국 영토로 유지하겠다는 이 점이야말로 새로 탄생하는 중화공화국의 제국성을 여실히 담아낸 제도 설계라 할 수 있다. 이후 검토할 장친 개인의 논설과 다른 점이다.

이해하기 어려운 설명도 적지 않다. 가령 하나의 공화국 안에 5족을 아우르되 획일적 통치를 피하자면서도 그 방법에 대해서는 말하지 않았으니 가령 앞에서 나온 예들처럼 연방제에 관심을 두지 않은 것이 그렇다. "중국은 일찍이 이족을 받들어 모시는 것을 치욕으로 여긴 적이 없으니 종족(혐오)의 혐의는 깨끗이 해소되었다"라고 했는데 이는 입헌파 일부의 논리에 불과하다. 입헌파 수령 량치차오도 이를 "하늘을 채울 만큼 큰 치욕"이라 했고 '급진공화파' 안에는 이런 치욕감을 공유한 이들이 더 많았다. 그리고 청 황제가 이미 제(帝)의 권력, 즉 최고의 정치적 실권을 상실했기에 '성황'이라 개명한 것은 적절하지만 그 스스로 「19신조」에서 그것을 내려놓겠다고 선포한 마당에서 이민족 '성황'의 권위는 어디서 나온다는 것일까.

이 「건의문」을 청조 총리대신에게 제출하기 직전 장친은 개인적으로 제국공화주의를 실제로 새로운 공화국의 설계에 반영하려고 노력했다. 사적인 관계를 통해 총리대신 위안스카이에게 전달한 개인 명의의 「중화민국헌법초안」이 그것이다. 리동무 등이 현재 일본에 보존된 이 초안의 전문을 논문에 공개했다.[48] 그 요지는 위 건의문과 기본적으로 같고, 허군의 존호를 "청 황제"라 하고 그 지위와 대우에 관한 설명에 집중한 점에서 다를 뿐이다. 위안스카이 총리가 이 초안에 가필하여 자신의 의견을 짧게 피력한 것으로 보아 그도 기본적으로 장친의 초안에 공감하고 있었음을 알 수 있다. 탕사오이가 "중화연방공화국안"에서 대통령과 함께 허군의 "국왕"을 두고 모종의 역할을 부여할 것임을 시사한 것과 상통하는 발상이다. 만일 장친의 헌법초안이 그보다 앞서 제출되었다면 이에 영향을 주었을 수 있다.

4. 제국공화주의와 '대중국'의 공화성

장친은 3단체 건의문을 제출한 이후 자신의 주장을 널리 알려 각계를 설득하기 위해 논설을 발표했다. 1912년 2월 3일과 10일 ≪협화보≫(상하이)에 연재한 「제국공화주의론」이다. 건의문 제출 이후 한 달이 지난 시점에서, 제국공화주의에 대한 각계의 반응도 고려하여 앞에 본 개념도와 함께 기존의 주장을 보강한 것이다. "제국공화주의는 시세에 적응해 최근에 나타난 것이어서 그 진면목을 알기 어렵다", "지금 중국에서는 시기와 배척의 대상이 되고 있으나 나는 이 주의를 제창해 정치사의 한 선례를 창안하고 신중국의 정체를 구성하려 한다"라고 한 데서 이를 알 수 있다.[49]

여기서 말한 '시기와 배척'이란 국민협회 의견서를 통해 어느 정도 알 수 있다. 당시 국민협회는 모두 "민주가 대세임을 알면서"도 "청조가 격파되지 않은 채 존속하고 있으니 쌍방의 합의에 기초해 황제를 허명의 군주로 봉대하는 민주정체를 수립하자"는 안이 관심을 끌고 있다고 한 뒤, 이런 주장을 위안스카이가 옹호하고 있다면서 "당나귀도 아니고 말도 아닌 국체에 의해 우롱당해서는 안 된다", "우리 남방은 이를 결코 인정할 수 없다"고 하였다.[50] 이때 그들은 "몽·장의 분립은 이미 시작되었으니 한뜻으로 위무(慰撫)하여 5대 민족이 함께하고" "한인과 번속의 동화"를 위한 방안을 찾아야 한다면서, 미국식 연방제와 정당의 역할에 기대를 걸었다. "정당은 주의로 결합하고 정강으로 호소하므로 종족·지역·종교가 달라도 서로 결합할 수 있다"는 것이다.[51]

장친은 이 논설에서 중국에 왜 제국공화주의가 필요한지를 영토 통일과 주권 확보의 두 가지에 집중해 이전 건의문의 논지를 보강했다. 대총통과 대성황의 지위 및 권한에 관한 상세한 설명도 모두 이 두 가지 핵심 논점으로 수렴되었다. 주목되는 몇 가지를 간추려 보자.

우선 공화와 제국이라는 서로 모순되는 조합에 대한 고민으로부터 소수민족의 사전 동의를 얻음으로써 이를 극복하려 한 점이다. "지금 공화는 동아의 대세가 되어 누구도 막을 수 없지만 이를 중국에 시행하는 데는 한 가지 큰 장해가 있으니 공화와 상용할 수 없는 제국주의가 그것이다", "중국이 (청)제국의 영토를 완전히 유지한 채 공화국을 건설하려면 반드시 만·몽·회·장의 동의를 얻어야 한다. 이는 의심할 여지가 없는 일이다", "5대민족이 동거하는 제국에서 강자인 1민족이 주장하는 공화를 4족의 동의 없이 무력으로 강제하여 수용하라 하면 약자는 외국인에 의지해 일시적 안녕을 취하려 할 게 뻔하다".[52] 이렇게 그는 공화와 상용할 수 없는 제국(주의)이라는 양자의 모순관계를 직시하면서도 절충의 방법을 찾으려 절치부심했다.

이로 인한 그의 고민은 매우 깊었다. 몽·장·회족의 종교·풍속·습관과 언어·문자가 어떻게 다른지를 구체적 사례를 곁들여 설명한 후 "이렇게 다른 방식으로 살아가는 그들을 소위 민주라는 이름으로 기미(羈縻)할 수 있겠는가?", "우리 한인의 (공화)혁명 심리는 (몽장회인과) 만인의 공화반대 심리와 다르지 않다. 입장을 바꿔 살펴보면 (몽장회인과) 만주족만을 탓할 수 없다", "5족공화와 함께 만주 오랑캐 토벌을 외치는 것은 논리적 자기모순이다"라고 했다.[53] 이는 모두 몽·장·회와 동삼성에 대해 청조가 1901~1911년 광서신정으로 "내지화"를 강요함으로써 그들의 반감과 분립 움직임이 시작되었음을 구체적 사실과 함께 지적한 위에서 한 말이다.

그를 고민스럽게 만든 '공화'는 프랑스 인권선언에 기원을 둔, 어떠한 위계도 허용하지 않는 근대 공화주의의 그것과 상통한다. 우리는 여기서 프랑스혁명으로 성립한 공화국에서도 식민지와 노예제를 유지하려는 세력과 이를 공화의 이념에 반한다고 보는 측간에 치열한 논쟁이 지속된 역사를 돌아볼 필요가 있다.[54] 이런 면에서 볼 때 공화정체에 대한 만·몽·장·회의 동의를 중시하는 장친은 정체로서의 공화1을 넘어 규범적 측면도 포함한 공화2를 지향하는 보기 드문 공화주의자라 할 수 있다.

그가 보기에 공화정의 바람직한 정부 형태는 프랑스식에 가까웠다. 미국식 대통령제와 프랑스식 대통령-총리제를 비교한 후 전자는 대통령에게 권한이 집중되어 대선 과정에서 서로 대권을 장악하기 위해 싸우는 대란을 피하기 어렵고, 그때마다 정부 관료가 교체되는 폐단이 있으나 후자는 의회 다수당의 총리가 실권을 행사하므로 그와 같은 당화(黨禍)를 피할 수 있고 정치의 안정성과 효율성이 높다는 것이다.[55] 프랑스의 대통령을 일종의 허군으로 간주한 것이 특이한데, 제3공화정이 대통령 권한을 취소했으니 과장은 아니다.[56] 민국 초 중의원 의원이던 그가 '총통 독재'로 나아간 위안스카이를 비판하면서 결별한 것도 의회중심 공화정을 추구했기 때문이다.

이처럼 장친은 소수민족의 동의를 중시하고 권력의 견제와 균형을 중시하는 공화주의자이면서도 동시에 강렬한 제국주의자의 사고를 지니고 있다. 그는 20세기 세계에 제국주의가 성행하여 먼로주의를 표방한 미국조차 쿠바·하와이에 이어 필리핀을 차지했다는 데 주목하고 이를 인구증가에 따른 약육강식의 영토확장으로 보았다. 더구나 그는 중국이 "공화와 상용할 수 없는 제국주의"를 포기할 의사가 없었다. 그도 량치차오처럼 "자본제국주의론" 이전에 유행한 "민족제국주의론"의 영향을 받고 있음을 알 수 있다. 이어서 "우리 국민이 국외로 나가 동포의 인구를 이식할 곳"은 동서남북에 무수히 많으나 지금은 "만몽회장이라는 천연의 식민지를 지키는 데 주력해야 한다"라고 보았다.[57] 그렇다 하더라도 이를 "무력으로 수복해 강제하는 것은 감정상으로도 사실상으로도 허용할 수 없는" 바이니 "제국공화주의를 높이 들고 공화와 제국 영토 양쪽을 온전히 하는 길"을 가야 한다고 했다.[58] 문덕의 제국적 공화국을 추구하자는 것이다.

그의 논설에서 새로이 강조된 또 하나의 요점은 영토 보전을 위해 국제법상의 주권개념을 활용한 것이다. 그에 따르면 "청조는 스스로 덕이 부족함을 알고 (청제국의) 주권 일체를 우리 인민에게 돌려주고 황통만 유지했다". 이 "황통의 허명으로 몽장회 번속의 주권 귀속 문제를 외국과 교섭할 수 있으니 외국이 남의 내란을 틈타 그 땅을 차지하는 것은 국제법에 저촉된다", "그러지 않고 한인만 (청조로부터) 독립하면 비한인의 땅에 대해 관여할 수 없다. 그러니 공화정체는 몽장회 동지들의 동의를 구해야 하고 그러려면 황통의 허명을 존치하는 수밖에 없다".[59] 그가 이렇게 주권 이양에 주목해 이를 제국공화주의론에 담아낸 것은 하나의 진전이라 하겠으나 황통의 권위로 그가 기대한 번속 통합의 효과를 얼마나 거둘 수 있을지는 알 수 없다. 이는 한족 측의 기대일 뿐이어서 만·몽·회·장의 의사와는 별개이기 때문이다.

그래서인지 그는 허명의 황통, 즉 허군의 신성한 권위를 강조하기 위한 논지를 더욱 보강했다. 라마교 수장과 청 황제 간에 형성된 기도자-보호자의 단월(檀越) 관계를 환기하고 이어서 제국공화제와 유사한 역사적 선례를 찾아 제시했다. 군주입헌국인 영국·벨기에·독일, 오스트리아-헝가리와 스웨덴-노르웨이를 내세우며 이들은 모두 "광의의 공화에 속하며 군주의 유무는 따지지 않는다"라고 했다.[60]

간과할 수 없는 것은 만·몽·회·장의 입장에서 그들의 문화적 독자성과 다양성을 인정하고 존중하는 마음이 논설 전체에 역력하다는 점이다. 첫째, 국내의 5대 종교(유교, 불교, 도교, 이슬람교, 기독교)가 각 민족의 습속에 어떻게 스며들어 개인과 가족의 일상생활 각 방면에서 중요한 구실을 하는지 상세히 설명하고 허군 대성황을 그들의 종교 자유를 보장하는 구심점으로 설정했다. 둘째, 사람들은 몽·장의 분리독립 움직임이 혁명의 혼란을 틈타 영·러·일이 선동한 결과라 하지만 그 전에 청조 스스로 그들의 이반을 자초했기에 "원한을 갖고 다른 보호자를 찾아 나선" 결과임을 분명히 했다. 특히 신정 추진 과정에서 "일본의 북해도 개척 방법"(학교 설립, 농지 개간,

근대 시설 도입 등)으로 현지의 종교와 풍속·공동체를 파괴한 실태를 강조한 것이 그렇다.[61] 그의 이런 관점은 전통적 기미정책을 연상시키나 자치를 중시한 점에서 따로 주목할 만하다. 그들의 사전 동의를 구해야 한다는 발상도 이런 마음과 무관하지 않을 터이다.

무위가 아닌 문덕의 제국공화를 실현하기 위해 4족의 동의를 얻는 것이 필수라 한다면, 그들의 처지를 공감하고 분립 움직임을 초래한 원인을 찾아 해소하지 않으면 안 된다. 그의 이번 논설은 여기에 상당한 중점을 둔 점에서 의미가 있다. 곧 제국관성과 공화이념의 긴장·모순을 직시하고 소수민족의 동의에 기초한 "제국적 공화국"을 추구한 점에서, 일정한 한계 안에서이긴 하지만 공화성의 확충이라 할만하다. 민족·종족의 경계를 넘는 그의 제국공화주의는 그 경계 안에 국한된 미·프의 "제국적 공화국"과 다르며, 쑨원을 비롯한 급진공화파의 이른바 '순수공화주의'를 능가한다.

5. 공화국 수립과 그 후의 제국공화주의

공화정체의 확정

신해혁명 당시 제국 영토를 지킨 채로 공화국을 건설해야 한다는 것은 정파를 넘어 공유된 중국인의 과제였다. 이는 중국 역사상의 장구한 제국 경험으로 형성된 관성의 힘에 기초한 당연한 일이기도 했다. "대일통"의 유지야말로 모든 왕조나 정권의 정당성을 보증하는 원칙의 하나였고, 특히 청제국은 이를 가장 중요한 원칙으로 격상시켰으니 말이다.[62] 그렇기에 오늘날 우리가 보기에는 어색하기 그지없는 다양한 절충적 정체론이 제기되어 논의되었고 그중 가장 진화된 형태가 제국공화주의라 할 수 있다.

그러나 남북 양측이 잠시 내전을 멈추고 담판으로 통일공화국을 세우기 위해 협상을 거듭한 끝에 합의한 정체는 허군공화도 제국공화도 아닌 민주공화였다. 공화국 건설에 관한 합의인 만큼 그 내용 못지않게 주체와 절차 및 방식이 중요한 문제로 떠오른다. 제국공화주의 관점에서 보면, 제국 영토를 계승한 공화이려면 만·몽·회·장의 논의 참여와 동의가 필수적이기 때문이다. 장친은 동의를 구해야 한다면서도 그 방법에 관해서는 말하지 않았다.

그런 면에서 당시 정국을 좌우할 핵심 세력 중 하나인 총리대신 위안스카이가 여론을 의식해 국민회의의 의결로 정체를 결정하려 한 것은 시사하는 바가 크다. 그는 11월 21일과 23일 영국 ≪타임≫, ≪파리 시보≫와의 회견에서 자신은 「19신조」의 군주입헌제를 지지한다고 밝힌 뒤, 무력으로 만주왕조를 소멸하는 것도 혁명당을 진압하는 것도 모두 내란을 조장해 외세의 개입을 초래할 것이라며 우선 남방 측과 협상을 시도해 보고 여의치 않으면 "임시국회"를 소집해 국시를 결정하겠다고 했다.[63] 남북협상 과정에서 북남방 전권대표 탕사오이와 우팅팡(伍廷芳)은 그런 취지에 따라 12월 31일 "국민회의"(당시 문건에서 '국회'로 약칭) 소집을 위한 선거법까지 마련했다. 거기에 몽골과 티베트는 22성('회족'은 신장성에 포함)과 동등하게 각 3인의 대표를 파견토록 명시했다.

그러나 그 후 위안스카이는 탕사오이의 전권대표직을 전격 해임하고 국민회의를 차일피일 미루다가 개최하지 않았다. 남방 측도 비록 북방에 비해서는 적극적이었으나 몇 차례 개최를 재촉하다가 1월 25일을 끝으로 그만두었다.[64] 그 사이 위안스카이는 산시(山西) 등지에서 혁명군에 대한 공격을 계속해 남방의 양보를 촉구하는 한편 황실에 대해서도 압박과 협상을 병행했다. 절충적 정체론의 "허군" 논리를 지렛대로 삼아 황제의 퇴위를 압박하고 우대 조건으로 일부 만·몽·회·장의 왕공·세작에게 공화지지를 호소하였다. 남방 측은 당초 북방이 제시한 우대 조건이 공화이념에 위배된다고 보아 반대했으나 몽골 왕공·세작의 공화 반대 움직임을 잠재우기 위해 어쩔 수 없이 수용하고 타협했다.[65] 다만 황통을 존치해 허군의 지위와 역할을 부여하는 것에는 끝까지 반대하였다. 이에 2월 12일 퇴위조서와 우대 조건이 하나의 세트로 공표되었다. 그 요지는 다음과 같다. ① 황제가 통치권을 전국에 "공제"(公諸, 갈무리해 둠)하고 국체는 공화입헌으로 한다. ② 위안스카이가 총리대신으로서 전권을 가지고 임시공화정부를 조직하여 민군 측과 통일방법을 협상한다. ③ 5족의 영토를 합하여 대중화민국(의 영토)으로 한다. ④ 황제가 스스로 퇴위하고 공화에 찬성했으니 이후에도 그 존호(선통제)와 황실을 유지하며 만·몽·회·장족의 왕공·세작도 공화에 찬성한 대가로 그 지위와 종교를 그대로 유지하며, 이들에 대한 우대 경비는 민국정부가 부담한다.[66]

결국 국민회의는 개최되지 않았으니 4족의 동의를 받는 절차는 생략된 것이다. 국민회의를 개최할 경우 공화파가 우세한 상황(선거 단위 24개 중 14개가 공화 지지)이었음에도 그러한 것은 몽회장의 반발을 우려한 때문으로 보인다. 12월 31일 북방측 협상 대표 탕사오이가 내각에 보낸 전문을 통해 어느 정도 짐작할 수 있다. "몽골 왕공은 이미 연명으로 공화에 반대한다는 의사를 밝혔으므로 장차 국체가 정해져도 몽기(蒙旗, 청조가 몽골에 설치한 행정·군사 기층 단위)가 따르지 않으면 큰 저지력이 생길 터이니 주의하지 않으면 안 된다"라는 것이다.[67] 5일 뒤 위안스카이는 "천하는 대청제국 일통의 천하"이니 "황태후가 속히 황족회의를 열어 방책을 결정하라"라고 압박했다.[68] 몽·장·회도 대청제국의 일원인 만큼 황실이 공화를 국시로 결정하면 따를 수밖에 없을 것으로 본 것이다. 그 후 몽골 왕공에게 공화 지지를 호소하는 일련의 시도가 있었으나 베이징에 거주하는 소수 왕공의 지지를 받는 데 그쳤을 뿐이다. 남방 측도 몽·장·회의 다수가 공화에 반대하는 것을 알고 있었기에 국민회의 개최를 끝까지 요구해 관철하지 않은 것으로 보인다. 위안스카이와 남북 쌍방은 황제와 황실이 자금성 안에 "소규모 조정(小朝廷)"을 유지하면서 존속하도록 허용했을 뿐 선통제에게 만·몽·회·장과의 특수 관계를 유지할 종교적 구심점이라는 '대성황'의 지위와 역할을 부여하지 않았다. 남방 측은 이들 4족이 "공화에 찬성했기에" 그 왕공·세작을 우대한다는 의미로 위의 우대 조건에 합의했으나 이는 초안에 없던 문구를 남방 측이 나중에 집어넣은 것일 뿐 각 민족의 의사는 확인되지 않았다.[69]

이러한 방식으로 남북 쌍방이 공화정체에 합의해 이를 공포한 후 남방 측은 오히려 곤혹스러움에 직면했다. 지나친 양보로 타협했다는 비난 때문이다. 남북 양군이 대치하는 최전선의 군사영수 탄런펑(譚人鳳)이 우대 조건을 '허군제'로 보고 강력히 항의했기에 쑨원이 직접 해명하는 전문을 보내야 했을 정도다.[70] 남측 대표는 전국을 향해 타협에 대한 해명문을 발표할 수밖에 없었다. 해명문은 우대 조건에 합의한 취지는 "한·만·몽·회·장 각 민족을 합하여 중화민국을 건립하는 데 있다"고 운을 뗀 뒤 다음 두 가지를 강조했다. ① 황제 존호와 황실을 유지한 것은 인도주의에 따르고 원(元) 후예에 대한 명 태조의 관대한 처우를 이어받은 것이다. 이로써 "공화국체에 조금이라도 방해가 되거나 허군위를 실행할 혐의는 있을 수 없다". ② 만·몽·회·장 왕공세작의 지위를 유지한 것은 그 역사로 인한 부락제가 남아 있어서 갑자기 왕공을 제거하면 각 부락이 반드시 대란을 일으킬 것이기 때문이다. 프랑스도 혁명으로 공화국을 수립한 후에 세작을 모두 폐지할 수 없었다.[71] 이 해명문에는 혹시라도 오해를 받을까 하는 염려가 가득하다.

이런 과정을 거쳐 남북을 아우른 통일된 공화정부가 수립되었다. 약속한 대로 쑨원이 임시총통직을 사임하자 곧바로 참의원의 의결로 위안스카이가 총통직을 승계했다. 통일정부가 성립한 2월 15일 바로 그날 쑨원은 명 태조릉을 참배하여, "몽골이 송을 멸하고 신주(神州)를 능멸한 지 백여 년 만에" "우리 고황제(高皇帝)께서 굴기하여 광복했"으나 "불행히도 만청이 중화를 점거했고" 그로부터 "268년 만에 드디어 광복하여 중화민국을 세워 통일했음"을 고했다. 그리고 "우리 국인은 5대 민족이 한 몸처럼 서로 의심하지 않으니 이제 염려할 게 없습니다. 이는 우리 태조의 영령이 하늘에서 보살피신 덕입니다"라고 했다.[72] 그와 혁명파가 만·몽·회·장의 분리독립을 염려해 양보와 타협이 불가피했음을 보여주는 동시에 "심리적 국가"(한족중국)와 "법률적 국가"(다민족중국)라는 이중 정체성을 공유하고 있었음을 말해준다.

공화국 수립 이후

우팅팡은 허군의 존치를 요구하는 북방 대표에게 "완전무결한 공화국", 즉 순수한 공화국을 세워야 한다며 완강히 반대했다.[73] 그러나 만주황실의 '소조정'과 만·몽·회·장의 왕공·세작이 공화제도와 함께 존속했다. 제국성과 공화성을 절충해 병치한 것이다. "소조정"은 공화국의 재정으로 내무부·종인부·호위군 등을 두고 왕공·세작을 임면하며 의례와 사법을 일부 자체적으로 수행하다가 1924년 국민혁명 세력의 흥기와 함께 폐지되었다.[74] 공화제도의 상징물(임시약법, 국회, 책임내각)은 또 하나의 상징물인 총통에 의해 1913년 더 일찍 파괴되었다. 절충형 정체는 1915년 위안스카이 총통이 제정을 회복하려 시도하는 과정에서 벨기에식 입군공화라 할 "민국입군(民國立君)"의 이름으로 다시 제기되어 광범한 논쟁을 불러일으켰다.[75] 이런 사태는 제국관성이라는 심원한 '과거의 힘'이 제도를 운용하는 사람들의 사상·의식상 여전히 작동하고 있음을 말해준다. 게다가 제국주의 시대의 불평등조약체제라는 또 하나의 굴레가 외부로부터 가해졌으니 갓 출범한 공화국은 실로 상당한 과도기의 우여곡절을 겪어야 비로소 안착할 것이었다.

이것이 결코 특이한 현상이 아님은 제국 경험의 역사가 중국만 못한 프랑스도 혁명 후 공화정을 안착시키는 데 무려 80년이나 걸렸다는 사실이 말해준다. 그럼에도 공화국 수립 직후의 우여곡절은 공화국의 주권이 인민 전체에게 있다고 할 때 그것을 누가 어떻게 행사하는가 하는 질문을 남긴다. 이는 국민이 주권을 행사하는 대표기관인 국회가 유명무실했던 사실과 직결되어 있다. 공화국의 첫 국회 선거는 당시 일반적이었던 제한선거로 치러진 탓에 인구의 10%만 참정권을 행사했다. 당선된 의원은 더 소수의 상층인사(신사·지주·상공업자·관료)였고, 이윽고 그들의 다수가 총통독재와 군주입헌으로의 반동을 지지하고 떠받쳤다. 그에 따라 국가는 인민 전체의 공유재산이라는 공화에 대한 믿음과 기대가 환멸로 바뀌었다.

이에 공화정의 내실화를 위한 각고의 노력이 이어졌다. 이 과정에서 "사회적 역량"이 정당과 군대 못지않은 큰 역할을 한 점에 주목할 필요가 있다.[76] 이런 노력은 5.4운동을 전후하여 사상·의식의 혁신과 제도 설계의 양면에서 진행되었으니 신문화운동이 전자의 예라면, '국민회의'라는 이름으로 직업대표제 민의기관을 추구한 "각계연합"은 후자의 예로서, 이것이 바로 사회적 역량의 결집체다. 이는 사회적으로 인정되는 직업에 종사하는 자는 누구나 재산·학력에 상관없이 주권자로서 참정권을 누릴 수 있도록 함으로써 인민의 권력주체 의식을 촉진하며 공화의 실질을 확충하는 의미가 있다.[77]

이들을 결합해 전국적 조직으로 발전시키고 이를 주도한 세력이 국민당과 공산당이다. 그런데 이들은 혁명당의 일당체제로 군벌과 제국주의를 타도한 다음 민주공화의 헌정을 시행하려고 했다. 그로 인해 당원 혹은 특정 계급에만 공화국 주권자의 권리를 인정했으니, 국민당이 당 대표대회로 국회를 대행토록 한 것, 공산당이 노동자·농민만 소비에트의 대표를 선출하도록 하다가 4계급 '인민'으로 넓힌 것이 그렇다.[78] 그러나 이것만으로는 일당제의 한계가 분명했기에 양당 모두 각계연합의 요구를 부분적으로 수용해 직업대표제를 병행하지 않을 수 없었다. 이 역시 제한적으로나마 공화성을 확충하기 위한 우여곡절의 모색이라 할 수 있다.

공화국 수립 이후 처음 표방하고 기대한 공화의 의미를 돌이켜 본 연구자는 "공화의 실종"이라고 말한 바 있다. 민국이 군벌들의 내전으로 유명무실해진 후 중국의 사회적 의제는 "공화에서 민주로" 대체됨으로써 공화는 실종되었다고 보는 진관타오(金觀濤)가 그런 예다.[79] 일당제가 공화 이념에 반한다고 본 때문이다. 필자는 이를 공화혁명에서 민주혁명으로의 단계적 '진전'이라고 본다. 일당제의 힘을 빌려 군벌·제국주의 체제를 타파하고 공화정의 내실을 채우는 게 '민주'이고 그 방법이 '혁명'이기 때문이다. 이를 제도 측면의 '형식공화'와 함께 '정신공화'도 추구되는 과정으로 볼 수 있다. 그런 만큼 5.4운동과 국민혁명(1923~1928)을 2차 공화혁명으로, 신민주주의혁명(1940~1949)을 3차 공화혁명으로 보는 민두기와 전용만의 견해도 일리가 있으나 주체·방법·성격 면에서 혁명의 단계적 진화를 보여주기에는 부족한 감이 있다.[80] 그 새로움과 차이를 인정할 때 비로소 그것이 "공화의 실질을 누적적으로 확충하는 과정"이라는 해석이 가능해진다.[81]

그럼에도 공화국의 주권 행사와 관련해 간과할 수 없는 질문이 남아 있다. 만·몽·회·장이 중화민국 안에 있어야 한다는 결정을 누가 어떤 절차로 했느냐는 것이다. 제국공화주의는 소수민족의 동의와 한족의 포용 속에 함께 하는 5족공화를 원했지만 앞서 본대로 그들은 공화정체의 결정 과정에서 소외되었다. 몽·장은 '대청'과 '중국'을 별개로 간주해 왔기에 자신이 '대청'의 신민일 뿐 '중국'의 신민은 아니라는 이유로 우창봉기 직후 청 황제의 퇴위가 거론되는 상황에서 분리독립을 선언했다. '중국'으로부터의 독립이다. 물론 중국은 이를 인정하지 않았다.

그 후에도 중앙정부 기구로 몽장원(蒙藏院)이 설립되어 관련 업무를 담당했고 국회의원 선거법에 몽·장·회 몫의 의원수를 할당해 명시했으나 모두 한족이 주도하는 정권에 의한 일방적 결정이다. 앞에 말한 국민회의 선거법도 마찬가지다. 사회가 인종·종족·종교적으로 이질적인 다수자 집단과 소수자 집단으로 나뉘어 있는 경우 인구비례에 의한 의석 할당과 다수결 원칙은 소수자에 대한 다수자의 항구적인 지배를 초래한다. 이는 주권자 스스로의 정치단위 결정권을 전제하지 않은 점에서 "절차적 공화주의"에 반한다.[82] 더구나 중국 관화(官話)를 할 수 있는 사람만 의원이 될 수 있도록 제한했으니, 공화국의 제국성은 이중 삼중으로 제도화된 것이다.

그뿐만 아니라 만·몽·장·회 고유의 왕공·세작 지위를 그들의 습속으로 인정해 존치한 것도 공화성에 부합하지 않는다. 이런 신분적 위계의 질서가 거의 없는 내지 한족지구와 전혀 다른 법제 하에 놓이게 되므로 이원적이며 제국적이다. 우팅팡은 "공화국체는 (청조의) 노복이 되는 것과 조공하는 것을 면해줄 터이니 몽골인에게도 유익하다"라는 논리로 그들을 설득하자고 했으며 쑨원은 공화정 안에서 5족은 이미 평등하다면서 "귀족과 평민의 구분", "종주-번속의 제도"는 없다고 했다.[83] 그러나 이는 희망에 불과했고, 중화민국 대통령은 그들에게 봉작을 수여하고 책봉의식을 거행했으며 이를 위해 제정된 각종 조례가 1949년까지 시행되었다.[84]

공화정치의 진수가, 량치차오와 쑨원이 말한 대로 "인민이 치자이면서 동시에 피치자"인 "인민자치"라면 왕공·세작의 존치 여부는 현지 인민의 선택에 맡기는 게 타당할 터이다. 그럼에도 한인 주도의 공화정부가 그런 세습 지위를 존치해 위계적 지배를 관철하려 한 것은 자신의 필요에 따른 조치일 뿐이다. 결국 장친이 구상한 제국공화란 내지의 '민주공화'와 몽장회의 '귀족정체'를 모자이크처럼 병렬해 놓은 것이어서 제국적 구조가 아닐 수 없다. 캉유웨이와 량치차오의 허군공화, 심지어 혁명파와 민국정부의 5족 공화도 5족의 동화를 전제한 경우가 대다수여서 그 제국성이 도드라진다. 제3장에서 보듯이 5족의 문화적 독자성을 바탕으로 자치와 공존을 추구한 한족 인사는 소수였다.

이처럼 중화민국 시기 국가의 실상은 제국공화주의와 흡사한 면도 있고 다른 면도 있다. 그제도 측면에서는 다른 점이 많지만 관념·지향, 즉 만·몽·장·회를 대하는 공화중국의 정책과 태도 및 심리에 제국공화주의의 주된 논리와 요소가 지속되었음을 환기하고 싶다. 최근 정치사/법제사 연구자들은 제도 측면에 중점을 두고 있으나 필자는 관념·지향으로서의 제국공화주의가 장기 지속하며 공화국의 현실정치와 역사서사에 영향을 드리우고 있다는 점에 더 주목한다. 제국공화주의를 현대중국의 자기인식과 역사서사를 관통하는 키워드로 삼은 까닭이다.

제3장

대중국론과 중화민족론의 구조

5족공화의 반제와 제국성

앞 장에서 본대로 신해혁명 시기 정체 논쟁에서 쟁점의 하나가 만·몽·회·장을 포함하는 청제국 영토를 지키면서 '대중국의 공화'로 이행하는 것이었다. 이 과정에서 입헌파가 주도적인 역할을 담당했다. 그들이 공화로 급선회하면서 자신의 '5족입헌론'을 '5족공화론'으로 바꾼 데서 잘 드러났듯이 그 실질은 '5역'(五域; 직할성+만·몽·장·회)의 보존과 통일이다.[1] 따라서 '5족공화'는 곧 '5역공화'라 할 수 있다. 민족인식과 영토 인식이 중첩되는 지점이다.

'배만'과 '회복중화'를 앞세운 혁명파 안에도 한족의 '소공화중국'을 추구하는 세력만 있었던 게 아니다. 그렇게 보는 연구자가 지금도 있으나 이는 오해다. 혁명파 안에는 한족 주도의 '대공화중국'을 추구하는 세력이 일찍부터 있었고, 그들이 겉에 내세운 구호는 정치적 선동을 위한 혁명의 논리였을 뿐이다. 진한 이래 권력의 정통성을 보증하는 원리의 하나인 대일통론을 스스로 포기하고서는 집권세력이 될 수 없음을 그들도 알고 있었기 때문이다. '5족공화'에 대해서도 장기적으로 4족을 동화시킨다는 동화론을 전제한 측과 5족의 문화적 독자성을 유지한 채 동등한 주권자로서 공화국에 참여한다고 보는 측 간에 이견이 있었다. 후자는 소수이지만 제국공화주의자

장친 외에 주즈신, 타오싱즈(陶行知), 페이샤오퉁(費孝通)이 대표적이다.

따라서 '5족공화, 5역공화, 회복중화는 결국 민족·영토를 아우르는 하나의 '대중국'을 전제한 개념이며 그 새로운 주체가 중화민족이다. 중화민족론은 20세기 중국인의 자기인식에서 안으로 영토·민족의 통일과 대외적으로 반제국주의라는 두 가지 의미를 지닌다. 이 장에서는 중화민족론의 구조를 제국공화주의의 문제의식을 염두에 두면서 살펴보려고 한다.

중화민족론은 한족의 인식과 전략인 만큼 소수민족에 대한 제국성을 내장하고 있다. 장친이 제국공화주의론에서 날카롭게 인식한 공화성과 제국성의 모순·긴장이 여기서 구체화되는 것이다. 량치차오는 중화민족론을 당시 유행한 민족제국주의론으로 정당화하고 이승고 쑨원도 이를 따랐다. 그래서인지 둘 다 중화민족론에 내장된 제국성을 당연시할 뿐 그것과 공화주의의 긴장·모순에 대해서는 간과했다.

그동안 중화민족론에 관해서는 많은 논저가 나와 있다. 이를 이 책의 논지에 따라 크게 분류해 보면 두 부류로 정리할 수 있다. 첫째, 중국이라는 국가 영토의 관점에서 대민족 = 중화민족을 당연시하는 '대중국론'의 관점이다. 대다수의 중국인 연구자가 이에 속한다.[2] 인민공화국 헌법에 중화민족의 통일성을 명시한 이래 다른 관점의 접근이 금기시된 결과라 할 수 있다. 둘째, 중화민족론을 비판적으로 보는 '소중국론' 혹은 소중국론에서 대중국론으로의 전환에 주목하는 관점이다.[3]

아래에서는 이상의 문제의식에 따라 중화민족론이 청말 민국 초기에 형성된 후 국민당과 공산당에 의해 계승되는 과정에서 그 구조에 나타난 지속과 변화를 검토해 보려고 한다. 이를 위해서는 대민족 = 중화민족의 거처인 '대중국' 관념의 형성을 먼저 살펴봐야 한다.

1. 대중국론의 형성

'중국'은 그 의미도 공간 범위도 논자에 따라 각기 달랐다. 그렇기에 거젠슝(葛劍雄)과 거자오광은 사람마다 '중국'을 각기 습관에 따라 말했다면서 중국을 "굳이 단일한 것으로 명확히 할 필요가 있을까?" 하는 의문을 제기했을 정도다.[4] 여러 학자가 복수의 중국, 심지어 이성규가 '5중의 중국' 개념까지 내놓은 까닭이다.[5]

아무리 다의적이라도 전통적 의미의 '중국'은 일반적으로 한족 거주지인 군현지구를 지칭했다. 원래 경사(京師, 수도)를 가리키던 '중국'은 진한 이래 협의로는 화하족이 확대된 한족의 제하(諸夏) = 중원 지역이고, 광의로는 통일된 중원왕조의 실효적 통치 구역이다.[6] 그것은 팽창과 수축을 반복하는 중원왕조의 강역 중에서도 한족의 안정적 거주구역으로서 중앙정부가 군현제로 관리하는 토지·호적 대장에 편입된 구역을 말한다.[7] 따라서 일시적 통치 구역, 가령 조선·베트남의 한4군·교지7군 같은 변군(邊郡)과 기미부주·도호부 등은 제외되었다. 한족의 '화하' 정체성은 유목화·무장화한 4이와의 대결을 통해 동한 말에 명확해졌고 그 경계는 농경의 생태적 한계와 일치한다.

이런 의미의 '한족중국'은 특정 시기를 넘어 진한 이래 2000년간 한족중국인의 보편적 자기인식으로 각인되어 정체성을 규정했다. 사마천의 ≪사기≫ 이래 24사를 통해 이런 용법이 장기 지속되었기 때문이다. 그로 인해 그 범위를 넘는 '대중국' 개념의 출현은 억제되었다.

신해혁명기에 신중국을 '한족의 중국'으로 건설할 것인지, '다민족의 중국'으로 건설할 것인지를 논의할 때 이를 각각 '소중국'과 '대중국'이라 칭하기도 했다. 이 용어는 당시 군주입헌파와 청조에 의해 만들어졌다. 입헌파 지도자 양두는 1907년 1월 장차 공화혁명을 단행하면 "몽·회·장은 반드시 그 틈을 타고 분리·독립할 터이니 한·몽·회·장은 네 개의 소중국으로 분리될 것"이라 했다.[8] '소중국'은 5족이 함께 하는 '대중국'을 전제한 개념으로 그중 하나가 한족의 '소중국'이다. 1912년 2월 청조는 황제 퇴위조서 초고 수정본에서 "인민의 안위와 영토 보전을 위해 만·한·몽·회·장 5족을 합하여 하나의 대중국으로 할 수 있으면 지극히 다행이겠다"라고 했다. 최종 공포된 조서에는 "대중국"이 "대중화민국"으로 표기되었다.[9] "대중국"은 청조 강역 전체를 지칭하며 이런 중국 관념은 18세기 청 황제와 만주족 고관에 의해 만들어져 점차 보급되었고 20세기 초 입헌파에게도 공유되었다.

대중국 = 다민족중국 관념은 원래부터 있던 게 아니라 청 중기 이후 비로소 점차 형성되었다. 한당대에도 이민족을 정복해 직간접적으로 통치했으나 대부분 50~100년을 넘지 못했으나 청조는 달랐다. 청조의 옹정제는 전통적 화이론을 개조해 정식 국호 "대청"을 5족의 중국으로 간주하는 통치이념을 만들어냈고, 건륭제는 5족을 포용하는 천하공주를 자처하면서 5족의 언어를 청조의 관방언어로 공인했다. 그 후 청 황제들은 '대청이 곧 중국'이라는 관념을 이어가면서 외교문서에도 이를 적용해 명기했다. 화이일통을 강조하는 『춘추공양전』에 의거한 금문경학과 경세사학이 18세기 이래 출현하여 청조의 이러한 국가이데올로기를 뒷받침했다.[10]

이에 따라 청대의 중국은 통일왕조의 주요 통치 구역이라는 한족중국 = 소중국 개념과 동시에 청조의 강역 전체를 포괄하는 다민족중국 = 대중국 개념을 하나 더 갖게 되었다. 그러나 이는 종래의 문화적 지리적 개념과 다른 정치적 개념일 뿐이어서 장구한 세월 정착된 '한족중국'을 대체하지 못했다. 그 형성된 시점에 대해서는 이견이 있다.

첫째, 18세기설. 김한규에 따르면 원래 '중국'은 역사공동체를 지칭하는 용어여서 진한 이래 청초까지의 통일왕조는 모두 '중국+변군'의 구조였으나 청 중엽에 이르러 변군(번부)을 포함한 '대청 = 중국'으로 바뀌었다고 했다.[11] 거자오광과 중국계 미국학자 쉬줘윈(許卓雲)은 군현제와 한인관료를 기반으로 하는 "한족중국"(전통적 중국)이 청의 강희·옹정·건륭 3대에 와서 다민족의 "만청중국(滿淸中國)"으로 변했다면서 이를 "신중국의 탄생"이라 하였다.[12] 위펑춘(于逢春), 황싱타오(黃興濤), 후어샹 역시 이 무렵 '중국'이 청조 강역 전체를 지칭하는 국호의 대명사가 되어 조선·베트남·러시아와의 국경 획정에서 국제적으로도 인정받았다고 보았다.[13] 미국에서도 필립 쿤(P. Kuhn)이 18세기 청제국을 '다민족중국'으로 간주해 현대중국의 기원으로 보았다. 이는 이블린 로스키(E. S. Rawski)를 비롯한 신청사 연구자들이 청제국을 '중국 + 만·몽·장·회'라고 보아 "'중국'과 다르며 그 범위를 넘어선 것"으로 여긴 것과 다르다.[14]

둘째, 아편전쟁 이후설. 이 새로운 '중국' 개념은 청 황제와 극소수 고관의 견해일 뿐이고, 다수의 한인 사대부에게 공유되는 것은 아편전쟁 이래 지속된 열강의 침략과 그에 대한 다민족의 공동 대응이다. 이에 거젠슝과 왕밍커(王明珂)는 이때부터 '중국'은 특히 대외관계에서 청조의 대명사로 널리 쓰였고, "화하중국에서 다민족중국으로" 변모했다고 보았다.[15] 왕커(王柯)와 구범진은 이 같은 '인식' 차원의 접근과 달리 실제로 청조가 1870년대부터 종래의 민족격리정책을 버리고 고위관직에 한인을 대거 등용하고 번부를 내지화함으로써 실제로 지배구조 자체가 급속히 "한화"된 사실에 주목해 이때 비로소 '중국'이 청조 전체를 의미하게 된 것으로 보았다.[16]

셋째, 광서신정~신해혁명기설. 모테기 도시오(茂木敏夫)와 오카모토 다카시(岡本隆司)는 국제법상의 주권·영토 개념과 결부된 근대적 의미의 중국은 번부(藩部, 몽회장)의 내지화로 형성되었고 이는 신정 시기에 완료되었다는 것이다. 그들은 이를 "중국의 탄생"이라 칭했다. 윌리엄 커비(W. C. Kirby)는 청조 강역을 주권국가 '중국'으로 보는 인식이 1912년 임시약법의 영토 규

정에 의해 성립된 것으로 보았다.[17]

이들 세 견해는 각기 해당 시기 중국인의 자기인식에 나타난 특징을 짚어낸 의미가 있다. 18세기설은 청조 통치자가 만주 정체성과 함께 중국 정체성을 갖게 되었음을 보여준 점에서 의미가 있으나 이는 요·금·원 등 이민족 왕조가 통치의 정당성을 확보하기 위해 '중국'을 자처한 관행의 연장이어서 그 후의 일반화 과정이 더 중요해 보인다. 신정기설은 번부의 내지화에 주목한 의미가 있으나 국제법의 형식에 경도된 나머지 사실상 아편전쟁 이후의 변화에서 마지막 단계만을 잘라내어 강조한 것과 같다.

이에 필자는 대청을 곧 중국으로 여기는 '대중국' 개념의 형성 과정을 3단계로 파악하는 게 좋다고 본다. 황싱타오에게도 그런 발상이 보인다. 그는 1767년 건륭제가 먼 외국에 청조를 높여 부를 때는 반드시 "천조나 중국으로" 표기하도록 제도화했고 아편전쟁 이후 이게 한인 관료와 사대부들 사이에도 관행화되고 청말 신정기에 마침내 국적법과 교과서, 신문·잡지에 의해 일반인에게도 보급되었다고 했다.[18] 중화민족론은 이 대중국 개념을 거처로 하여 비로소 성립될 수 있었다.

그런 만큼 대중국 관념이 소중국 관념을 대신하지 못한 채 중국인의 심리 속에 병존하여 이중적 정체성을 형성했다. 아편전쟁 시기 위원(魏源)이 『해국도지』(1842)에서 '중국'을 청조의 대명사 혹은 그 강역 전체를 지칭하는 의미로 썼으나 『성무기』(1842)에서는 한족의 18성만을 지칭한 것,[19] 서장에서 본대로 1902년 량치차오가 현실중국을 5족의 대중국으로 보면서도 역사중국을 한족의 소중국으로 여긴 것은 자연스런 현상이다. 민국 성립 이후에도 마찬가지였다. 쑨원이 1912년 임시대총통으로서 중화민국 경내의 모든 민족을 합쳐 하나의 국족(중화민족)을 형성해야 한다고 선언한 것은 신생 공화국이 '다민족중국' = 대중국임을 분명히 한 것이다. 그런데 1924년 그는 역사상의 중국은 "진한 이래 하나의 민족이 하나의 국가"였다고 하여 역사인식 면에서는 '한족중국' = 소중국 정체성을 견지했다.[20] 그가 정치인이기에 필요에 따라 이렇게 이중정체성을 보인 것은 아니다. 문화계 인사인 루쉰과 후스도 다르지 않았다.

루쉰은 1925년 북위와 금·원·청은 서양인들처럼 "중국을 정복했고 우리는 그들의 노예"였다며 "부끄러워 진땀이 난다"고 했다.[21] 이 '중국'은 역사중국이며 한족의 '소중국'이다. 동시에 그는 만주인은 신해혁명 이후 "'5족공화 하여 우리와 동거하고 있다"고 했다.[22] 이는 중화민국이라는 현실중국이 다민족의 '대중국'임을 인정한 것이다. 량치차오도 루쉰도 두 중국 사이의 괴리로 인한 심리적 곤혹감을 숨김없이 드러냈다. 후스는 1932~1933년 쑨원을 따라 "중국은 한 이래 이미 하나의 민족국가"라고 하면서 지금 이것을 "헌정에 기초한 현대적 민족국가"로 만들어야 한다고 했다. 전자는 역사중국으로 소중국이고 후자는 현실의 건국목표인 5족공화의 '대중국'이다. 이 역사중국은 "서북의 야만족으로부터 부단한 침입을 받아서 능히 스스로 주인일 수 있는 시기가 별로 없었다"라며 이를 "중화의 비극"이라 했다.[23]

한족의 '소중국'이 중국인의 심층 심리에 각인되어 마치 대양의 심층수처럼 늘 거기에 있는 자기인식이라면 다민족의 '대중국'은 기껏해야 청말에 자각되기 시작한 신생의 것으로서 심층수의 표면에서 여전히 형성 도중에 있는 정치체이다. 주즈신이 말한 대로 전자는 "심리적 국가", 후자는 "법률적 국가"라 할 수 있다.[24] 이는 민족인식의 이중성으로 나타났으니 인민공화국이 줄곧 '한족중국'에 뿌리를 둔 "대한족주의"(한족중심의 사고)를 국책으로 반대한 까닭이다.

2. 민족인식의 이중성 | 문화민족과 국가민족

소중국·대중국 관념은 문화민족·국가민족이라는 민족인식의 이중성과 짝을 이룬다. 청말 공화혁명파의 "배만"과 "회복중화"는 양의적이어서 협의로는 '문화민족' 개념으로, 광의로는 '국가민족' 개념으로 이어진다. 그에 비해 입헌파는 청제국 경내의 모든 종족/민족(편의상 '5족'으로 통칭)을 포괄하는 '국가민족' 개념을 추구했으나 이들에게도 문화민족 개념이 심층 심리로 내장되어 있었다. 민족인식의 이중성이 생긴 까닭이다.[25]

'문화민족'(culture-nation)은 혈통도 포함하는 문화적 동질성을 기초로 일체감을 형성한 집단으로서 종족(種族, 에스닉) 혹은 '종족적 민족'의 성격을 지닌다. '국가민족'(state-nation)은 동일한 법률 체계 안에서 정치적 평등을 기초로 일체감을 형성한 집단으로서 근대민족(네이션 = 국민), 곧 '시민적 민족'의 성격을 지닌다.[26] 청말~민국 시기 중국인의 대다수는 '종족'과 '민족'을 구분하지 않고 혼용했으니 우리는 이에 유의할 필요가 있다.

입헌파의 량치차오는 1903년 민족을 블룬칠리의 정의에 따라 8대 특질(동일한 거주지, 혈통, 신체형상, 언어, 문자, 종교, 풍속, 생계)을 기초로 부지불식간에 스스로 다른 민족과 구별하는 집단으로 규정했다.[27] 입헌파와 논전을 펼치던 혁명파의 왕징웨이는 1905년 민족이란 6대 특질(동일한 혈통, 언어문자, 거주지, 습관, 종교, 정신체질)을 갖춘 지속적인 인류단체라고 정의했다.[28] 둘 다 인식주체의 주관적 요인보다 객관적 요인을 중시한 것으로, '문화민족' 개념에 가깝다. "우리 족류(族類)가 아니면 그 마음은 반드시 다르다"는 종족주의 논리와 "오직 교화가 있을 뿐 족류의 구별은 없다"라는 문화주의 논리를 양날의 검처럼 사유의 밑바탕으로 삼았기 때문일 것이다. 따라서 이런 종족적/문화적 의미의 민족이라면 그것이 굳이 근대라는 특정 시기에 등장해야 할 이유는 없다.

이런 공통점에도 불구하고 량치차오와 왕징웨이는 현실의 만주족을 정반대로 인식했다. 량차차오는 만주족이 혈통은 다르지만 이미 한족에 동화되어 거의 차이가 없다고 판단했다. 그는 이런 인식에 따라 만주족을 포용하는 용만(容滿) 군주입헌론을 펼쳤다. 반면 왕징웨이는 만주족이 분명히 한족과 다른 민족이라고 구분해 만주족 통치의 타도를 외치는 배만(排滿) 공화혁명론을 펼쳤다. 이 중대한 분기는 민족 개념의 차이라기보다 정치현실에 대한 인식의 차이에서 유래했다.

따라서 이 같은 문화민족 개념만을 가지고는 다민족 중국을 하나의 근대국가로 건설할 수 없는 문제가 생긴다. 이에 양측 모두 민족과 국가의 관계를 설정하기 위한 논리가 불가결했다. 입헌파의 량치차오는 이를 '1민족-1국가' 유형과 '다민족-1국가' 유형으로 나누고 후자가 세계문명을 주도한다고 보아 중국도 이 길로 나아가자고 했다. 이를 위해서는 현재 중국 경내의 모든 민족을 합해 "하나의 신민족", 대민족을 형성해야 한다. 이 '신민족'은 복수의 문화민족을 아우른 국가민족이다. 이를 형성하려면 강력한 국가의 힘으로 문화민족의 공동체를 넘는 제국정책과 국가 범위를 넘는 제국정책을 취하는 것이 불가결하다. 이는 뒷날 그가 소수민족의 독립을 부인하는 논리로 발전하게 되는 근원이다.

왕징웨이를 비롯한 혁명파는 민족과 국가(국민)의 관계를 ① '1민족-1국민'의 유형과 '다민족-1국민'의 유형으로 나누고 후자도 ② 여러 민족이 각기 고유문화를 유지한 채 정치적 통일만을 이룩한 경우, ③ 여러 민족을 합하여 하나의 민족으로 동화하고 이를 하나의 국민으로 삼은 경우로 나누었다.[29] ②와 ③는 국가민족 개념에 속한다. 그는 이를 "민족적 국민", "민족적 국가"라고 불렀다. 이처럼 그의 민족인식에도 문화민족과 국가민족의 이중성이 내포된 점에서 량치차오와 다르지 않다.

이 같은 민족인식의 이중성은 청제국 말기에 형성된 것으로 공화국 시기에도 지속되었다. 리다자오는 1916년 "백수(白首)의 중화를 청년의 중화로 재조"하여 "중화적 일민족일국가주의"를 이룩해야 한다고 주장했으나 이듬해에는 이미 "자유·평등의 공화국 체제"에 속하는 이상 묘족·요족은 물론 만·몽·회·장족은 모두 역사에 남겨진 이름만 있을 뿐 이미 구별이 없고 모두 "신중화민족"이라고 했다.[30] 전자가 문화민족이라면 후자는 국가민족이다.

쑨원의 민족인식에도 이중성이 담겨 있고 그 모호함으로 오해를 불러일으킨다. 그는 1912년 1월 중화민국 임시대총통에 취임하면서 중국 경내의 모든 민족을 합쳐 하나의 국족 = 국가민족을 형성해야 한다고 선언했다. 그런 그가 1924년 민족을 결정하는 가장 중요한 요인은 혈통, 생활, 언어, 종교, 풍속습관 등 5대 특질로 구성된 "자연력"이라 하고 그런 면에서 진한(秦漢) 이래 중국은 "1민족 1국가"라 했다. 이때의 민족은 한족이며 문화민족에 해당한다. 4억의 "중국민족" 중 "외래의" 만몽회장은 합쳐봐야 일천만 명에 불과하다며 이렇게 말한 것이다. 그가 죽기 직전까지 한족의 단일국가를 추구했다는 학계 일각의 오해는 여기서 나온다.

량치차오, 왕징웨이, 리다자오, 쑨원은 모두 한족 = 문화민족 정체성과 중화민족 = 국가민족 정체성이라는 이중의 민족관념을 지니고 있었다. 뒤에서 보듯이 이런 이중성은 그 후 한족 일반에게 이어졌고, 소수민족에도 같은 현상이 나타나기 시작했다.

이상과 같은 당시 중국인의 민족인식은 최근 사회과학자들의 그것과 일치한다. 겔러(E. Gellner)에 따르면 민족은 '공동의 문화'를 바탕으로 서로를 같은 민족이라고 인식하는 집단을 지칭하며, 이는 문화민족에 해당한다. 동시에 그는 근대 이전에는 민족이라는 문화적 단위와 국가라는 정치적 단위가 우연히 일치할 수 있으나 이제는 국가의 통치자와 피통치자가 서로 같은 민족이어야 한다고 믿는 시대가 되었다면서 이를 민족주의라 하였다.

국가민족을 말한 것이다.[31] 스미스(A. D. Smith)는 새로운 면모를 갖게 된 근대민족, 즉 국가민족도 종족성을 배제한 시민적 민족이 아니라 "동시에 그리고 필연적으로 시민적이며 종족적인" 민족이라 하였다.[32] 민족 구성원이 개인으로든 집단으로든 동시에 문화민족과 국가민족의 이중정체성을 가질 수 있다는 것이다.

3. 민족인식의 제국성 | 민족제국주의

민족인식이란 하나의 국가 안에 함께 할 민족의 범위를 누가 어떤 기준으로 정하는가의 문제다. 이는 학술의 문제이기 전에 권력과 정치의 문제다. 이를 가장 적나라하게 보여주는 사례의 하나가 '민족제국주의'다. 이는 민족의 팽창에 의한 제국화로, 자본의 팽창에 의한 제국화인 "자본제국주의"와 대비되며 1900년대 중국에 널리 수용되어 중국인의 식민욕망을 자극했다.[33]

량치차오는 당시의 세계 대세를 민족주의에서 민족제국주의로 나아가는 것으로 파악하여 중국 자신도 이 정책을 추진해야 한다고 주창했다. 그의 「민족경쟁의 대세」(1902)와 「신민설」(1902)에 따르면 세계는 국가 간 경쟁으로 제국이 성립되고 제국 간 경쟁으로 대제국이 성립되어 마침내 대제국이 서로 경쟁하는 시대이며 이것이 민족경쟁의 대세다. 과거의 제국이 한 사람의 영웅에 의해 주도되었다면 민족제국은 민족의 생존 욕구와 팽창에 따라 추진된다.

민족제국은 군사력 외에 상공업과 교회도 포함하는 일련의 정책으로 자기 세력을 이족 거주의 이역으로 확장한다. 그 방법에는 두 종류가 있다. 하나는 강대민족이 스스로 약소민족 거주지로 이식(移植)해 들어가 그 땅을 탈취하는 것으로 영국이 대표적이다. 다른 하나는 강대민족이 동화력으로 약소민족을 받아들여 그 경계를 없애버리는 것으로 미국이 대표적이다. 그는 이러한 민족제국이야말로 "천연에 합치하는 국가"라 하고 중국이 이를 건설한다면 "천하 제일제국"의 이름을 지켜낼 수 있다고 했다.[34]

그는 1902~1905년 민족제국주의의 관점에서 "제국정책"의 방향을 제시했다. 첫째, 반제를 위해 "제국정책으로 한·만·몽·회·장·묘 등 각 민족을 합하여 하나의 대민족을 형성"하는 "대민족주의"로 나아가 이를 기초로 하나의 국가를 형성해야 한다. 그는 이 "대민족"을 "중화민족"으로 명명했다. 둘째, 한대에 서역·비단길을 개척한 장건(張騫)과 반초(班超)는 "우리 민족제국주의의 더할 나위 없이 좋은 모범"이니 이를 본받아 라틴민족·튜튼민족처럼 식민지를 영유해야 한다. 그 방법은 예상을 깨고 문덕교화가 아니라 군국주의였다. 나중에 그는 이 둘을 각각 "중화민족"의 "내향 발전"과 "외향 발전"이라 했는데, 후자의 대상 범위에는 한대에 일시 정복했던 조선과 베트남을 포함시켰다.

이 시기에 민족제국주의론이 주창된 배경에는 제국일본의 국가정책과 사상계의 동향도 작용했다. 당시 일본에서 문명화의 상징인 입헌주의와 제국주의는 불가분의 내외 관계로 파악되었다. 1902년 6월 ≪태양≫ 잡지가 "밖으로는 제국주의, 안으로는 입헌주의가 당파의 차이를 떠나 일본 국민의 대주의·대방침이 되어야 한다"라고 한 것은 그런 분위기를 보여준다.[35] 당시 일본에 머물던 중국의 개혁파와 혁명파 지도자는 물론 수많은 유학생들도 흡사한 관점에서 중국의 진로를 논의했다. 라인쉬(P. S. Reinsch)를 비롯한 서방인의 민족제국주의론과 식민주의론도 주로 일본을 통해 파악되었다.[36] 일본 헌정을 고찰하고 돌아온 청조의 고관 달수(達壽)도 1906년 8월 올린 상주문에서 "입헌정체야말로 국민의 경쟁력을 길러 국가가 능히 제국주의로 나아가게 할 수 있다"라고 하였다.[37]

그러나 중국인은 그러한 영향과 별개로 전통적 중화제국의 제국성이라는 역사적 맥락 속에서 민족을 인식한 사실을 간과해서는 안 된다. 진한제국 이래 중국의 황제는 동시에 관념적으로 천하의 통치자(天子)로서 한족 이외의 이민족을 자신의 지배 아래 두거나 세력범위에 끌어들이는 것, 곧 제국성을 당연시했다.[38] 이제 조공국은 열강의 조약체제에 의해 떨어져 나갔으니 청조 전성기에 무력으로 확보된 이민족 지역, 즉 번부의 내지화는 민족제국의 시대에 제국 재건의 필수 과업으로 부각되었다. 이는 아편전쟁 전후 금문경학자들의 '대중국론'에서 이미 실천과제로 제기되었다.[39] 이를 이어받은 량치차오는 청제국의 전복이 아니라 그것을 유지하면서 전통적 제국을 근대적 제국으로 변화시키려 했기에 누구보다 앞서서 중화민족론과 민족제국주의를 주장할 수 있었다.

량치차오는 청제국의 제국성을 근대적으로 재건하고자 헌법과 강대민족의 동화력에 기초한 미국식 대민족 형성을 당면 과제로 제시했다. 그는 종족과 언어·문화가 다른 만·몽·회·장·묘족을 한족과 합해 "하나의 국민"으로 만드는 유일한 방법은 입헌제의 도입이라고 했다.[40] 이에 앞서 양두도 입헌제를 통해 5족의 대표가 공동으로 국정에 참여하고 책임지도록 함으로써 "하나의 국민"을 형성해야 분리독립을 막을 수 있다고 했다. 그와 동시에 "몽회장 지역에 대규모 식민을 실행하여 그들이 동화되면 그 이름은 없어질" 터이나 "중화민족은 더욱 위대해질 것"이라고 전망했다. 근대적 입헌론 속에도 종족적 위계는 분명하게 설정되어 있으며, 입헌이 곧 민족 동화의 수단이자 민족제국주의의 정당화 기제로 활용되고 있음을 보여준다.

그렇다면 쑨원 등 배만 혁명파의 민족주의는 민족제국주의와 무관하게 한족만의 국가를 수립하려 한 것일까? 저우룽(鄒容)이 『혁명군』(1903)에서 주장한 것처럼 "만인을 모두 죽여 원수를 갚자"는 이들도 많으나 집권을 추구하는 정치세력은 달랐다. 어떤 학자는 혁명파의 배만론이 입헌파와의 논쟁(1905~1907)으로 점차 수정되어 입헌파의 용만론을 수용했다고 보았다.[41] 하지만 필자는 이전의 논문에서 혁명파의 장빙린과 차이위안페이가 1901~1903년에 이미 "배만"은 만주족 정권을 배격하는 "정략상의 다툼"이지 그 인민을 배격하는 "종족상의 다툼"이 아니라고 한 사실을 확인했다. 이를 고려하면 쑨원이 1906년 12월 이와 똑같이 주장한 것도 입헌파의 영향이라고 속단하기 어렵다. 중국동맹회 평의원과 본부서기를 지낸 톈퉁(田桐)은 1906년 5월 반만혁명으로 18성만의 공화국을 건립할 수 있으나 18성을 주체로 삼고 만·몽·청·장의 연합을 객체로 삼아 연방공화국을 건립해야 아시아 대륙 위에 휘황하게 출현할 수 있다고 했다.[42] 이는 정치적 처지에 따라 선동·동원을 위한 배만론과 집권·통치를 위한 용만론을 양날의 검처럼 사용한 것이다. 제임스 퍼지(J. R. Pusey)에 따르면 쑨원, 후한민, 왕징웨이, 장빙린이 모두 '배만'을 민족 청소가 아니라 정권 탈환으로 보고 그래야 "진화의 공리"에 부합한다고 여겼다.[43]

입헌파와 혁명파의 대민족 형성론은 제국성을 내장하고 있다는 점에서 다르지 않다. 다만 소수의 만주족을 그대로 지배자 지위에 둘 것인가 피지배자 지위로 끌어내릴 것인가의 차이가 있을 뿐이다. 만주 왕조가 타도된 후에 동맹회를 기초로 결성된 국민당은 당강에 "종족의 동화를 힘써 추진한다"라고 명시했고 량치차오가 주도한 진보당 역시 마찬가지였다. 그들은 '5족입헌'에 이어 '5족공화'라는 구호를 이런 의미로 활용한 것이다.

당시에 대민족론 = 중화민족론의 제국성, 곧 민족제국주의를 날카롭게 비판한 사람들도 있어 눈길을 끈다. 우선 1907년 무정부주의 잡지 ≪천의보≫와 ≪신세기≫의 논설이 그런 예다. 허전(何震)과 류스페이는 일국 안에 동거하는 이민족이 한족의 지배를 받아야 한다면 이것은 한몽회장이 만족의 압제를 받는 것과 다르지 않다면서, 이를 민족제국주의라고 비판했다. 이와 달리 그들이 말하는 민족주의는 이민족의 특권을 배제하는 것이지 이민족의 혼합을 금하는 것이 아니라고 했다. '민(民)'이라는 필명의 논자도 "배만"은 만주인의 특권을 배제하는 것임을 분명히 하고 동시에 한족의 특권도 반특권·반강권의 같은 기준으로 배격해야 한다고 주장했다.[44] 이 시각과 논리에 비추어 보아도 대민족론 = 중화민족론의 제국성, 곧 민족제국주의는 분명해진다.

이런 비판적 시각은 주즈신과 타오싱즈에게도 보인다. 국민당 이론가 주즈신은 1919년 제1차 세계대전 직후 세계 조류를 반영해, "만·몽·회·장 지역에 대한 중국의 주권은 이론상 완전무결하지만" "다수민족의 주장으로 소수민족의 절대 복종을 강박하는 것은 민족자결정신과 공리를 위반하는 것이다. 그러므로 만·몽·회·장 인민의 의사를 우리는 반드시 존중하지 않으면 안 된다"라고 했다.[45] 평민교육운동가 타오싱즈는 1924년 "5족공화"의 실질은 1족에 의한 타족의 동화가 아니라 이상적 목표를 공유한 채 각족이 "각기 자기 일을 처리하는 것"이라 하여 자치와 자결을 중시했다.[46] 장친의 제국공화주의와 상통하는 견해다.

그러나 1928년 난징 국민정부의 성립과 1931년 만주사변 이후 반제의 중화민족론이 절대화되는 조건 속에서 이런 비판론은 사라져갔다. 이는 자유주의 지식인의 대표적 잡지로 알려진 ≪독립평론≫에서 드러난다. 장팅푸(蔣廷黻)는 중화민국의 외몽골 문제는 소련제국주의와 중화제국주의의 충돌이라고 하면서도 동시에 모든 상승하는 민족이 팽창을 추구하는 것은 자연적 현상이니 "우리도 자신의 팽창을 추구하여 외래의 팽창에 대항하는 수밖에 없다"라고 민족제국주의를 옹호했다.[47] 그 후 이 잡지에서는 소수민족지구의 분리 독립운동에 대해 국민정부가 효과적으로 대처하지 못한다는 비판과 함께 외몽골의 독립이 누구의 책임인지를 둘러싼 논쟁이 이어졌다.[48] 민족제국주의 정책을 강화해야 한다는 논리가 아닐 수 없다.

심지어 청제국 영토를 지키려는 민족제국주의의 연장선에서, 그 범위를 훌쩍 넘어 중국의 영토를 청대의 조공국들로 확대하려는 상상적 영토 인식도 나타나 광범하게 유포되었다. 이에 관해서는 서장에서 상상된 중국 = '중국3'을 언급한 것으로 대신한다.

4. 단일민족론 | 구성분자의 일원성과 다원성

이상과 같은 민족제국의 현실을 직시한다면 중국민족은 당연히 단일민족이 아니라 다민족일 수밖에 없다. 그럼에도 청말 민국 시기 중국인의 민족 인식은 대부분 단일민족론으로 기울어 있었다. 다만 처음부터 동일한 조상을 가진 일원적 단일민족인가 서로 다른 종족/민족이 점차 섞이고 동화되어 결과적으로 하나가 된 다원적 단일민족인가의 차이가 있을 뿐이다. 다원론이 다수의 지지를 받았다.

일원적 단일민족론의 단초는 캉유웨이에 의해 제시되었다. 1902년 그는 『사기』「흉노전」의 "북방인은 모두 우리와 같은 종족(同種)"이라는 구절을 인용해 만주족과 한족은 적관(籍貫)의 차이가 있을 뿐 동종이라 주장했다. 그는 1911년 민족의 학설을 가지고 한족과 만주족을 구분해 "배만"을 주장하는 혁명파를 비판하고 『춘추』가 중국과 이적을 구별한 것은 종족이 아니라 문화를 기준으로 한 것임을 환기했다.[49] 결국 5족은 같은 혈통을 지닌 일원적 단일민족이라는 얘기다. 이는 극히 예외적인 민족론이지만 나중에 한만몽회장이 동일 민족 안에서 성씨만 다른 '종족(宗族)'이라는 논리를 파생시켰고, 대외위기가 고조됨에 따라 점차 국민당의 민족론으로 수렴되었다.

이에 비해 량차차오는 다원적 단일민족론의 선구자다. 1901년 그는 중국사 범위에 포함되는 인종(나중에 種族으로 표기)을 한족·묘족·티베트·몽고·흉노·퉁구스 등 6종으로 파악하고, "소위 황제(黃帝)의 자손으로 일컬어지는 우리 한족도 동일 조상에서 유래했는지는 의문"이라 했다. 그러나 "한 이후 종족의 경계가 사라졌으니 이것이야말로 그 후 중국이 영구히 통일된 주요 원인"이라 함으로써 다원적 단일민족론의 기초를 제시했다.[50] 이때의 중국은 '한족중국'이 분명하므로, 청제국 시기 '다민족중국'의 현실을 고려해 그에 부합하는 새로운 민족론이 필요했다. 그것이 5족/6족을 합친 하나의 대민족 = 중화민족인데, 이 역시 한족 형성 논리와 똑같이 동화론 혹은 융합론을 전제한 것이다.

이들 입헌파와 대립각을 세우던 혁명파의 민족인식도 그와 똑같이 동화론에 기초한 다원적 단일민족론을 펼쳤다. 왕징웨이는 황제 이래 명말까지 4000년간 "다수민족이 소수민족을 흡수 동화하는" 민족 동화의 공리에 따라 "4억의 대민족"이 형성된 것으로 보았다. 다만 청조의 만주족은 족속이 다른데다가 각종 격리정책으로 아직 동화되지 않은 상태이니 이제 만주 왕조를 타도한 다음 그들을 점차 동화시키는 과정을 거쳐 하나의 거대한 민족을 형성해야 한다고 주장했다.[51] 동화의 대상에 몽회장 등도 포함되는 것은 당연하다.

동화론에 기초해 형성된 다원적 단일민족론은 일원적 단일민족론과 마찬가지로 5족공화론과 충돌한다. 5족의 종족적/문화적 특질을 인정한 위에서 시민적 자유와 권리가 향유되는 공화론과 거리가 멀기 때문이다. 이를 고려하면 5족공화론은 이미 지적된 대로 분리독립을 추진하려는 소수민족들을 잡아두기 위한 일시적 수사에 불과하다고 볼 수 있다.[52] 그러나 혁명파의 민족론이 신해혁명 이전의 멸만흥한론-혁명 이후의 5족공화론-5.4운동 이후의 중화민족론으로 변화해 갔다는 도식적 이해는 사실과 다르다. 혁명 전후에 이미 소수민족을 융합하거나 한족으로 동화시켜 하나의 단일민족을 형성하려는 노력이 있었기 때문이다. 그 경위를 간략히 간추려 보자.

신해혁명으로 공화국이 수립되기 전후 이미 5족공화론은 5족동화론의 도전을 받고 있었다. 청조가 1908년부터 5족이 함께 하는 '5족입헌'을 법규화함에 따라 "5족"이라는 말이 급속히 퍼졌는데, 혁명은 이를 '5족공화'로 바꿔놓았지만 기실 이는 민족 동화를 전제한 구호였다. 1911년 창간된 ≪민국보≫의 6대 주의, 군진회(群進會)의 6대 강령이 모두 "5족 융합"을 제시한 것, 1912년 말 공화국의 첫 국회 선거에 즈음해 결성된 각 정당이 "종족동화"(국민당, 진보당)나 "민족융화"(통일당, 통일공화당)를 주요 정강의 하나로 명시한 것은 그런 도전을 보여주는 예다.[53] 이는 다원적 단일민족의 형성을 목표로 한 정강으로서, 5족공화론의 부정이다.

이러한 5족동화·융화론은 쑨원의 민족론에서 더욱 잘 드러난다. 그는 1912년 1월 중화민국 임시대총통에 취임하면서 "한·만·몽·회·장 각 족을 합하여 한 사람으로 만든다. 이를 일러 민족의 통일이라 한다"라고 했다. 이는 동화·융화를 전제한 통일이며 이렇게 통일된 민족을 그는 대외선언에서 "중화민족"이라 불렀다. 동시에 그는 "5족공화"란 "5족 모두 공화국의 주인공으로서 국가참정권을 취득하여" "공화의 권리와 공화의 의무를 향유"하는 것이라 했다.[54] 이는 민족이 아닌 '국민의 통일'을 말한 것이다. 앞의 동화·융합론은 5족의 민족성·종족성을 부인하는 논리로서 이를 인정하고 존중하는 5족공화론과 양립할 수 없다.

그 후 쑨원은 동화론에 기초한 중화민족의 일체성을 더욱 강조했다. 1921년 그는 "국민당의 민족주의는 만몽회장을 우리 한족에 동화시켜" "하나의 중화민족"을 만들고 함께 "대민족주의국가" 건설에 참여할 기회를 주는 것이라 했다. 만몽회장이 "일본·소련·영국을 추종하는 것은 자위능력이 없기 때문"이므로 "그들을 분발하게 하면 전처럼 우리 한족에 의지할 것"이라면서 내놓은 주장이다. 그와 동시에 "민족자결은 세계대전 이후 세계의 조류로 중시되고 있으며" 이는 "국민당의 민족주의"라 했다.[55] 그렇다면 중국에서 자결권을 가진 민족은 중화민족 하나뿐이며 소수민족은 제외된다는 얘기다. 1924년 그는 이를 재차 강조하면서 4억 중국인은 사실상 한족인데 가족·종족(宗族) 관념만 있고 국족(國族) 관념이 없으니 종족(宗族)을 합해 국족 = 중화민족을 만들자고 했다. 만일 이 같은 한족의 '종족(宗族) 기반 국족론'을 몽장회족에도 확대 적용할 경우 그의 민족론은 일원적 단일민족론이 되어버린다. 국족의 구성단위를 종족(宗族)이라 한 것은 5족의 종족성(種族性)과 민족성을 모두 부인하는 논리로 이어진다. 뒤에서 볼 장제스의 '종족설(宗族說)'이 바로 그런 예이다.

이로써 쑨원은 청제국의 무력에 의한 정복으로 발생한 '소수민족' 문제의 근원은 덮어둔 채 '변강민족' 문제로 간주해 버린 다음, 자위 능력이 없다는 이유를 내세워 '변강민족' 문제를 다시 중화민족을 유일의 주체로 하는 '반제민족' 문제(혹은 '식민지민족' 문제)로 전환했다. 이 반제민족론은 제국적 민족론이라는 자기모순을 안고 있다. 제국주의 열강에 대한 반제가 자국 내 만몽회장의 정치적 자결권 = 민족성은 물론 문화적 독자성 = 종족성(種族性)마저 부인하는 제국성을 내장하고 있기 때문이다.

이에 비해 량치차오는 5족 혹은 6족의 종족성(種族性)은 인정하되 민족성을 부인하는 차이를 보였다. 1922년 그는 그동안 혼용하던 민족과 종족을 구분해 하나의 민족은 복수의 종족(種族)을 포함한다고 했다. "중화민족"은 중화족·몽고족·돌궐족·동호족·저강족(氐羌族)·만월족(蠻越族) 등 "6개 종족"으로 구성된다고 본 것이다. 몽골족과 돌궐족 등은 자신의 독자적 민족의식을 갖고 있기에 아직 중화민족이 아니나 종국에는 동화될 것으로 전망했다. 그러니까 여기서 민족은 중화민족 하나뿐이고 중화족 = 한족을 포함한 나머지는 모두 민족이 아닌 종족이다. 다수의 종족으로 구성된 하나의 민족이라는 다원적 단일민족론의 구조는 이로써 분명해졌는데, 이때의 다원성은 종족 차원의 것일 뿐 민족 차원의 것이 아니다.

다원적 단일민족론은 민국 시기 대다수의 역사교과서에 반영되었다. 1922년 량치차오가 제안한 「중학교역사교학대강(안)」에 기초한 교과서가 실제로 1924년부터 사용되었다. 국민정부 출범 이후 역사교과서는 한만몽회장묘 등의 각 족을 포함하는 하나의 중화민족이 청조 전성기에 형성되었으며 각 소수민족이 한족 중심의 주류문화로 융화·동화되었음을 강조했다.[56] 그 후 중화민족의 형성 시점은 갈수록 앞당겨져서 한대로 소급했다. 원래 형성해야 할 '장래의 정치적 과제'로 제시되었던 중화민족이 이미 형성된 '과거의 역사적 사실'로 둔갑해 역사주의를 거스르기 시작했다.

'변강민족' 문제의 '반제민족' 문제화야말로 량차차오와 쑨원에 의해 개시되어 국공 양당이 공유한 중화민족론의 핵심이다. 이는 만주사변(1931) 이래 제국주의의 침략이 강화됨에 따라 더욱 굳어지고 널리 유포되었다. 황싱타오에 따르면, 청말에 출현한 중화민족이란 용어가 당시에는 잘 쓰이지 않다가 중화민국 성립을 계기로 보급되었고 1920년대를 거쳐 만주사변 이후 일반화되었다. 이는 반제민족의 정체성을 자각한 데 따른 추세의 반영으로 보인다.

5. 중화민족론의 절대화 | 구성분자의 민족성과 종족성

만주사변 이후 반제민족 정체성이 강화됨에 따라 나타난 중대한 현상이 바로 중화민족론의 '절대화'다. '절대화'란 중화민족은 분리할 수 없는 '하나의 전체'로서 반제투쟁의 유일하고 신성한 주체라는 뜻이다. 흥미로운 것은 그간 극소수 견해였던 일원적 단일민족론이 국민당에 의해 채택되어 새롭게 강화되는 한편, 대세를 이루던 다원적 단일민족론은 공산당에 의해 계승되어 정치적으로 분기한 점이다. 이때 구성분자의 민족성/종족성에 대해 국민당은 부인하고 공산당은 인정하는 차이를 보였다. 이 과정에서 민족자결론은 양당의 민족인식에 중대한 이론적 장애물로 대두했고 단일민족론을 더욱 강화하는 결과를 초래했다. 여기서는 양당의 민족정책보다 민족론의 구조에 집중하기로 한다.[57]

먼저 일원적 단일민족론이 재구성되어 국민당의 민족인식으로 이어지는 맥락을 살펴보자. 이 과정에서 중요한 역할을 담당한 사람이 우공학회(禹貢學會, 1934~1937)를 이끌던 구제강이다. 당시 그는 옌징대학 교수로서 국립중앙연구원 연구원을 겸하고 있었으니 당정의 민족인식에 영향을 미칠 수 있는 위치에 있었다. 그에 앞서 다이지타오가 1931년 ≪신아세아≫에서 중화민족 안의 인민은 원래 동일한 원류에서 나왔으나 거주지 환경의 차이로 인해 문화적 차이가 생겼다고 주장했다.[58] 구제강은 이 견해를 더 다듬고 보충한 것으로 보인다.

구제강은 원래 한족도 포함한 모든 민족을 다원적 구성물로 여겼으나 만주사변의 충격 속에 5족은 이미 동화되어 (사실상 일원적) 단일민족을 이루었다는 논리를 펼쳐 전국의 이목을 끌었다.[59] 1934~1939년 그는 '민족'이라는 용어와 종래의 민족론을 재검토해 '5족'의 종족성과 민족성을 부정하는 주장을 내놓았다. 1932년 일본제국에 의해 만주국이 민족자결의 이름으로 건립되고 이듬해 내몽골이 그 영향을 받아 고도의 자치를 요구한 데 대한 대응이다. 그에 따르면 ① "5족"이란 용어는 청조가 중국을 5부(18성, 만주, 몽골, 티베트, 회부)로 구분해 그 경계를 엄히 통제하고 서로의 악감정을 의도적으로 조성한 데서 유래했다. ② 5족은 5개의 민족도 종족(種族)도 아니고 그들의 차이는 문화의 차이에 불과하며 현재 동화 과정에 있다. ③ 현재 중국 안에는 그들의 동화·융화로 형성된 중화민족 하나만 존재하며 3개의 문화집단(유교의 漢教, 라마불교의 藏教, 이슬람교의 回教)이 있을 뿐이다.[60] 이를 바탕으로 그는 3개 문화집단 안에는 다수의 '부족'이 있을 뿐이라 했다. 중화민족의 구성분자는 종족도 민족도 아닌 부족이라는 것이다. 이로써 그는 '민족자결'이란 구호가 일본을 비롯한 제국주의 열강의 중국침략에 이용되는 사태에 대처하려 하였다. '민족'이란 용어의 사용에 신중할 것을 촉구한 까닭이다.[61] 쑨원을 따라 반제와 민족자결의 주체를 중화민족 하나로 한정한 것이다.

이때 그가 종족과 민족을 구분한 것이 주목된다. '종족(種族)'은 조상으로부터 유전된 골격이라는 "물질적 현상"이고 '민족'은 그것을 초월하는 "단결의 정서"인 "심리적 현상"이라는 것이다. 심리를 강조한 것은 제국 해체를 겨냥한 민족자결론에 대응하기 위해 1924년 오스트리아의 오토 바우어(O. Bauer)가 민족형성의 요소로 객관적 형상보다 주관적 의지와 의식을 중시한 이론에서 영향받은 것으로 보인다.[62] 이를 정당화하기 위해 하나의 중화민족을 주체로 새로운 중국통사를 편찬해 민족의식 = 민족심리를 양성하는 공작이 무엇보다 중요하고 시급하다고 주장했다.

이에 대해 찬반 논쟁이 이어졌는데 지지가 많았다. 그의 주장은 일본의 전면 침략에 따라 서북 소수민족 지구를 장기 항전의 근거지로 삼으려던 국민정부의 필요에 부응했기 때문이다. 교육부 비서 장팅슈(張廷休)는 중화민족 안의 인민은 원래 하나의 근원에서 나왔으나 나중에 지리환경의 차이로 인해 내지와 변강의 간격이 생겼을 뿐이라 하였다.[63] 2년 뒤 그는 교육부 몽장교육사(蒙藏教育司) 사장을 맡는다. 국민정부 행정원 산하 중국변정학회 기관지 ≪변정공론≫은 창간사와 논설을 통해 동일한 논리로 적극 지지했다. "한·만·몽·회장 각 족 인민은 모두 하나의 근원에서 나온 대중화민족의 한 지계(支系)"로서 "분리될 수 없는 하나의 국족"이라 했다.[64]

비판론 중에 주목되는 것은 5족공화를 중화민족의 다원성 위에서 실현해야 공화 이념에 부합한다는 페이샤오퉁의 견해다. 그에 따르면 ① 구제강이 말하는 민족은 사실상 통일된 국가 안에서 생활하는 인간 집단으로

체질·언어·문화의 차이와 무관하다. ② 정치적 통일을 도모하는 것이 반드시 각 족의 경계를 소멸하는 것이어서는 안 되며 이 경계로 인해 생기는 정치상의 불평등을 소멸하는 것이 필수다. ③ 진정으로 '5족공화'를 실현하여 국가 구성원이 모두 평등을 누린다면 체질·언어·문화가 달라도 그들은 이 국가를 애호하며 외침에 맞서 함께 항전에 나설 것이다.[65] 이는 제국공화주의와 공명하는 바가 있으며, 장제스를 포함한 일원적 단일민족론에 대한 비판인 동시에 중국공산당의 다원적 단일민족론의 기초가 되었다는 점에서 의미가 크다.

이상과 같은 일원적 단일민족론 위에서 장제스의 '종족(宗族) 기반 국족론'이 제기되었다. 『중국의 운명』(1943)에 따르면 그의 민족론의 요지는 다음 넷이다. ① "중화민족은 여러 종족(宗族)의 융합"(融和·融化도 혼용)과 "동화"로 형성되었다.[66] 5족은 각기 하나의 종족(宗族)으로서 중화민족의 '지족(支族)'이다. ② 거란·여진·몽골은 "이웃한 사방의 각 종족(宗族)을 병합하여 중화민족의 영역을 확대했고, 그들은 중원에 들어가면 곧 동화되었다. ③ 동화는 중국 고유의 덕성으로 감화한 결과이며 중화민족은 국외의 이족에 대해서도 덕성으로 감화할 뿐 한 번도 무력을 행사한 적이 없다.

장제스의 민족론은 '민족'이란 용어를 '중화민족'에게만 한정해 전유해 버리고 소수민족의 민족성과 종족성(種族性)을 아예 부정하여 종족화(宗族化)한 점에서 구제강의 논리를 이어받았다 할 수 있다. 이는 「대서양헌장」(1941)에서 채택된 '민족자결'의 국제여론에 대한 대응이기도 했다.[67] 이 책의 집필자인 타오시성(陶希聖)은 쑨원이 제시한 한족의 '종족(宗族) 기반 국족론'을 교묘히 비틀어 비한족에도 적용함으로써 중국은 다민족국가가 아니라 단일민족국가라 주장했다. 종족(宗族)은 같은 조상을 가진 동성(同姓)의 혈족을 지칭한다. 따라서 그것은 구제강이 말한 부족처럼 캉유웨이가 중국민족을 적관만 다른 동일 족속이라 한 것을 연상시킨다. 장친과 함께 제국공화주의를 제기한 쑹위런에 따르면 "중국의 국체는 가족·종족(宗族)을 기초로 성립된 가족성 국가"였으나 이미 사회계약에 기초한 공화국으로 바뀌었으니 인민은 각기 '계약성 국가'의 주체로서 1/n의 지위와 역할을 가진다.[68] 그렇다면 '종족(宗族) 기반 국족론'은 전통적 가족국가관에 의거한 것이어서 시대착오적이라 할 수 있다. 종가(宗家)로서의 천황가를 정점으로 하는 일본제국의 가족국가관을 연상시킨다.

장제스의 '종족(宗族) 기반 국족론'에 대해서는 지지와 비판이 교차했다. 가령 대표적인 정부 산하 연구기관의 잡지 ≪변정공론≫에도 비판하거나 무시하는 논설이 더 많이 실렸다. 중화민족의 구성분자에 대한 통일된 명칭이 없어 각양각색이던 것을 장제스가 종족(宗族)이라는 이름으로 해결해 주었다고 호응했다. 종족(宗族)은 근원이 같은 족계(族系)도, 나중에 혼합되어 같아진 족계도 모두 포괄할 수 있어 중화민족의 통일성과 그 변천의 실상을 가장 잘 드러낸다는 것이다. 비판론 중에는 사회학자 웨이후이린(衛惠林, 復旦大學)의 견해가 눈길을 끈다. 그에 따르면 중국 같은 광대한 국가에서 단일민족론을 주장하는 것은 사리에 맞지 않으며, "민족의 자치와 민족 간 상호 부조를 원칙으로 삼고 그 특수성과 독자성을 존중해야 한다".[69] 공산당 쪽에서는 중화민족은 단일혈통이 아니라 "중화 각 민족"이라고 비판했다.[70] 결국 장제스의 종족설(宗族說)은 국민당 6차 대회(1945.5)와 「중화민국헌법」(1947.1)이 중화민족의 구성분자를 "민족"이라 명시함으로써 부정되었다.

중화민족 논쟁을 통해 민족과 종족(種族)의 구분에 대한 이론적 탐색이 진전된 점은 뜻밖의 소득이다. 그전에는 개인의 논설에서 흔히 이 둘을 혼용했고, 헌법성 문건(약법, 헌법초안 등)도 1912~1935년에는 오직 "종족(種族)"(중화민국 인민은 種族에 상관없이 평등하다)이라는 용어만 쓰다가 5·5헌초(1936.5)에서 "민족"으로 바뀌었다.[71] 그런 만큼 양자를 구분하는 것은 중요한 문제다. 앞서 본 구제강을 따라 치쓰허(齊思和)도 종족은 선천적 물질현상이고 민족은 후천적 심리현상이라며, 흔히 민족의 특질로 꼽는 공통의 혈통·언어·문화 등은 종족(種族)의 특질이라 하였다.[72] 뤄자룬은 로드 액튼(Lord Acton)의 견해를 따라 민족성의 1단계(사회문화적 공통성)와 2단계(정치적 공통성, 정치조직과 건국 의지)를 나누어 전자가 종족이고 후자가 민족인데, 종족이 없으면 민족은 기초를 가질 수 없다고 했다.[73] 찬자우(岑家梧)도 민족은 문화집단과 정치집단의 의미가 있으나 종족은 정치집단의 의미가 없다면서 한만몽회장 5족 인민은 민족이라 부를 만하나 종족(種族)이라 할 수는 없다고 했다.[74] 5족 모두 정치적 자기결정의 의지가 있음을 인정한 셈이다. 이들의 구분법은 오늘날 사회과학자들의 그것과 비교해도 손색이 없다.[75] 아쉬운 것은 그들 모두 종족과 민족은 정치적 의지의 결집 여부에 따라 상호 전화되는 관계에 있음을 간과한 점이다.

공산당의 민족론은 이미 당 밖에서 논의된 다원적 중화민족론을 수용해 일부 조정하는 정도에 그쳤다. 민족이란 무엇이고 종족(種族)과 어떻게 다른지 등에 관한 이론적 모색보다 구체적 정책에 중점을 둔 결과라 할 수 있다. 다만 중화민족 구성분자의 다원성을 줄곧 '종족(種族)'을 넘는 '민족' 차원의 것으로 인정한 점이 눈에 띈다. 마오쩌둥은 "중화민족과 제국주의의 모순을 가장 중요한 모순"이라고 하여 반제민족으로서의 "중화 각 민족"의 단결을 강조하면서 장제스의 종족설(宗族說)을 쑨원의 민족주의에 대한 배반이라고 비판하였다. 흥미로운 점은 중화민국헌법(1947.1)과 인민공화국헌법(1954.9) 모두 "각 민족은 일률 평등"하며 인민/공민은 "종족(種族)에 상관없이 평등하다"고 하여 '민족'과 '종족(種族)'이란 용어를 동시에 사용한 것이다. 당시 중국 경내에 둘 다 존재했음을 인정한 셈이다.

잘 알려져 있듯이 공산당의 민족정책은 레닌의 민족자결론에서 출발하였다. 우드로 윌슨에 의해서도 제창되어 당연시된 민족자결론은 1921~

1924년 쑨원에 의해 잠시 인정된 바 있고 1922년 공산당에도 공식 정책으로 수용되었다. 그러나 쑨원은 곧바로 자위 능력이 없다는 이유로 소수민족의 분리독립권을 인정하지 않았다.[76] 공산당은 코민테른의 지도에 따라 1922년부터 소수민족의 자결권을 인정하여 가끔 분리독립도 허용했지만 주로 연방제를 추구했다. 사회주의국가는 단일제여야 한다는 마르크스주의 원전과 달리 레닌은 10월혁명 이후 러시아의 필요에 따라 연방제를 채택했고 코민테른이 이를 근거로 중국공산당을 지도했기 때문이다.[77] 이를 따르던 중공은 장정 종료 이후 자치론으로 후퇴했다. 여기에는 항일전쟁 상황에서 제국주의 열강이 소수민족 지구를 분리독립시켜 지배하기 위한 명분으로 민족자결론을 이용하는 데 대한 우려도 작용했다. 이런 우려 속에 중화민족의 일체성은 더욱 강조되었다. 1945~1947년 잠시 연방제를 다시 인정하는 모습을 보였으나 모두 국민정부라는 기존 권력을 약화하는 수단적 성격이 강했을 뿐 제도로서의 목표는 아니었다.[78] 결국 공산당은 "민족구역자치"라는 이름으로 통일된 중앙정부하의 자치권만 허용했다. 이 자치는 자신의 헌법성 문건에 기초한 것이 아니라서 중앙의 결정에 따라 언제든 축소·폐지될 수 있는 만큼 본질상 '중앙-지방'의 관계를 벗어나지 않았다.[79]

그럼에도 공산당은 소수민족의 민족성을 인정했으니 자결권을 부인하는 정책과 모순되지 않을 수 없다. 「공동강령」(1949)과 「헌법」(1954)에 중국은 "통일된 다민족"의 국가라고 명시했고 "통일된 다민족"이란 곧 중화민족을 지칭한다. "중화민족"의 '민족'과 그 구성분자인 "다민족"의 '민족'은 차원이 다른 개념이며, 앞서 말한 대로 '종족(種族)'의 존재도 인정했다는 점에서 여전히 모호하다. 당시 중국의 학자들은 스탈린의 민족론에 따라, "민족은 공통의 언어·영토·경제생활·문화 속에 나타난 전형적인 정신 자세를 기초로 하여 역사적으로 형성된 안정된 공동체"라고 보았다. "다민족"의

'민족'은 각기 공통의 언어·영토·경제·문화를 갖고 있었으나 "중화민족"의 '민족'은 그렇지 않았으니 스탈린의 정의는 중국 현실에 부합하지 않았다. 그럼에도 중국이 스탈린의 견해를 계속 참조한 것은 "정신 자세"(cast of mind)라는 이른바 '민족의식'과 함께라면 그것을 탄력적으로 적용할 수 있다고 보았기 때문이다.[80]

이런 점도 고려해 1953년 마오쩌둥은 민족문제에 대해 "과학적 분석은 할 수 있으나 정치상으로 어떤 것은 민족으로, 어떤 것은 부족으로 구분해서는 안 된다"라고 지시했다.[81] 그 직후 이런 기준에 따라 실시된 "민족식별조사"를 거쳐 56개 민족이 확정되었다. 문화대혁명기에 홍위병이 소수민족의 민족성을 부정하고 동화의 대상으로 간주해 억압하는 지경에 이르렀으나, 1989년 페이샤오퉁은 56개 민족으로 구성된 중화민족의 내부구조를 인류학자의 관점에서 "다원일체"로 규정했고 이는 정부의 공식 견해로 수용되었다. 다수의 문화민족이 하나의 국가민족을 이루고 있다는 의미다.[82]

개혁개방 이후, 이렇게 억압된 소수민족의 민족성은 잠시 회복되는 듯했으나 이내 시장과 자본의 힘으로, 그리고 이를 앞세운 한족의 이주로 동화 압력이 커졌다. 동화와 융합은 실제로는 민족의 소멸이다. 잰보잔(翦伯贊)이 지적한 대로 동화는 상업 교환과 문화의 영향으로 이루어지지만 그러한 조건은 대부분 강제수단이나 전쟁을 통해 갖춰진다.[83] 자원에 의한 동화라면 인민주권에 기초한 공화국의 이념에 반하는 것은 아니라 할 수 있으나 분리독립 요구가 살아 있다는 사실은 제국성의 지속을 말해주는 근거가 아닐 수 없다.

마르크스·엥겔스에 따르면 계급사회에서는 민족의 동화만 있을 뿐이고 융합은 계급이 소멸한 조건에서만 가능하다. 그럼에도 중화민국과 인민공화국의 국가교육과정은 1936년 이래 줄곧 중화민족이 각 민족의 단계적 융합을 거쳐 형성되었음을 명시하고 있다.[84] B·C·D·E족이 A족과 같아지는

'동화'와 달리 '융합'은 기존의 5족이 모두 전혀 새로운 민족을 형성하는 것이다. 중화민족이 정녕 그러한 융합의 결과인지는 특히 개혁개방 이후 부활한 계급사회 현실이 잘 말해주고 있다.

6. 제국공화주의로 본 중화민족론

이상의 검토를 통해 국민당과 공산당의 민족인식에 나타난 공화성과 제국성의 긴장·모순은 사안에 따라 어느 정도 드러났다. 이제 이를 제국공화주의의 관점에서 전후 맥락을 고려해 좀 더 큰 시야에서 음미해 보자.

중화민국과 인민공화국은 각종 (준)민의기관의 대표를 몽·장·회족에게도 인구 비례에 따라 할당했다. 한족 지식인은 이로써 '5족공화'가 이미 실현되었다고 보았다. 그러나 이는 이질적인 몽·장·회족이 중화민국/인민공화국 안에 있을 것인지에 대한 동의를 구하지 않은 채 국가 주도 세력이 결정해 따르도록 강제한 사실을 외면한 견해다. 이는 그들의 동의를 구해야 한다고 본 장친의 제국공화주의에도 못 미치는 제국성이 아닐 수 없다.

더구나 중화민족의 일체성을 강조하기 위해 구성분자의 민족성/종족성을 부정하거나 약화시키려 한 것은 또 하나의 제국성이다. 국민당이 그것을 부정한 것과 달리 공산당은 구성분자의 민족성을 인정하고 그에 기초한 중화민족을 "다원일체"라 했다. 그러나 2000년대 초, 다원일체론이 소수민족 문제의 정치화를 초래해 분리독립을 자극한다는 이유로 그들을 "족군(族群, ethnics)"으로 불러 "탈정치화"함으로써 "다원에서 일체로" 전환해야 한다는 주장이 나와서 다원일체를 유지해야 한다는 측과 논쟁이 벌어졌다.[85] 만일 그렇게 된다면 국민당과 똑같이 문화민족의 소멸과 국가민족의 절대화로 치닫게 된다. 각 민족이 하나의 국가민족으로서 한 국가 안에 동거하되 그 경계를 허물어 문화적 독자성까지 훼손해서는 안 되며 그래야 '진정한 5족공화'라고 본 주즈신, 타오싱즈, 페이샤오퉁, 웨이후이린, 찬자우의 견해를 상기할 필요가 있다. 장친이 「제국공화주의론」에서 제기한 문제의식이 이렇게 이어진 것은 주목할 만하다.

이러한 이중의 제국성은 근대중국의 특수현상이 아니라 근대제국의 일반적 현상에 속한다.[86] 특히 일본제국은 다민족 지배의 원리조차 없이 천황가의 신성성에 기초한 단일민족론으로 식민지민족을 강압적 동화의 대상으로 삼고 그에 대한 저항을 군사력으로 진압했다.[87] 그런 만큼 그 제국성은 더욱 강렬했다. 이에 맞선 중화민족론의 제국성은 반제의 논리로 절대화됨으로써 내면화된 채 여전히 자각되지 않고 있다. 제국주의 시대의 피해자 의식과 낙후한 소수민족에 대한 중국의 문명화 사명에 뿌리 깊은 전통적 천하관의 화이일통 의식이 더해진 결과라 할 수 있다.

아무리 중화민족의 일체성, 심지어 일원성을 강조해도 동화나 융합이 완료되기 전에는 '중국인'은 이중의 민족 정체성을 지닐 수밖에 없다. 하나는 56개 민족이 각기 자민족에 귀속하는 문화민족 정체성이고, 다른 하나는 중화민족 = 중국인으로서 가지는 국가민족 정체성이다. 실제로 민국 시기 티베트인 거쌍쩌런(格桑澤仁)과 훈춘 거주 만주족의 사례연구에서 이 같은 이중 정체성이 확인되었다.[88] 전자는 국민당 간부이자 국민정부에 참여한 인물이고 후자는 한족에 가장 많이 동화된 소수민족임을 고려하면 그 밖의 경우는 더욱 미루어 짐작할 만하다. 내셔널리즘은 "궁극적으로 국가와의 정서적 일체감을 의미하지만, 그와 동시에 또 하나의 민족집단과의 정서적 일체감을 가질 수 있으며 양자는 상호 보완관계에 있다".[89]

'국가민족' 개념을 앞세운 단일민족론의 제국성을 드러내고 견제할 방안의 하나로 필자는 일찍이 '문화민족' 개념을 중시하여 종족(種族)을 곧 민족과 동일시해야 한다는 견해에 주목한 바 있다.[90] 오스만·러시아의 전통적 제국과 소련·유고슬라비아연방이 붕괴한 후 다수의 공화국이 분립한 것은 문화적 동질성과 그에 기초한 건국 의지가 민족의 재형성에 결정적 요인으로 작용하고 있음을, 다시 말해 종족과 민족의 상호 전화 가능성을 보여준다. 다만 문화민족 개념의 가치가 꼭 분리독립이라는 형태로 실현되어야 할 이유는 없다. 코소보의 잔혹한 '민족 청소'는 민족을 전유하려는 다수민족의 제국성을 보여주는 동시에 분리독립이 하나의 길일 수는 있으나 유일한 길은 아님을 강력히 시사한다. 중국의 민족문제도 이와 크게 다를 수 없을 것이다.

제2부

공화중국의 약진

:

반제연대와 세계 속의 중국

제4장

정의전쟁론의 형성과 전개

항일전쟁에서 항미전쟁까지

공화정 수립 이후 10여 년간 중국은 군벌들의 내전으로 인한 혼란을 국민혁명으로 수습하면서 국제사회에서 자신의 지위와 역할을 새롭게 모색했다. 여전히 제국주의 세계체제의 반식민지 상태에 놓여 있었으나 자신의 정부와 군대를 가진 거의 유일한 국가였기에 중국의 반제투쟁은 자국의 해방을 위해서는 물론이고 식민지 약소민족과의 연대를 통해 국제적 지위를 제고하는 고리가 되었다. 공화중국과 약소민족은 반제의 '정의성'을 공유함으로써 연대를 지속하며 강화할 수 있었다. 이 장에서는 중국이 자신의 반제투쟁을 언제 어떻게 정의론으로 정당화했는지 검토하고자 한다.

원래 '정의전쟁'이란 개념과 논리는 오랜 연원을 갖고 있다. 공자·맹자 등 유가는 인의(仁義)의 군대를 내세워 폭정을 일삼는 불의한 군주·제후를 정벌하는 것을 "의로운 전쟁"(義戰)이라 하고 무력에 의한 영토확장을 패도로 간주했다. 반면 상앙(商鞅)을 비롯한 법가는 폭군의 학정을 종식한다는 명분을 앞세워 무력에 의한 영토확장도 의로운 전쟁이라 했다.[1] 서양에서는 중세 유럽의 가톨릭 사상가들에 의해 형성되었다. 가령 아우구스티누스는 현세도시의 이익을 위한 전쟁을 '평화'를 위한 전쟁으로 간주하고 이를 '정의'의 이름으로 정당화하는 동시에 교전 중에도 정의로운 방식으로만 전투에 임해야 한다고 했다. 개전 결정과 교전 과정 양면의 정의를 강조함으로써 전쟁을 도덕적 종교적으로 용인한 것이다.[2]

후세 통치자들은 이러한 정의전쟁론을 수용해 자신의 전쟁을 정의와 평화를 위한 것으로 정당화했다. 제1차 세계대전 때 미·영과 중국·일본을 비롯한 협상국들이 "정의와 인도"의 이름으로 군국주의 독일에 대항한 것은 그런 예에 속한다. 제2차 세계대전 때 그 반대편에 속한 일본도 자신의 전쟁이 정의로운 전쟁이라고 주장했다.

중국은 제1차 세계대전을 계기로 공법적 국제정의론을 수용했고 이는 국민당과 국민정부의 항일전쟁에 적용되었다. 공산당은 그와 달리 레닌에서 유래한 무산계급혁명의 정의론을 수용해 정의전쟁론을 정립했다. 그러나 이에 관한 연구는 극히 취약하다. 다만 중국 전통의 "의로운 전쟁"과 그보다 훨씬 넓은 범주인 "전쟁할 수 있는 권리"에 관한 사유가 특히 서방의 정치사상사 연구자들의 관심사가 되고 있다.[3] 예외적으로 중국의 한국전쟁과 그 후의 용병 사례를 고전의 의전론에 기초해 설명한 연구가 있을 뿐이다.[4]

이 장에서는 우선 제1차 세계대전 이후 중국인이 '정의'를 국제 분규를 인식하고 해결하는 하나의 기준으로 여기게 된 사실을 확인한 후 만주사변 이후의 항일전쟁에 나서면서 국공 양당이 취한 정의전쟁론의 형성과 전개를 검토하기로 한다. 이렇게 형성된 정의전쟁론은 그 후 공산당에 의해 미국의 지원을 받은 국민당과의 내전에 적용되었고 이윽고 "항미원조전쟁"과 "항미원월전쟁(抗美援越戰爭)"에도 적용되었음을 밝힐 것이다. 편의상 이 두 전쟁을 '항미전쟁'으로 통칭하고자 한다.

1. 제1차 세계대전 이후 국제정의론의 유포와 분기

한 국가 안에서 '정의'란 흔히 분배적 공평을 의미한다. 이와 달리 국제관계에서의 정의, 곧 '국제정의'란 국제규범에 의거한 공법적 정의를 말한다. 중국을 비롯한 동아시아에서 국제 분규를 국제정의의 관점에서 접근하는 관행은 제1차 세계대전(1914~1918)을 계기로 일반화한 것으로 보인다. 1919년 조선과 중국의 3·1운동/5.4운동 과정에서 자기 민족·국가의 독립을 요구하며 정의와 인도에 호소한 것은 그러한 전후 맥락을 보여주는 대표적인 사례다. 나아가 굳이 "국제정의"라 표기한 예도 많다.

우선 제1차 세계대전 도중 미국이 독일의 무제한 잠수함 작전을 포기하도록 요구하면서 내세운 명분이 "국제정의"다. ≪시사신보≫는 1917년 2월 8일 여객선과 화물선을 모두 공격 대상으로 삼는 독일의 작전에 대해 "미국정부가 외교관계 단절을 선언하고 국제정의와 인도로써 잠수함 작전을 포기하도록 강요했다"라고 보도했다. "미국정부는 독일정부의 최근 행위가 국제법상 신성불가침한 여러 규칙과 세계가 공인한 인도를 멸시한 것으로 보았다"라는 것이다.[5] 여기서 미국이 말한 국제정의의 근거는 신성불가침한 국제규범임을 알 수 있다.

그 직후 중화민국 베이징정부는 협상국 진영에 참전할 것을 결정했는데, 이를 계기로 국제정의가 민간사회에서 중국 자신의 참전 명분으로 강조되었다. 정부는 1917년 3월 14일 독일과의 외교관계 단절을 선언하면서 공법 준수와 자국민의 생명·재산 보호를 이유로 내세웠다.[6] 이를 계기로 중국의 참전에 대한 찬반 논의가 조야에서 일어났다. 찬성론자들은 참전이 "중국의 국제 지위를 제고하고 국제정의를 존중하여 세계의 인도를 유지하기 위함"이라고 옹호했으나 반대론자들은 "국제정의를 존중하고 세계의 인도를 유지한다는 정부의 말"은 믿기 어렵다고 비판했다.[7] 군벌정부가 정의와 인도를 말하는 위선에 대한 반감이 있었기 때문이다. 어느 쪽이든 중국인이 말한 국제정의도 미국의 그것과 마찬가지로 국제규범에 따른 공법적 정의다.

군벌정부에 반대하던 ≪상하이민국일보≫는 국제정의론을 적극 옹호했다. 사장 사오리즈(邵力子)는 제1차 세계대전 종결 직후 "11국이 연합하여 정의와 인도의 적을 무찔렀다"라면서 세1차 세계대전 종전을 국제정의와 인도의 승리로 받아들이고 중국도 이를 따라야 국제 지위를 제고할 수 있다고 보았다.[8] 베이징대학의 천두슈도 "우리와 열국이 독일 군국주의를 혐오하고 토벌한 것은 자유·정의·평화를 존중하기 때문"이라 하고 중국 군벌정부와 일본정부가 정의·평화를 내세워 독일에 선전한 것은 비웃음을 살 일이라고 비판했다.[9]

이 같은 민간사회의 국제정의론은 워싱턴회의 중국후원회의 주장에서 이어졌다. 후원회는 1921년 10월 4차 대회를 열고 중국이 워싱턴회의에 제출해야 할 의안들을 토론하고 몇 가지 원칙을 제시하였다. 그중에 "국제행위는 절대적으로 정의에 근거해야" 하며 일본의 21개조 요구는 "국제정의와 국제평등의 원칙에 따라 취소해야 한다"는 것이 포함되었다. 1923년 6월 국민대일외교대회는 베이징의 각국 공사에게 보낸 전문에서, 최근 일본은 뤼순·따롄 조차지의 반환을 거절한 위에서 일본군이 이창(宜昌)과 창사(長沙)에서 인명살상 사건을 일으킨 데 대하여 "국제정의에 따른 원조가 이루어지기를 희망한다"라고 했다.[10]

이와 달리 워싱턴회의에 참가한 정부 대표단의 눈에는 국제정의가 하나의 레토릭에 불과한 것으로 보였다. 중국대표단 비서장으로 회의를 지켜본 댜오쭤첸(刁作謙)은 "한마디로 열국은 오로지 본국의 이익을 존중할 뿐 정의를 지키려는 경향은 줄곧 없었다"라면서 그 때문에 중국의 제안을 토론할 때 각국은 자국의 이해관계에 따라 반대하거나 지지하거나 무시하거나 할 뿐이라고 본국 외교부에 보고했다.[11] 이미 파리강화회의 결과에 실망한 뒤의 시점에 국제정치 무대의 냉정한 현실주의를 직시한 결과라 하겠다.

앞서 검토한 사례들로 보건대 중국은 불평등조약으로 상실한 주권과 영토 및 이권을 회복하기 위해 국제정의에 호소하고 있으며, 그 가장 큰 걸림돌이 일본제국이다. 일본도 정의와 평화의 이름으로 제1차 세계대전에 참전해 협상국 측에 가담했고 파리강화회의와 워싱턴회의에서도 이런 역설적인 상황은 해소되지 않았다. 그 후에도 제국주의 열강이 주도하는 국제연맹은 가맹국들이 전쟁에 호소하지 않고 국제법에 따라 정의를 지킬 의무가 있음을 규약에 명시했다. 이 규약은 1919년 4월 파리강화회의에서 통과되고 1920년 1월 발효됨에 따라 각국 언론에 자주 등장했는데, 중국에서는 국제연맹이 규약대로 세계의 정의·평화를 유지하는 데 큰 역할을 하리라는 기대와 강대국들의 조종하에 있어 정의·인도를 기대하기 어렵다는 비판이 교차했다.

한편 일본의 조야도 국제연맹 규약에 기대어 흔히 국제정의를 내세웠다. 일본의 한 정당인 혁신구락부는 1922년 11월 자신의 정강에 "내정은 국민생활의 안정과 산업입국"을, "외교는 국제정의"를 원칙으로 제시했다. 1927년 6월 입헌민정당도 외교방면의 정강정책에 '국제정의'를 명시했다. 그 무렵 야마나시 한조(山梨半造) 대장이 다나카 기이치(田中義一) 총리의 특사로 중국을 방문해 "일본의 대중국 정책의 정수는 국제정의의 범위에서 사용한 수 있는 가장 좋은 방법으로 우리의 기득권을 보호하는 것"이라고 하였다.[12] 그에 앞서 ≪오사카매일신문≫은 사설에서 2년 전의 7월 1일 미국이 배일(排日) 이민법을 시행한 것을 두고 "미국인민이 국제정의를 유린하였다"라고 비난하면서 "오늘은 일본국민이 영원히 잊지 못할 국치기념일 아닌가?" 하고 일본인의 '정의감'을 자극했다.[13]

이로써 제1차 세계대전 이후 국제관계를 국제정의의 관점에서 파악하고 해결하고자 하는 인식이 널리 공유되었으며 그 속에서 각국이 기대하는 정의의 내용은 사뭇 달랐음을 알 수 있다. 중국과 일본 사이의 분기가 가장 현격하며, 이는 사실상 일본을 포함한 열강과 중국 사이의 분기를 반영한 것이다. 중국 안에서도 국제정의론에 대한 분기가 생겼고 특히 국공 양당의 입장은 크게 달랐다.

중국공산당은 1921년 창당 이래 만주사변 이전까지 중국의 불평등조약 폐지를 비롯한 반제운동에 국제정의라는 기준을 적용한 적이 거의 없다. 공간된 자료 중 1920년대에 유일하게 정의가 언급된 것은 공산당 2차 대표대회 선언인데, 다음과 같이 극히 부정적인 의미로 쓰였다. 이번 세계대전에서 "수천만 노동군중을 살육하고 독일의 식민지를 나누어 가진" "제국주의 국가들은 전전의 경제를 회복하려 기도하며" "전리품을 나누는 회의를 열고 '평화'와 '정의' 등의 용어를 빌려 세계피압박계급의 이목을 가리고 있다".[14] 이 선언문의 대미를 장식한 여러 구호 중에 "평화, 자유, 독립 만세!"가 있을 뿐 '정의'는 없다.

공산당과 달리 국민당은 불평등조약을 비롯한 대외문제 해결의 기준으로 국제정의를 강조했다. 1924년 1월 1차 대표대회에서 "우리는 제국주의에 반대하며 마땅히 취득해야 할 해관세 잔여분을 회수함으로써 정의를 신장하고 우리의 목적을 달성해야 한다"라고 주장했다.[15] 국민정부 외교부장 후한민은 1915년 7월 영·미 의회 지도자들에 보낸 서한에서 "정의를 견지하여 귀국 정부가 최단기간에 조계를 반환하고 모든 불평등조약을 취소하도록 힘써달라"고 요구했다.[16]

그 후 국민혁명군으로 베이징정부를 타도한 1928년 6월 전후 국민당과 난징국민정부는 국제정의를 다시 강조했다. 아편전쟁 이래 열강의 중국침략과 불평등조약은 동아시아 전체의 평화를 파괴했다면서 "침략에 대해서는 정의로 저항할 것"이라고 선언했다. 영사재판권 철폐운동을 전개하면서 그 이유로 중국의 법률 상황이 달라졌고 "국제정의"로 보아 "국제평등주의가 국제법상 공인된 원칙"이라는 점을 꼽았다. 중국이 "제국주의 침략과 압박으로 상실한 독립·평등의 지위를 취득하는 것은 이론상으로 정의와 인도의 선양이며 실제상으로 국민능력의 표현"이라고 하였다.[17] 침략자인 열강에 대하여 협상이 아닌 타도의 대상으로 간주하고 접근하는 "혁명외교"를 펼치던 국민정부가 공법적 국제정의에 호소한 것은 하나의 역설이다.

그 무렵 민간사회도 국민당과 마찬가지로 5.4운동 전후만큼 자주 국제정의를 언급하지는 않았으나 대외문제, 특히 중·일 관계의 사안에 대해서는 국제정의에 호소했다. 1929년 5월 베이핑의 사회단체들이 지난(濟南)사건 1주년 기념 시민대회를 열고, "작년 오늘 일제가 지난에서 우리 교섭원을 살해하고 무수한 군민을 참혹하게 죽인 것"은 "국제정의를 유린하고 동아시아의 평화를 교란한 것"이니 일제를 타도하자고 주장했다.[18] 같은 해 9월 태평양국교토론회라는 민간단체가 일본에서 회의를 열고 일본이 동북3성을 침략한 데 대하여 "중국이 동북을 상실하면 제2의 이집트나 인도로 불리게 될 것"이니 "국제공법과 국제정의에 호소해 널리 세계의 지지를 구해야 한다"고 하였다.[19]

요컨대 제1차 세계대전 이후 만주사변 이전까지 중국의 정부와 민간단체는 필요에 따라 대외문제를 공법적 국제정의에 호소해 해결하려는 모습을 보였다. 일본의 조야도 국제정의를 내세워 국제사회에서 일본의 국익을 극대화하려 하였으니 중·일 양국의 국제정의는 충돌할 수밖에 없는 상황으로 치닫고 있었다. 중국공산당은 국제정의를 제국주의 열강의 대외 침략을 분식하기 위한 수사로 간주해 거의 사용하지 않았으나 다음에 보듯이 만주사변 이후에는 점차 달라졌다.

2. 만주사변 이후 국공 양당의 항일전쟁 인식 | 정의전쟁, 신성전쟁

국민당의 정의전쟁론과 신성전쟁론

국민당과 공산당이 내전을 벌이는 틈을 타서 일본제국의 관동군은 1931년 9·18 만주사변을 일으키고 이듬해 만주국을 세워 만주 전역을 장악했다. 그 직후 국민당은 세계를 향해 정의와 인도의 이름으로 저항하겠다고 선언했다.

국민당은 1931년 11월 4차 대표대회에서 일본은 만주사변으로 3공약(국제연맹 규약, 부전조약, 워싱턴 9개국조약)을 위반하고 국제 평화를 파괴하며 중국의 주권과 영토를 침범했으니, 우방국은 "정의와 인도가 무력에 굴복하지 않도록" 힘써 달라고 호소했다. 이어서 당은 "중국민족을 영도해 끝까지 분투해 국제정의를 지키고 조약국들의 국제공약에 대한 신성한 책임을 완성할 것"이라고 다짐했다. 대회는 자국민에게 "정부를 믿고 일치단결하여 국가생존과 국제정의를 지켜내자"라고 호소했다.[20] 일본의 침략에 대한 중국의 저항은 정의롭고 신성한 행위임을 국내외에 선언한 것이다.

그 후 국민당과 국민정부는 일본의 만주 침략을 공법적 정의론에 기초해 국제연맹에 제소하는 등의 외교적인 방법으로 대응하면서 공산당 토벌에 군사력을 집중했다. 따라서 1937년까지는 국민당 문건에 '항일'은 나오지만 '항전'은 보이지 않는다. 이에 당시 전국의 각계단체와 공산당은 항전구국의 이름으로 내전 정지를 촉구하면서 국민당의 부저항정책을 비판했다. 그 여파 속에 서안사변(1936)을 계기로 국민당도 2차국공합작과 항전에 나서지 않을 수 없게 되었다. 장성 이남의 중국에 대한 일본의 전면적인 침략전쟁인 7·7사변(1937)이 그 전기이다.

국민당은 1937년 8월 14일 마침내 "자위항전"을 선언한 후 공법적 정의론에 따라 국내외의 지지를 호소했다. 자위항전 성명서에서 3공약을 파괴하고 중국을 침략한 일본에 맞서는 자위항전은 "중국의 영토·주권뿐만 아니라 세계의 공법과 정의를 위한 분투"라고 재차 강조했다. 그 직후 장제스는 각 전구 사령관들에게 이번의 항전은 민족 부흥의 길인만큼 삼민주의 혁명정신으로 싸우면 "정의는 반드시 다시 신장되고 포악함은 끝내 남김없이 멸망에 이를 것으로 확신한다"라고 하였다.[21]

'정의의 항일전쟁'이라는 인식은 사실상 여기서 등장한 셈인데, 그 직접적인 표현은 1939년 1월 국민당 5계 5차 중전회(중앙위 전체회의)에서 쓰였다. 장제스는 개회사에서,

> 우리의 항전은 본국의 독립과 생존을 지키기 위한 것일 뿐만 아니라 더욱이 세계평화와 국제신의를 지키기 위함이기도 하다. 따라서 우리의 이 전쟁은 정정당당한 의로운 전쟁이며 적의 이유 없는 중국 침략은 명분 없이 출병한 군대가 자살·자멸하는 포악한 전쟁이다.[22]

라고 하였다. 총사령관이 중국의 자위항전을 "의로운 전쟁(義戰)"으로 명시한 것이다. 이는 공자·맹자 이래의 의전론에 의거하면서 중국의 항전이 정의로운 전쟁임을 내세워 국민의 동원과 외국의 지지를 확보하려는 의도에서 나온 것으로 보인다.[23] 국민당의 전신인 동맹회가 우창봉기 이래 혁명군을 "의군", "의사(義師)"라 칭하고 반청봉기를 "기의(起義)" "거의(擧義)"라 칭한 것은 전통적 의전론이 근대의 혁명운동에 어떻게 적용될 수 있는지를 보여준다. 반청이 반제로 바뀌어도 마찬가지임은 항일 "의용군"이라는 명칭에서 상징적으로 보인다.

이 무렵 국민당은 국제정의와 평화에 관해 주목할 만한 인식의 진전을 보였다. 종래에는 정의와 평화를 구분해 나열했으나 이제는 "정의에 합치

하는 평화"를 강조해 양자를 결합한 점에서다. 1938년 3월 패전 속에 긴급히 열린 임시대표대회는 "우리가 말하는 평화는 정의에 합치하는 평화이다. …… 반드시 이와 같아야 비로소 진정한 평화이며 영구한 평화이다. 정의를 버린 채 평화를 말하는 것은 평화가 아니라 굴복일 뿐이다"라고 하였다. 이어서 "3공약을 준수하는 것은 문명국의 의무를 다하는 것이며 문명국의 마땅한 권리를 향유하는 것"이라 하였다.[24] 이로써 '정의의 평화'란 공법적 정의에 기초한 평화이며 일본이 주장하는 동양 평화는 국제정의에 반하는 '강폭의 평화'로서 '굴종의 평화'임을 분명히 한 것이다. 아울러 중국은 정의와 문명국에 속하나 일본은 불의와 반문명에 속한다는 구도를 제시함으로써 청일전쟁 이래 '문명의 일본'과 '야만의 중국'을 대비시켜 온 일본의 논리를 '문명의 중국' 대 '야만의 일본'으로 역전시켰다.

국민당은 1939년 1월 5계 5차 중전회에서 위 선언을 재확인하고 정의전쟁론을 이어갔는데, 신성전쟁론도 함께 제기하여 눈길을 끈다. "쑨원 총리는 혁명구국의 삼민주의를 창조해 …… 동아를 위해 영구한 평화를 도모하고 세계를 위해 존엄한 정의를 세웠는데, 지금의 항전 역시 그 의로움은 이와 같다"라고 하였다. 정의로운 항전을 삼민주의로 정당화한 것이다. 동시에 "본당은" "신성한 항전에 계속 노력할 것이며 …… 신성한 항전의 목적은 국가의 독립과 민족의 생존에 있다"라고 하여 항전을 '신성전쟁'으로 정당화하기도 하였다.[25]

이 같은 국민당의 항일 의전론/성전론은 7·7사변 이후 일본제국이 자국 군민의 전쟁동원을 극대화하기 위해 의전론/성전론을 펼친 데 대한 대응이기도 하다. 일본정부와 군부는 태양신의 아들인 천황의 군대가 수행하는 전쟁은 곧 성전이라는 선전을 청일전쟁 이래 반복해 왔으며, 7·7사변 이후에도 '성전기념일' 의식을 일본과 만주 및 화북 점령지에서 거행했다.[26] 이 무렵 일본이 의전론을 성전론으로 바꾼 것으로 오해되었으나 그렇지 않다.

1938년 11월 고노에 수상은 일본·만주국·지나 3국이 서양 제국주의에 맞서 아시아의 평화를 지키는 것을 국제정의라 했다.[27] 1943~1944년 일본이 중국의 점령지에서 발행한 신문들도 "성전기념" 행사를 보도하는 것과 동시에 "대동아전쟁은 영미 침략세력을 배제하고 대동아 각 민족과 국가의 자주독립을 존중하는 정의전쟁"이며 따라서 대동아 민족이 승리할 것이라는 외무대신의 연설문 요지를 전했다.[28]

국민당이 이처럼 항일전쟁을 '신성하고 정의로운 전쟁'으로 격상한 시점은 1938~1939년으로 초전에 참패해 수도 난징을 빼앗기고 우한을 거쳐 충칭으로 연거푸 천도하던 위기상황이다. 따라서 성전론과 의전론은 바로 이러한 곤경에서 국내외의 지지와 단결을 극대화하기 위한 전략이라 할 수 있다. 이윽고 소련이 독일의 침략에 맞서 참전하고 미국이 일본의 침략에 맞서 참전하는 세계적 반파시즘전선의 형성에 따라 중국의 항전은 그 일부가 되어 곤경에서 벗어날 수 있게 되었다.

이에 따라 중국의 '신성하고 정의로운 전쟁'론은 미국이 참전한 1941년 12월부터 세계적 범위의 '침략 대 반침략'의 구도로 인식되면서 확대 적용되었다. 그해 12월 9일 국민정부는 대일·대독 선전포고문에서 독·일·이의 침략으로 태평양의 평화가 파괴되었으며 이는 "국제정의의 가뢰(蟊賊)이며 인류문명의 공적(公敵)"이라고 규탄하고 그에 맞선 중국의 항전은 신성전쟁이라고 하였다.[29] 그 직후 국민당 5계 6차 중전회는 "우리는 국제정의를 신장하기 위해" "영·미·소 및 각 우방과 어깨를 나란히 하여" 독·일·이에 대해 전쟁을 벌이고 있다면서, 이 전쟁은 "반침략의 성전"인 동시에 "인류의 정의와 문명을 지키는" 전쟁이라 했다.[30] 이러한 전쟁관과 수사는 연합국이 공유한 것으로, 국민정부는 이를 1945년 8월 종전까지 이어갔다.

이상의 검토를 통해 보건대, 항일전쟁 시기 국민당이 추구한 국제정의란 두 가지다. 하나는 강폭과 대비된 정의로서 일본 침략군을 축출하는 것이다. 다른 하나는 3공약으로 대표되는 공법적 정의다. 이 둘은 서로 분리될 수 없다. 그러나 불평등조약의 폐지와 평등한 신조약 체결은 중국이 바라는 정의이지만 당시의 공법적 정의로는 실현되기 어려운 것이었다. 정의의 기준인 그 공법이 다름 아닌 강폭의 힘으로 불평등조약을 강요한 제국주의 열강에 의해 주도되는 것이기 때문이다. 공법적 정의론의 딜레마라 할 수 있다.

당시 민간사회도 국민당과 흡사한 정의전쟁론을 공유했을 뿐만 아니라 공법적 정의론의 딜레마를 극적으로 보여준다. 1946년 2월 중국의 영토·주권을 침범한 얄타밀약의 내용이 공표되자 푸스녠을 비롯한 지식인 20명은 항의성명을 내어 "이 밀약은 이번 전쟁 중 가장 부도덕하고 가장 불명예스러운 문건"이며 "연합국이 반침략전쟁에 참가한 신성성을 날려버렸다"라고 비판했다. 이어서 미·영·소 3국은 중국에 대해 범한 잘못을 인정해야 하고 "특히 소련은 스스로 제정러시아 시대의 정책을 포기하고 평소에 주장한 국제정의를 지켜야 한다"고 주장했다.[31] 이는 민간의 지식인들도 정의전쟁론을 공유했으며 공법을 주도해 온 열강들 스스로 국제정의를 파괴한 현실을 반영한다.

그럼에도 국민당과 정부는 항일전쟁을 떠받친 국제정의론을 국가통치의 근본대법에 명시했다. 우선 1937년 국민정부 시정방침의 골자를 밝힌 「항전건국강령」의 "외교" 조항에서 "우리를 지지하는 세계의 모든 국가·민족과 연합하여 세계의 정의와 평화를 위해 공동으로 분투한다"라고 하였다. 이 기조 위에서 1946년 12월 제정된 중화민국헌법의 "외교" 조항에 "독립·자립의 정신과 평등·호혜의 원칙에 따라 조약과 UN헌장을 존중함으로써 국제협력을 촉진하고 국제정의를 제창하며 세계평화를 확보한다"라고 명시했다. 이는 5대국, 곧 UN안보리 상임이사국의 하나로서 국제공약을 만들고 주도하는 지위에 올랐음을 반영한다. 실제로 국민당중앙은 중국이 국제정의의 수호자라고 자부하며 모든 국제 분규를 UN범위 안에서 정의와 조약에 기초해 해결되기를 바란다고 했다.[32] 이때 국제정의의 장애물은 오직 일본제국주의 하나뿐인 것으로 한정했으니 앞에 말한 공법적 정의론의 딜레마를 벗어나기는 여전히 어려웠다.

국민당의 정의전쟁론과 신성전쟁론은 뒤섞인 듯하지만 상당 정도 구분되었다. 의전론은 국제공법에 기초해 주로 국제관계의 맥락에서 항전의 정의성을 호소하는 데 쓰였으나 성전론은 주로 자국민에게 항전의 신성성을 호소하는 국내용으로 쓰였다. 이런 구분을 하나의 문건 안에서 보여주는 예는 「항전시기건국강령초고」이다. 이 초고는 "우리의 대일항전은 …… 국제관계상 전 세계의 정의를 주장하는 사람들의 지지와 원조를 획득해야 한다"라고 하면서도 "우리나라 유사 이래 그 의의가 가장 중대하고 가장 엄숙한 민족자위의 신성전쟁"이라 하였다.[33] 정의성은 국제공법에서, 신성성은 중국사의 맥락에서 부여된다는 인식이다.

공산당의 신성전쟁론과 정의전쟁론

국민당의 '정의로운 항전론'이 공법적 정의론에 기초한 것이었다면 공산당의 그것은 혁명전쟁론에 의거했다. 국민당은 처음에는 정의전쟁이라 하다가 나중에 신성전쟁론도 제기해 양자를 병용했으나 공산당은 먼저 신성전쟁이라 하다가 나중에 정의전쟁론도 제기하여 병용하는 차이를 보였다.

공산당은 만주사변 직후부터 혁명전쟁을 곧 계급혁명전쟁으로 이해하던 데서 벗어나 항일전쟁을 "민족혁명전쟁"으로 간주했다. 나아가 이를 바탕으로 국공 양당의 대치를 중국인민과 일본제국주의의 대치 구도로 전환하려 시도했다. 공산당이 보기에 만주사변은 경제위기에 직면한 일제가 중국 영토의 일부인 만몽을 점령해 중국소비에트운동을 저지하고 이를 반소

전쟁의 근거지로 삼으려는 기도였다. 이에 대응해 공산당은 당장 민중의 자위무장을 지도해 우선 "중국 유일의 반제정권인 소비에트"를 보위하고 "매국적인 국민당정부"를 타도해야 하며 그래야 비로소 "민족혁명전쟁"을 진행할 수 있다고 보았다.[34] 국민당통치를 타도하고 소비에트체제를 보위하는 게 우선이었으므로 민족혁명전쟁론은 공산당 근거지에 대한 국민당의 포위공격에 대응하기 위한 선전의 성격이 강했다. 아직 이 전쟁의 신성성도 정의성도 전혀 의식되지 않은 상태였다.

이렇게 만주사변과 국민당의 공격에 대응하는 과정에서 만들어진 공산당의 '민족혁명전쟁' 구호는 근거지의 위기가 고조되던 1933년 6월부터 "신성전쟁"으로 격상되었다. 그때는 1932년 6월의 제4차 포위공격에 왕밍(王明)을 위시한 소련파 지도부가 진지전으로 대응한 결과 참패한 직후이며 1934년 3월 제5차 포위 공격으로 장시소비에트가 무너지기 직전의 시점이다. 중공중앙은 1933년 6월 8일 각급 당부와 전체 당원에게 보내는 서신에서 반제통일전선 형성을 위한 7대 행동강령을 제시했는데 거기서 "전국민중은 반드시 떨쳐 일어나 중국의 영토와 독립을 보위하기 위해 신성한 민족혁명전쟁을 수행할 것"을 제기했다.[35] 아울러 국제연맹과 미국의 원조를 바라는 것은 환상이며 노동군중 자신의 단결만이 전쟁의 승리를 보증한다면서 민중 스스로 무장하여 반일전쟁에 참가하도록 호소할 것을 강조했다.

따라서 공산당의 신성전쟁론은 내전으로 인해 백척간두에 몰린 공산당 자신의 위기를 돌파하기 위한 정치적 필요에서, 곧 대외용이 아니라 국내용으로 만들어진 것이다. 원래 신성전쟁이란 기독교와 이슬람 국가들의 종교전쟁에서 일찍이 사용된 용어로서, 중국의 전통에서는 극히 이질적인 개념이다. 그것은 다름 아닌 코민테른의 지시에서 나온 것으로 보인다.

코민테른은 4차 포위공격에 대한 소련파 지도부의 진지전이 실패하자

1933년 봄 중공중앙에 내린 지시에서 반제통일전선을 위한 5대 행동강령을 제시했다. 거기에 "신성한 민족혁명전쟁을 수행하라"라는 앞의 인용문이 포함되어 있다. 중공중앙은 각급 당부에 위의 7대 행동강령을 하달한 1주일 뒤 5대 강령을 담은 코민테른 지시의 원문을 전달했다.[36] 양자를 비교해 보면 공산당은 코민테른의 지시를 문자 하나 바꾸지 않은 채 그대로 수용하고 두 항목을 추가해 7대 행동강령을 발표했음을 알 수 있다. 또 하나의 근거는 그해 10월 코민테른 주재 중공 대표(王明과 康生)가 중공중앙정치국에 보낸 「중국인민 대일작전 기본강령」이다. 그들은 여기서 일제에 대한 당과 인민의 민족혁명전쟁은 "인류의 1/4을 구하는 신성전쟁"이며 "정의의 민족전쟁"이라 했다.[37] 그렇지만 결국 강령 맨 마지막의 구호는 "중화민족의 반일 신성전쟁 만세!"로 되어 있어 신성전쟁론에 무게가 실려 있다. 왕밍과 캉셩이 기초한 「대일작전 기본강령」은 당연히 코민테른의 승인을 받았을 터이며 따라서 신성전쟁도 정의전쟁도 코민테른의 전쟁인식에서 나온 것이라 할 수 있다.

그 후 2차국공합작 이전 내전이 계속되는 동안 공산당은 민족혁명전쟁을 거의 압도적이라 할 만큼 신성전쟁으로 인식했다. 심지어 코민테른 집행위원회 회의에서도 중국 대표(王明과 王榮)는 모두 중국인민의 항일을 "신성한 천직", "신성한 민족전쟁"이라 했다.[38] 신성한 민족혁명전쟁론이 국민당의 포위공격을 돌파하기 위한 전술의 일환으로 만들어진 것임은 위의 5대행동강령을 담은 지시에서 코민테른 스스로 밝힌 사실이다. 장시소비에트 주석 마오쩌둥도 1934년 1월 이를 수용해 "신성한 민족혁명전쟁으로 제국주의·국민당의 누차에 걸친 포위공격을 분쇄하자"라고 호소했다. 중공중앙은 그 직후인 1934년 7월 "북상항일"을 선언하고 탈출을 개시했다. 이를 "장정(長征)"이라 한 것은 사후의 명명이다.

장정을 통해 중공의 지도권이 극좌편향의 왕밍에서 마오쩌둥으로 바뀌고 2차 국공합작이 형성됨에 따라 신성전쟁론과 정의전쟁론이 병용되었다. 우선 노선 전환 과정에서 이론적으로 중대한 역할을 담당한 장원톈(張聞天)은 1935년 12월 일제의 화북 침략에 대한 민족혁명전쟁을 "신성전쟁"이라 하더니 이듬해 2월에는 그것을 "신성한 전쟁"이자 "동방 최대 피압박 민족의 정의전쟁"이라 했다.[39] 학생을 비롯한 인민대중의 항전 촉구운동인 12·9운동의 열기를 반영한 것이라 할 수 있다. 마오도 1936년 12월 "역사상의 전쟁은 혁명전쟁과 반혁명전쟁의 두 종류밖에 없다. 그중 오직 혁명전쟁만이 신성전쟁이다"라고 하면서도 인류와 중국의 대다수가 거행한 전쟁은 의심의 여지없이 "신성전쟁이며 정의전쟁"이라 했다.[40] 1938년 5월에는 혁명과 반혁명의 이분법을 이어가면서 "일본의 전쟁은 진보를 저해하는 반혁명전쟁"이며 "우리의 전쟁은 신성하고 정의로우며 진보와 평화를 추구하는 전쟁"이라고 했다.[41]

이런 기조 위에서 마오쩌둥은 1939년 9월 신성성보다 정의성을 중시해 항전을 정의전쟁으로 간주했다. 이때는 마오쩌둥이 장정을 통해 스스로 당내 핵심지도부의 일원으로 부상한 위에서 스탈린의 지시에 따라 지도부의 수장이 된 직후의 시점이다.[42] 이로써 당내 최고 지위에 오른 마오쩌둥은 옌안의 간부대회 연설에서 정의전쟁론을 다음과 같이 체계화했다.

> 전쟁의 성질은 전쟁의 정치목적에 따라서 결정된다. 모든 전쟁은 두 종류로 나뉜다, 스탈린 동지에 따르면 전쟁은 비약탈적이며 해방을 도모하는 정의의 전쟁과 약탈적인 비정의의 전쟁 둘뿐이다. 2차 제국주의전쟁은 1차 제국주의전쟁과 마찬가지로 비정의의 전쟁에 속한다. 이 두 차례 전쟁의 목적은 오직 세계 인민을 약탈하기 위한 것이며 그 본국과 타국 인민에게 조금도 이롭지 않기 때문이다. 이것이 바로 전쟁의 약탈성, 비정의성, 제국주의성이다. 현재 전쟁의 쌍방은 인민을 속이고 여론을 동원하기

위해 부끄러움도 아랑곳하지 않고 자기가 정의이며 상대방이 비정의라 선전한다. 기실 이는 일종의 만담이며 사기다. 오직 민족해방전쟁과 인민해방전쟁, 그리고 사회주의국가가 이 두 종류의 해방운동을 원조하기 위해 수행하는 전쟁만이 정의의 전쟁이다.[43]

이전의 혁명전쟁이 정의전쟁으로 바뀌었을 뿐 이분법은 그대로 지속되고 있으나, 중국인 자신의 민족혁명전쟁은 물론이고 이를 지원하는 제3국의 전쟁도 정의전쟁에 포함시킨 것은 전에 없던 변화다. 가령 독일 파시스트의 통치로부터 폴란드 인민을 구하기 위한 소련의 전쟁도 정의전쟁이라는 것이다. 이 경우 제3국을 오직 사회주의국가로 한정시킨 점이 주목된다. 그 후 마오쩌둥은 신성전쟁 대신 거의 모두라 할 정도로 정의전쟁이란 용어를 썼다.

여기서 마오쩌둥은 정의전쟁론이 스탈린의 견해를 따른 것이라 했으나 이는 스탈린의 심기를 고려한 수사일 뿐 원래 레닌에 의해 일찍이 제기된 것이므로 마땅히 레닌의 견해라고 해야 옳다. 레닌은 제1차 세계대전 초기인 1915년 『사회주의와 전쟁』이라는 소책자에서, 사회당인은 각 민족 간의 전쟁을 야만적이고 폭력적인 행위라고 비난하지만 "우리가 보기에 전쟁은 국내의 계급투쟁과 필연적인 관계를 맺고 있다. 우리는 국내전쟁 곧 피압박계급이 압박계급에 반대하는 전쟁의 합리성·진보성·필요성을 완전히 옹호한다"라고 한 뒤 다음과 같이 정의전쟁론을 펼쳤다.

1789~1871년의 (프랑스혁명) 시대는 심각한 흔적과 혁명의 기억을 남겼다. 봉건제도, 전제제도, 이족압박을 타도하기 전에는 근본적으로 무산계급이 사회주의를 쟁취하는 투쟁의 발전을 말할 수 없다. 사회당인이 이 시대의 "방어"전쟁을 말할 때 그것은 늘 중세농노제도에 반대하는 혁명의 목

> 적으로 귀결되었다. 사회당인이 말하는 "방어"전쟁은 줄곧 이러한 의미에서 "정의로운" 전쟁을 가리켰다(리프크네히트가 일찍이 이렇게 말한 적이 있다). 사회당인은 과거에도 현재에도 이런 의미에서만 "조국보위" 혹은 "방어"전쟁의 합리성·진보성·정의성을 인정한다. 예를 들면 내일 모로코가 프랑스를 향해 선전(宣戰)하고 인도가 영국을 향해 선전하며 페르시아나 중국이 러시아를 향해 선전한다면 비록 먼저 진공했다 하더라도 이 전쟁은 정의로운 "방어"전쟁이다.[44]

이처럼 레닌은 리프크네히트(K. Liebknecht)의 선례를 따라 침략에 맞선 방어전쟁/자위전쟁을 정의전쟁이라 하고 이때 자위하는 측은 먼저 공격을 시작하더라도 정의롭다는 것이다. 레닌은 1917년 「무산계급혁명의 군사강령」에서, "사회주의의 자위전쟁"을 말하면서 이는 승리한 무산계급이 자위를 진행해 기타 각국의 자산계급에 반대하는 것을 가리킨다고 했다. 이어서 그는 자산계급도 "조국보위"전쟁이란 용어로 우리를 기만하지만 우리가 말하는 조국보위란 곧 "무산계급의 이익에 부합하는 정의의 전쟁을 가리킨다"라고 대비시켰다.[45] 요컨대 레닌의 정의전쟁론은 철저하게 혁명론, 그것도 무산계급혁명론에 기초한다. 마오쩌둥이 민족해방전쟁을 지원하는 제3국의 전쟁을 사회주의국가에 한정해 정의전쟁에 포함한 까닭도 바로 여기에 있다.

레닌의 무산계급혁명론에 기초한 정의전쟁론은 이처럼 제1차 세계대전기에 이미 제시되었음에도 중국의 혁명전쟁에는 제때 적용되지 않았다. 무엇보다 무산계급 자체의 군대가 없었기 때문으로 보인다. 코민테른은 서방 무산계급 혁명운동과 동방 식민지 민족해방운동의 연합을 추진하려는 레닌의 구상에 따라 동방노동자대회(바쿠, 1920.9)를 개최하고 이 대회를 "반제국주의적 성전"이라 한 바 있다.[46] 이는 예외적인 용례다. 그래서인지 그 후 중국혁명을 지도한 코민테른의 관련 문건을 검토해 보면 의전론도 성전론도 언급되지 않다가 1928년 8월 정의전쟁론만 극히 중요하게 다루어졌다. 그에 따르면 "모든 전쟁은 일정한 계급의 정치가 또 다른 방식을 통해 계속되는 것"이며, "제국주의가 중국혁명에 반대하는 전쟁은 완전히 반동적 약탈적 전쟁이며, 피압박 민족이 제국주의에 반대하는 전쟁은 정의로울 뿐만 아니라 혁명적이며 세계 무산계급혁명의 한 고리"라 했다.[47]

이처럼 레닌의 정의전쟁론이 살아 있었으나 코민테른은 1933년 봄 이를 무시한 채 갑자기 신성전쟁론을 들고나왔다가 그해 10월 양자를 병용하는 식으로 바꾼 것이다. 1941년 7월 중공중앙은 "일본침략자(日寇)에 저항하고 조국을 보위하는 우리 위대한 중화민족의 신성전쟁은 이미 4년째다. …… 독일 파시스트의 침략을 받은 소련의 반파시스트 전쟁은 우리의 항일전쟁과 완전히 동일한 성질에 속하며 양자 모두 독립과 자유를 보위하고 침략에 반대하는 정의전쟁이다"라고 했다.[48]

공산당도 국민당처럼 신성전쟁이란 용어를 주로 대내용 문건에만 썼고 대외용 문건에는 거의 쓰지 않았다. 가령 1943년 7월 ≪해방일보≫의 공산당 창립 22주년 기념 사설에서 중화민족의 "신성항전은 6년이나 지속되었다"는 표현이 두 차례 등장하지만 "정의전쟁"은 보이지 않는다.[49] 자기 민족의 단결과 참전을 독려하는 데에는 정의성보다 신성성이 더 큰 호소력을 갖는다고 본 때문일 것이다. 앞서 본 「태평양전쟁을 위한 선언」에 "정의전쟁"만 쓴 것은 대외용 문건의 좋은 사례가 아닐 수 없다.

이상에서 드러나듯이 전면 항전 기간인 1937~1945년의 8년간 국공 양당 모두 신성하고 정의로운 전쟁이라는 이중적 전쟁론을 공유했다. 그러나 양측의 정의전쟁론의 근거는 전혀 달라서 하나는 무산계급혁명론이고 다른 하나는 공법적 국제정의론이었다. 후자는 제국주의 열강과의 타협이 불가피했으니, 반제국주의 노선을 관철하려는 전자와 대결할 수밖에 없는 상황에 놓이게 되었다. 그런 의미에서 국공내전은 국공 양당이 추구한 두 정의론의 대결이라 할 수 있다.

3. 한국전쟁 이후 공산당의 항미전쟁 인식 | 정의전쟁

항일전쟁이 끝난 뒤 1946~1949년의 국공내전에 대해서는 양당의 전쟁인식이 달라질 수밖에 없다. 우선 국민당은 UN 안보리 5대국의 하나라는 국제 지위까지 가진 중화민국의 집권당으로서 공산당을 반란집단/공비(共匪)로 간주하고 이를 "반란진압(戡亂)"이라 할 뿐 전쟁으로 여기지 않았다. 반면 공산당은 처음부터 이를 "내전"이라 하면서 국민당이 국가의 이권을 미제국주의에 팔아넘기고 미국의 지원을 받아 내전을 발동했으므로 장제스의 전쟁은 "반인민적 반혁명적 전쟁"이며 인민해방군의 전쟁은 "애국적이며 정의로운 혁명전쟁"이라 하였다. 1948년 2월에는 심지어 "신성하고 정의로운 전쟁"이라고도 했다.[50] 마오쩌둥의 1937~1938년 전쟁론을 따른 결과라 하겠다.

그 연장선에서, 한국전쟁이 일어나자 마오쩌둥과 공산당은 '항미원조'를 정의전쟁으로 인식하고 대응했다. 신성성이 아니라 정의성을 중시한 것이다. 그 논리와 경위를 살펴보자.

1950년 6월 25일 발발한 한국전쟁에 대한 중국의 첫 공식 반응은 당시 총리 겸 외교부장이던 저우언라이의 28일자 성명이다. 그는 성명에서 "중화인민공화국 중앙정부는 평화·정의와 자유를 사랑하는 세계 모든 인류에게, 특히 동방의 각 피압박 민족과 인민에게 일치하여 일어나 동방에서의 미제국주의의 새로운 침략을 저지하자"라고 호소했다.[51] 그에 따르면 미국은 이승만정부를 사주해 북한을 공격하는 "조선내전"을 일으킨 후 이를 계기로 곧바로 미군의 파병을 결정하고 미 7함대를 대만해협에 출동시켰다. 내전 발발 자체를 미국의 침략이라 본 것은 아니지만 발발 이후의 조치에 대해서는 북한과 중국에 대한 침략이며 이는 베트남에 대한 침략 의도와도 연계되어 있다고 보았다. "미국의 동방침략"을 정의·평화에 반하는 행동으로 보고 이를 저지하는 정의로운 행동을 국제사회에 호소한 것이다. 특히 미국이 "무력으로 대만해방을 저지"하고 나선 것은 "UN헌장을 철저히 파괴한 것"이라 비난했다. 그해 1월부터 미국은 베트남인의 항프독립전쟁을 저지하여 프랑스를 지원하기 시작했다. 물론 중국은 그에 맞서 베트남 측을 지원했다.

"미제국주의의 침략"에 대한 중국의 이 같은 우려는 미국의 국공내전 개입의 연장선에서 나왔다. 공산당은 국민당이 미국과 결탁하고 그 지원을 받아 내전을 발동한 것으로, 미국을 그 지휘자로 봤는데 1948년 말부터 미국을 침략자로 규정했다. 단순한 지원정책에서 벗어나 국민당의 잔여 군대를 조직해 장강 이남과 남부변경에서 인민해방군에 저항을 계속하는 정책으로 전환했다는 것이다.[52] ≪신화일보≫는 미국이 1948년 10월부터 대만을 점령해 반격의 기지로 삼으려 했음을 그 하나의 사례로 꼽았다. 그 근거로 주일 점령군 사령관 맥아더가 "대일강화조약 체결 이전의 대만은 연합군 총사령부에 속한다"고 발표했으며 "대만의 랴오원이(廖文毅)가 제기한 '대만독립' 주장을 받아 UN에 제출하려 준비"하고 있다는 것 등을 제시했다.[53] 1949년 10월 1일 인민해방군 총사령관 주더(朱德)는 미제국주의가 여전히 중국의 완전한 해방을 저지하고 있음을 분명히 하였다.[54]

이와 같은 문맥에서 보면 저우언라이 성명은 미국이 조선-대만-베트남 쪽에서 중국혁명의 완수를 저지하기 위한 포위망을 형성하고 있음을 지적하고 우회적으로 미국의 비정의성과 중국의 정의성을 분명히 한 것이라 할 수 있다. 그러나 아직은 참전 이전이므로 '정의전쟁'이라 하지 않았다.

1950년 10월 19일 파병해 참전하자 이윽고 중국의 조야는 이를 정의전쟁론으로 정당화했다. 중국공산당이 11월 4일 중국민주동맹 등과 함께 발표한 「각 민주당파 연합선언」은 "미제국주의자의 조선침략전쟁의 목적은 중국과 아시아 전체를 침략하는 것"이라면서 중국인민지원군의 "항미원조 보가위국"은 "완전히 정의에 합치하며" "정의는 중국·조선·베트남·필리핀 등 우리 편에 있으며 제국주의자는 반정의다. …… 최후의 승리는 정의로운 인민에게 돌아올 것"이라 했다.[55] 당초 "조선내전"이라 했던 것을 "조선침략전쟁"이라 한 것은 미군이 38선을 넘어 북진한 상황을 반영한 것으로 보인다. 1951년 10월에는 마오쩌둥이 직접 정의전쟁론을 다시 강조했다. 그는 우선 미군이 중국의 대만을 점령하고 동북 변강과 북한을 공격했기 때문에 "우리는 반침략의 기치를 들지 않을 수 없었다"라고 한 다음 "이는 완전히 필요하고 정의로운 것이며, 전국 인민은 이러한 필요성과 정의성을 이미 잘 알고 있다. 필요하고도 정의로운 이 투쟁을 계속하기 위해 우리는 항미원조 공작을 계속 강화해야 한다"라고 하였다.[56] 그에 앞서 마오쩌둥은 지원군의 참전뿐만 아니라 각계 인민의 항미원조 대중집회와 시위에 대해서도 반침략의 정의로운 행동으로 찬양하고 고무했다.

그 전후 중국은 미국의 침략성과 비정의성을 부각하기 위한 선전을 강화했다. 그 주요 내용은 ① 미국 폭격기가 동북 변경을 공습했을 뿐 아니라 대만에 미군을 주둔시킨 채 UN의 중국대표권을 중화민국에 부여하고 대만을 기지로 삼아 중국의 통일을 방해하고 있다, ② 미국은 인민공화국의 참가를 배제한 채 서둘러 샌프란시스코 강화조약을 체결해 대일강화를 왜곡하고 일본을 재무장시켜 반공전선을 강화하고 있다, ③ 미국은 청일전쟁 이후 일본제국이 그랬던 것을 본떠서 조선에서 만주로, 만주에서 중국 전체로 침략을 확대하려는 의도를 갖고 38선을 넘어 북진했고 일본 관동군의 세균전범을 이용해 조선에서 세균전을 진행했다, ④ 정전협상 과정에서 전쟁포로를 본국이 아니라 제3국으로 보냈다는 것 등이다. 중공중앙은 이것들이 모두 미국의 국제법 위반이라면서 이를 인민대중에게 효과적으로 선전하기 위해 항일의 기억을 되살려 항미로 나아가도록 하라고 지시했다.[57]

항미원조를 정의전쟁으로 규정한 완결판은 인민지원군 총사령관 펑더화이(彭德懷)의 「항미원조공작보고」다. 정전협정이 체결된 직후인 1953년 9월 12일 공작보고에서 "중·조 인민이 진행한 반침략의 정의로운 행동은 그 목적이 조건을 쟁취해 조선 문제를 공평하고 합리적인 기초 위에서 평화적으로 해결하는 데 있다"라고 한 다음 중국인민지원군의 역량과 승리의 원천은 "위대한 항미원조의 정의성"이라고 하였다.[58] 나아가 항미원조전쟁의 정전은 제국주의의 군사적 모험이 실패한 결과이며 중·조 인민이 국제적 지지하에 승리를 획득한 결과라 하면서 "원동과 세계의 평화"를 보위하는 임무를 수행했다고 자평했다. 이는 중국의 안전을 원동 = 동아의 안전과 직결시키는 사고가 저우언라이의 첫 성명 이래 지속되고 있음을 보여준다.

이상에서 본 대로 중국의 한국전쟁 참전을 정의전쟁이라 하는 까닭은 미제국주의의 조선과 중국에 대한 침략에 저항한 자위전쟁이기 때문이라는 것이다. 여기서 말하는 침략은 6월 25일 북한을 공격함으로써 "조선내전"을 발동한 것이 아니라 그 후 미국이 취한 대응을 지칭하는 것이다. 내전에서는 원리상 침략과 피침략이 있을 수 없다. 당시 마오쩌둥과 저우언라이 등 극소수 인사들은 그 내전이 김일성의 계획과 스탈린의 동의·지원 아래 선제공격으로 시작된 것임을 인지하고 있었다. 학계에는 단지 인지한 시점이 언제인가에 관해서만 이견이 있을 뿐이다. 그럼에도 이를 정의전쟁이라 한 것인데, 이는 원래 레닌의 정의전쟁론에 따른 결과다. 앞에서 보았듯이 북한과 중국의 항미전쟁은 "피압박 민족이 제국주의에 반대하는 전쟁"이기 때문이다. 이 논리가 성립하려면 남한이 미제국주의의 식민지 혹은 세력범위라는 전제가 필요하며 김일성-스탈린-마오쩌둥은 실제로 그렇게 인식하고 있었다. 그러므로 소련 붕괴 이후 기밀해제된 문서에 기초해 '남침' 사실이 밝혀졌다고 해서 중국의 정의전쟁론이 흔들리거나 포기될 이유는 없어 보인다.

앞서 보았듯이 국공내전기까지 지속되던 신성전쟁·정의전쟁 병용법은 한국전쟁기에 사라지고 정의전쟁 하나로 통일되었다. 이러한 변화는 인민공화국 수립 이후 출간된 『마오쩌둥선집』 수정본(1951~1960)에 반영되어 1936~1938년의 원문에 나온 "신성전쟁"이 모두 "정의전쟁"으로 바뀌었다. 앞서 인용한 「중국혁명전쟁의 전략문제」의 해당 부분은 "역사상의 전쟁은 정의전쟁과 비정의전쟁 두 종류밖에 없다. 우리는 정의전쟁을 옹호하며 비정의전쟁을 반대한다. 모든 반혁명전쟁은 비정의전쟁이며 모든 혁명전쟁은 정의전쟁이다. …… 인류와 중국인의 대다수가 거행한 전쟁은 의심할 여지없이 정의전쟁이다"로 수정되었다.[59] 그리하여 이 부분을 포함하는 한 페이지에 "정의전쟁"은 8회, "비정의전쟁"은 4회나 쓰였다. 『마오쩌둥군사문선』(1968)에 수록된 관련 논문도 모두 이와 동일하다.[60]

이와 거의 동시에 중국의 정의전쟁론은 자국의 항일전쟁과 항미원조전쟁뿐만 아니라 제3세계의 민족해방전쟁 일반으로 확대 적용되었다. 그 첫 사례가 1946~1954년 프랑스의 재식민화에 맞선 베트남민주공화국을 비롯한 인도차이나인의 저항전쟁이다. 중국은 이에 대해 한국전쟁처럼 전투병을 파병하지는 않았으나 1950년 1월부터 군사고문단을 파견하고 각종 무기와 군수품을 지원함으로써 디엔비엔푸에서의 승리를 뒷받침했다. 1954년 이 전쟁의 정치적 종결을 위해 열린 제네바회의에서 저우언라이는 "인도차이나전쟁은 프랑스 식민주의자가 인도차이나 인민을 다시 노예화하기 위해 도발한 식민전쟁이며 인도차이나 인민이 식민주의의 침략에 저항하고 민족의 독립을 보위하는 정의전쟁"이라 했다.[61] 따라서 그 후에도 1961~1975년 베트남에서 미국이 반공의 이름으로 진행한 전쟁에 맞선 베트남인민의 저항전쟁, 이스라엘이 미국의 지원을 받아 아랍 국가들을 침략한 데 맞선 아랍연맹과 시리아의 전쟁 등을 "정의전쟁"으로 규정하고 지지했다.[62] 중국은 1965~1973년 북베트남에 연인원 32만 명을 파병했다.

이와 같이 한반도와 베트남에서의 항미전쟁을 미제국주의에 대항한 정의전쟁이라고 인식하던 중국은 베트남전쟁에서 손을 떼겠다는 닉슨독트린(1969)을 계기로 미국과 국교정상화를 추진했다. 그 첫 단계로 인민공화국이 1972년 마침내 중화민국을 대신해 중국을 대표하는 UN 안보리 상임이사국이 되었는데, 그 직후 중국 대표 황화(黃華)는 안보리 회의에서 예의 그 정의전쟁론을 펼쳤다. 중국인민은 "정의전쟁과 비정의전쟁의 구분"을 반대하는 제국주의자와 식민주의에 맞서 "아프리카인민의 정의로운 투쟁"을 지지하며 그들의 독립과 해방을 옹호하는 공동투쟁을 전개하겠다고 선언한 것이다.[63]

이상에서 보았듯이 국공양당의 정의전쟁론은 주로 개전의 정의성을 중시하는 특징을 보인다. 기독교 사상가를 비롯한 서방의 정의전쟁론은 개전정의(jus ad bellum) 외에도 교전정의(jus in bello)와 종전정의(jus post bellum)까지 포함하는 것과 비교된다. 이는 침략을 당한 측의 저항전쟁이어서 그러하였을 터이나 교전·종전 정의를 무시한 것은 아니다. 다만 교전·종전의 단계를 나눠 명시적으로 정의의 기준을 제시하지 않은 것은 무산계급혁명론에 기초한 정의전쟁론의 약점이라 할 수 있다. 그렇더라도 계급사회 너머의 정의를 추구한 점에서 그 안에서의 정의에 국한된 서방의 정의론을 비판적으로 돌아보게 하는 의미가 있다.

공산당의 정의전쟁론은 마르크스주의 사학의 통사편찬에 적용되어 역사화되었다. 제7장에서 보듯이 대학과 당 간부 교재에는 1940년대부터 적용되었다. 인민공화국 정부는 1956년 중고교 『역사교학대강』에 "전쟁에 대해서는 반드시 그 정의성과 비정의성을 분별해야 한다. 레닌은 전쟁을 두 종류로 나누어 침략전쟁은 비정의전쟁이고 해방전쟁은 정의전쟁이라고 하였다"라고 명시했다.[64] 이로써 정의전쟁론은 국가 공인의 역사인식으로 제도화되었다. 최근의 고교 교과서(선택과목, 2007~2018)는 "정의전쟁은 반드시 승리한다"라고 강조한 뒤, 20세기의 여러 전쟁을 사례로 다루었다.[65]

국민당도 공산당도 반제/반침략의 정의전쟁론을 통해 자신의 항전을 정당화하고 국제 지위를 제고하는 효과를 기대한 것으로 보인다. 이는 다음 장에서 보듯이 제국주의 세계체제하의 식민지 약소민족의 연대, 나아가 자신을 정점으로 하는 새로운 국제질서 구상으로 이어진다.

제5장

삼민주의 인터내셔널

혁명중국의 자기표상과 질서구상

근대중국의 국제적 지위는 '중국'(中央之國)이라는 이름이 무색하게 식민지만도 못하다는 뜻의 "차(次)식민지", 열강의 "공공식민지"에 불과했다. 따라서 이 상태를 종식하고 중국의 마땅한 지위를 회복하는 것이 핵심 과제였다. 이를 위해 '혁명하는 중국'(혁명중국)은 당초 유라시아 세계혁명의 학습자/모방자였으나 이윽고 세계/동방 피압박 민족의 영도자로 자처하게 되었다. 특히 쑨원 사후 삼민주의 원리에 따른 세계혁명을 꿈꾸면서 중국이 이를 지원하고 지도하는 기관으로 '새로운 인터내셔널'(新國際)을 건립하려 시도한 점이 주목된다.

중국이 주도하는 '새로운 인터내셔널'의 건립에 대한 요구는 국민혁명(1923~1928)을 통해 혁명중국의 국제적 위상에 대한 자각이 형성되고 커짐에 따라 소수의 국민당 원로들에 의해 제기된 후 점차 널리 공유되면서 지속되었다. 이를 지칭하는 용어는 다양해서 "민족국제", "동방국제", "삼민주의국제"가 주로 쓰였고, 이들을 조합한 용어도 쓰였다. 모두 피압박 민족이 상호연합해 중국혁명과 세계적 반제혁명을 지원하고 지도하는 국제조직을 가리킨다. 조직상으로는 중국국민당을 모델로 하여 각 피압박 민족의 국민당을 지도하는 '국민당 인터내셔널'이고 이념상으로는 삼민주의를 혁명의 지도 원칙으로 하는 '삼민주의 인터내셔널'이다. 국민당 중앙선전부가 사용한 유일한 명칭은 "삼민주의국제"다. 이에 이 책에서는 이를 '삼민주의 인터내셔널'(삼민주의국제)로 통칭하고 '삼민국제'로 약칭하기로 한다. '공산주의 인터내셔널'(코민테른, 共産國際/第三國際)을 벤치마킹해 그에 대응한 결과라 할 수 있다.

삼민주의 인터내셔널 구상과 실천에 관한 연구는 극히 미미하다. 일찍이 국민혁명기 후한민과 다이지타오의 구상에 관해 각기 간략히 검토한 연구가 있으나 개인의 일시적 주장으로 이해하는 데 그쳤다.[1] 장원타오(張文濤)의 연구는 이런 한계를 넘어 관련 논의를 1932년까지 넓혀 진전시킨 의미가 있으나 계급투쟁 여부와 실행 불가능성에 초점을 두고 접근한 점에서 한계가 있다.[2] 그 밖에 근대중국의 국제연대를 다룬 논저들은 국가 간의 합작과 제휴를 다루거나 피압박 민족 간의 대등한 연대운동을 다룰 뿐 이어서[3] 이 책의 문제의식과 거리가 크다.

삼민국제 건립론은 1차 국공합작과 5.30운동의 반제열기 속에 국민혁명의 기초를 확보한 1924~1925년 제기되어 제한적 호응을 얻었었고, 국민정부가 새로운 통일정부로 등장한 1927~1932년 확산과 고조를 보였으나 그 후 만주사변의 여파로 급속히 침체하는 속에서 1942년까지 이어졌다. 삼민국제는 삼민주의 세계혁명을 수행하는 지도 기관인 동시에 세계혁명의 중심이자 영도자라는 자기인식을 구체적인 형태로 표현해 낸 자기표상이다. 거기에는 자국 중심의 국제질서에 대한 구상도 포함된다.

국민당에 의해 형성된 세계혁명의 중심이라는 자기인식은 같은 중화민족 정체성을 가진 중국공산당에도 공유되었고 집정당으로 성장함에 따라 다른 방식으로 표상되었다. 1947~1953년 마오쩌둥이 건립하려 시도한 공산당 '동방정보국'이 그런 예이다. 이에 이 글은 국민당 인사들의 삼민국제 건립론의 추이를 세 단계로 구분해 그 실상을 밝히고, 이를 마오쩌둥의 '동방정보국' 구상과 상호 연관 지어 파악함으로써 혁명중국의 자기인식과 표상의 연속성, 그리고 그 의미를 드러내고자 한다.

1. 삼민주의 세계혁명론과 혁명중국의 국제적 위상

삼민국제 건립론을 이해하려면 먼저 그 사상적 배경으로 삼민주의 세계혁명론의 형성과 혁명중국의 국제적 위상에 관한 중국국민당의 인식을 살펴봐야 한다. 국민당이 중국혁명을 세계혁명 속에서 상호 관련지어 체계적으로 파악하고 공유한 것은 국민혁명 이래의 일이다. 그동안 중국의 세계혁명론은 대부분 공산당 위주로 연구되어왔으나 국민당의 그것은 따로 검토할 가치가 있다. 국민당의 세계혁명론 속에 나타난 중국의 지위와 역할은 공동분투론/연대론에서 촉진론을 거쳐 선봉론/영도론으로 나아갔다.

일찍이 쑨원은 신해혁명 전부터 공화혁명을 통해 반(半)식민지에서 벗어나 "당당한 중화국(堂堂華國)"을 회복한 다음 이를 발판으로 동방 각국의 혁명운동을 지지하고 촉진하겠다는 포부를 밝힌 바 있다.[4] 이 같은 막연한 바람은 1923년 국민당이 광둥에 근거지를 마련하고 소련의 지원을 받는 국공합작하에서 코민테른의 세계혁명론에 자극받으면서 점차 구체성을 띠게 되었다.[5] 먼저 중국공산당이 코민테른의 이론에 따라 제국주의시대의 반(半)식민지 민족운동은 필연적으로 세계혁명의 일부이며, 동방의 민족혁명과 유럽의 무산계급혁명은 상호 연대해 제국주의 타도라는 공통 목표를 달성해야 한다고 보았다.[6] 1925년 1월 중공 4차 대표대회는 이를 당의 공식 입장으로 결의했다. 이는 합작하의 국민당에 심대한 영향을 미쳤다.

국민당이 하나의 이념과 통일된 조직에 의해 세계를 혁신한다는 세계혁명의 관념을 가지고 그 속에서 혁명중국의 지위와 역할을 명시적으로 제시한 것은 쑨원 사망 직후인 1925년 5월부터다. 국민당 1계 3차 중전회(중앙위 전체회의)는 "총리의 사망은 중화민국뿐만 아니라 전 세계 피압박 민중 해방운동의 크나큰 손실"이라고 평가해 사실상 그가 중국혁명의 영수이자 세계혁명의 영수임을 선언했다. 이어서 삼민주의의 국민혁명은 중국사를 넘어서는 "세계혁명사의 중대한 임무를 갖고 있다"라면서 당원 동지는 "어느 일국의 혁명도 세계혁명의 일부분"이므로 쑨원의 유지를 받들어 세계 피압박 민족과 일치단결해 공동분투 해야 비로소 혁명을 완성할 수 있다고 하였다.[7] 이렇게 형성된 삼민주의 세계혁명론에 기초한 혁명중국의 자기 인식은 국민당 세력의 성장에 따라 널리 퍼졌다.

국민혁명군의 힘으로 광둥성 전체를 장악한 직후인 1926년 1월 열린 국민당 2차 대표대회는 중국혁명을 "세계혁명의 대부분"이라 선언했다. 중국혁명이 차지하는 지위가 금세 '일부분'에서 '대부분'으로 격상된 것이다. 이어서 중국혁명은 "자본제국주의"에 반대하는 동일한 전선에 서 있는 소련, 식민지 민족, 제국주의 본국의 피압박 민중과 합작해 "세계혁명의 성공을 촉진"하는 역할을 담당할 것이라 하였다.[8] 그 후 당내 반공세력의 성장에 따라 소련과의 연대만 제외되었을 뿐 세계혁명론의 기조는 이어졌다. 반공에 앞장선 서산회의파가 "쑨원주의는 세계성을 포함하고 있다"라면서 "쑨원주의 만세!"를 외치고 그것으로 세계혁명을 추진하자고 주장한 것은 대표적인 예다.[9] 쑨원의 비서 출신으로 우경화의 길로 접어든 다이지타오는 광둥성정부 강연에서 "군벌을 소탕하고 전국을 통일한 후 우리의 공작은 무엇인가? …… 전국의 혁명 역량을 결집하고 세계의 피압박 민족과 연합해 반제국주의 세계혁명의 전사(戰事)를 준비하는 것"이라 하였다.[10] 그 직후 국민정부가 "삼민주의의 국제화" 프로젝트를 시작한 것은 결코 우연이 아니다.[11]

세계혁명론에서 차지하는 삼민주의와 국민당의 지위는 국민혁명군의 북벌이 급속히 진전되어 국민정부의 통치기반이 확대됨에 따라 더욱 높아졌다. 국민당 중앙위원(선전부장)이자 국민정부 주석이던 후한민은 1927년 4~5월 삼민주의가 세계혁명에 가장 적합한 원칙인 까닭을 다음과 같이 설명했다. 이전의 각국은 민족·민권·민생 문제의 어느 하나만 해결했을 뿐인데, 삼민주의는 이들 세 개의 작은 고리를 하나로 연결한 큰 고리여서 "세계혁명의 통일성과 각 부분혁명의 특수성을 수미일관하여 유지"할 수 있다. 이에 반해 마르크스주의는 유럽과 같이 경제가 발전한 국가가 아니면 실행할 수 없으니 세계혁명의 원칙이 될 수 없다. 레닌은 낙후한 국가들에 주목해 세계 피압박 민족의 반제연대를 추가했으나 소련이 제3국제를 통해 동방의 민족혁명을 지배하고 있으니 부분혁명의 특수성을 부인하는 것이다. 그러므로 마르크스주의도 레닌주의도 아닌 "삼민주의국제" 조직이 있어야 세계혁명을 실현할 수 있다.[12]

그 직후 1차 북벌의 진전으로 중원을 장악한 국민당은 1928년 2월 삼민주의 세계혁명론을 당 공식 문서에 수용했다. "삼민주의는 실로 중국민족의 역사적 문화정신과 현재 세계의 과학적 학술경험을 종합해 이룩한" "중국혁명의 최고 지도 원칙인 동시에 인류진화와 세계대동의 최고 지도 원칙"이라면서 "이 주의를 세계에 널리 확대 발전시켜 …… 세계 인류의 재난을 해결하고 세계 대동의 기초를 세우자!"라고 하였다. 이에 반해 제3국제가 창도한 공산혁명은 적색제국주의로서 그 포학함은 백색제국주의보다 100배나 심하여 동방 피압박 민족 독립운동의 적이라 비난했다.[13] 세계혁명에서의 중국의 지위와 역할에 대한 기대는 1928년 6월 2차 북벌로 베이징을 점령한 이후에 더욱 커졌다.

이때 중국의 국제 지위와 관련해 국민정부가 취한 대표적인 대외정책이 "혁명외교"다. 본래 외교란 국가 간의 밀고 당기는 협상을 통해 타협에 이름으로써 분쟁을 해결하는 것인데, 혁명외교란 상대국을 타도의 대상으로 간주하고 혁명의 논리로 접근하는 것이다. 아편전쟁 이래 제국주의 열강에 의해 강요된 불평등조약을 폐지하고 국가주권을 회복하기 위해 국민정부는 외교를 혁명의 정신과 환경 및 목적에 따라 주동적 공세적으로 진행하며 민중 세력의 지지를 방패로 삼는 혁명외교를 추진했다.[14] 이 같은 혁명외교는 1926년 6월 광둥성의 혁명운동 고조 이후 1931년 9월 만주사변까지 이어졌다. 이를 통해 일부 조계(漢口, 九江 등)를 회수하고 벨기에 같은 서양 소국들과의 조약을 개정했다.

이러한 성과는 비록 중국인의 기대에 못 미쳤으나 전례 없는 것이어서 중국의 국제 지위 상승감을 한껏 고무했다. 이는 1929년 3월 국민당 3차 대표대회에서 장차 중국이 "국제상 중요한 지위를 차지해야" 하며 그때 중국 외교는 쑨원 총리의 외교 원칙에 따라 피압박 민족의 독립을 돕는 "제약부경(濟弱扶傾, 약자와 어려운 자를 도움)의 천직을 다할 것"이라는 말로 표현되었다. 일찍이 쑨원에 의해 대외정책으로 강조된 "제약부경"은 약소국을 식민지로 만드는 제국주의 외교와 달리 "고대 이래 중국 외교의 오랜 전통"이며, 현재 "세계에 대한 중국의 중대한 책임"이라고 하였다.[15] 이제 중국의 자기인식은 단지 반(半)식민지/차(次)식민지/공공식민지로 인식되던 국공합작 이전과 크게 달라졌다.

통일중국의 국제 지위에 대한 자신감과 호소력은 국공내전과 그 틈을 탄 일본의 침략이 확대됨에 따라 감소했고 관련 논의도 잦아들었다. 그런 논의가 재기한 것은 2차 국공합작과 항일전쟁의 개시 이후다. 다만 이 시기 국민당의 중국은 '혁명하는 중국'에서 '항전하는 중국'으로 바뀌었고 반파시스트 연합의 필요에 따라 제국주의 열강과 타협하는 변화를 보였다. 그 경과를 간략히 간추려보자.

우선 중국은 1941년 반파시즘 연합전선의 일원이 되어 국제사회에서 "4대국"으로 인정받고 이듬해 말 중국에 대한 불평등조약이 폐지되자, 이를 "백년치욕에서 벗어난" "국민당 역사상 가장 영광스러운 일"로 여겼다. 그에 상응해 삼민주의도 "중국을 구하는 구국 이념일 뿐만 아니라 세계를 구하는 구세이념"이며 따라서 "미래의 세계는 하나의 삼민주의 신세계"가 될 것이라 했다.[16] 국민정부 위원 쑨커(孫科)는 이제 "중국은 이미 세계 4강의 하나가 된 만큼 장차 영·미·소 맹방과 공동으로 세계를 영도할 것"이며 "동아의 영도지위를 회복할" 것이라 하였다.[17] 이 시기 국민정부는 "대국의식"을 갖고 새로운 국제질서를 형성하기 위해 적극적으로 "대국외교"를 펼쳤다.[18]

그러나 그 후 중국의 대국외교는 세계혁명론과 거리를 두기 시작했다. 국민당은 1942년 11월 "전후 세계평화기구의 재건" 방법에 관해 연구하고 처리해야 한다"라고 하더니 1945년 5월 "지금 우리는 이미 각 우방과 평등한 신조약을 맺어 공동으로 정의·평화 국제안전기구를 세우는 데 노력하고 있다", "중·미·영·소·프 5대 맹방과 기타 맹방의 정성스러운 단결이야말로 세계평화의 초석"이라 할 뿐 세계혁명에 관해서는 아예 언급조차 하지 않았다.[19] 항전 승리 후 중국은 대국외교의 연장선에서 국제연합 안전이사회의 5대 상임이사국이 되었다.

그와 짝을 이루어 중국은 국제정의와 평화의 수호자라는 자기인식을 형성해갔다. 특히 중국이야말로 "국제정의와 평화를 보장하는 가장 중요한 역량"이며 향후 신중국은 "국제정의의 수호자"가 될 것으로 자부했다. 제4장에서 본대로 이때 국민당이 말하는 국제정의란 국제규범(국제기구와 조약 등을 포함)에 기초한 정의다.[20] 그럼에도 이를 "5000년 이래 중화민족의 덕성"에 의거한 것으로 설명했다. 그 덕성은 "약자를 업신여기지 않으며" "세계에서 패권을 추구할 야심이 전혀 없는" 천성이라는 것이다. 정치대국의 지위를 회복하는 중국에 대한 주변 약소민족의 우려를 의식한 수사라 하겠다.

2. '삼민국제' 건립론의 제기와 제한적 호응, 1924~1926

삼민주의 세계혁명론을 실행하려면 그에 합당한 지도 기관이 있어야 하며 이를 위해 삼민주의 인터내셔널 건립론이 제기되었다. 세계혁명의 중심/영도자가 자기인식이라면 삼민국제론은 그것을 특정한 형태로 구체화한 자기 표상이다. 이는 1924~1925년 국민당 원로급 인사들에 의해 "민족국제", "동방국제" 등의 이름으로 제기된 후 1926년 말까지 당내의 제한적이지만 유의미한 호응을 받았다.

이 문제를 체계적으로 파악하기 위해서는 몇 가지 쟁점에 유의해야 한다. 삼민국제는 왜 필요하며 누가 처음 제기했나? 누가 어떤 이념을 가지고 지도할 것이며, 주요 목적은 중국혁명과 세계혁명의 동시 촉진인가, 중국혁명의 촉진에 한정할 것인가? 참가 범위는 세계의 피압박 민족과 피압박 계급도 포함하는가, 동방의 피압박 민족으로 한정하는가? 코민테른과는 적대할 것인가, 연대할 것인가? 언제 어떻게 건립하고 운영할 것인가? 등이 그것이다.

삼민국제 구상을 국민당 지도부 안에서 처음 제기한 사람은 뒷날의 회고에 따르면 후한민과 천공보(陳公博)다. 후한민에 따르면 국민당 개조 과정에서 보로딘(M. Borodin)으로 대표되는 공산국제(제3국제/코민테른)의 '지도'를 내정 간섭으로 보아 불만을 품고 1924년 쑨원에게 피압박 민족을 연합한 "민족국제"를 조직하자고 건의했고, 쑨원은 이에 동의해 코민테른에서 파견된 정치고문인 보로딘에게 추진토록 지시했으나 차일피일 미루다가 뭉개버렸다고 한다.[21] 천공보에 따르면 중국과 동방민족의 혁명은 고유의 입장이 있으므로 제3국제의 지배를 받을 수 없다는 이유를 들어 "동방국제 또는 제4국제"의 건립을 계획하고 국민당중앙위원회에 동방부 설치를 제안했으나 보로딘이 무시했다.[22] 각기 당내 좌우파의 핵심인사에 속하는 두 사람이 거의 동시에 흡사한 제안을 했다는 점이 흥미롭다. 쑨원의 장남 쑨커에 따르면 "총리는 (1924년 11월) 북상할 때 본래 국민회의 소집과 불평등조약 폐지에 관해 각 방면의 양해와 민중의 성원을 얻게 되면 몸소 각국을 다니며 민중을 환기해 민족국제 조직을 선전하려고 하였다"라고 한다.[23] 이게 사실이라면 후한민의 건의를 수용한 결과일 수 있으나, 쑨원은 민족국제를 말한 적이 없고 「쑨원 유촉(孫文遺囑)」에도 둘 중 국민회의 개최만 담겼다.

삼민국제를 조직하자고 공개적으로 처음 주장하고 적극적으로 선전하는 데 앞장선 사람은 쑨원의 비서 출신 이론가 다이지타오다. 그는 쑨원 사망 직후인 1925년 7월 31일 중국의 주도하에 "민족국제"를 조직해 공산국제와 국제연맹에 대응하자고 주장했다. 당시 5.30 반제운동의 열기가 일시 식어 가는 상황에서 공산국제와 적색직공국제는 이를 지원하기 위한 국제적 활동에 앞장서고 있었다.[24] 이런 상황에서 국민이 취해야 할 방침을 말해 달라는 ≪상하이민국일보≫ 기자의 질문에 답하면서 내놓은 방안이다. 이 인터뷰 기사는 8월 11일 ≪광저우민국일보≫에 전재되었다. 9월 1일 상해민국일보 기자는 다시 다이지타오의 민족국제 구상에 관해 인터뷰해 "쑨원총리 유교(遺教)"라는 부제를 달아 보도했다. 상하이와 광저우의 국민당 기관지가 한 달여 사이에 세 차례나 그의 민족국제 구상을 널리 알리려 노력한 것이다. 그의 구상은 개인적 견해이지만 당시 그는 국민당 중앙집행위원(선전부장)이자 국민정부 위원이었던 만큼 비중 있게 검토할 필요가 있다.

하필 이때 그가 이런 주장을 한 배경으로는 다음 둘이 주목된다. 국민정부의 출범(1925.7.1, 광저우)에 대한 기대와 마침 그때 코민테른의 지지 속에 결성된 "피압박민족연합회"의 자극이다. 이 연합회는 1925년 7월 9일 광저우에서 국공양당 인사와 한국·베트남·인도 청년들의 참여 속에 결성되었는데, 당시 코민테른 요원이자 보로딘의 통역으로 활동하던 리루이(李瑞, 베트남의 응우옌 아이 끄억, 뒷날의 胡志明)가 주도적인 역할을 담당했다.

그래서인지 연합회는 피압박 민족은 물론 피압박 무산계급과도 연합해야 한다면서 양자의 대본영인 코민테른의 각국 지부와 합작할 것을 주장하고 "제3국제 만세"를 불렀다.[25]

민족국제라는 새로운 인터내셔널은 왜 필요하다는 것인가? 다이지타오에 따르면 중국 인민의 국제적 평등과 국가 독립은 파업·파시(罷市) 같은 대중운동으로 이룩할 수 없으니 민족국제라는 국제기구를 건립해 국제연맹과 제3국제에 대응해야 한다는 것이다. 그가 보기에 국제연맹은 영국을 비롯한 5대국이 "교묘한 외교수단을 동원해 중국을 압박하며" "제국주의 국가들이 공동으로 세계를 침략하는 총사령부"다. 그래서 1924년 쑨원 총리가 이 점을 주목해 국제연맹 5대국의 압박 하에 처한 각국 및 약소민족을 연합해 "제국주의 국제"에 대항하는 "신국제"를 조직하자고 주장했다는 것이다.[26] 그러나 쑨원이 건립하자고 주장한 것은 중·일 제휴에 의거한 '반제국주의연합전선'으로서의 '아시아대동맹'이다.[27] 따라서 당시 쑨원이 말한 것은 피압박 민족 해방운동의 지도 기관이 아니라 낮은 수준의 연합회나 동맹이었는데, 다이지타오가 자신의 구상에 힘이 실리도록 하려고 양자를 동일시해 쑨원의 유교라 칭했을 가능성이 있다. 그럼에도 그 후 다수의 논자는 이를 쑨원의 유교로 당연시했다.

한편 그는 국제연맹이라는 "제국주의국제"뿐만 아니라 "사회주의국제"에도 대응하기 위해 민족국제가 필요하다고 보았다. 후자는 제국주의 열강의 특권 타파와 피압박 민족의 독립을 추구하지만 공산주의를 숨기고 있어 중국의 출로가 아니라고 봤다. 그러면서도 민족국제를 조직해 "국제연맹에 대항하고 사회주의국제와 제휴하자"라고 주장했다.[28] 여기에 보이는 코민테른에 대한 그의 애매한 태도는 소련의 간섭에서 벗어나 스스로 중국혁명을 주도하고 싶으나 그 지원을 받아야 하는 국공합작의 현실을 반영한다.[29] 훗날 그가 양쪽으로부터 비판받게 되는 까닭이다. 어쨌든 그의 구상

속에 세계의 국제조직은 기존의 두 개에 삼민국제가 추가되는 3자 정족의 구도가 될 터이며, 당시 신문은 이를 "천하삼분지계"라고 보도했다.

삼민국제의 참가 범위는 어디까지이고 누가 어떻게 조직해 무엇을 한다는 것인가? 다이지타오에 따르면, 그것은 국제연맹의 압박을 받는 중·소·독·오·터 5대 민족을 위주로 하고 세계의 피압박 민족(인도, 베트남, 조선 등의 아시아 민족 외에 이집트와 폴란드 및 남아프리카 각국도 포함)의 국민정당을 포함해야 한다. 그 중심은 인구·경제력·국제 지위 면에서 중국이어야 하고 중국국민당이 삼민주의를 이념으로 삼아 지도해야 한다. 반드시 상설 기관을 두고 제국주의에 대항하는 한편 경제·문화가 낙후한 민족의 진보와 발전을 도모해 세계의 평화와 대동을 촉진해야 한다. 그러나 일당 지배하에 있는 소련의 국민정당을 포함한 것은 이해하기 어렵다. 더구나 그는 삼민국제의 필요성을 강조할 뿐 구체적인 조직 방법에 관해서는 말하지 않았다. 다만 그는 민족국제 건립의 시점이 국민회의 개최 이후라야 함을 누차 강조했다. "국민회의를 개최해 중국의 정치를 통일하고 국민정부가 불평등조약을 폐지해야 한다"라고 본 쑨원의 견해를 인용하면서다.[30] 쑨커도 앞서 본대로 쑨원이 이러한 순서에 따르려 했음을 분명히 하였다. 그렇다면 민족국제는 국민당이 국민혁명(군사적 북벌과 국민회의운동)을 통해 중국의 통일을 상당 정도 실현하고 전국 통일정권의 지위를 확보한 다음에 착수할 일이다. 그럼에도 그는 ≪민국일보≫ 지면을 넘어 다른 잡지에 잇달아 민족국제의 필요성을 강조하였다.[31]

이듬해 소련/코민테른과 결별하는 신호탄인 4.12 쿠데타까지 당원과 언론의 반응은 산발적 호응에 그쳤을 뿐이다. ≪민국일보≫에 서너 편의 관련 투고문이 확인되는데, 그 초점은 각국의 산업발달 정도가 달라 코민테른이 반(半)식민지의 피압박 민족 문제를 해결할 수 없으니 중국이 앞장서 동방 피압박 민족과 연합해 민족국제를 조직하여 코민테른과 상호 보완적으로 제휴하면서 국제연맹에 대항하자는 주장으로 모아졌다.[32] 국공합작 상황에서 이를 지지하는 당원들은 적지 않았을 터이지만, 쑨원이 그 진행 순서를 명확히 밝힌 대로 우선은 중국의 국내 통일에 주력할 때라고 보아 공개적 호응을 자제했을 것이다. 그 후에 비로소 관련 논의가 고조된 사실이 이런 추측을 뒷받침한다.

여기서 주목되는 것은 원로급 고위인사를 포함한 국민당 내의 한 정파인 서산회의파가 민족국제 건립에 호응하고 나섰다는 점이다. 처음부터 국공합작에 반대하며 당권파와 대립하던 중앙위원 린썬(林森)과 셰츠(謝持) 등은 소련/중공과의 결별을 요구하면서 1925년 말부터 결집했고 이듬해 1월 2차 전국대표대회에서 제명되었다. 그들은 1926년 4월 마침내 쑨원의 유해가 묻힌 베이징의 서산(西山)에서 대회를 열고 "신국제(新國際)" 건립 계획을 결의했다. 국제연맹도 코민테른도 제1차 세계대전에서 승리한 민족의 조직일 뿐 피정복민의 조직이 아니며, 특히 소련에 대해 제정러시아의 이권을 반환하지 않은 채 외몽골을 분리하고 중국의 계급혁명을 조종하고 있다고 비판했다.

그들이 건립하려는 신국제의 골자는 다음과 같다. 첫째, 국제 대표를 각국에 파견해 미·영·프 주재 대표는 국제연맹을 약화하는 것을 주요 임무로 하며 중국과 대등하게 연대할 필요가 있음을 이해시킨다. 둘째, 아시아 각국 주재 대표는 코민테른을 타파하는 것을 주요 임무로 하며 각 약소민족이 중국의 국민혁명과 연합해 외세의 압박을 막아낼 필요가 있음을 이해시킨다.[33] 셋째, 가장 먼저 개화하여 인애(仁愛)의 왕도 문화를 가진 "중화민족만이 세계의 대동과 평화를 창조할 책임"을 감당할 수 있으므로 세계가 공인한 "쑨원주의로 세계혁명을 추진"한다.[34] 다이지타오는 이들의 예비모임에 초대되어 참석했으나 본회의에는 참석하지 않았다.[35] 그래도 그의 영향을 짐작하기는 어렵지 않다.

다이지타오가 국민당의 대표적인 이론가로서 삼민주의를 자신의 관점에서 해석해 상당한 사상적 영향력을 갖고 있었던 만큼 공산당 측에서는 그의 민족국제 구상을 곧바로 비판했다. 제국주의 국가 안의 피압박계급과의 연합을 배제한 채 피압박 민족만의 해방을 추구하는 것으로 오인할 수 있고 무산계급의 계급투쟁을 피하려는 자산계급 민족주의에 불과하다는 것이다. 그리고 코민테른이 민족국제의 역할도 포함하고 있으므로 별도의 조직은 필요치 않다거나 민족국제의 역할을 담당할 별도 조직이 필요하므로 코민테른 산하에 설치하자는 의견도 제기되었다.[36]

이상과 같은 당내 인사들의 주장에도 불구하고 국공합작 시기 국민당 중앙은 민족국제 건립 요구에 대해 입장을 낸 적이 없다. 다만 1926년 1월 광저우에서 열린 2차 전국대표대회가 "쑨원대학(孫文大學)"을 설립하기로 결의한 사실이 눈길을 끈다. 좌파의 주도로 열린 이 대회에서 국민당은 "대외정책 진행방안"의 하나로 약소민족을 돕기 위해 광둥에 '쑨원대학'을 설립하기로 결의하였다. 요지는 약소민족의 혁명가를 훈련·양성하고 각 약소민족의 나라에 파견해 조사와 연락의 책임을 맡도록 하며 그곳에 거주하는 화교 당원들이 현지의 연합운동을 돕게 한다는 것이다.[37] 다만 그 명칭이 '대학'이어서 공산국제나 민족국제 수준의 위상은 아니다. 이 제안은 우위장(吳玉章)과 천공보를 비롯한 국공 양당원 9명의 이름으로 제출되어 통과되었다. 당시 우위장은 공산당 원로로 국민당 제2차 대표대회 비서장이었고 천공보는 광둥대학 교장으로 국민당 중앙집행위원이었다. 따라서 이 결의는 코민테른 측의 양해와 일정한 제한을 전제로 타협한 국공합작 상황의 반영으로서 국민당 일각의 민족국제론에 대한 대응이라 하겠다. 그러나 쑨원대학은 설립되지 않았다. 국공합작 결렬 이후 천공보가 반소의 입장에서 동방민족국제 건립을 공개적으로 주장한 것은 그런 점에서 자연스럽다.

3. '삼민국제' 건립론의 고조와 급진화, 1927~1932

국민당 2차 대표대회 이후 공개적인 삼민국제 건립론은 1년 넘게 거의 없다가 1927년 4.12쿠데타 직후 다시 제기되어 널리 확산했다. 이 논의에는 당내 주류 세력과 비주류 세력이 경쟁적으로 참여했다. 소수의 당내 원로들이 앞장서서 건립의 필요성과 당위성을 주장하는 데 그쳤던 1단계와 달리 2단계의 특징은 그것이 중하급 간부와 당원들에게 확산하면서 즉시 건립하라는 요구로 급진화된 것이다. 그들의 대부분은 이력이 확인되지 않는 무명인사들이다. 이 같은 즉시 건립론은 삼민국제를 어떻게 조직하고 운영할 것인지를 둘러싼 구체적 논의를 수반했다.

이 시기에 논의가 이처럼 급진화되고 구체화된 배경은 세 가지로 간추릴 수 있다. 첫째, 국민혁명의 진전으로 1927~1928년 난징국민정부가 수립되어 그 지배력을 중원과 베이징으로 확대함에 따라 삼민국제를 주도할 세력이 국가 수준의 역량과 지위를 갖추었다는 점이다.[38] 둘째, 4.12쿠데타 이후 반공 입장을 강화하던 국민정부가 1927년 12월 국민혁명을 지원하던 유일한 외국인 소련과의 외교관계를 단절함으로써 코민테른 눈치를 볼 필요가 없어진 점이다. 셋째, 1929년 세계경제공황 발생 직후 제국주의 국가들 내부 모순이 격화해 동방, 특히 아·태지역이 그들의 가장 격렬한 쟁탈 대상이 됨에 따라 동방혁명이 세계혁명을 주도할 호기라는 기대가 한껏 커졌다.[39]

2단계의 논의에서도 1단계에서처럼 주류 세력이 먼저 나섰다. 국민당 중집위원이자 국민정부 주석 후한민이 "삼민주의국제"를 조직하자고 공개적으로 주장한 것이다. 그는 1927년 5월 28-29일 난징시당부가 주최한 강연에서, 코민테른의 세계혁명은 서방 선진국들에 한정될 수밖에 없으며 객관 조건이 판이한 동방 피압박 민족의 혁명은 중국이 "삼민주의국제"를 통해 영도해야 비로소 실현할 수 있다고 주장했다.[40] 국공합작 시기 다이지타오 등의 민족국제론을 이어가되 반소 입장을 명확히 한 차이가 있다. 그는 1930년 10월에도 소련과 단교한 마당에 "우리 스스로 민족국제를 조직하는 것은 절대로 필요하다"라고 재차 주장했다.[41]

이렇게 국민정부 주석의 선창으로 재기한 삼민국제론은 그 후 국민정부의 성장과 중국혁명의 국제적 역할에 대한 기대가 증대함에 따라 당내의 호응을 받으면서 확산했다. 우선 당내 주류 세력의 호응을 보여주는 ≪현대청년≫(광저우 민국일보 부간)의 "민족국제 특집"이 주목된다. 1927년 6월 편집자는 우선 "코민테른이 동방 피압박 민족을 영도할 수 없음은 숨길 수 없는 사실이며 모든 동방 피압박 민족은 민족국제를 조직할 필요를 느끼고 있다. …… 그러나 민족국제는 어떻게 건립할 것인지, 중국국민당이 이 조직의 영도자와 중심으로 될 것인지, 코민테른에 대해 어떤 태도를 취할 것인지 등에 관해 분명치 않은 점들이 있다. 이에 본간이 특집을 마련해 독자의 토론을 불러일으키고자 한다"라고 특집 취지를 밝혔다.[42] 이 세 가지는 민족국제론의 핵심 사항인 만큼 다음에서는 이를 중심으로 논의의 진전을 살펴보겠다.

특집에는 펑제(馮節)와 덩원이(鄧文儀)의 글이 실렸는데, 전자는 광저우 중산대학(中山大學) 교수와 국민당 광둥성당부 비서를 거쳐 당시 국민혁명군 총정치부 과장이고 후자는 황푸군관학교 1기 출신으로 모스크바 중산대학 유학을 거쳐 당시 국민혁명군 총정치부 주임이었다. 둘 다 국민당과 군의 중요 지위에 있던 중간 간부인 만큼 이 특집은 국민당이 중국을 내표하는 집권세력으로 급부상하는 시점에 나온 당내 주류 세력의 견해라 할 수 있다. 특히 덩원이는 몇 년 뒤 성립한 삼민주의역행사(사장 장제스)의 핵심 간부로 활동하게 된다. 둘 사이에 위 세 문제에 대한 이견은 없고 그 핵심 내용은 다음과 같다.

첫째, 민족국제를 언제 어떻게 건립할 것인지에 대해서는 이전의 논자들과 마찬가지로 여전히 방안을 제시하지 못했다. 동방 피압박 민족은 중국혁명을 지지·지원하므로 이들을 연합해야 중국혁명과 동방민족혁명 나아가 세계혁명의 승리를 보장할 수 있다고 할 뿐이다. 주목되는 것은 최근 터키의 케말 파샤가 중국·소련·독일·튀르키예·오스트리아 중심으로 민족국제를 조직하자고 주장했다면서 터키와 함께 이를 조직하자고 한 점이다.

둘째, 민족국제의 중심과 영도자 역할은 중국국민당이 맡아야 한다고 하였다. 중국국민당은 동방 피압박 민족의 가장 조직력 있는 혁명당이고 최근 국민혁명을 통해 모든 피압박 민족의 선봉이 되었다면서 당의 이념인 삼민주의는 세계혁명, 특히 피압박 민족의 유일한 이론과 전술이라고 강조했다. 더구나 피압박 민족의 처지와 객관 조건이 기본적으로 중국과 같으므로 그 혁명의 이론과 방법도 같다고 보고 국민당이 민족국제를 통해 피압박 민족의 "혁명 지휘를 통일"해야 한다는 것이다.

셋째, 코민테른과의 관계에 대해서는 역할 분담에 의한 조건부 제휴가 필요하다고 하였다. 코민테른이 피압박 민족의 객관 조건을 무시하고 그 혁명의 개성을 말살했다고 비판하면서도 무산계급을 영도하는 코민테른과 피압박 민족을 영도하는 민족국제는 제휴해야 한다고 보았다. 이를 위해 코민테른이 계급투쟁으로 피압박 민족의 내분을 조장하는 당단(黨團, 당세포) 활동을 그만둬야 한다는 조건을 달았다.[43] 이는 국민정부가 반공·반소를 분명히 한 상태에서 나온 것이어서 눈길을 끌며 적대론과 함께 역할분담론이 병존하고 있었음을 보여준다.

그와 동시에 당내 주류파와 경쟁 관계에 있던 개조파 역시 흡사한 구상을 제기하고 관련 논의를 진전시켰다. 개조파는 국공합작 분열 이후 장제스의 우경화에 맞서 국민당 개조 정신(특히 부조농공 정책)을 견지하자는 당내 일파로 왕징웨이를 영수로 하며 정론지 ≪혁명평론≫(주간)을 발행해 청년당원들에게 상당한 영향력을 갖고 있었다.[44] 그 창간호에서 천공보는 "금후 국민당 동지들은 동방민족을 영도하는 것이 국민당의 중대한 사명 중 하나임을 잊지 말고" "동방국제"를 건립해야 한다면서 "만일 동방국제를 건설하지 못한다면 중국혁명은 세계혁명의 바깥으로 배제될 것"이라 하였다.[45]

이를 이어받아 샤오수위(蕭淑宇)는 1928년 5월 ≪혁명평론≫ 제2기와 5기에 동방국제론을 연재하여 구체화했다. 국민혁명군의 베이징 점령을 한 달 앞둔 시점에, 그는 "베이징 타도 이후"의 주요 과제로 국민회의 개최, 불평등조약 폐지 등과 함께 동방국제의 건립을 제시했다. "우선 삼민주의 동방국제를 조직한 후 국민당이 이를 출발점으로 삼아 국민회의를 개최하고 모든 사항을 동방국제의 지휘에 따라 결정한다"라는 것이다.[46] 국민회의 개최와 동방국제 건립을 상호 관련지어 파악한 것은 다이지타오·쑨커의 인식과 같은데, 그 순서가 바뀐 점이 눈에 띈다.

샤오수위의 견해에서 주목되는 것은 '즉시건립론'을 명확히 제기한 점이다. "그동안에는 군벌을 타도하느라 여념이 없었으며 지금이 동방민족국제를 조직할 적기이니 베이징 타도 이후 곧바로 동방국제를 조직하자"라는 것이다. 그는 중국혁명과 약소민족 세계혁명의 관계에 대하여, 전자의 성공 후에 후자를 지원하는 게 아니라 동방국제의 조직이 있어야 중국혁명과 약소민족혁명을 동시에 촉성해 세계혁명을 완성할 수 있다고 보았다.

이어서 동방국제의 구성분자와 운영 원칙을 제시했다. 이 조직의 구성분자를 동방의 피압박 민족과 계급에 한정한 점에서 이전의 민족국제론과 다르며 굳이 '동방'국제라 한 이유가 여기서 분명해진다. 일본의 각성한 민중도 국민당을 조직해 참여할 수 있다고 하였다. 동시에 평등하게 중국을 대하는 민족(소, 독, 오 등)과 서방의 무산계급을 동방국제와 연합할 우군이라 하였다. 동방국제는 국민당이 영도해 조직하되 설립 후에는 국민당도 완전히 그 지휘를 받아야 한다면서 이들 사이의 상호 관계를 다음과 같이 그림

〈그림 2〉 **삼민주의동방국제 조직도**

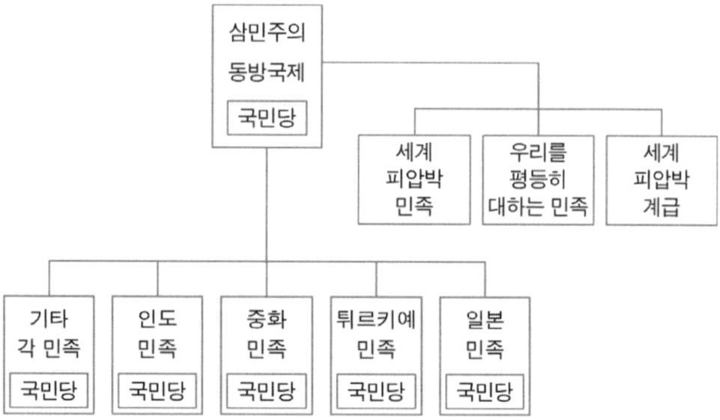

으로 제시했다.[47]

이 같은 샤오수위의 '즉시건립론'은 여러 반향을 불러일으켰다. 란이충(藍以瓊, 金陵大學)은 그의 주장에 전적으로 동의하면서 즉시 동방국제를 조직해 코민테른과 상호 연락하면서 동과 서에서 상호 보완해야 한다고 호응했다.[48] 뤄제안(駱介庵)은 "즉시 동방국제 조직을 고취해야 한다. 어떻게 조직할지 속히 밝히라"라고 요구했다.[49] 한편 징푸(荊璞)는 참가 범위를 동방에 한정하지 말고 전 세계로 넓히자면서 역시 어떻게 건립할 것인지가 관건이라고 조직 방법에 초점을 맞추었다. 구체적 조직 방법에 관한 논의는 그 후에 일어났다. 이에 관해서는 후술한다.

징푸(牟中珩의 字)의 주장은 개조파의 또 다른 정론지 ≪청년의 외침(青年呼聲)≫에 실려 ≪혁명평론≫과 호응하면서 국민당의 베이징 점령 직후 고조된 분위기를 잘 보여준다. 그는 바오딩(保定) 군관학교 출신으로 당시 장쉐량(張學良) 군의 동북보안사령장관공서 참모처장이었으니 삼민국제 건립론이 국민당 주류를 넘어 확산하고 있음을 보여주는 또 다른 예이다. 그는 1928년 7월 국민당에 즉시 민족국제를 건립하라고 건의하면서 그 이유를 다음과 같이 밝혔다.

> 현재 세계의 혁명세력은 자본주의 압박하의 무산계급과 제국주의 압박하의 약소민족이다. 우리는 이들을 연합해 공동분투해야 비로소 세계혁명과 중국혁명을 완성할 수 있다. …… 중국혁명은 세계혁명의 일부이므로 투쟁 범위를 전 세계로 확대해야 비로소 중국 국민혁명도 성공할 수 있다. 현재 세계혁명의 중심 세력은 무산계급에서 약소민족으로, 세계혁명의 최고원칙은 공산주의에서 삼민주의로, 세계혁명의 지도 기관은 추세로 보아 이미 코민테른에서 민족국제로 바뀌었다. 어떻게 민족국제를 조직해 중국혁명과 세계혁명을 완성할 것인지가 중국국민당의 책임이자 의무다.[50]

요지는 둘이다. 세계혁명은 선진국 무산계급과 식민지 약소민족의 연합으로 추진하되 후자를 주력으로 하고 전자를 동맹자로 한다는 것, 그리고 이를 각각 (약소)민족국제와 코민테른이 나누어 지도해야 한다는 것이다. 그 후 1929년 2월 개조동지회 1차대표대회 선언은 민족국제 구성분자를 동방민족으로 한정하지 않고 세계의 피압박 민족 및 피압박계급으로 넓혔다.[51]

이렇게 당내 주류와 비주류를 가로질러 확산한 삼민국제 건립 요구는 1929년 3월 국민당 3차 대표대회를 전후하여 고조되었다. 국민당 중앙선전부는 대회 개막 전날인 3월 14일 전국의 당원 동지들에게 보내는 글을 통해, "우리는 최근 3년간 국내 혁명에 바빠 이 공작을 실행하지 못했다. 이제 내부의 우환이 제거되었으니 이 기회를 틈타 삼민주의국제를 조직할 준비를 해야 하며, 이는 3차 대표대회가 책임지고 진행해야 할 일이다"라고 하였다.[52] 국민당 중앙이 삼민국제 건립을 촉성하자고 나선 것은 이것이 처음이다. 중집위원 팡줴후이(方覺慧)는 3월 19일 3차 대표대회에서 총리 유교를 받들어 제국주의를 타도하려면 "민족국제"를 조직해 피압박 민족의 연합전선을 공고히 해야 한다고 주장했다.[53] 이를 계기로 각계의 지지와 요구가 이어졌다.

먼저 3월 15일 "각 성시(省市) 민중단체대표 연석회의"(난징)와 3월 22일 국민당 산둥성당부 대표대회가 각각 삼민국제를 조직해 반제역량을 강화하자는 안을 당 중앙에 건의하기로 결의했다.[54] 실제로 3차 대표대회는 난징특별시당부 등이 제출한 삼민국제 건립안을 접수했고 제안심사위원회는 이 두 안건을 중앙집행위원회에 넘겨 처리하도록 결정했다.[55] 이는 국민당 중앙이 삼민국제 안건에 관해 보인 최초의 조치이지만 이를 결의안으로 채택하지 않았다. 물론 그 후에도 중간 간부들이 지속적으로 조속한 건립을 촉구하고 상하이시당부 등 일부 하급 당부도 "최단기간에 삼민주의국제를 조직해 제국주의를 철저히 타도할 것을 당 중앙에 요청"했으나 당중앙이 이 안건을 결의한 바 없다.[56]

삼민국제를 조직하라는 요구는 당내 중하급 간부들에 의해 3차 대표대회 이후에도 1932년 8월까지 이어졌다. 그들의 논의는 신문과 잡지를 통해 이어졌는데, 그 지면은 필자가 확인한 것만도 국민당 계열의 것 9종과 그 밖의 것 8종으로 다양하다.[57] 대부분은 삼민국제를 국민당이 앞장서서 조직해야 한다는 필요성과 당위성을 강조하는 내용이다. 삼민국제론의 고조를 보여주는 양적 지표라 할 수 있다.

그중에서 삼민국제론의 질적인 고조를 보여주는 구체적인 조직 방법에 관한 논의를 살펴보자. 징푸, 탄피멍(譚披朦), 두잔진(杜湛津), 청한창(成聖昌), 한휘(漢輝) 등의 주장이 주목된다. 징푸를 제외한 네 명의 이력은 확인되지 않는다.

우선 삼민국제의 성격과 위상 및 권한에 관하여, 5인 모두 세계혁명을 지도하는 통일적인 최고 지도 기관임을 분명히 하였다. 이 점에서 회원들의 상호 연락과 대등한 연대·제휴를 추구하는 느슨한 연합회·연맹과 다르다. 5개 상임이사국이 좌우하는 국제연맹이나 소련이 독판치기 하는 코민테른과 달리 삼민국제는 회원의 평등한 권리와 자유를 보장하며 선거로 구성된 집행위원회가 삼민주의를 원칙으로 삼아 각종 안건을 의결하고 각 회원 민족의 반제투쟁을 통일적으로 지휘한다.

이때 삼민국제의 지도권과 중국국민당의 역할에 대해서는 중국국민당이 지도권을 행사해야 한다는 의견이 다수였으나 이견도 있었다. 중국국민당이 지도권을 행사하더라도 삼민국제를 당의 산하기구로 둬서 공식적으로 지도하고 통제해야 한다는 주장과, 그것을 독립된 조직으로 두되 중국국민당이 비공식적으로 지도해야 한다는 주장으로 나뉘었다. 그 밖에 중국국민당이 발기/조직을 주도하지만 일단 건립한 후에는 자신도 완전히 그 지휘에 따라야 한다는 견해가 있으나 뒤에 보듯이 실제로는 상호 모순된 당위론에 그칠 가능성이 크다.

삼민국제의 참가범위에 관해서는 동서방의 모든 피압박 민족(우선 동방의 피압박 민족으로 구성한 후 단계적으로 확대하자는 주장도 있다)으로 하자는 주장과 서방 무산계급도 포함하자는 주장으로 나뉘었다. 이는 코민테른과의 제휴 여부와도 연계된다. 전자는 제휴를 반대하며 코민테른은 무산계급의 이해를 대변할 뿐이므로 피압박 민족까지 해방하는 세계혁명을 지도할 수 없기 때문이라 하였다. 후자는 제휴를 찬성하며 "자본제국주의"를 타도하는 세계혁명을 위해서는 양측의 역할 분담이 필요하다고 보았다. ≪신동방≫의 한훠와 톈런(天任)이 대표적이다.[58] 소련과 단교한 조건에서 이런 주장을 하기는 쉽지 않은데, 신동방은 곧바로 정부에 의해 공산주의 선전 혐의로 폐간되었다. 그럼에도 양측 모두 세계혁명의 중심 세력은 무산계급에서 피압박 민족으로 이동했음을 전제로 세계혁명의 지도권은 서방 무산계급(코민테른)이 아니라 동방 피압박 민족(민족국제)에 있다고 본 점에서 일치한다.

이와 관련하여 좀 더 명확히 해야 할 것은 피압박 민족이든 무산계급이든 어떤 단체·개인이 민족·계급의 대표성을 갖고 참여하는가 하는 문제다. 일찍이 다이지타오는 이를 각 민족의 국민당으로 한정하였고 다음에 보듯이 뒤에 계승되었으나 다른 견해도 있다. 하나는 세계반제동맹(League Against Imperialism; 브뤼셀, 1927.9) 결의안을 참조해 반제국주의와 민족의 자결·평등, 민족/계급과 개인의 평등한 권리를 위해 투쟁하는 모든 정치결사, 정당, 노조, 개인의 가입을 허용하자는 주장이다.[59] 다른 하나는 민족혁명은 반제/반자본주의를 추구하므로 삼민국제는 농공정당과 농공직업단체를 그 구성기초로 삼아야 하며, 이들 농공계급이 각 민족의 대표로서 참여하되 반드시 소속 정당/단체의 선출에 따라 파견되어야 대표성을 갖는다는 주장이다.[60]

조직 절차에 관해서는 중국국민당의 주도 하에 진행하되 어떤 순서로 어떻게 할 것인지는 각기 달랐다. 그중 시기상 가장 먼저, 그리고 내용상 가장 구체적으로 제시한 예가 1928년 7월 징푸의 견해다. 그는 개조파의 천공보·샤오수위 등이 참가범위를 동방으로 한정한 것을 비판하고 서방의 무산계급은 제외하되 그 피압박 민족도 포함하는 "약소민족국제"를 건립하자면서 건립 절차를 다음과 같이 제시했다.

① 중국국민당 안에 약소민족국제위원회를 설치하여 주비 책임을 전담토록 한다.
② 이 위원회가 각 약소민족의 혁명동지를 소집해 민족국제 임시기관을 조직한다.
③ 이 임시기관이 혁명동지를 각국에 파견해 민족국제 지부(국민당)를 조직한다.

④ 지부가 어느 정도 건립되면 각 지부에서 대표를 중국에 파견해 제1차 약소민족 국제대회를 개최하여 운동의 모든 전략을 결정하고 최고집행기관을 구성한다.

⑤ 민족국제에 가입한 모든 민족은 일체의 혁명행동에 대하여 민족국제의 지도를 받을 의무가 있다.[61]

여기서 약소민족 국제대회는 최고 의결기관이고 회원 민족들은 모두 평등하게 이에 참여한다. 그러나 건립 과정에서 관련 사무를 중국국민당 내 기구가 전담하므로 모든 소요 경비는 중국이 부담하며 각 민족의 국민당은 민족국제의 지부이므로 중국국민당의 지도권이 강력하게 작용할 가능성이 크다. 건립된 후에도 그 지부인 각 민족 국민당(조선국민당, 베트남국민당 ……)은 민족국제의 지도를 받을 의무가 있다 했으므로 그 활동 경비를 중국이 제공한다는 뜻이다. 그렇지 않고서는 이를 의무라 규정할 수 없다. 중국국민당이 민족국제의 지부인가 아닌가는 모호한데, 앞뒤의 논리적 맥락으로 보건대 지부가 아니라 사실상의 본부다. 이는 중국 주도의 "국민당 인터내셔널"로서, 소련공산당 주도의 제3국제가 경비를 각 지부에 제공하고 지부는 그 지도를 의무적으로 따르도록 한 운영 방식과 흡사하다. 두잔진은 민족국제가 중국국민당 밖에 독립해 있으면 제2국제처럼 유명무실해진다면서 아예 제3국제가 적색직공국제를 휘하에 둔 것처럼 해야 한다고 주장했다.[62]

그와 달리 탄피멍은 서방 무산계급도 포함하는 민족국제의 조직 절차를 다음과 같이 제시했다. ① 중국국민당이 영도자로서 약소민족과 서방 무산계급 대표대회를 소집한다. ② 여기서 각지의 상황을 보고하고 반제 공동전략을 토론해 결정하며 출석 대표들의 선거로 최고집행기관을 구성한다, ③ 민족국제 건립 후 중국국민당은 반드시 그 지휘와 명령을 받아야 한다.[63] 그는 앞서 본대로 삼민주의를 민족국제의 강령이자 최고지도 원칙으로 한다고 했으니 삼민주의를 실제 전략에 적용하는 과정에서의 해석권은 중국국민당에 있을 터이다. 그런데도 중국국민당이 민족국제의 지휘를 받아야 한다고 한 것은 사실상 모순이 아닐 수 없다.

어느 경우든 인재 문제를 어떻게 해결할 것인지가 관건이다. 청한창은 이에 주목해 먼저 중국에 "동방학원"을 설립해 동방 피압박 민족의 혁명전사와 망명정치인을 모아 공동으로 동방 문제를 연구하면서 국제적 안목의 간부를 양성하고 이를 발판으로 민족국제 건립을 준비한다고 하였다.[64] 이는 위의 어느 조직방안이라도 준비작업으로서 거쳐야 할 단계이고, 실제로 뒤에서 보듯이 공산당 "동방정보국" 건립은 이 순서로 실행되었다.

이처럼 구체적인 조직 방법이 제시되어 논의되었음에도 국민당 중앙은 이를 실행에 옮기려는 노력을 보이지 않았다. 그 이유에 대해서는 후술한다. 다만 국민당내 한 분파인 황푸계와 가까운 아시아문화협회가 1931년 4월 난징에서 대표대회를 열고 삼민국제 건립의 산파가 되겠다고 선언한 것이다. 이 대회에는 조선·인도 등을 비롯한 아시아 약소민족 대표 400여 명이 참가했다.[65] 그러나 5개월 뒤 만주사변이 일어남에 따라 추진력을 상실한 것으로 보인다.

4. '삼민국제' 건립론의 침체와 장기과제화, 1932~1942

국민정부의 국내통치력과 국제적 위상이 제고됨에 따라 확산·고조된 삼민국제 건립론은 만주사변 이후 침체하면서 장기과제로 밀려났다. 국민당 중앙이 베이핑(北平, 베이징이 1928년 국민당군에 평정된 후의 명칭)에서 발행한 ≪화북일보≫는 1932년 7월 12일 일본의 침략에 맞서 정부와 민중은 "선안

내 후양외”의 원칙 아래 “장기저항의 노선을 취하여 충분히 준비하면 그때 서서히 민족국제를 조성하고 세계혁명을 실행하여 모든 피압박 인류를 해방할 수 있을 것”이라고 하였다.[66] 저장성당부 우왕지(吳望伋)도 공산당이 화북으로 축출된 이후에 “건전한 삼민주의 신중국을 건설해야 이를 기초로 삼민주의국제를 건립할 수 있다”라고 하였다.[67] 모두 공산당 토벌 이후의 장기과제라는 것이다. 그 후 삼민국제 건립 요구가 급속히 감소했다.

그럼에도 일부 논자는 1935~1942년 여전히 즉시 삼민국제를 건립해야 한다는 이전의 요구를 이어갔다. 만주사변의 “폭도”를 저지하지 못하는 국제연맹을 비판하면서 아시아 피압박 민족은 상호 연합하여 “행동이 통일화된 민족국제”를 조직해 제국주의를 타도해야 한다는 것이다.[68] 일부 새로운 주장은 왕이페이(王貽非)의 글에 보인다. 그는 장제스의 호를 따 1940년 건립된 국립 중정대학(中正大學, 江西省 泰和縣 소재) 교수로 “삼민주의 이론을 전문적으로 연구”하는 잡지 ≪시대사조≫의 주요 필자였다.

왕이페이에 따르면, 삼민주의가 “충분한 정의성과 국제성”을 갖고 있으므로 이를 원칙으로 삼아 중국혁명과 동방혁명, 그리고 세계혁명을 추진하기 위해서는 삼민국제를 건립해야 한다. 삼민국제는 국제연맹과 대립하지 말고 국제연맹이 그 규약을 진정으로 집행할 수 있게 촉진해야 하며 코민테른과도 계급투쟁을 포기한다는 조건으로 합작해야 한다.[69] 이 주장은 그 무렵 국민정부가 보인 미·영·소 등 강대국들과의 합작외교 노선을 반영한 결과로 보인다. 이듬해에도 그는 중화민족을 영도자로 하고 동방민족을 주력으로 하며 모든 약소민족과 연합하는 삼민국제를 통해 “삼민주의 세계라는 위대한 이상을 실현하자”[70]고 하였다. 동시에 그는 한국광복군과 조선의용군 및 일본반전동맹의 합작 항전, 중월(中越)문화공작동지회의 성립 등을 “삼민주의국제의 선구적 시도”로 간주했다. 그러나 이 같은 양국간의 제휴는 이전에도 있었던 것이니 견강부회에 가깝다.

삼민국제론의 고조기에도 실제 건립 노력은 착수되지 않았으니 관련 논의가 침체한 것은 불가피하다. 왜 실행되지 않았을까? 앞서 언급한 대로 국민당과 정부의 국제적 지위와 위신 및 역량이 일본의 침략으로 심각히 훼손되었다는 객관적 사실과 함께 당내 분파 투쟁, 열강이 외교문제화 할 것에 대한 우려, 외교노선의 전환과 대국외교의 세 가지를 함께 고려해야 할 듯하다.

국민당중앙은 1928~1931년 장제스파와 후한민·왕징웨이로 대표되는 반장제스파로 분열되었고 그에 따라 국민정부도 분열되어 대외문제에 집중할 여력이 없었다. 장제스파 주도로 소집된 3차 대표대회는 천공보를 제명하는 등 개조파를 징계했는데 이들은 1930년 7월 서산회의파와 손잡고 반장제스운동을 벌이면서 베이핑확대회의를 개최했다. 앞서 본대로 양쪽 모두 삼민국제 건립을 주장한 바 있음에도 국시문제 해결을 위한 국민회의 개최 요구에 집중할 뿐 이에 관해서는 언급조차 하지 않았다. 당내 권력 투쟁이 우선이었음을 반영한다. 이 같은 내부의 권력투쟁이 중원대전과 만주사변을 거쳐 겨우 일단락되었으니 그러는 사이 당중앙과 정부가 삼민국제 건립이라는 대외문제에 나서기는 어려웠다. 국민당 3차 대표대회 이후 이 문제를 거론한 (후보)중앙위원은 입법원장 후한민, 공인단체 대표 팡줴후이, 입법원 법제위원장 자오이탕(焦易堂, 후보)이 각기 개인적 견해를 밝힌 것뿐이다. 민족국제 건립을 선창한 다이지타오는 중앙위원으로서 2계 5차 중전회의와 3차 대표대회 의안 편제를 담당하였음에도 이 문제를 포함하지 않았다.[71] 기관으로는 앞서 본대로 3차 대회 기간 중 선전부가 건립의 필요성을 한 차례 '선전'하였을 뿐이다.

게다가 삼민국제 건립 문제는 외교적으로 세심한 고려가 필요한 사안이었다. 장제스나 국민정부 외교부가 이에 관해 공식적인 견해를 밝히지 않은 상황에서 후한민의 견해는 저간의 사정을 말해준다. 1930년 10월, 그는 이미 소련과 단교했으니 "우리 스스로 민족국제를 조직하는 것은 절대로 필요하다. 다만 이를 실행하려면 우리의 역량상, 외교정책상 상세하게 고려해야 한다. 그렇지 않으면 무익할뿐더러 해롭기까지 할 수 있다. 언제 어떻게 조직할지 동지들이 자세히 연구하기 바란다"라고 하였다.[72] 무익하고 해롭다 한 것은 식민지와 세력범위를 가진 열강이 외교문제화할 것을 우려했기 때문으로 보인다. 그가 광둥국민정부 외교부장을 지낸 경험에서 나온 감각일 것이다. 이때 후한민과 달리 팡쥐후이와 자오이탕은 속히 삼민국제를 조직하자고 주장하였다.[73]

이런 사정도 작용하는 가운데 만주사변 직후 국민정부의 외교 노선은 국민혁명 이래의 혁명외교에서 국제연맹외교(국련외교)로 바뀌었다. 다이지타오를 특종외교위원장에 임명하고 일본의 침략에 대응하도록 했는데, "국제연맹의 의사를 완전히 신임한다"라면서 국제연맹을 통한 외교적 해법에 매달리다가 아무 성과 없이 끝났다. 이른바 "국련외교"의 실패다. 국련외교는 다이지타오 개인을 넘어 장제스를 비롯한 당시 국민정부 주요 인사의 견해를 종합적으로 반영한 결과였다.[74] 1925년 광둥국민정부 수립 이래 추구해온 "혁명외교"가 이 시점에 와서 "국련외교"로 전환되는 중대한 변화가 일어난 것이다. 민간에서 삼민국제론이 제기되어 고조된 1925~1932년은 공교롭게도 정부의 혁명외교 기간과 겹친다.[75] 양자는 제국주의 열강과 국제연맹을 보는 관점에서 기본적으로 일치한다. 그럼에도 정부의 혁명외교는 삼민국제론을 수용하지 않고 있다가 만주사변 직후 국련외교로 나아간 것이다.

국민정부가 국제연맹을 통한 외교적 해법에 집중하자 삼민국제론은 사실상 설 자리를 잃게 되었다. 삼민국제론은 국제연맹을 제국주의의 총사령부로 간주하고 저항 혹은 타도 대상으로 여겼기 때문이다. 국민정부는 국제연맹 비상임이사국으로서 1931년 9월 이후 각종 국제기구의 주요 구성원으로 적극 활동하면서 서방 선진국과의 경제·기술·문화 합작을 통한 자국의 현대화와 지위 향상을 꾀했다.[76] 일본이 만주를 넘어 화북으로 침략을 확대하는 사이 국제연맹의 본질이 더욱 명확해진 상황에서도 국민정부는 약소민족과의 연합보다 영·미·소를 포함한 강대국과의 합작으로 위기를 돌파하려는 대국외교에 중점을 두었다.[77] 장제스는 비공식 기구인 삼민주의역행사에 지시해 1932년 4월 동방민족부흥운동위원회를 설치하고 '일 대 일'의 양자 관계에서 피압박 민족을 지원했을 뿐이다. 국민정부가 한국임시정부를 지원하고 통제한 것도 이를 통해서였다.[78] 열강이 외교문제화할 것을 고려한 최소한의 조치일 것이다.

만주사변 이후 가중되던 중국의 국제적 곤경은 1941년 12월 항일전쟁이 아시아태평양전쟁과 세계대전으로 발전함에 따라 급속히 해소되었다. 중국은 "4대국" 지위를 갖고 세계반파시스트 연합전선의 중국전구(사실상의 동아전구)를 지휘하게 되었고, 미소와 함께 카이로회의에 참석해 전후 질서를 주도하는 주체로 부상했다. 이러한 국제 형세에 맞춰 국민정부는 국제기구 창립을 위한 대국합작 외교에 집중했다. 피압박 민족의 해방을 돕고 지도하는 삼민국제를 건립하자는 주장이 1943년 이후 다시 제기되지 않은 것은 그 때문으로 보인다. 마침 그때 코민테른이 해산된 것도 모종의 영향을 미쳤을 것이다. 전후에는 미·소·영·프와 함께 5대국의 하나로 UN 안보리 상임이사국이 되었다.

국민당 중국이 이처럼 4대국/5대국의 하나로 부상하여 국제기구에 참여하는 것은 중국의 새로운 국제 지위를 보여준다. 그렇다고 이것으로 만족할 일은 아니었으니, 오웬 라티모어(O. Lattimore)는 1947년 이렇게 말했다. "중국은 아직 미·영·소 3대국과 동렬에 설 수 없지만 …… 그 어느 나라보다 식민지 아시아에서 위신과 지도적 지위를 확립할 수 있는 천연의 기회를 맞이하고 있다. 일본 같은 침략국도 아니고 인도 같은 완전한 식민지도 아닌 반(半)식민대국으로서 아시아 식민지 각국의 전위로 서 있다. 만일 중국이 그들의 자유와 평등에 대한 도덕적 권리를 옹호한다면 틀림없이 중국 자신의 국제 지위를 강화할 것이다."[79] 아시아 약소민족의 자유와 평등을 위해 실제적인 역할을 수행해야 비로소 국제 지위를 제고할 수 있을 거라는 판단이다.

그러나 5대국이 된 중화민국은 반제문제와 관련하여 피압박 민족의 해방운동을 지원·지도한다는 당초의 입장을 견지하지 못했다. 대외정책의 기조를 대국외교로 전환하고 그 위에 국공내전이 겹쳐 기대된 역할을 하지 못한 것이다. 마침내 중국의 자기인식은 세계혁명의 영도자에서 세계질서의 영도자로 바뀐 것인데, 세계혁명의 시대는 끝났다고 본 때문일 터이다. 그러나 세계혁명의 중심이라는 중국의 자기인식은 공산당에 의해 더 철저한 버전으로 지속되었다.

5. 새로운 인터내셔널을 향하여

앞서 본대로 국민당은 삼민주의 세계혁명론을 정립하고 중국이 세계/동방 피압박 민족혁명의 중심/영도자라는 자기인식을 당의 공식 견해로 제시했다. 그런데 이를 추진하기 위한 영도기관인 삼민국제의 건립론에 대해서는 당내 주류와 비주류에 폭넓게 공유되었음에도 그렇게 하지 않았다. 그런 만큼 실제 건립에 이르지 못했다.

비록 삼민국제론은 실행되지 못했으나 이 표상을 앞세워 중국인을 고무해 민족주의적으로 동원하는 한편 피압박 민족과의 연대감을 조성하고 과시하는 효과는 컸다. 그렇기에 거기에 담긴 세계/동방 피압박 민족혁명의 중심/영도자라는 자기인식은 정파와 이념을 초월해 공유되어 지속되었다.

예컨대 중국공산당(중공) 기관지 《해방일보》는 1946년 5월, 중국은 무산계급이 주도한 신민주주의혁명으로 "세계 반파시즘전쟁에서 결정적 역할을 한 국가의 하나"가 됨으로써 "동방 피압박 민족 해방운동의 인솔자"가 되어 "동방의 계명성(啟明星, 새벽 동쪽 하늘에 뜨는 금성)"으로 떠올랐다고 자부했다.[80] 국민당 대신 공산당의 역할을 강조한 차이가 있을 뿐 혁명중국이 동방민족의 영도자 지위에 올랐다는 관념을 공유한 것이다.

그렇다고 공산당이 국민당 중국의 자기인식에 단순히 편승한 것은 아니다. 항일전쟁을 통해 자신의 지배구역을 급속히 확대한 공산당은 반파시즘 연합전선의 경험 위에서 국민당의 삼민국제와 흡사한 자기 방식의 새로운 인터내셔널을 건립하려 시도했다. 1947~1953년 마오쩌둥이 추구한 공산당 '동방정보국' 구상이 그에 해당한다. 그에 앞서 1941년 10월 옌안에서 결성된 '동방각민족반파시스트대동맹'은 그 선구적 실험이라 할 수 있다.[81] 이 동맹은 '동방민족학원'을 설립하여 동방민족 문제의 연구와 간부양성을 담당하도록 했고, 이는 1944년 중공중앙해외위원회 산하에 설치된 '해외연구반'(동방 각 민족의 청년 30여 명을 국적별로 편성)으로 이어졌다.[82] 여기서 중공의 혁명 경험은 기타 각 민족에게도 "귀중한 교훈"이 될 것이라 했다. 중공은 이 반파시스트대동맹을 통해 조선의용군을 지원하고 통제했다.

그 위에서 마오쩌둥의 동방정보국 건립 구상은 1947년 9월 결성된 유럽 9개국 공산당 정보국(코민포름)에 자극받아 표면화되었다. 그래서인지 처음에는 그것을 "아시아 코민포름"이라 부르기도 했다. 그때는 다름 아닌 국내외의 예상을 깨고 국공내전의 전세를 역전시켜 공산군이 승기를 잡기 시작한 시점이므로 중공 승리에 대한 자신감의 발로라 하겠다. 이를 위한 준비는 스탈린의 승인을 받으려는 노력과 거의 동시에 중공 스스로 아시아 각국 공산당과의 연계를 강화하는 두 갈래로 진행되었다.[83] 시기상조라는 반응을 보이던 스탈린은 중공이 상하이를 점령한 직후 "동방혁명의 중심" 역할을 하라고 고무한 데 이어 1951년 5월 최종 승인했다. 그와 동시에 중공은 각국 공산당의 대표를 중공본부에 상주시키는 한편 각국 공산당원을 대상으로 하는 간부훈련반을 운영했다. 소규모로 시작된 훈련반은 한국전쟁 참전 후 중공의 국제적 신망과 위상이 제고됨에 따라 400여 명으로 늘어났고 이듬해 봄에는 1000여 명으로 불어났다. 이렇게 각국 공산당의 대표를 상주시키고 간부훈련반을 운영한 것은 코민테른의 방식과 흡사하다.

스탈린 사후 "평화공존" 외교 방침을 중·소 양국이 공유함에 따라 동방정보국은 결국 건립되지 않았다. 선즈화(沈志華)는 마오쩌둥의 동방정보국 구상을 그의 "혁명관과 영수욕(領袖慾)"의 소산이라 하였다. 물론 그렇지만 그 구상 자체는 삼민국제 건립론의 연장선에서 거시적으로 이해할 필요가 있다. 동방정보국 구상은 삼민국제의 경우처럼 공개적인 논의를 거치지 않은 채 마오쩌둥이 스탈린과 전보로 협의해 추진했기 때문에 양자 간의 직접적인 연속성을 보여주는 자료를 제시하기는 어렵다. 그러나 거꾸로 이미 삼민국제 건립 논의를 통해 공산당원들도 혁명중국이 "동방의 금성"으로서 약소민족 인터내셔널을 건립해야 한다는 데에 공감했기에 선전의 단계를 건너 뛰어 곧바로 동방정보국 건립을 추진할 수 있었던 것으로 볼 수 있다.

삼민국제든 동방정보국이든 중국인 스스로 반(半)식민지 피압박 민족으로서 세계/동방의 식민지 피압박 민족과 일체감을 갖고 그 중심으로서 그들의 해방을 지원·지도해야 한다는 자기인식의 표상이다. 이는 이른바 '백년굴욕' 이전의 자타가 공인한 '중화성'을 자기 방식으로 회복하려는 의지의 표현이라 할 수 있다. 제국공화주의 관점에서 보면 식민지민족의 독립·자유를 향한 국제적 공화성과 자국을 정점으로 하는 새로운 국제질서를 형성하려는 제국성의 표현이다. 다만 당시 국가의 역량이 그들의 열망을 따라가지 못한 탓에 실제 건립에 이르지 못했을 뿐이다.

좀 더 긴 안목으로 보면 삼민국제와 동방정보국은 전통적 조공 관계의 양자외교 틀을 벗어나 중국 주도의 다자외교 틀을 제시한 점에서 눈길을 끈다. 최근 중국은 마침내 "세계 거버넌스 변혁의 추동자와 인솔자"를 자임하면서 UN 바깥에서 자국 중심의 국제기구(상하이협력기구, 브릭스 등)를 만들어 다자외교를 주도하고 있다.[84] 국민당이 공산당으로 바뀌고 혁명이 개혁으로 바뀌어도 여전히 중화공화국임에 유의하여 중화성/제국성(특히 제국2의) 회복의 긴 과정을 조망하면 이 둘은 연속된 두 단계에 해당한다고 볼 수 있다. 삼민국제는 그 과정을 추동한 자기인식의 표상을 보여주는 선구적 사례라 하겠다.

제6장

중간지대에서 제3극으로

한국전쟁 이후 중국의 자기인식과 대외정책

2023년 7월로 한국전쟁이 정전 70주년을 맞았다. 양측이 승패를 가르지 못한 탓에 전쟁을 끝내지 못하고 잠시 전투를 정지하기로 합의한 '정전' 상태가 이토록 오래 지속되는 경우는 극히 예외적이다. 중국의 참전이야말로 전쟁의 승패를 가르지 못하게 만든 중대 요인인데, 무기와 국력의 현저한 차이에도 불구하고 세계최강 미국에 맞서 붕괴 직전의 북한정권을 구하고 자국을 방어함으로써 사회주의 진영의 안전을 지켜냈다.

그런 만큼 한국전쟁의 참전과 정전은 갓 출범한 신중국이 근대 이전의 '중화성'을 회복하여 세계/동방의 정치대국으로 부활했음을 알리는 계기가 되었다. 그 후 미·일과의 수교에 이르기까지 중국의 대외정책은 이를 발판으로 이이제이를 연상시키는 미·소·중 3각 외교와 중간지대 전략이라는 투트랙으로 전개되었다. 양자를 상호 긴밀히 연관 지어 상승효과를 내도록 함으로써 중국의 자기인식과 국제 지위는 '중간지대에서 제3극으로', 곧 미·소·중 '대삼각'의 일각으로 발돋움할 수 있었다. 3각외교는 친소반미(1949)–탈소반미(1957)–반소반미(1964)–연미반소(1972)로 변화를 거듭했다. 그에 상응해 중간지대 전략은 민족해방운동을 추동하고 지원·지지하는 세계혁명과 평화공존 5원칙 사이에서 필요에 따라 조정되었다. 반제와 반패권은 이를 위한 구호이자 명분이고 가치였다. 이를 뒷받침하는 정세론이자 전략론이 중간지대론인데, 반소 통일전선을 극대화하기 위해 이는 3개세계론으로 재구성되었다. 모두 동방혁명, 나아가 세계혁명의 중심이 되고자 하는 강렬한 욕망의 표현이라 할 수 있다.

그 후의 대외정책은 연소반미의 기조 위에 1979년 개혁개방으로 선회한 데 이어 1982년 세계혁명을 공식 포기함으로써 "평화발전"에 집중하는 변화를 보였다. 중·소 관계도 1985~1989년 정상화되었지만 곧이어 소련이 붕괴했기에 미·소 냉전의 종식과 함께 미·소·중 3각 경쟁의 시대도 끝났다.

냉전 시기 중국의 대외정책은 1972년을 전후하여 두 단계로 구분해 볼 수 있다. 여기에는 두 개의 전쟁이 중대한 전기를 이루는 요인으로 작용했다. 한국전쟁과 베트남전쟁이다. 중국은 중간지대의 영수로서 "동방의 계명성"이라는 자기인식을 가지고 두 전쟁에 파병하여 참전했으며, 이로써 3각외교와 중간지대 전략 모두에 필수적인 지렛대를 확보할 수 있었다. 따라서 1979년 중국·베트남 전쟁(중·베전쟁)은 한국전쟁 이래 30년 가까이 지속된 세계혁명론이 최종적으로 종식되었음을 알리는 상징적 의미를 지닌다.

이 장에서는 국제정치 연구에 기초하되 "백년굴욕"을 넘어 "재조중화"로 나아가는 신해혁명 이래 중국 지도자의 전략적 사고라는 역사적 맥락을 고려하여 냉전기 중국의 자기인식과 대외정책을 검토할 것이다. 이는 최근 미·중 전략경쟁으로 대두한 '신냉전'의 우려 속에 바람직한 한·중 관계를 모색해야 하는 우리에게 중국의 전략적 사고를 이해하는 데 모종의 시사를 줄 수 있지 않을까 한다.

1. 한국전쟁과 '강한 중국'의 부활 | 동방정보국 건립의 꿈

중국의 참전 동기는 복합적이다. 참전 시점을 최대한 늦추는 바람에 38선을 돌파한 미국의 북진으로부터 자국을 방어하고 북한정권을 구원한다는 명분을 극대화했다. 그와 동시에 마오쩌둥과 중국공산당(중공)은 세계혁명론에 따라 중국혁명의 동력을 유지하면서 이를 모델로 한 동방혁명을 지원한다는 '혁명중국'의 의식을 갖고 참전한 것도 분명하다. 자국 방어와 동방혁명의 병행이라 할 수 있는데, 천 젠(Chen Jian)은 후자가 곧 전자를 보증한다는 상호 연관성에 주목하고 개전 결정뿐만 아니라 정전 협상에서도 중국이 이를 중시했음을 강조했다.[1]

마오쩌둥과 중공은 1949년 봄부터 김일성이 중국혁명이 성공하면 남조선 해방과 통일을 위한 전쟁을 지원해 달라는 요청을 받고 선공이 아닌 반격의 경우만 돕는다는 방침을 전했다. 그 후 이듬해 초까지 조선의용군 6만여 명을 북한으로 돌려보냈다. 마오쩌둥은 1949년 10월 21일 스탈린에 전문을 보내 김일성의 남침 구상을 취소하게 해달라고 건의했고 스탈린도 이에 동의했다.[2] 소련 방문에 앞선 사전 정지 작업의 성격이 짙다. 두 달 후 마오쩌둥이 모스크바에 가서 스탈린에게 맨 먼저 꺼낸 화제도 중국은 휴식을 위해 3~5년의 평화가 필요하다는 것이었다. 이는 마오쩌둥이 김일성의 구상을 지지하되 장기전쟁으로 망가진 중국의 경제를 회복하고 정권을 안정시킨 후의 일로 여겼음을 뜻한다.

그러나 1950년 1월 말 마오쩌둥은 스탈린이 김일성의 선공에 의한 남침을 지지한다는 의사를 파악하고서는 찬성도 반대도 하지 않았으니 사실상 묵인한 셈이다. 중소우호동맹호조조약을 성사시키는 것이 우선이었기 때문이다. 4월에 스탈린이 김의 계획에 대해 중국의 동의를 조건으로 승인한 것은 이런 사정을 반영한다. 이미 동맹조약을 체결한 상태였던 만큼 이는 사실상 동의하라는 요구였고 마오쩌둥은 거부할 수 없었다. 그러나 마오쩌둥이 스탈린의 요구를 수용한 것은 중국-동방-세계의 상호 관계에 대한 자기 나름의 인식과 전략에 따른 결정이었다.

우선 주목할 것은 마오쩌둥이 1946~1947년 제기한 "중간지대론"이다. 이는 만주에서 국공내전이 막 시작된 시점에 내전이 격화하면 미국이 개입할 거라 우려하는 스탈린의 눈치를 보아 국민당과 타협하려는 비관주의적 당내 의견을 불식하기 위해 구상되었다.[3] 마오쩌둥은 미·소가 얄타협정으로 사전 협의도 없이 중국의 주권을 침해하면서 밀약한 데 충격받아 미·소 모순을 세계정치의 주요 모순으로 보았던 자신의 견해를 수정하면서 중간지대론을 정립하였다.[4] 처음에는 당 고위 간부들에게 내부 문건으로 제시되었다가 이듬해 1월 마오쩌둥의 지시에 따라 보충된 루딩이(陸定一)의 논설로 《해방일보》에 처음 공개되었다.[5]

중간지대론의 요지는 다음과 같다. ① 미·소 사이에는 광대한 중간지대가 존재하며, 거기에는 중국을 위시한 자본주의/(半)식민지 국가가 있는데 미국은 이를 복속시키기 전에는 소련을 침공할 수 없다. 논리상 소련 측에서 봐도 마찬가지여서 미·소는 서로 직접 공격하는 전쟁을 감행하기 어렵다. ② 미·소 간의 모순이 세계의 주요 모순이라는 관점은 국내외 반동파의 선전에 불과하다. 미·소의 이념 대치는 중간지대의 선점을 위한 연막일 뿐이다. ③ 세계의 주요 모순은 미국 "반동파"(통치집단)와 미국 인민을 포함하는 세계 인민의 모순이다. 세계 인민의 절대다수는 중간지대 인민이며 그 중핵이 중국 인민이므로 세계의 주요 모순은 미·중간의 모순이다. 따라서 냉전 초기 중간지대를 둘러싼 미·소 간의 쟁탈은 사실상 미·중간의 투쟁으로 결정될 것이었다. 국공내전 승리 전에 중공은 이미 중국의 세계적 영향력을 추구한 것이다.

실제로 국공내전 과정에서 미·소가 보인 반응은 중국이야말로 두 초강대국이 노리는 중간지대의 핵심임을 확인해 주었다. 중공은 국공내전을 미국이 장제스를 도와 발동한 것으로 보았고 이에 소련은 중공이 만주를 장악하도록 은밀히 지원했다. 그러나 소련은 중공이 그곳을 발판으로 삼아 중원을 장악하고 장강을 넘어 남진하려 하자 미국의 개입을 우려했고 도하 이후에도 남부 국경까지 진격하지 않기를 바랐다. 영·프 등 식민지 종주국들의 경계심을 불러일으킬 것으로 보았기 때문이다. 마오쩌둥이 보기에 스탈린은 중공이 장강 이북만을 통치하는 데 그치기를 바랐던 것이다.[6] 그러니까 중공에게는 내전 승리와 인민공화국 수립 자체가 초강대국 미·소와의 경쟁의식 속에 성취된 것이었다. 소련과의 관계에서 신중국이 동유럽 위성국과 다른 까닭이다. 중국혁명은 "중간지대의 혁명"임을 말해준다.[7]

또 하나 주목할 것은 이와 연관된 것으로 신중국이 세계/동방 피압박 민족의 지도자, '동방의 계명성'이라는 자기인식이다. 앞 장에서 보았듯이 1946년 5월 4일, 중공 기관지 ≪해방일보≫는 5.4운동 기념사에서 중국은 무산계급이 주도한 신민주주의혁명으로 "세계 반파시즘전쟁에서 결정적 역할을 담당한 국가의 하나"로서 "동방 피압박민족 해방운동의 인솔자"가 되어 "동방의 계명성"으로 떠올랐다고 자부했다. 항일전쟁 승리 직후 '혁명중국'이 마침내 동방민족의 영도자 지위에 올랐다고 본 것이다.

이는 중공의 자기인식일 뿐이지만 한국전쟁 참전으로 소련으로부터 공인받게 되었다. 스탈린은 중공이 장강을 넘어 난징과 상하이를 장악한 직후 1949년 7월, 세계혁명의 중심이 동방으로 이동하고 있다면서 소련은 유럽에 집중할 테니 중공이 동방혁명의 중심역할을 담당하라고 고무했다. 중국이 한국전쟁에 참전하자 1951년 5월 드디어 마오쩌둥이 원하던 동방정보국 건립을 최종 승인했다. 마오쩌둥이 참전을 결단함으로써 자신을 제2의 티토(J. B. Tito)가 아닌가 하는 스탈린의 의심을 날려버린 결과다. 이로써 신중국은 사실상 '동방의 계명성'임을 인정받은 셈이다.

실제로 신중국은 그 무렵 이 같은 자기인식에 기초한 대외정책을 추구했다. 1949년 11월 처음 개최한 국제회의인 아시아·오세아니아 노조대표회의에서 류사오치(劉少奇)는 중공이 이 지역 노동 인민을 지원하는 영광스러운 책무를 담당할 것이라 선언했고, 1950년 3월 4일 마오쩌둥은 중·소 동맹조약을 체결하고 귀국한 직후 전체 당원에게 아시아 피압박 인민의 해방을 형제와 같은 마음으로 지원해야 한다고 지시했다. 그때 중공 지도부는 한반도·대만·인도차이나 세 곳에서 이른바 "중국 상실"을 만회하려는 미국과의 일전이 불가피하다고 보고 적극적으로 대응해 동방혁명을 촉진한다는 판단을 내렸다.[8] 한국전쟁 참전 이전부터 베트남의 항프독립전쟁을 지원한 것도 그 실천이었다. 베트남과 북한은 중간지대의 일부인 데다 중국과 미국 사이의 완충국이어서 중국의 안전을 지키는 "울타리"(번속) 확보라는 의미와 함께 동방혁명의 영수로서 책임을 다한다는 의미가 함께 있었다.

이를 보여주는 단적인 예가 1950년 9월 5일 중앙인민정부위원회 회의에서 나온 마오쩌둥의 발언이다. 마오쩌둥은 "미국이 조선내전에 개입"하자마자, "미제국주의가 장제스를 원조해 중국내전을 발동"했으므로 "중국혁명은 세계성을 띠고 있어 동방에서 세계 인민을 첫 번째로 깨우쳤으며" 뒤이은 "조선전쟁은 세계 인민을 두 번째로 깨우쳤다"고 했다.[9] 중국혁명의 최종 단계인 국공내전과 조선내전을 상호 연동된, 미제를 상대로 하는 동방혁명의 일부로 파악하고 있음이 드러난다. 그 후 마오쩌둥이 파병 결정 사실을 스탈린에게 알리는 전보에서 미국이 전체 조선을 점령하도록 놔두면 "미국 침략자는 장차 더욱 창궐하여 전체 동방에 불리해질" 것이라 한 것도 같은 맥락에서다.[10] 김일성의 계획된 선제공격으로 내전이 시작되었음을 알면서도 중국이 그와 상반되게 "미국의 침략"에 맞서는 "항미원조"전쟁이라 한 까닭은 바로 이 같은 동방혁명론에 의거한 때문이다.

이 중대한 괴리에 관심을 두고 밝힌 연구는 극히 드물다. 주지안룽(朱建

榮)의 예외적 연구에 따르면, 미국이 국공내전 패배 후 중공에 반격할 계획을 세우던 중 김일성의 선제공격 가능성이 있음을 포착하고 기다렸다가 북한의 발포를 구실로 비로소 개입했기 때문이라 한다.[11] 미국의 사전 계획이 있을지 몰라도 그 실행은 북한의 선공 이후에 이루어졌으므로 이 설명은 설득력이 약하다. 필자는 이 책 제4장에서 다루었듯이 중공의 전쟁인식, 곧 레닌의 정의전쟁론에 의거해 제국주의에 저항한 전쟁은 설사 자신의 선제공격으로 시작되더라도 반침략의 방어전쟁이라는 인식의 소산으로 본다. 중국이 승리했다는 주장도 이 방어전쟁론에서 나온 것이다. 그러나 중국군의 제5차 전역 이후 중미 쌍방은 무력으로 남북한을 통일하는 것이 불가능함을 인지하고 정전협상에 들어갔다. 중국도 미국도 승리하지 못한 전쟁임을 인정한 것이다.

소련이 신중국에 동방혁명의 영수 지위를 부여한 것과 상응해 미국도 중국관을 대폭 조정했다. 정전 직후인 1953년 11월의 미국 국가안보회의 정책문서 NSC 166/1이 이를 말해준다. "강대하고 엄밀한 기율을 갖춘 혁명적 공산주의 정권이 중국 대륙에 출현하여 극동의 권력구조를 극적으로 변화시켰으며 소련의 영향력을 크게 확장하는 동시에 미국의 그것을 축소하였다." 당시 미국 민간 싱크탱크(Conlon Associated, Ltd)도 상원외교위원회의 위탁으로 진행한 연구보고서(1959)에서 같은 요지의 진단을 내렸다.[12] 이제 미국도 '강한 중국'의 부활을 인정하지 않을 수 없게 된 것이다. 그 후 미국은 겉으로 내놓는 악마화 수사와 달리 이 '강한 중국'을 무력으로 타도하거나 붕괴시키려는 전략을 포기하고 전쟁 이외의 방법으로 아시아 강대국 지위를 약화해 장차 "세계강대국"으로 부상하는 것을 저지하는 전략으로 선회했다.[13] 그런 만큼 당시 신중국 지도부가 주관적으로도 자국의 국제적 지위와 역할의 상승을 자각하고 이를 공개적으로 밝힌 것은 자연스럽다. 1954년 9월 류사오치가 전국인민대표대회(전인대)에서 "우리나라는 1950

년부터 전국에 걸쳐 일어난 항미원조운동으로 이미 세계대국 신분으로 국제무대에 등장했다"라고 한 것을 보라.[14] 하나 더 고려할 것은 제네바회의에서의 중국의 지위와 역할이다. 중국이 항미원조전쟁과 거의 동시에 베트남인의 항프전쟁을 지원해 승리로 이끈 직후, 이 두 전쟁의 정치적 마무리를 위해 열린 제네바회의(1954)에 중국은 미·소·영·프와 함께 5대국의 하나로 참여했다. 외교사학자 셰이셴(謝益顯)은 "회의의 의제로 볼 때 사실상 중국을 빼놓고는 토론할 방법이 없었으니 중국의 이러한 대국 지위는 객관적으로 존재하는 사실"이라고 했다.[15]

"동방의 계명성"이라는 자기인식에 기초해 마오쩌둥과 중공은 "동방정보국"이라는 국제조직을 건립하려 시도했다. 이 프로젝트는 소련이 주도하는 코민포름(유럽공산당정보국, 1947~1956)이 결성된 직후인 1947년 7월부터 그에 자극받아 시작되었다. 션즈화의 연구에 따르면, 마오쩌둥은 이를 위해 스탈린에게 전문으로 여러 차례 승인을 요청했으나 시기상조라는 답을 받았을 뿐이다. 그래도 마오쩌둥은 1949년 3월 베이핑을 장악한 직후 아시아 각국 공산당과의 연계공작을 강화하면서 건립 준비에 박차를 가했다. 소련의 직접 지도하에 있던 북한과 몽골을 제외한 아시아 각국의 공산당이 상주 대표를 베이징에 파견토록 하는 한편 각국 공산당원을 대상으로 하는 간부훈련반을 운영하여 마오사상을 기초로 하는 중국혁명의 경험을 전수하면서 정보국 건립에 나섰다. 첫 번째 간부훈련반은 1년 기간으로써 총 29명(베트남 6명, 태국 10명, 필리핀 6명, 인도네시아 2명, 미얀마 2명, 말레이시아 2명, 인도 1명)의 소규모로 시작되었다. 1950년 2월 당중앙 통일전선부 산하에 동방 각국 혁명문제연구회를 설립했다.[16]

간부훈련반의 규모는 한국전쟁 참전 후 스탈린의 승인을 받아 중공의 국제적 신망과 위상이 제고됨에 따라 급속히 증가했다. 1950년 말 400여 명으로 늘어나더니 이듬해 봄 각국의 증원 요청에 따라 1000여 명으로 불어났다. 이들을 마르크스레닌학원에 모두 수용하기 어렵게 되자 분원을 설립해 제1기생 1000여 명이 3년 기간의 훈련을 받고 1955년 말 졸업했다. 국적별로 보면 베트남 200명, 호주·뉴질랜드·파키스탄 20명, 인도네시아 20명, 말레이시아 20명, 태국 50명, 미얀마 70명, 일본 700명이다. 일본인이 특별히 많은 것은 송환되지 않은 전쟁포로 중에서 선발된 자들을 포함했기 때문이다. 각 성(省)과 시(市)에 2년제의 분원도 설립되었으니 훈련된 간부는 합계 수천 명으로 추산된다. 이렇게 각국 공산당의 대표를 상주시키고 간부훈련반을 운영한 것은 코민테른의 방식과 흡사하다.

그러나 스탈린 사망 이후 중·소가 "평화공존"의 대외방침을 공유함에 따라 동방정보국 건립은 포기되었다. 훈련된 각국의 간부들이 그 후 어떻게 활용되었는지는 관련 문건이 공개되지 않아 베일에 싸여 있다. 신중국의 국제 지위와 역할이 이처럼 상승했어도 동방정보국의 꿈은 국제적 조건 탓에 일단 접을 수밖에 없었다. 그래도 미국의 봉쇄를 뚫고 "동방의 계명성"으로서 중간지대에 빛을 발하려면 다른 방법을 찾아야 했다.

2. 봉쇄·포위 속의 약진 | 중간지대 전략과 세계혁명중심론

신중국에 대한 미국의 억제정책은 한국전쟁 발발 즉시 대만해협 봉쇄로 강화되더니 참전 이후 면적 봉쇄로 나아갔다. 미국은 한반도에서 실패한 중·소 동맹의 세력 확장이 동남아에 집중할 것으로 보고 1951~1954년 일본-한국-대만-필리핀-남베트남-태국에 이르는 초승달형 냉전 포위망을 구축했다. 도미노이론으로 이를 정당화하면서 먼저 중간지대를 선점해 간 것이다. 1947년 즈다노프(A. Zhdanov)는 코민포름 회의에서 신생 독립국들을 소련 진영에 영입할 대상으로 보고 서구와 동구 사이의 투쟁 장소로 선언했다. 그런 점에서 냉전은 중간지대, 곧 "제3세계에 대한 초강대국의 개입과 간섭"일 따름이다.[17] 건국과 동시에 "포위된 중국이라는 씻을 수 없는 두려움"이 현실화된 것이다.[18]

주목할 점은 미국의 반중 냉전 포위망이 동남아 피압박 민족의 탈식민화 운동에 대한 억압과 연동되어 있었다는 사실이다. 미국은 탈식민화를 원칙상 지지하면서도 반공을 우선하였기에 영·프 및 네덜란드에 의한 동남아 재식민화를 반공의 이름으로 지원했다. 공산당 주도의 민족해방운동도, 친미세력이 아닌 신생독립국 정부도 억압과 전복의 대상이 되었다. 더구나 제2차 세계대전 후의 재식민화는 그 이전에 진행된 최초의 식민지정복보다 더 가혹한 것이었다.[19] 그로 인해 아시아의 탈식민은 왜곡되고 지연되었다.

이에 맞서 중국은 '평화공존 5원칙'과 반제/반식민을 앞세워 포위망에 균열을 내면서 중간지대로 약진했다. 아직 독립하지 못한 피압박 민족의 해방운동은 중국에 대한 제국주의의 압력을 분산시켜 줄여주는 효과를 가져오기에 이를 지지·지원하는 것은 호혜적인 관계로 여겨졌다.[20] 민족해방은 내정 문제가 아니기에 그에 대한 지원은 내정간섭이 아니라는 논리도 갖추었다. 그와 동시에 독립한 신생국들은 대부분 자본주의국가이지만 전쟁에 대한 태도에 따라 적과 동지로 구분하여 중립을 지키는 경우 우방으로 대한다는 방침을 세웠다.[21] 이는 한국전쟁 과정에서 인도·미얀마를 비롯한 중립국들이 전쟁의 확산을 막고 정전을 앞당기기 위해 UN을 무대로 독립적인 대외정책을 펼친 데 자극받은 결과다.[22]

평화공존 외교는 1954년 이후 1964년까지 이어졌는데, 미국의 봉쇄를 뚫을 약진의 첫 무대는 한국전쟁과 베트남전쟁의 정치적 타결을 위한 제네바회의(1954), 그리고 비동맹을 추구하는 아시아·아프리카 신생국들의 반둥회의(1955)다.

제네바회의에서 중국은 인도차이나 문제와 관련해 극히 중요한 역할을 담당했다. 승패를 가리지 못한 한국전쟁과 달리 베트남전쟁에서 디엔비엔푸에서의 극적인 승리를 뒷받침했기에 회의장에서 중국의 역할이 그만큼 컸기 때문이다. 이때 중국은 프랑스를 대신해 미국이 베트남 문제에 직접 개입할 것을 우려한 나머지 호치민정부의 반발을 누르고 "북위 17도선을 정전선으로 하여, 2년 안에 통일 총선거를 실시한다"라는 타협책을 제시해 관철했다. 중국은 이렇게 5대국의 하나로 국제정치 무대의 한 주역으로 등장했다.

반둥회의는 식민지에서 해방된 아시아·아프리카 신생국이 서방 대국의 참여 없이 자주적으로 개최한 첫 국제회의다. 이 회의는 인도의 네루(J. Nehru)가 한국전쟁에 다수의 신생 약소국이 끌려 들어가는 것을 보고 미·소 어느 진영에도 예속되지 않도록 하고자 비동맹중립주의를 제창함에 따라 탄생했다. 인도·미얀마·인도네시아 등과 함께 한국전쟁 정전을 위해 앞장선 국가들이 발기인 역할을 한 것은 눈에 띄는 점이다.[23] 29개국이 반식민주의와 비동맹중립주의에 기초해 "세계평화와 상호협력 증진 10원칙"을 채택했는데, 10원칙은 그 직전 중국 총리 저우언라이가 인도 총리 네루와 티베트 문제 해결을 위해 합의한 "평화공존 5원칙"을 확대 적용한 것이다.

그래서인지 이 회의는 미국과 중국의 외교전이 펼쳐지는 전장이 되었다. 미국은 반둥회의가 중국에 의해 대만 문제 해결과 반서방블럭 형성에 이용될 것을 우려해 사전에 외교 경로를 통해 관련국들을 움직였다. 장제스정부는 중국 대표의 참가를 막기 위해 홍콩발 여객기에 폭발물을 설치해 11명이 사망했고, 이라크·필리핀·태국 등의 대표가 중국과 소련을 겨냥해 공산주의를 비난하는 연설로 회의장을 긴장시켰다. 그래도 저우언라이는 "동방 낙후국가에 대한 서방 식민국가의 착취상태를 개혁해 아시아·아프리카 각국의 독립자주경제를 발전시키자", 각국이 함께 회의를 여는 것은 이념과 체제가 달라도 이를 인정하고 평화적으로 공존하기 위한 게 아니냐면서 그것이 바로 평화공존 5원칙의 정신임을 강조해 분위기를 반전시키고 깊은 인상을 남겼다.

반둥회의가 중국 외교에 미친 효과는 컸다. 29개 참가국 중 22개국이 미국과 수교해 경제원조를 받는 나라였는데(중국과 수교한 국가는 6개), 4년만에 그중 10개국이 중국과 수교했다. 중국이 곤란을 무릅쓰고 경제원조를 지속한 효과이기도 하다. 중국의 중간지대 외교가 순조롭게 전개된 것은 아니어서, 가령 티베트 문제의 여파와 겹쳐 인도와의 갈등이 중·인 국경의 무장 충돌(1959~1962)로 이어졌다. 이 와중에 인도가 식민주의는 이미 종식되었다면서 반둥그룹에서 스스로 빠진 것은 중국의 중간지대 외교에 타격을 주었다. 중간지대 외교의 약진은 문화대혁명으로 중국 외교가 정지상태에 들어가기 전까지 이어졌다.

그와 동시에 중간지대 외교를 뒷받침하기 위한 두 가지 노력이 추가되었다. 하나는 어려운 여건에서도 경제·군사 원조와 농업기술 지원을 늘려나간 것이다. 원조는 UN 회원국이 많은 아프리카에 집중되었는데 1954~1966년 4.28억 달러에서 1970~1977년 18.82억 달러로 증가했다. 뒤 시기의 액수와 수혜국 수는 소련의 그것을 능가했다.[24] 다른 하나는 마오쩌둥이 각국 정상과 경제·문화 대표단을 잇달아 초청하는 양자외교로 다자외교를 뒷받침한 것이다. 그때마다 마오쩌둥은 서로의 공통점(열강의 침략을 받은 경험, 경제적 낙후국가 등)을 강조하면서 특히 주변국의 두려움을 불식하려 노력하였다.[25] 이른바 "친근한 대국" 이미지 형성에 직접 나선 것이다.[26] 헨리 키신저(H. Kissinger)가 지적한 대로 한국전쟁이 "인민공화국을 군사강국인 동시에 아시아혁명의 중심"으로, "두려워하고 존경해 마지 않는 상대"로서 확립해 주었다는 사실을 의식한 외교적 노력이라 할 수 있다.[27] 좀 더 길게 보면 주변국들이 전통적 중화제국의 제국성을 기억하고 있음을 인지한 위에서의 노력이기도 했다. 1960~1964년 인접국들과 국경 획정 협상에서 중국이 양보해 원만하게 타결을 지은 것도 같은 맥락이라 할 수 있다. 그와 동시에 사회주의 중국은 제정시대의 중국과 달리 인접국을 위협하지 않을 것임을 누차 확약했다.

이상과 같은 중국의 평화공존 외교는 미국이 베트남전쟁에 직접 개입하는 1964년을 고비로 바뀌었다. 그동안에는 동방 피압박 민족의 해방운동을 적극 '지지'할 뿐 국내의 경제건설에 집중하느라 '지원'하거나 개입하지는 않았다. 그런데 케네디 정부가 1962 사이공에 군사원조사령부를 설치하고 존슨정부가 1964년 8월 통킹만 사건을 일으키더니 북베트남에 대한 전면 공습을 개시하였다. 중국은 북베트남의 요청에 따라 1965년부터 연인원 32만 명의 정에 병력을 파병했으나 17도선 이북에만 배치해 후방지원을 담당하면서 북베트남군의 남진을 뒷받침했다.[28] 두 대국은 한국전쟁의 학습효과로 인해 직접 대결은 없다는 묵계 아래 각각 반제와 반공을 앞세운 간접 대결을 통해 중간지대 쟁탈을 위한 열전을 벌인 것이다.

그때부터 중국은 베트남전쟁의 확전과 조응해 '혁명 수출 불가론'을 접고 스스로 '세계혁명의 중심'이라고 자처했다. 이는 소련이 수정주의 노선으로 세계혁명을 배반했다는 비난과 함께 나타난 자기인식이다. 세계혁명중심론은 동방정보국 구상의 확대판으로 대약진운동의 고조 속에 1960년 4월 마오쩌둥과 그 측근들에 의해 제기되었으나 경제 악화로 인해 잠시 주춤했다가 다시 강화된 것이다. 1965년 중공의 반제투쟁 경험은 모든 중간지대 국가들의 모범이며 중국은 "세계혁명의 보루"라고 주장하더니 이듬해부터 "세계혁명의 중심"으로 자처했다. ≪해방군보≫는 1966년 6월,

> 문화대혁명은 세계혁명의 운명과 전망에서 가장 중요한 문제다. …… 소련이 수정주의에 이끌려 자본주의 회복의 길로 나섰으니 이제 세계의

> 피압박 인민과 국가는 혁명적 신중국에 희망을 걸고 있다. …… 우리나라는 세계혁명의 기지가 되었고 중국공산당은 세계혁명의 표준적인 기수이며 마오사상은 세계혁명의 등불이다.[29]

라고 하였다. 이 논설은 마오쩌둥의 확인을 거쳐 나온 것이므로 그 본인의 의사를 반영한 것인데, 1년 뒤 마오쩌둥은 해방군 군사훈련회의 대표를 접견하는 자리에서 "중국은 세계혁명의 정치 중심일 뿐만 아니라 중국산 무기를 제공하는 세계혁명의 무기공장이 되어야 한다"라고 역설했다.[30] 이 혁명은 사회주의혁명이 아니라 우선 "제국주의·수정주의·반동파"에 대항하는 민족민주 혁명이며 그 성공을 기초로 단계적으로 사회주의로 이행할 것이었다. 문제는 중국의 기술수준이 미·소에 뒤지고 있는 것이어서, 마오쩌둥은 중국이 유도탄·원자탄·수소탄을 잇달아 개발해 세계 4위의 군사기술을 갖추었다는 자신감을 드러내면서도 "중국은 정치상으로 강국이나 군사장비상, 경제상으로는 약국"이라고 인정할 수밖에 없었다. 문화대혁명은 이처럼 불리한 여건의 중국이 중간지대 쟁탈을 놓고 미·소와의 경쟁이 고조되는 속에 취한 극단적 대응이라 할 수 있다.

그렇다면 실제 중국의 '혁명 수출'은 어떻게 얼마나 진행되었을까? 그 지휘자는 중공중앙 대외연락부이고 현지의 실행자는 각국 주재 중국 대사관이었다. 중공 자료가 공개되지 않아서 실상을 밝히기 어려운데, 관련자의 회고록과 인터뷰에 기초한 최근 연구에 따르면 1961~1972년의 '수출' 내역은 다음과 같다. ① 마오 저작(선집, 어록 등) 25종 460만 책을 148개 국가·지역에 배포하고 영화나 선전 책자 등을 통해 문화대혁명을 홍보했다. ② 정규군을 파병하고 무기·군수물자를 지원했다(베트남). ③ 각국의 요원을 중국에서 훈련시켜 귀국 후 게릴라 활동을 이끌게 했다(말레이시아, 페루, 알제리를 비롯한 아프리카 10여 개 국). ④ 각국 공산당의 반정부 활동을 지원하거나(미얀마, 캄보디아, 인도네시아) 군사교관을 파견해 요원양성을 지원했다(잠비아, 가나, 탄자니아). 또한 중국 경내에 비밀방송국을 설치해 선전활동을 지원했다(말레이시아, 미얀마).[31]

이 같은 혁명 수출과 호응해 중국 안에서는 중국이 세계혁명의 중심으로서 국제 지위가 제고되었다는 자기인식이 커졌다. 여기에 ≪인민일보≫가 앞장섰다. 가령 1966년 4월 파리코뮌 자료전시회(베이징)에 소장자료를 제공한 영국인 홉킨스(S.G. Hopkins)는 "중국은 파리코뮌의 원칙을 견지하고 있어 세계혁명의 중심"이라 했다.[32] 그 후 1968년까지 아시아·아프리카 기자협회 사무총장 쟈와또(Djawoto), 멕시코의 마오 저작 학습소조, 미국의 마르크스·레닌주의당 건립 특위, 일본공산당 야마구치현 위원회, 베이징에서 일하는 외국인 전문가들, 스웨덴의 잡지 ≪불꽃≫ 의 견해를 인용해 중국이 세계혁명의 중심이라는 보도를 이어갔다.[33] 모두 주변적인 단체나 개인의 호응일 뿐이다. 중국인의 입을 통한 관련 보도는 극히 드문데, 이는 마오쩌둥이 통제한 결과로 보인다. 그는 인민해방군 국방공업 군관소조의 보고 문건을 검토하던 중 "세계혁명의 중심 베이징"이라는 어구에 대해 "이런 말을 중국인 입으로 해서는 안 된다"라고 지시했다.[34]

그러나 혁명 수출의 실제 효과는 극히 제한적이었다. 청잉훙(程映虹)에 따르면 세계혁명을 추동하는 전략을 실행하지 못한 채 중국의 국제적 고립을 자초했다.[35] 중국은 세계혁명의 군사 중심은 물론 정치 중심일 수도 없었다. 그럴만한 국제조직, 예컨대 구상에 그쳤으나 삼민주의 인터내셔널이나 공산당 동방정보국 같은 조직이 없었고 각국의 사정이 달랐기 때문이다. 각국은 마오사상을 더 많은 경제원조를 받기 위한 수단으로 삼아 서로 경쟁하는 미·소·중 사이에서 줄타기를 하고는 했다. 훈련받은 요원들이 반정부 게릴라전을 하기에 불리한 환경도 적지 않았다. 이런 틈을 타고 소련은 중국이 공을 들이는 반둥회의와 비동맹회의 참가국들에 지원을 증대해

균열을 냈고, 미국은 반공의 명분과 경제원조로 그들을 유인했다.

다만 마오사상이 세계 각국에 전파되어 구미의 68혁명과 제3세계 해방운동에 적지 않은 영향을 미친 것은 부인할 수 없다. 그것은 줄리아 로벨(J. Lovell)이 적절히 지적한대로 중국의 계획적 "혁명 수출"뿐만 아니라 그와 무관하게 각국 인사들이 에드거 스노(E. Snow)의 『중국의 붉은 별』을 읽고 중국을 동경하면서 마오 저작을 학습해 자발적 마오주의자가 된 결과이기도 하다.[36] 그렇더라도 "세계혁명의 사상중심의 하나"였다는 셰이셴의 평가에 동의하기는 어렵다. 가장 가까운 북한과 베트남에서도 동의를 받지 못했기 때문이다. 북한의 ≪노동신문≫은 1966년 8월 "어느 한 국가나 당도 세계혁명의 중심이 될 수 없다. 만일 그런 중심을 허용한다면 특권적 지위를 인정하는 것이다"라고 비판했다.[37] 베트남은 항미전쟁을 위해 중국의 지원을 받고 있었음에도 역대 중국의 베트남 침략을 보도함으로써 "중국으로부터의 위협"을 환기했다.[38] 문화대혁명의 체험자인 첸리췬(錢理群)이 보기에도 세계혁명중심론은 대약진운동 이래 점차 강화된 "중화중심주의의 표출"이었으니 북한과 베트남의 부정적 반응은 이해할 만하다.[39] 마침내 1968년 3월 마오쩌둥 스스로 마오사상을 외국에 강요하지 말라면서 이른바 혁명외교를 수습하고 나섰다.

1969년 국내 정치투쟁이 일단락되고 닉슨독트린으로 미국이 베트남전쟁에서 발을 빼기 시작하자 중국은 중간지대 국가들과의 관계를 회복하는 한편 중·미 화해를 향해서도 힘을 썼다. 그 결과 1971년 7월 미·중 양국은 국교정상화에 관한 공동선언을 발표했다. 두 달 뒤 UN총회는 중화인민공화국이 장제스정부가 누리던 안보리 상임이사국 지위를 승계한다는 결의안을 압도적 찬성으로 통과했다. 이는 중·미 공동선언의 영향이 작용하는 속에 1950~1960년대에 독립해 UN 회원국의 다수를 차지한 신흥국가들의 지지가 반영된 결과라 하겠다.[40] 1971~1972년 사이에만 대만과 단교하고 중국과 수교한 나라가 33개국이나 되었다. 그 대부분이 중간지대 국가들이다.

이 시기 중국은 미·소에 맞서 중간지대 국가들의 대변자이자 사실상의 영도자를 자처하면서 중국을 중심으로 단결하자고 호소했다. 그럴만한 위치에 있었다 하더라도 인접한 동아시아 국가들에게 군사강국 중국은 두려움을 느끼게 하는 존재이기도 했다는 양면성을 간과할 수 없다.

3. 제3극을 향한 삼각외교 | 연소반미에서 연미반소로

신중국의 외교목표는 중국의 독립된 주권국가 지위를 수호하는 것과 세계대국의 지위와 역할을 회복하는 것이었다. 한국전쟁 이후 중미 국교정상화까지 20년간 신중국의 미·소에 대한 정책은 연소반미에서 1957년 탈소반미로, 1964년 반미반소로 조정되더니 1969년 이후 다시 연미반소로 바뀌었다. 이를 왕지쓰(王緝思), 셰이셴과 예쯔청(葉自成)은 미·소·중 "대삼각" 구조라 하고 헨리 키신저는 "삼각외교"라 불렀다.[41] 두 초강대국 사이에서 중국이 균형자로서 담당한 역할을 부각한 것이다. 특히 키신저는 중국의 한국전쟁 참전을 삼각외교의 개시로 보았다. 실제로 마오쩌둥은 1970년 중국은 이미 "대삼각"의 일각이라 했다.

이 관점을 이해하려면 우선 마오쩌둥의 중간지대론에 유의해야 한다. 이는 앞서 본대로 미·소 양대 진영론을 부정하고 중국이 중간지대의 대변자/영도자가 되어 미·소와 경쟁하는 삼각 구도를 내포하고 있다. 마오쩌둥과 중공은 스탈린의 의심을 불식하기 위해 자신의 이념이 티토와 다름을 강조했고 이를 공식화한 것이 "일변도 노선"(1949.6)의 발표다. 이로써 즈다노프의 양대진영론에 호응하는 모습을 보였으나 「신민주주의론」(1940)에서 이미 제기한 바 있어 새로운 게 아니다. 따라서 소련 일변도 정책은 중간지대론을 포기하거나 잠시 한편에 밀쳐두지 않는 한 실행되기 어렵다. 국내 정치학계 일각에는 마오쩌둥의 중간지대론을 양대진영론에 근거한 것으로 보는 견해도 있으나 오해로 보인다.[42] 중공은 스스로 쟁취한 내전 승리의 성과를 공고히 하기 위해 소련과의 동맹을 추구했다.

이처럼 상충하는 두 세계관의 관계를 어떻게 이해해야 할까? 김동성과 예쯔칭은 중국이 1949~1957년에는 양대진영론에 기초해 소련 모델을 따르면서 일변도 전략을 취했으나 그 후 독자노선의 사회주의 대국화를 추구하면서 '중간지대 전략'으로 선회했다고 보았다.[43] 이와 달리 곤차로프(S. Goncharov)와 기팅스(J. Gittings)는 일변도 정책은 "중화의 부흥이라는 최우선 과제"를 위해 잠시 소련의 경제지원을 받기 위함이며 따라서 신중국 초기 수년 간 중국이 대외정책에서 소련 노선을 추종했다고 보는 견해를 착오라 비판했다.[44] 양쿠이쑹(楊奎松)은 냉전체제 속에서 신중국의 생존을 위해 일변도는 불가피했으나 그랬기에 중공 지도부는 오히려 독립자주의 심리상태를 견지했고 그에 따라 중간지대론을 내면화했다고 보았다.[45] 김영문은 중간지대론이 1949년부터 1969년까지 견지된 것으로 보았고, 이원준은 중간지대론에도 일변도 노선에도 "인민 대 반인민"의 구분법이 공유되어 있었다는 점에 주목했다.[46]

필자가 보기에는 당시 중국이 국가건설 면에서 소련 모델을 따른 것은 사실이나 대외정책 면에서는 다르게 볼 여지가 적지 않다. 신중국의 외교전략을 밝힌 「우리의 외교방침과 임무」(1952)에 이미 양대진영론을 부정하는 논리가 담겨 있기 때문이다. "자본주의 세계는 한 덩어리의 철판"이 아니며 미국에 독립적이고 전쟁에 중립적인 "민족주의 국가"들이 있음에 주목해 이들을 우방으로 대하겠다고 하였다.[47] 이는 한국전쟁의 확대를 막고 정전을 앞당기려고 UN에서 자주적이고 중립적 태도를 보인 국가들(인도·인도네시아·미얀마 등)의 존재를 확인하고 내린 판단으로서, 중간지대론의 주요한 일부여서 결국 소련 일변도 정책의 후퇴를 초래하게 된다. 마오쩌둥은 한국전쟁 참전 과정에서 동맹인 중·소 양국도 "한 덩어리의 철판"이 아님을 절감했다. 그 후 이들 자주적이고 중립적인 "민족주의국가"들이 반둥회의(1955)를 주도하자 중국은 이를 적극 지지하고 동참했을 뿐 아니라 이를 사회주의국가와 함께 제2차 세계대전 후 출현한 두 유형의 국가 중 하나로 중시했다. 잠시 밀쳐두었던 중간지대론을 마오쩌둥이 바로 이때 다시 들어 올린 것은 결코 우연이 아니다. 그는 마침내 1958년 9월, 세계를 양분한 「신민주주의론」의 양대진영론을 착오라 인정하고 수정했다.[48]

이러한 세계관을 바탕으로 마오쩌둥의 중국은 "전체 전략상으로는 주동의 위치에 서되 개별 사안에는 후발제인(後發制人)의 자세로 대응한다"라는 외교 방침을 수립하고 실천했다. "예는 상호적인 것(禮尙往來)"이라는 원칙을 환기하면서다.[49] 이는 전통시대 중국 황제가 천조상국의 천자로서 외국을 대하던 관행을 연상시킨다. 만일 마오쩌둥의 중간지대론이 없었더라도 신중국의 외교정책은 똑같이 민족주의적, 반제국주의적, 사회주의적 목표를 동시에 추구했을 터이지만, 이들 3자의 비중은 각각 다를 수 있어 소련 모델의 영향을 더 강하게 받았을 것이다. 마오쩌둥과 달리 류사오치, 펑더화이, 가오강(高崗), 그리고 린뱌오(林彪) 등은 소련과의 긴밀한 관계를 유지하려는 지향을 보였기 때문이다.[50]

중·소 동맹으로 시작된 중국의 연소반미 정책은 한국전쟁기에 흔들리기 시작했으나 1차 5개년 계획 기간에는 봉합되었다가 1957년 탈소반미로 나아갔다. 마오쩌둥은 한국전쟁에서 대외비로 건립된 중조연합사령부를 통해 사실상 전쟁 지휘와 정전 지휘를 모두 도맡아 처리했다. 그런데 소련의 공군 지원이 지연된 데다가 그 범위도 38선 이북에 한정되었기에 미군을 축출하려는 더 큰 목적을 달성하지 못했을 뿐만 아니라 중국군의 피해를 키우고 소련 의존도를 높이려 했다고 보았다.[51] 마오쩌둥의 탈소 의지는 사회주의로의 평화적 이행을 표방한 흐루쇼프(N. Khrushchev)의 대미화해(1956)를 계기로 분명해졌고, 1957년 11월 사회주의각국 공산당·노동당 대표자회의(모스크바)에서 평화적 이행노선과 함께 마오쩌둥이 주장한 급진적 폭력혁명노선을 병기하는 선언문을 채택하도록 함으로써 공식화되었다.

이렇게 시작된 중국의 탈소 경향은 이듬해부터 더욱 강화되었다. 소련이 미·일 군사동맹에 대응한다는 명목으로 중국 영내에 레이더기지와 핵잠수함부대를 공동 건립하자고 제안하자 마오쩌둥은 이게 기술 격차를 이용해 운영권을 장악함으로써 중국의 국가주권을 훼손하려는 시도라 여겨 격노했다. 이 문제를 협상하려면 흐루쇼프가 중국에 와야 한다고 요구했고, 베이징에 온 그와 협상 끝에 핵잠수함부대는 거절하고 레이더기지는 중국이 책임지고 건설해 소유권을 가지며 그 위에서 공동 사용키로 했다.[52] 이는 마오쩌둥이 어떤 원칙과 기준으로 소련에 대해 주동외교를 펼치는지를 극명하게 보여주는 사례다. 1960년 11월 사회주의각국 공산당·노동당 대표자회의(모스크바)에서 중국 대표단은 국제공산주의운동에서 소련공산당의 지위 및 평화적 이행노선 등에 관해 격렬한 이념 논쟁을 벌이고 각국 공산당의 대등성을 인정하라고 요구함으로써 소련에의 종속을 거부했다.

이때 중공이 소련과 이념 분쟁에 나선 진정한 이유가 소련의 고압적 태도에 굴욕을 느낀 데 있었다는 견해가 있다.[53] 이는 지나친 단순화이기는 하지만 중공 지도부가 느낀 굴욕감은 실로 크고 오랜 것이었다. 마오쩌둥은 1956년 9월 중공 제8차 대회에 참석한 50여국 공산당·노동당 대표들 앞에서 "레닌이 마음을 열고 평등하게 사람을 대한 것과 달리 스탈린은 남의 머리 위에 올라앉아 호령했다"면서 이를 "오만한 대국주의 태도", "대국쇼비니즘"이라 비판하고 중국혁명의 관건적 국면에서 이래라저래라 지시한 착오 사례를 열거했다. 1958년 7월 중국주재 소련 대사 유진과의 담화에서는 미코얀과 흐루쇼프 등도 마찬가지여서 중공을 어린아이 취급했다고 비판했다.[54] 마오쩌둥은 소련 인사들의 이런 오만한 태도가 1930년대 초 루이진에 파견된 코민테른 군사고문 오토 브라운(O. Braun)이 "마치 흠차대신처럼 행세한" 데서 이미 나타났다고 보았다. 흥미로운 점은 마오쩌둥이 그들의 이 같은 오만한 대국쇼비니즘의 근원으로 "제정러시아의 제국주의" 역사를 지목한 것이다.[55] 어쩔 수 없이 참아왔던 굴욕감을 떨쳐내려는 의지가 마침내 탈소 정책의 심리적 토대로 되었다고 볼 수 있다.

그 후 소련은 중국에의 경제·기술 지원을 중단하고 북방에서 중국에 대한 군사적 포위망을 강화했다. 티베트문제와 연관된 중국-인도 국경충돌(1959~1962)에서 인도를 지지하더니 미국과 핵실험금지조약(1963)을 맺고 중국의 핵개발을 봉쇄해 소련의 핵우산에 의지하도록 만들었다. 이미 중·소국경선에 수십 개 사단을 배치했음에도 몽골인민공화국에 소련군을 주둔시켰고(1963) 이는 소몽군사동맹(1966)으로 이어졌다. 중국이 보기에 북방안전에 위협을 증대시킨 소련의 포위전략은 "미제"에 대한 양보·타협의 수정주의와 짝을 이룬 것이었다.

마침내 1964년 중·소 관계는 돌아올 수 없는 다리를 건너게 되었다. 그해 11월 혁명기념일에 맞춰 모스크바를 방문한 중국대표단에게 말리노프스키(R. Malinovsky) 국방장관이 "우리가 중·소 갈등의 한 축인 흐루쇼프를 축출했으니 그대들이 또 다른 한 축인 마오쩌둥을 축출하여 중·소 관계를 회복하자"고 제안한 사건이 벌어진 것이다. 단장 저우언라이 총리는 이에 항의하며 대표단을 이끌고 곧장 귀국해 버렸다.[56] 이로써 중·소 관계는 회복 불능의 단계에 접어들었다. 이듬해 "반제를 위해서는 반수정주의가 필수다"라는 구호가 나온 까닭이다. 중국의 대3각외교는 연소반미에서 탈소반미를 거쳐 반소반미로 전환된 것이다. 브레즈네프(L. Brezhnev)가 1968

년 체코 프라하 시민의 민주화운동을 바르샤바 동맹국 군대로 진압하고 이를 정당화하기 위해 "제한주권론"을 들고나오자 마오쩌둥은 소련을 제1의 적으로 간주했다.

중국이 연소반미에서 반소반미로 전환하는 과정에서, 앞서 살펴본 중간지대로의 약진은 그 발판이 되어주었다. 이와 관련해 미·소를 동시에 상대하면서 중국이 쟁탈하려 한 중간지대의 핵심은 인도차이나반도다. 마오쩌둥은 미국이 프랑스를 대신해 그곳에 대한 개입을 단계적으로 높여가는 것을 주시하면서 특히 1961~1963년 케네디정부의 "2.5전쟁" 전략에 적극 대응했다. 그것은 유럽에서 소련과의 핵전쟁(1), 아시아에서 중국과의 재래식 전쟁(1), 기타 지역에서의 전쟁(0.5)을 예상하고 어느 경우에도 대처할 수 있는 유연반응전략을 말한다.[57] 미국은 중국이 동남아를 세력범위로 만들고자 북베트남 내정에 개입한 결과, 자신이 제네바협정을 무시하고 세운 남베트남 정부가 위기에 처했으며 도미노 효과를 초래할 것이라 우려해 중국을 소련과 동등한 비중으로 중시했다. 따라서 미국의 베트남전쟁은 사실상 중국과의 전쟁을 의미한다. 당시 케네디정부는 중국을 동아시아 패권을 추구하는 국가로 규정하고 소련과 협력해 패권 확장을 기도하고 있다고 보았다.[58]

마오쩌둥은 이러한 미국의 전략을 한국전쟁 발발과 동시에 시작된 중국에 대한 초승달형 포위망의 강화로 보고 대응했다. 1963년 베이징에 온 호치민과 협의해 파병 지원도 포함하는 대비책을 세워 "후발제인"의 기회를 엿보다가 1964년 통킹만 사건으로 미국이 먼저 전쟁에 전면 개입하자 이 전쟁을 동방 피압박 민족의 반제혁명으로 보고 동방혁명의 영수로서 파병하여 지원했다. 그해에 집권한 브레즈네프는 흐루쇼프와 달리 이 전쟁을 지원하려 했고 그러려면 운송 등의 면에서 중국의 협조가 필요했으나 마오쩌둥은 소련의 지원 자체를 반대했다. 소련은 베트남노동당에게 친중정책을 포기하라고 요구하면서 중국보다 더 많은 무기와 군수품을 지원했다.[59] 중국이 중간지대 쟁탈을 놓고 미국은 물론 소련과도 대립하고 경쟁한 점이 주목된다. 당시 미국이 구상한 2.5전쟁에 대응해 중국은 2.0전쟁을 구상했음을 의미한다.

중국이 32만 명을 파병해 베트남전쟁의 승리(특히 미군 축출)를 뒷받침함으로써 남방의 안전을 확보한 것이야말로 반소반미에서 연미반소로 전환하는 발판이 되었다. 중국이 보기에, 닉슨독트린(1969)이 베트남 주둔 미군의 철수를 선언해 남방 안전 위협을 해소한 신호라면 북만주 중·소 국경의 전바오섬 사건(1969, 우수리강 하구의 작은 섬에서 일어난 무력충돌)은 북방 안전 위협이 격화하는 신호였다. 미·중 당국은 거의 동시에 한국전쟁 이래의 적대 관계를 청산하고 가중되는 소련의 팽창주의에 공동 대처하는 쪽으로 양국 관계를 조정해 나갔다. 베트남을 비롯한 중간지대로의 약진은 외교적으로는 물론 정치군사적으로도 3각외교의 중요한 발판이 된 셈이다.

미·중 간의 화해와 국교정상화는 1971~1972년 급속히 진행되었다. 양국이 베트남에서 간접적으로 격돌한 전쟁의 승패가 분명한 데다 1954년 이래 중국의 주동적 제안으로 제네바/바르샤바에서 대사급 회담을 지속해 온 경험이 축적된 덕분이다. 중국은 반소연합전선을 강화하기 위해, 미국은 소련과의 긴장 완화에 중국 카드가 유용할 것으로 보아 협상에 적극적으로 나섰다. 이 일련의 회담에서 핵심 쟁점은 대만 문제와 미·일 동맹 문제였다. 인민공화국이 중국의 유일한 합법정부이며 대만은 그 영토의 일부라 주장하는 중국과, 대만의 중화민국을 중국이라 주장하는 미국의 입장이 평행선을 달렸다. 이 대립 상태를 지속해 온 동아시아의 '냉열전'이 베트남전쟁의 종결로 끝나가고 대만은 이미 UN에서 축출되었으며, 중국과의 무역 이득을 중시하는 미·일 경제계의 요구가 커짐에 따라 평행선은 삽시간에 허물어졌다. 미국은 인민공화국이 중국의 유일한 합법정부이며 대만은 그 영토의 일부라는 중국의 입장에 대해 "인지"한다(1972)는 단계를 거쳐 결국 "승인"했다(1978). 그에 상응해 단계적으로 대만 주둔 미군을 철수했다. 이로써 한국전쟁에서 형성된 양국의 적대 관계는 해소되었다. 이제 미국의 2.5전쟁은 1.5전쟁으로 바뀌었다.[60]

거기에 맞춰 일본과도 1972년 국교를 정상화해 중일전쟁 이래의 적대 관계를 청산했다. 이때 대만이 중국의 일부임을 인정하라는 중국의 요구에 대해 일본은 동의하지 않고 대만과의 강화조약을 무효화하며 외교관계를 단절하는 선에서 양국이 타협했다. 중국은 미·일 안보조약의 폐기를 요구했으나 미국이 그 조약으로 일본 군국주의의 부활을 억제할 수 있다는 논리로 거부하자 반소연대로 자국 안전을 확보하는 것을 우선해 이를 묵인했다. 그 대신 미·일에 아시아·태평양 지역에서 패권을 추구하지도 패권을 추구하는 제3국과 함께하지도 말 것을 요구했고, 협상을 거쳐 중-미·일 쌍방이 그렇게 한다고 공동성명에 명문화했다.[61] 일본의 전쟁 책임에 대한 청구권을 중국 스스로 포기한 결단이 반패권의 명문화를 거부하지 못하게 만든 요인의 하나가 되었다. 그래서인지 일본은 "일본이 전쟁으로 중국국민에게 중대한 손해를 입힌 데 대한 책임을 통감하며 깊이 반성한다"라는 내용도 성명에 명시했다. 당시 일본 측 협상단의 일원인 다케이리 요시카쓰(竹入義勝) 공명당 위원장은 500억 달러 정도를 지불해야 할 것으로 예상했다가 중국 측의 포기 결단에 몸이 떨렸다고 고백했다.[62] 중국은 그렇게 해서라도 제1의 적인 소련 패권주의에 공동 대응하면서 미·일이 연소반중으로 나아가지 않게 하고 중·미·일 반소연대를 형성하려 한 것이다.

한국전쟁 이래 중국은 삼각외교로 세계정치의 대삼각 중 일각, 곧 제3극으로서의 위상과 역할을 과시할 수 있었다. 중국의 이러한 자기인식은 마오쩌둥이 1970년 6월 19일 소말리아 대통령을 접견한 자리에서, "현재 신문들은 항상 미·소·중을 대3각이라 부른다"라고 한 데 잘 드러나 있다. 이때 그는 "나는 이를 인정하지 않으며 …… 우리의 또 다른 대3각은 아시아·아프리카·라틴아메리카('아·아·라아'로 약칭)를 지칭한다"라고 했다. 리단후이(李丹慧)는 마오쩌둥의 이 말을 그대로 믿었으나 이는 접견 상대를 배려한 수사로 보인다. 그 직전 천이(陳毅)·예젠잉(葉劍英) 등 네 원수가 마오쩌둥의 지시에 따라 작성한 보고서에 이미 "대3각"이라 했기 때문이다.[63] 덩샤오핑도 1985년 "세계의 사람들이 국제형세의 대3각을 말하고 있다"라면서 중국을 그 1각으로 여긴다고 했다.[64] 대삼각의 일각, 즉 제3극이라는 중국의 자기인식은 중간지대를 지지기반으로 삼은 삼각외교를 통해 이렇게 형성되었다.

그러나 중국의 삼각외교는 자국 안보를 우선했기에 그 성과에도 불구하고 동북아 안보에는 짙은 그림자를 남겼다. 일본과 그 동맹국 미국을 주적으로 설정한 중·소 동맹조약이 폐기된 것(1964년 이후 실효, 1980년 만기 종료)과 달리 그에 대응해 형성된 미·일 동맹조약은 유지되었기 때문이다. 중국은 이 문제를 닉슨이 재선하면 타결할 수 있을 것으로 예상했으나 그는 워터게이트 사건으로 낙마했다. 미·일 동맹조약의 존속은 미·소 냉전 종식 후에도 동북아 냉전만 남아서 가열 조짐을 보이는 주요 원인으로 지목된다.[65] 잔류한 냉전의 책임은 미·일 못지않게 중국에도 있는 것이다. 삼각외교는 기본적으로 냉전체제의 모순을 이용하는 '이이제이'의 권력정치로써 냉전 자체에 균열을 내는 효과를 초래했음에도 결국 '이이제이'의 한계를 넘어서지 못한 셈이다.

4. 제3극을 넘어 | 제3세계 평화발전/반패권의 중심

한국전쟁 이후 형성된 중국 포위망이 중·미 수교로 풀리고 베트남전쟁이 종결됨에 따라 중국의 대외정책은 '개혁개방'과 함께 크게 변하였다. 중간지대를 향한 혁명외교를 독립자주외교로 전환하고 중국 스스로 제3세계의 평화발전과 반패권을 추구하는 견인차로 자임했다. 그 결정적 전기는 중·베전쟁(1979)이다. 그와 짝을 이루어 미·소의 패권주의에 반대하는 삼각외교를 지속해 반패권을 제3세계 평화발전의 필요조건으로 강조하면서 양자를 연계했다. 1991년 소련이 붕괴함으로써 일각이 사라지자 객관적 형세로 보아 중국은 점차 미국과 함께 양극의 하나라는 위치에 놓이게 되었다.

이 시기 대외전략의 원칙은 '반제'에서 '반패권'으로 바뀌었다.[66] 중간지대 국가들이 모두 독립했기 때문이다. 중국은 중공 10차 대표대회(1973)에서 반패권주의를 공식적인 대외정책으로 채택하고 중국공산당의 규약(1973)과 헌법(1975)에도 명시했다. 그런데 1972년 공동성명에 별 이견 없이 명문화된 반패권 조항이 1978년 중·일 우호조약 체결에서는 일본 측의 문제 제기로 큰 쟁점이 되었다. 소련이 그것을 반소연대로 보고 항의하면서 시베리아 개발 계획 참여 등의 경제협력을 통해 소·일자원동맹의 결성으로 나아가자고 제안했기 때문이다.[67] 일본 측에 따르면 중국은 근대일본의 패권 추구, 곧 군국주의 부활을 우려하나 중국도 역사적으로 패권을 추구해왔고 아시아의 주변 국가들은 양자 모두를 우려하고 있다는 것이다. 이런 우려는 실제로 그 무렵 아세안 외무장관회의에서 공개적으로 표명되었으며, 특히 동남아 화교가 중공의 세력 확장에 이용될까 걱정했다.[68] 이에 저우언라이는 중·일 쌍방이 모두 패권을 추구하지 않는다고 명시하기로 타협했다.

이렇게 중·미·일 반소연대의 틀을 갖춘 다음 이를 뒷받침하기 위해 마오쩌둥은 1974년 2월 중간지대론을 일부 조정하여 3개세계론을 제기했다. 이는 1964년 중간지대를 제1중간지대(저발전국가)와 제2중간지대(일본도 포함하는 서방 선진국)로 구분한 것을 기초로 전자를 제3세계, 후자를 제2세계로,

미·소를 제1세계로 명명한 것이다. 이는 그사이 나타난 세계정세의 두가지 변화를 주시해 반영한 결과다. 하나는 제2중간지대가 급속한 경제 회복으로 미국과의 모순이 커졌고 미국은 베트남전쟁의 수렁에 빠져 약화되기 시작한 데다가 체코침공을 계기로 소련 패권주의에 위협을 느낀 유럽이 중국과 협력할 필요도 생겼다. 다른 하나는 제1중간지대가 반둥회의 이래 단결을 강화해(1960년 라틴아메리카자유무역연합과 석유수출국기구, 1963년 아프리카통일기구, 1964년 G77, 1967년 아세안 결성) 이념을 초월한 국제적 영향력을 키워온 것이다. 이제 제2중간지대는 미·소 두 초강대국이 타협해 자신의 이해를 침해할 것을 우려하는 동시에 자신의 이해관계에 따라 제1중간지대와 타협할 필요가 있음을 깨닫게 되었다.[69]

중국은 이런 정세 변화로 인해 제2세계도 제3세계와 함께 소련 패권주의에 대응하는 미-일-중-이란-터키-유럽으로 이어지는 연합전선의 주체가 될 수 있다고 보고 반소전선의 극대화를 추구했다. 아울러 중국은 전처럼 제3세계를 발판으로 이념이 아닌 패권 추구를 기준으로 미·소 양국을 '양패(兩霸)'로 규정해 '반패권'의 명분을 앞세워 제3세계의 단결과 협력을 강조했다. 따라서 그것은 1950년대 서방에서 먼저 제기된 3개세계론과 중대한 차이가 있다. 서구인의 제1세계는 미국을 위시한 자본주의 진영이고 제2세계는 소련을 위시한 사회주의 진영이다. 이런 차이가 생긴 연원은 미·소를 분리하지 않고 한 부류의 초강대국으로 묶어 그 나머지 세계와 구분한 중간지대론에 있다.

이런 세계관에 따라 중국은 자신을 제3세계 국가의 하나로, 단순한 하나가 아니라 중심국으로 인식했다. "저발전국가"는 나중에 "발전도상국"으로 개칭되어 주로 경제적 측면에 초점을 둔 용어로 정착되었다. 덩샤오핑은 "제3세계 발전도상국"이라고 자주 혼용했는데, 둘 다 "아·아·라아"의 피압박 민족을 지칭한다. 1974년 그는 UN총회에서 중국은 "사회주의국가인 동시에 발전도상국"이지만 "UN 안보리 상임이사국이라는 점에서 명실상부한 대국이다. 중국의 이 한 표는 명실상부하게 제3세계 발전도상국에 속하는 것"이라 하였다.[70] 이제 '대국 중국'은 "제3세계 발전도상국"의 대표라는 자기인식을 분명히 한 것이다. 그럼에도 제3세계의 지위와 역할은 이전의 중간지대의 그것에 비해 약화되었고 그 안에서 중국이 담당하는 주도적 역할도 약화된 게 사실이다. 중국도 포함하는 제3세계 국가들이 선진국이나 국제기구로부터 경제지원을 받기 위해 경쟁하는 처지에 놓였기 때문이다.

중국의 대삼각외교와 제3세계외교는 상호 긴밀히 연관된 속에 제1의 적인 소련에 대한 반패권연대로 전개되었다. 대삼각외교를 "미·소 전략경쟁이라는 저울에서 단지 두 개의 저울판 중 어느 한쪽에 자리를 잡음으로써 이득을 꾀하는 저울추 하나에 불과했다"라고 보는 견해는 이런 연관성을 간과한 결과로 보인다.[71] 브레즈네프 시기 아시아에 대한 소련패권주의는 인도를 넘어 동남아로 확대되었다. 각국의 반군과 공산당에 경제 및 무기를 지원하면서 반중연대를 공고히 했는데, 특히 베트남을 그 거점으로 중시했다. 이에 맞서 중국은 베트남에게 친소 노선을 포기하라 요구하면서 원조를 중단했고, 파키스탄·미얀마·방글라데시·네팔·말레이시아·필리핀·태국과의 공동성명에 반패권 조항을 명문화하여 대응했다.[72] 이를 무시한 소련은 중국을 견제하려는 베트남과 협의해 1978년 초부터 종래 남베트남의 미군기지이던 캄라인만을 소련 해군이 사용하도록 하고 중국을 겨냥한 미사일 기지를 베트남 영내에 건설하더니 그해 말 베소우호협력조약을 체결했다. 이듬해 아프가니스탄에 파병했으니 이로써 베트남-인도-아프가니스탄-몽골-중·소 국경에 이르는 또 하나의 초승달형 중국 포위망이 완성된 셈이다. 그렇다면 중국이 1972년 이래 추구해 온 반패권의 명문화란 어떤 의미를 갖는 것일까?[73]

소련의 세계패권주의가 노리는 인도차이나에는 베트남의 지역패권주의도 중첩되어 더욱 복잡해졌다. 중국은 제네바회의(1954) 때부터 베트남이 캄보디아와 라오스를 아우르는 인도차이나연방을 조직하려는 의도를 갖고 3국 일괄처리 방안을 주장했다고 보아 견제했는데, 1975년 통일된 베트남이 곧바로 캄보디아와 라오스에 파병해 내정에 간섭하는 확장 정책을 폈기 때문이다. 베트남의 경제권을 쥐고 있던 화교에 대한 탄압도 간과할 수 없는 중국의 현실적 이익과 직결된 문제로 떠올랐다. 그 전후 중국은 남중국해 서사군도와 남사군도의 산호초를 점령해 인도양 항로로 이어지는 해양루트를 확보했다. 베트남 등 동남아 국가가 보기에 이는 중국의 지역패권주의가 아닐 수 없다.

그럼에도 중국은 통일베트남의 확장정책을 응징하는 전쟁을 일으켰다. 항미전쟁이 끝나자마자 확장정책을 취한 데 대해 교훈을 얻게 해야 한다며 1979년 2월 전격적으로 베트남 북부에 군대를 투입해 1개월간의 제한된 중·베전쟁을 벌인 것이다. 사전에 덩샤오핑은 미국과 일본을 방문해 자신의 계획을 알렸고 양국은 이를 묵인했다. 소련을 견제한다는 점에서 이해가 일치했기 때문이다.[74] 중국은 베트남이 "소련 사회제국주의/패권주의의 종용과 지지하에 중국을 배신하고" "지역패권주의"를 추구했다며 이 전쟁은 그 잘못을 "징벌"한 "정의로운 자위반격전"이라 했다.[75] 제정시기 천조상국의 "정벌"을 연상시킨다.

그 직후 베트남 외교부는 중국의 대국패권주의를 비난했다. 『30년간 베트남-중국 관계의 진실』(1979.10)이라는 영문백서를 발행해 중국이 제네바회의 이래 베트남에 대해 "역대 황제들의 번속국화 정책"을 답습한 "대민족확장주의와 대국패권주의"를 실행해 왔고 "중국의 반패권주의 구호는 이를 숨기는 간판에 불과하다"라고 한 것이다.[76] 미국도 이 전쟁을 중국의 동남아에 대한 지역패권주의로 보고 이를 견제하기 위해 타이완에 대한 무기 판매를 강화하면서 중국이 무력으로 타이완 문제를 해결하지 못하게 하겠다고 선언했다. 이에 대해 중국은 미국이 자국 내정에 간섭하는 패권주의를 취했다고 비난하였다.

중·베전쟁은 단기간에 끝났으나 중국 대외정책상 복합적이고 전환기적인 의미가 있다. 우선 앞서 본대로 이 전쟁에는 중–베 간의 '지역–지역' 패권주의, 중–소 간 및 중–미 간의 '지역–세계' 패권주의의 갈등이 교착되어 있다. 이는 이념과 혁명의 시대가 끝나가고 있음을 보여준다. 같은 사회주의국가로서 중국이 반제 세계혁명의 최전선으로 중시했던 베트남과의 전쟁이라는 점에서 이른바 혁명외교의 종식을 공식화한 의미가 있다. 이는 바로 그해에 평화발전의 개혁개방으로 나아간 것과 연동되어 있다. 1982년 중국은 공산당 12차 대표대회에서 혁명외교와 세계혁명중심론을 폐기하고 평화공존 5원칙에 의거한 "독립자주외교"를 새로운 국책으로 헌법에 명시했다. 이제 중국은 자국의 독립자주와 경제발전을 최우선으로 하며 제3세계의 발전을 추구하는 대외정책을 펴나가겠다는 것이다. 이때 덩샤오핑은 소련이 타국에 이래라저래라 하고 시킨 것을 비판해 온 중국도 타국에 함부로 그러는 착오를 범했음을 인정했다.[77]

독립자주외교 노선에 따라 중국은 소련에 대한 반소 정책을 포기하고 우호 관계를 회복하는 쪽으로 나아갔다. 중국의 변화에 맞춰 브레즈네프는 중국을 사회주의국가로 인정하고 대만문제에 대한 중국의 입장을 지지한다며 관계 개선 의지를 보였다. 그러나 중국으로서는 소련 패권주의의 세 가지 현안(중·소/중·몽 국경에 배치된 대규모 소련군의 감축, 캄보디아의 베트남군 철수, 아프가니스탄의 소련군 철수)을 해결하는 게 우선이었다.[78] 1985년 집권한 고르바초프(M. Gorbachev)는 이를 수용해 실행하고(블라디보스톡선언, 1986.7) 1989년 5월 중국을 공식 방문함으로써 중·소 관계는 정상화되었다. 이때 덩샤오핑은 고르바초프에게 제2차 세계대전 종료 후 중국에 대한 위협은 한국전쟁과 베트남전쟁을 통해 미국에서 왔고 곧이어 소련에서도 왔다면서 위의 군사적 포위망을 지적했다.[79] 이로써 미·소에 의한 중국 포위망은 풀렸으니, 미·소의 모순을 이용해 포위/봉쇄를 뚫고 국제적 입지를 넓혀가는 중국의 대삼각외교는 한국전쟁에서 시작되어 이때까지 지속된 셈이다.

그 사이에 중국은 "제3세계 발전도상 국가"를 지지기반으로 자신의 국제적 지위와 역할을 증대하는 노력을 지속했다. 반패권의 방법을 달리해 UN을 비롯한 국제기구를 통한 제도와 관행의 개혁을 촉구하는 방식을 택했다. 가령 제3세계 국가들의 모임인 "G77"의 제창에 따라 1974년 유엔총회가 "신국제경제질서의 건립"을 결의하고 남남협력을 추동하자 중국은 이를 '경제적 반패권'으로 높이 평가하고 호응해 1984년 베이징에서 첫 남남협력회의를 개최했다. 제3세계 국가들에 경제·기술 원조를 제공하고 파키스탄 같은 최저발전국의 채무를 면제했다.그와 짝을 이루어 '정치적 반패권'을 향한 "신국제정치질서의 건립"이라는 목표도 제기했다. 이를 위해 덩샤오핑은 1988년 12월 인도 총리 라지프 간디(R. Gandhi)와 만나 "평화공존 5원칙"에 따라 신국제정치질서를 건립하는 데 합의하고 UN상임이사국 지위를 이용해 그 실행에 나섰다.[80] 그러나 앞서 보았듯이 각국의 경쟁으로 인한 한계도 분명했다.

그런 한계 속에서도 중국의 국제적 지위와 역할은 경제력의 급성장과 함께 갈수록 증대된 것으로 인식되었다. 덩샤오핑은 1986~1987년에 중국특색 사회주의가 세계인구의 3/4을 차지하는 제3세계에 분투방향과 출로를 제시하고, 나아가 인류에게도 사회주의가 자본주의보다 우월함을 입증해 보일 것이라 하였다.[81] 둘 다 중국 스스로 자부한 지위와 역할이다. 그런데 거의 동시에 "세계의 사람들이 국제형세의 대3각을 말하고 있다"라면서 "왜 중·미·소 대3각이라는 말이 있는가? 중국이 독립자주의 국가이기 때문이다. 안 그러면 미·소의 눈치와 기타 선진국의 눈치를 살피며 일을 처리할 것 아닌가?"라고 했다.[82] 자기인식을 바탕으로 타국의 인정을 기꺼이 수용해 중국의 지위를 더욱 공고히 한 셈이다. 덩샤오핑이 중국의 국제 지위를 남이 인정한 것으로 말하는 우회적 화법은 겸양의 전통을 떠올리게 하는데, 그 선구는 앞에서 본대로 마오쩌둥이다. 2년 뒤 소련이 붕괴했으니 중국이 눈치를 볼 대상은 미국 하나로 좁혀졌고, 마침내 21세기 들어 'G2'로 일컬어지기 시작했다.

한국전쟁 이후 약 40년간 중국의 대외정책은 몇 차례 바뀌었으나 그 속에 일관되게 유지된 하나의 목표가 보인다. '혁명의 중심'에서 '발전의 중심'으로 바뀌었을 뿐 중간지대/제3세계와의 연대를 발판으로 미·소 두 초강대국에 대항하며 그 '중심'으로서의 자신의 지위를 강화하려 한 점이다. 이로써 중국은 "발전도상의 사회주의대국"이라는 이중정체성을 지니게 되었다. 거기에는 공화성과 제국성이 중첩되어 있다. 소련 패권주의의 배경에 제정시대의 제국관성이 작용했다는 마오쩌둥의 판단이 유효하다면 그런 역사를 더 오래 지녀온 중국은 더욱 예외일 수 없을 터이다. 인민공화국에도 제국공화주의는 지속되고 있는 것이다.

제3부

역사서사 속의 제국성과 공화성

제7장

제정중국의 대외전쟁을 보는 세 관점

인민공화국 수립 전후의 통사

앞에서 본대로 중국의 현실인식은 공화와 반제연대 속에 '동방의 계명성'이 되고픈 열망으로 충만했으나 그 속에 중화의 팽창적 '제국상상'도 가득했다. 이 둘을 동전의 양면처럼 파악해야 우리는 비로소 공화중국의 실상을 이해할 수 있다. 이 장에서는 후자를 떠받치는 심리적 사상적 토양에 해당하는 '제국유산'을 제정 시기의 역사에 대한 인식과 서사를 통해 살펴보고자 한다. 이를 위해 1940년대 학계에서 인정받은 대표적인 중국통사를 검토하고 그 인식과 서사가 인민공화국 수립 이후 어떻게 달라지는지 드러내려 한다.

통사는 역사서사의 여러 형식 중에서 국가/민족의 정체성 형성과 가장 잘 부합한다. 중국통사는 1920년대 각 대학에 전공 학과와 연구소가 설치된 이후 비로소 나오기 시작했다. 만주사변 이후 역사학자들이 학술보국(學術報國)을 추구하고 국민정부가 국가정체성과 민족적 단결을 강화하기 위해 각 대학에 중국통사 과목을 개설하도록 지시한 것도 통사편찬을 촉진한 배경으로 작용했다.[1] 1938년 성립된 왕징웨이 유신정부가 황제(黃帝)신화를 부정하고 중화민족 내부의 복잡성과 갈등을 강조하는 역사교육을 진행하는 데 대한 경쟁적 대응의 필요도 있었다.[2]

이런 필요와 배경에서 출간된 중국통사 저작 중 4종을 선택해 비교해 보고자 한다. 민족주의사관의 통사 2종과 마르크스주의 사관의 통사 2종이 그것인데, 전자는 저우구청(周谷城)의 『중국통사』(1939)과 첸무(錢穆)의 『국사대강』(1940), 후자는 판원란의 『중국통사 간편』(상·중·하, 1941·1942·1946)과 뤼전위(呂振羽)의 『간명 중국통사』(상, 1941; 상·하 1948)다.[3] 마르크스주의 통사는 계급투쟁을 부추긴다는 이유로 국민정부에 의해 금서 처분을 받았으나 공산당 통치구와 홍콩에서 출간되어 유통되었다. 이 통사들은 모두 '공화1기'에 출간되어 독자의 주목을 받았을 뿐만 아니라(앞의 셋은 민국 시기의 대표적 학술서 모음인 '민국총서'에 수록됨) '공화2기'와 '공화3기'에도, 특히 대만해협 양안에서 중판을 거듭하면서 지금도 여전히 출간되고 있다.

저우구청은 베이징사범대학 출신으로 국민혁명운동에 참가했고 저술 당시 지난대학(暨南大學) 교수였다. 첸무는 중학 중퇴 이후 독학으로 학계의 인정을 받아서 저술 당시 베이징대학 강사였고 강의 원고를 이 책으로 출간했다. 판원란은 베이징대학 출신으로 국민혁명운동에 참가했고 저술 당시 옌안의 마르크스레닌학원 역사연구실 주임이었다. 이 책은 공산당의 요청에 따라 연구실의 공동 작업으로 편찬된 당 간부용 교재다. 뤼전위는 후난대학(湖南大學) 출신으로 국민혁명운동에 참여한 바 있고 상권 저술 당시 푸단대학(復旦大學) 교수였고 중국공산당 화중국당교(華中局黨校) 교수를 거쳐 하권 집필 당시 마르크스레닌학원 교수였다.

다음에서는 네 저자가 공화중국의 국민이자 교수자로서 제정중국(진~청)의 대외인식, 특히 대외전쟁에 나타난 제국성을 어떻게 마주하려 했는지에 대해 검토하려 한다. 그들의 대외전쟁을 보는 관점은 천조(天朝上國)의 정당한 정벌(征伐)로 보는 관점(저우구청), 국력을 소모한 무용한 전쟁과 국방전쟁으로 나눠 보는 관점(첸무), 반침략전쟁과 부당한 침략전쟁으로 나눠 보는 관점(판원란, 뤄전위)의 셋으로 나누어진다. 이들 세 관점의 특징과 의미를 드러내고 1949년 인민공화국 수립 이후, 곧 '공화2기'에 초판을 수정한 데 따른 변화와 지속에 대해 살펴보기로 한다.

1. 중국사의 범위와 주체 | '한족중국'과 '다민족중국'

중국사를 체계화하려면 중국의 범위에 대해 깊이 숙고하지 않으면 안 된다. 그러나 네 저자는 모두 '중국(사)'의 범위에 대해 명시적으로 다루지 않았다. '중국사'의 범위를 각자 당연하게 여긴 때문일 것이다. 그래서인지 모두 중국사의 주체가 되는 종족/민족(두 용어를 네 저자 모두 혼용함)이 누구인가를 말하는 데 그쳤다. 논의의 편의를 위해 서장에서 검토한 3종의 중국을 상기해 보자. 한족의 소중국 = 중국1, 다민족의 대중국 = 중국2, 조공국을 상실한 영토로 여기는 상상된 중국 = 중국3의 3종이다. 중국1의 외부이면서 중국2에 포함되는 이족/이역을 외부1이라 하고 중국2의 바깥에 있는 외국을 외부2라 하자. 외부2의 일부인 조공국들은 중국3이다.

첸무의 중국은 한족중국 = 중국1이다. 그는 "중국민족"을 한족(漢族)으로 보고 그에 따라 중국의 판도와 대외문제 역시 한대에 형성된 것임을 분명히 하였다. 그에 따르면 "우리 한민족", 즉 "중국민족"은 하족·상족(夏族·商族)을 중핵으로 "춘추~진한 시기에 투쟁을 통해 형성되었다".[4] 그리하여 "중국은 진·한 통일부터 대체로 국가의 판도를 확정하고 국가민족을 형성하였으며, 이로써 중국사도 비로소 대외문제를 갖게 되었다." 그리고 이때 중국 정치제도도 창건되었으니 군현제가 그것이라 하였다(pp.79~80·139). 중국민족과 중국판도는 군현제가 시행된 범위 안에서 형성된 것이며 이를 바탕으로 하는 '한족중국'이 중국의 안과 밖을 구별하는 기준임을 분명히 한 것이다. 평소 첸무는 국민정부에 친화적이어서 항일전쟁의 필요에 따라 중화민족주의를 강화하기 위한 역사교육 자문회의에 참가하기도 했다. 그래도 그가 정부의 의도와 달리 '소중국론'을 견지한 것은 시류에 흔들리지 않고 사실과 사료를 중시한 소신 때문으로 보인다.

여기서 첸무가 중국민족을 "국가민족"이라 한 것은 따로 주목할 만하다. 민족을 형성했으나 국가를 형성하지 못한 민족과 달리 자신의 국가를 건립한 민족이 국가민족인데, 그는 이 국가를 진한 이래의 통일국가로 한정했다. 그런데 국가민족이라 하더라도 얼마 후 종적이 묘연한 예가 있으니 이는 문화발전의 사명이 단절되었기 때문이라 하였다(p.27). 민족-국가-문화의 긴밀한 연관성을 중시한 것이다.

이와 달리 저우구청의 중국은 다민족중국 = 중국2다. 그는 중국사의 주체인 "중국민족"('중화'를 민족명으로 쓰는 것은 부적절하다면서 당시 유행하던 "중화민족"이라는 용어를 회피함)은 한족, 만주족, 몽골족, 회족, 장족, 묘족, 한족(韓族)의 7종족으로 구성된다고 보았다. 그들은 각기 유리한 생존 조건을 찾아 황하와 장강 사이의 땅을 차지하기 위해 끊임없이 전쟁을 벌였다면서 이를 "종족전쟁"이라 하였다.[5] 그러나 '다민족중국'의 중국민족이 언제 형성되었는지에 대해서는 그냥 지나쳤다.

이처럼 첸무와 저우구청은 중국사의 주체를 각각 한족중국과 다민족중국으로 전혀 다르게 인식하고 서사했다. 이런 차이는 량치차오와 샤쩡유(夏曾佑)·뤄스멘의 관점을 각각 이어받은 것으로 보인다. 량치차오는 「중국사 서론」(1901)과 『중국역사연구법』(1922)에서 중국사의 범위를 지리와 종족으로 나누어 당시 중국(청말/민국)의 강역과 그 안의 6족(한, 몽골, 묘, 티베트, 흉노, 퉁구스)으로 제시했다.[6] 이는 '다민족중국'을 중국사의 주체이자 범위로 인식한 최초의 사론으로 후에 큰 영향을 미쳤다. 반면 샤쩡유는 『최신중학교과서 중국역사』(1904)와 이를 단행본으로 고쳐 출간한 『중국고대사』(1935)에서, 뤄스멘은 『백화본국사』(1923)에서 중국민족을 화족(한족)으로 한정하고 그 밖의 이족을 모두 외족으로 간주했다.[7] 그들에게 중국이란 '한족중국'인 것이다.

이들과 달리 저우구청이 중국민족에 韓族 = 조선민족을 포함시킨 것은 특별한 의미가 있다. 그가 말한 "韓族"은 "삼한민족(고려민족의 전부)"이어서(pp.74~76) 1910년 나라를 잃고 중국에 이주한 그 일부가 아니었다. 그는 민국 강역을 기준으로 그 안에 거주한 민족들을 모두 중국민족에 포함했으니 "고려민족 전체"가 중국민족이라는 주장은 자기모순이다. 이처럼 조선민족 전체를 중국민족에 포함한 것은 조선/한국을 중국의 영토로 간주하지 않고서는 불가능하다.

이제 마르크스주의 사학은 중국사의 범위와 주체를 어떻게 인식했는지 살펴보자. 판원란의 중국은 한족중국 = 중국1이다. 중국사의 주체를 '중화민족'이라 했으나 그 실체를 한족으로 한정했다. 그는 "중화민족의 미래를 이해하기 위해서는 반드시 중화민족의 역사를 알아야 한다"라면서도[8] "현대의 중화민족"은 주대의 화족, 한대의 한족을 기초로 무수한 종족(種族)을 흡수해 4~5천 년의 오랜 투쟁과 융화를 거쳐 점차 형성되었다고 했다.[9] 이는 한족이 이미 한대에 민족으로서 성립되었다는 그 자신의 견해에 기초한 것이다.[10] 그래서 같은 마르크스주의 사가인 바이서우이(白壽彝)와 잰보잔은 그가 말한 중화민족은 한족과 다름이 없으므로 그의 관점은 사실상 "대한족주의"라고 비판하고 중국사는 한족의 역사가 아니라 한족 주도하에 여러 소수민족이 공동으로 만든 역사라고 주장했다.[11]

판원란은 이처럼 중국을 한족중국으로 파악했기에 그 밖의 4이 각 족을 모두 외족으로 간주했다. 이는 경학을 바탕으로 사학으로 나아간 그의 학문 이력과 무관하지 않다. 그는 1914~1917년 베이징대학 국학문(중문과)에서 황간(黃侃), 천한장(陳漢章), 류스페이 교수 등으로부터 중화와 이적을 엄격히 구분하는 고문경학을 배웠고 이를 바탕으로 경학사/문학사를 강의하고 일반 역사학으로 관심 범위를 넓혔다.[12] 한족은 4이의 여러 종족과 섞여 지속적으로 커지는 역사적 실체이지만 이 유동적인 한족의 바깥에는 여전히 4이가 중국의 외부로서 존재했다. 그들의 위협을 "외환"으로 간주하고 그들과의 전쟁을 모두 대외전쟁으로 본 것은 이 때문이다.

이에 비해 뤼전위의 중국은 다민족중국 = 중국2다. 그는 중국의 지리강역을 현재 중화민국의 강역으로 제시한 위에서 "오늘의 중국민족"은 한족, 만주족, 몽골족, 회족, 장족, 묘요족(苗傜族), 기타 족으로 구성된다고 보고 이를 몽골리아인종과 말레이인종의 두 계통으로 구분했다. 그중 한족은 주대의 화족이 발전된 것으로, 국내 기타 각 족과 부단히 상호 "융화"(사실은 동화)됨으로써 점차 형성되었다고 보았다.[13] 비한족도 포함하는 중국민족이 언제 형성되었는지는 말하지 않았다.

눈길을 끄는 점은 이들 "국내 기타 각 족"의 동화 과정에 대한 비판적 성찰이다. 뤼전위는 우선 각 민족이 한족을 중심으로 동화된 결과 중국의 강역과 인구가 부단히 확대되었으나 이는 동시에 "피비린내 나는 처참함"을 수반했고 "각 민족에게 적지 않은 손해를 끼쳤다"라면서 이 같은 "대민족주의적 동화정책은 본질상 침략주의"라고 규정했다. '다민족중국'의 제국성에 대한 직시이자 성찰이라 할 만하다. 이어서 이를 직시하고 이제부터는 "5족공화"를 포함한 "혁명적 삼민주의와 신민주주의의 민족정책을 실행하여" 중국민족의 진정한 해방을 이룩하자고 했다(pp.16~17).

그러나 흥미롭게도 저우구청과 뤼전위(와 잰보잔)는 모두 총론에서는 현재 중국의 강역을 기준으로 다민족중국론적 입장을 취했지만 각론 서사에서는 이 기준에 따르지 않았다. 다음에 보듯이 중국민족에 포함된 만·몽·회·장·묘족 등이 여전히 '외족', 즉 중국1의 바깥인 외부1로, 그들과의 전쟁이 '대외'전쟁으로 인식된 것이다. 그러니 송·원·청대 북방민족의 남하도

당연히 '외침'으로 간주되었다. 이는 일관성의 중대한 결여로, 역사주의가 아닌 현재주의 기준에 따른 다민족중국론이 각론의 실제 서사에 소급 적용할 만큼 저자들에게 체득되지 않았음을 뜻한다.

2. 저우구청의 대외전쟁 인식과 서사 | 천조상국의 '정벌'

저우구청의 통사는 제정중국의 대외전쟁을 천조상국의 '정벌'로 인식하고 서사했다. 정벌은 군왕·중앙이 제후·지방의 무도함을 무력으로 응징해 바로잡는 것을 뜻한다. 그것은 상하 간의 위계질서를 바로잡는 정당한 무력 행사여서 대등한 피차간의 무력 대결인 전쟁도 아니고 침략도 아니다.[14]

저우구청은 사회학을 기반으로 중국사회사 3부작을 출간한 위에서 중국 통사를 저술했다. 그런 만큼 계급 관계와 민족 관계를 동시에 중시했으나 항일전쟁기의 시대적 배경 때문인지 민족 관계를 훨씬 더 강조했다. 목차에 드러난 서사구조만 보아도 한 이래 청까지 2천년의 역사를 '종족(種族)전쟁'이라는 키워드로 인식한 것이 눈에 띈다.

그가 말한 "중국민족"은 '오늘날의 중국' 국경 안에 거주하는 7종족이다. 따라서 그것이 고대에 이미 형성되었다고 본다면 그가 중시한 고대 이래 한족과 기타 6족의 종족전쟁은 대외전쟁이 아니라 내전이다. 그러나 거의 모두가 대외전쟁으로 인식되었다. 중국1을 기준으로 내외의 경계를 설정한 것이다.

우선 한대에 한족과 접촉하며 싸운 주변의 종족들을 모두 외족으로 간주하였다. 한의 영토 확장을 다룬 "대외강토의 개척"이란 항목에서 ① 조선 평정, ② 흉노 구축, ③ 서역과의 교통, ④ 서강(西羌) 평정과 강호(羌·胡) 분리, ⑤ 서남이 복속을 다루었다. 그중 고조선에 대한 서사를 보자. 그에 따르면 조선은 기자의 후손이 통치해 왔는데, 위만(衛滿)의 손자 우거가 "다수의 한나라 유민을 유혹해 데려감에 따라 국경에서 충돌이 빈번해"지던 중 "한의 사신 하호(何護)가 조선 비왕(裨王) 장(長)을 습격·살해"함으로써 큰 충돌이 일어났다. 이에 기원전 109년 무제가 대군을 파병해 이듬해 "조선을 평정"하고 4군을 설치했다(p.292). 이 서사에는 한무제의 개전 명분도 정벌 명분도 없다. 그럼에도 이를 "평정", "강토 개척"이라 한 것은 저자가 천자/천조의 용병을 특권화한 정사(正史)의 관점에 빠져 있음을 말해 준다.

이러한 인식과 서사는 저우구청이 한의 "대외강토 개척"을 집권제국의 성립에 따른 자연스러운 결과라고 본 것과도 연관되어 있다. "서한 집권제국이 성립될 때 한족은 아시아 동남부의 여러 부족 중 가장 강력한 힘을 가진 자였는데, 자신의 생존조건을 공고히 하고 증진하기 위해 인근의 다른 종족을 향해 자기 세력을 전개하였다"라면서 "집권제국이 성립한 날은 곧 그 제국이 밖으로 강토를 개척하는 날"이라고 했다(p.291).

그 이후 수·당에서 청대까지 소장을 거듭하면서 이어진 '종족전쟁'에 대해서도 한대의 경우처럼 중국1을 기준으로 그 외부에 대한 용병은 모두 '대외용병'이나 '외환'으로 다루었다. 그에 대한 중국의 용병은 그들이 복속(조공)과 침략을 거듭하면서 제국의 변경을 침범한 데 대한 '정토(征討)'라 했다. 서쪽의 토욕혼처럼 동쪽의 고구려도 마찬가지여서 한의 고토(4군)를 침탈했다는 것이다(pp.490~491). 외족은 늘 중국을 침입해 노략질하는 것으로, 한족은 늘 그에 대응하여 정당한 방어를 한 것으로 묘사되었다. 그들을 정복하고 세운 6도호부와 10절도사는 아시아 여러 민족 중에서 "당제국의 군사적 우세와 영도 지위"를 유지하기 위한 변경방어 기구이다(pp.520~521). 이는 한족 사대부가 편찬한 정사의 천조의식을 내면화한 관점이다.

이 사례에서 보듯이 저우구청의 서사에서 중국의 대외용병은 시종일관 평정·정벌·복속이라는 위계화되고 특권화된 화이론적 용어로 표현되었다. 그는 계급간의 수탈·압박과 함께 종족간의 약탈·학살·압박에 대해서도 상당한 관심을 두고 서술했으나(4편 4장) 중국의 대외 침략을 인정하지 않았다.

이 같은 저우구청의 대외인식은 청의 대외용병 서사에서 의미심장하게 달라졌다. "대청제국의 확대와 공고책"이라는 절에서 중국1의 바깥인 외부1에 속하는 티베트·준가르(서몽골)·위구르·묘족을 정복한 것, '외부2'에 속하는 베트남·미얀마·네팔을 무력으로 복속시켜 조공 관계를 맺은 것을 다루었다. 주목되는 점은 이 두 가지를 모두 "청제국 판도의 확대"로 여긴 것이다. 청제국 판도에 몽장회가 포함된 것은 다민족중국론의 당연한 귀결이지만 조선·베트남·미얀마·유구 같은 조공국이 포함된 것은 '상상된 제국' 서사가 아닐 수 없다.

이 같은 '상상된 제국' 서사는 아편전쟁 이후의 서사에서 더욱 명확하게 표현되었다. "아편전쟁 이래 열강의 무력압박으로 광활한 판도와 완정한 영토가 파괴되었다"라면서 이를 셰빈의 『중국토지상실사』(1925)에 따라 본국영토와 해협의 상실, 번속 영토의 상실, 조계와 세력범위의 설정 등으로 나누어 서술했다. 그중 "동남 영해권의 상실"을 다룬 항목에서,

> 영해는 국토의 한 부분으로 국제공법은 연안으로부터 6해리를 영해의 범위로 정하고 있다. 우리나라는 사할린섬을 상실함으로써 오호츠크해의 영해권을 상실하였고, 길림 연해의 땅(연해주)을 러시아에 할양하고 조선이 일본에 귀속됨으로써 일본해(동해)의 영해권도 상실하였다. …… 대만·팽호가 일본에 귀속되고 …… 말라카가 영국에, …… 베트남이 프랑스에 귀속됨에 따라 남해의 영해권도 불완전해졌다(p.1059).

라고 하였다. 연해주와 대만의 상실로 인해 그 연안의 영해권이 상실되었

다고 한 것은 그럴 수 있다. 그러나 조선이 일본에 귀속된 결과 동해의 영해권이 상실되고, 베트남이 프랑스에 귀속된 결과 남해의 영해권이 불완전해졌다고 한 것은 조선과 베트남을 중국의 영토였다고 전제하지 않으면 성립될 수 없다. '상상된 중국' 관념에서 나온 인식이다.[15]

또 하나 주목되는 점은 미얀마·베트남에 대한 용병은 처참한 패배로 끝났음에도 그들이 투항해 조공 관계를 회복했다고 강조한 서사다. 특히 미얀마에 대해서는 무려 20년 여간 네 차례나 출병했지만 연패했고 청조의 간곡한 요청에 따라 10년마다 사절을 교환하기로 했다. 그럼에도 이를 청조의 승리 결과로 묘사한 것은 건륭제 "십전무공(十全武功)"(열 번 싸워 모두 이긴 무공)의 관점을 그대로 따른 결과로 보인다. 당시 미얀마·태국 같은 불교 국가는 중국을 천조상국으로 받들어 조공한다는 관념 자체가 없어서, 그들이 파견한 사절은 대등한 국가 간의 외교사절로 무역 활동을 주된 임무로 삼았을 뿐이다.[16]

이상에서 보았듯이 저우구청이 인식하고 서사한 중국통사란 '한족중국'이 정벌과 동화를 통해 외족을 끊임없이 흡수하면서 '다민족중국'으로 발전하는 과정이다. 그의 정벌전쟁론은 역대 왕조의 정사에 나타난 천자의 특권화된 천하관념에 의거해 형성된 것이라 할 수 있다. 그런데 정사는 인근 외국/외족을 천자의 '외신'으로 간주해 4이열전에 포함시켰지만 그들은 결국 '중국'과 구별되는 그 바깥의 존재였다.[17] 따라서 정사의 중국은 한족중국이어서 다민족중국과 양립하기 어렵지만 저우구청의 통사에는 앞서 본 것처럼 양자가 편의적으로 뒤섞여 있다.

3. 첸무의 대외전쟁 인식과 서사 | 무용전쟁과 국방전쟁

첸무의 통사는 중국을 '한족중국'으로 한정했으므로 여기서 내외의 구분은 비교적 명확하고 단순하다. 한족 이외의 여러 이족은 모두 외족/외국이고 그들에 대한 한당과 청조의 대외용병은 모두 "외환" 항목에서 다루었다. 저우구청처럼 그도 화이론적으로 특권화된 용어(役·征伐·平定 등)로 이를 서사했지만, 자신의 판단에 따라 용병의 성격과 의미를 간명하게 논해 국방전쟁 아니면 모두 쓸데없는 무용전쟁으로 보았다. 이는 중국의 제국성에 대한 성찰의 가능성을 보여준다는 점에서 주목된다.

먼저 무용전쟁에 대한 서사를 보자. 한 무제의 용병은 흉노에 대한 것만을 서술한 후 다음과 같이 평했다.

> 중국은 우세한 무력과 재력으로 문화가 비교적 낮고 정치조직이 비교적 느슨한 민족에 대하여 그 주력을 격파하는 공세를 취하고 스스로 두려워하면서 겨우 지켜낸 것을 승리한 것처럼 여겼다. …… 흉노가 비록 패했다 해도 중국 역시 피로해졌으니 후대 사람들에게 불만을 사게 되었다(pp.139~140).

막대한 비용을 들여 겨우 이룬 "방어(自守)"를 "승리"로 포장해 현창했다는 것이다. 조선과 남월(베트남)에 대한 무제의 용병은 아예 다루지 않았다. 이에 대해서는 당의 대외용병에 대한 다음과 같은 인식과 연관 지어 음미해 볼 필요가 있을 듯하다.

수와 당의 대외관계를 논하면서 "고구려정벌"은 "국방전쟁"의 범위를 넘은 것이라 했다.

중국은 농업국이며 한대·온대·열대 기후를 포괄하는 넓은 땅을 갖고 있어서 국내 무역으로 충분하고 국외 통상은 필수적이지 않다. …… 그러므로 대외전쟁은 침략을 방지하는 외에 항상 이로울 게 없다. 그러나 국내가 풍요로워지면 왕왕 쉽사리 군주의 '큰일을 벌여 공훈을 세우려는(好大喜功)' 심리를 자극해 '무력을 남용해 전쟁을 일삼는(窮兵黷武)' 데에 빠져들고는 했다. 수양제는 이로써 실패하고 당태종의 고구려정벌 역시 국방전쟁의 범위를 벗어난 것이다(p.327).

정벌로 정당화하지도 침략이라 인정하지도 않은 채, 하지 말았어야 하는 무용한 전쟁이라 본 것이다. 무제의 조선과 남월에 대한 용병도 같은 의미로 보았을 가능성이 크다.

이런 시각에서 보면 당이 사방에 설치한 도호부와 절도사에 대한 평가도 달라질 수밖에 없다. 현종 때 "대외 경영"을 위해 변경에 10개의 절도경략사를 설치했으나 "변경을 널리 개척한 만큼 그 방어병력도 증가했으니 대외적으로는 강한 듯하지만 내부는 취약한 형세가 형성되었다"라고 했다(pp.323~324). 대외 경영이니 변경 개척이니 하는 따위의 자국중심적 용어를 썼지만 역시 불필요할뿐더러 실효성 없는 낭비라고 본 것이다.

이런 인식은 청의 용병에 대한 서사에서도 이어진다. 강희·옹정·건륭 3대의 용병을 황조(皇朝)의 위대한 '무공'으로 칭송한 위원(魏源)의 『성무기』가 실은 승리한 것만 다루고 패한 것은 다루지 않았다고 지적했다. 그리고 "건륭의 십전무공"은 이미 "몰락 직전의 형세였음에도 헛되이 꾸며 국가의 근본을 스스로 갉아 먹었다", "미얀마의 일은 건륭 31년에 시작되어 54년까지 20여 년간 이어졌으나 끝내 성공하지 못했다"라고 비판하면서 소요된 경비를 일일이 열거했다(608~609).[18] 바필드(T. Barfield)의 더욱 상세한 연구는 진시황 이래 청 건륭제에 이르는 '호대희공형' 황제의 수많은 전쟁이 패배한 경우는 말할 것도 없고 승리한 무공이라도 얼마나 큰 병력 상실과 재원 투입을 대가로 치른 것이었는지를 재확인해 준다.[19]

국방전쟁에 관해서는 그 사례를 제시하지 않았으나 문맥으로 보아 유목 세력의 남침에 대한 한족중국의 대응적 용병을 말한다는 것을 알 수 있다. 이를 제외한 대외용병은 모두 쓸데없는 전쟁이라고 보았으니 저우구청의 정벌론에 비해 중국사의 제국성에 대한 성찰의 진전이라 하겠다. 그럼에도 대외용병을 대내용병과 구분하지 않은 채 동일한 기준으로 판단하고 중국 일방의 필요와 효율에 한정할 뿐 상대국의 처지와 피해를 무시함으로써 쓸데없는 전쟁을 넘어 침략전쟁이라는 인식으로 나아가지는 못했다.

대외용병을 쓸데없는 소모전이라고 본 첸무의 관점은 그의 스승 뤼스멘의 영향으로 보인다. 첸무는 신해혁명 직전 창저우중학교(常州中學) 재학 시절 뤼스멘으로부터 역사와 지리를 배우면서 큰 영향을 받았다고 한다. 중국통사의 신기원으로 평가받는 뤼스멘의 『백화본국사』(1923)에 따르면, 한무제는 꼭 필요하지도 급하지도 않은 4이 정벌을 추진했으나 승리보다 패배가 많았으며 설사 승리했다 하더라도 "극히 비경제적"이어서 결국 70여 년간 축적된 국부를 소진했으니 이는 "무제 개인의 죄업"이다. "그럼에도 무제를 숭배하는 사람들은 그의 무공을 덮어놓고 믿은 것에 불과하다. …… 한무제식 용병은 실로 숭배할 만한 것이 못 된다."[20] 어떤 연유에서인지 이런 관점은 당 이후의 전쟁에는 적용되지 않았다.

첸무는 용병의 비용 대비 효율을 따지는 스승의 관점을 이어받아 당태종 이후 청 건륭제에 이르는 용병에도 일관되게 적용한 것으로 보인다. 이는 그가 무력의 위세와 상반되는 문덕의 "인문이상(人文理想)"을 중시한 관점에서 비롯된 것이라 할 수 있다.[21] 그는 훗날 당의 10절도사를 "제국주의적 대외확장"이라고 비판하고 그것이 5대의 암흑 시기를 초래했을 뿐 아니라 "중국의 국방선이 너무 넓어 변경 방어에 막대한 비용을 들이게 만들어 국력을 쇠약하게 만드는 하나의 원인이 되었다"라고까지 했다.[22] 이는 스승의 인식을 훌쩍 넘은 것으로 자국사의 제국성에 대한 성찰을 진전시킨 의미가 있다. 이를 '문덕사관'이라 해도 좋을 듯하다.

그런데 첸무의 문덕사관도 근대의 대외용병에 대해서는 크게 다른 인식을 보였다. 그는 저우구청이 전혀 다루지 않은, 베트남과 조선에 출병한 청프전쟁(1884~1985)과 청일전쟁(1894~1995)을 "외환" 항목에서 다음과 같이 단 두 문장으로 괄했다.

> 광서 10년 청프전쟁이 일어났고 이듬해 강화하여 안남을 잃었다(失安南). …… 광서 20년 청일전쟁이 일어났고 이듬해 강화하여 대만을 할양하고 조선을 잃었다(失朝鮮)(640면).

중국이 "안남·조선을 잃었다"라는 것은 무슨 의미일까? 중국이 번속국의 구원 요청에 따라 출병했으니 정당한 전쟁이었다고 하거나, 자국 방어의 번속 논리를 연장하면 국방전쟁이라 해도 될 듯하나 그러지 않았다.

"안남·조선을 잃었다"라는 인식은 그의 스승 뤼스멘의 『백화본국사』에서 먼저 나왔다. 거기서 "번속의 상실"이라는 장을 두어 청프전쟁과 청일전쟁을 상세히 다루었는데, 그 절 제목이 "안남·미얀마·샴의 상실"과 "조선 상실과 청일전쟁"이다.[23] 장과 절의 제목을 합쳐 보면 안남·조선이라는 번속의 상실을 의미하지만, 저우구청처럼 번속을 청제국 강역의 일부로 간주하면 중국 영토의 상실이 된다. 첸무의 서사는 『백화본국사』의 어구 중 절 제목만을 따온 결과 후자의 의미로 읽히게 되었다.

여기서 저우구청은 물론 뤼스멘과 첸무의 서사가 공통적으로 내포한 한 가지 중대한 변화가 드러난다. 이웃 나라와의 관계를 줄곧 "대외"문제로 다루어 왔는데 아편전쟁 이후에 이르러서는 갑자기 "번속"문제, 나아가 "영토"문제로 바뀐 것이다. 그들의 인식 속에 인국은 외국에서 번속으로, 다시 영토로 변모한 셈이다. 왜 이 시기에 갑자기 이런 변화가 나타난 것일까? 현격하게 우세한 서구열강의 포함(砲艦)과 그것을 앞세운 "포함외교" 속에 '중서(中西)' 관계가 '중외(中外)' 관계를 압도해 버린 데다가 이제까지 '외부2'였던 조공국들이 모두 열강의 식민지로 전락하자, 제정중국에 내면화된 제국성이 전에 없던 천조대국의 굴욕을 떨쳐내려는 공화중국의 반제열망에 의해 증폭된 제국상상의 일부로 보인다.

그렇더라도 첸무의 무용전쟁론은 전통적인 역사인식의 주류인 정벌론에서 벗어난 점에서 의미가 있다. 물론 이전에도 소수 견해로는 무용전쟁론이 있었으니 가령 사마천의 『사기』와 사마광의 『자치통감』에서 한무제의 대외용병을 '궁병독무'라고 비판한 것이 그런 예이다. 그러나 사마광은 동시에 수·당의 고구려정벌을 한 고토의 회복으로 정당화했다. 따라서 이들 대표적인 사서의 관점은 군사주의에 반대하는 평화주의라기보다 상황에 따라 국력 강화에 더 유리한 쪽을 추구한 실용주의로 이해된다.[24] 첸무의 전쟁인식도 이러한 선례의 영향을 받은 것으로, 유가의 문덕론에 기초해 내정의 시비를 논한 것일 뿐 상대국의 처지까지 고려한 침략론에는 못 미친다.

4. 판원란과 뤄전위의 대외전쟁 인식과 서사 | 침략전쟁과 반침략전쟁

판원란과 뤄전위의 통사는 제정중국의 대외전쟁을 침략과 반침략으로 나누어 서사했다. 그들은 중국사의 범위를 각각 중국1 = 한족중국과 중국2 = 다민족중국으로 다르게 파악했음에도 진한 이후의 대외용병을 '외부2'에 대한 것은 물론 '외부1'에 대한 것까지 대부분 침략전쟁이라 하였다. 이는 저우구청, 첸무의 관점과 확연히 다른 마르크스주의 사학의 특징 중 하나로서, 인민대중의 이익과 반침략이라는 개전의 명분을 중시하는 관점을 반영한 결과다. 당시 소련판 『유물사관 세계사』의 번역본(1936)이 있었지만 주로 사회형태에 관한 서사가 중심이어서 대외전쟁에 관한 내용은 없다.[25] 이로 보아 판원란과 뤼전위의 통사가 전쟁을 비중 있게 다룬 것은 자기 나름의 구상에 따른 것이라 할 수 있다. 이 두 저작은 인민공화국 시기 통사 인식 체계의 기초가 되었으므로 진한-수당 시기와 명청 시기로 나누어 좀 더 상세히 살펴볼 필요가 있다.

진한-수당 시기

판원란의 중국은 첸무처럼 중국1 = '한족중국'이므로 내외의 구분은 분명해서 그 외부는 모두 외족/외국으로 간주했다. 따라서 '외부2'는 물론 '외부1'에 대한 용병도 "대외관계"나 "대외용병" 등의 장·절·항목에서 다루었다.

진한~남북조 시기를 다룬 제2편의 제목은 "중앙집권적 봉건국가 성립 후의 대외 침략부터 외족의 내침(來侵)까지"이다. 그 제2장 "대외발전시대: 양한"의 제3절 "강역의 확대"에서 진시황과 한무제의 대외용병을 다루었다. 이런 제목으로 보아 중국의 대외 침략을 인정하면서 그것이 결과적으로 중국의 확대와 발전을 가져왔다는 서사구조를 취하고 있음을 알 수 있다.

그에 따르면 진시황의 통일전쟁은 중국사의 내적 필연의 소산이지만 이내 "대외 침략"으로 전환되었으며 이는 "착취계급이 축적한 역량을 일부 이용하여 자신의 침략야심을 만족시킨" 결과다(p.95·117). 30만 대군으로 "북방 강국 흉노"를 공격해 축출함으로써 민국 시기 닝샤성·쑤이위안성에 해당하는 땅을 얻고, 남월을 공격해 민국 시기 광시·광둥성과 베트남에 해당하는 땅을 얻었고 이로써 영남이 비로소 "중국의 영토"가 되었다(p.98). 그 결과 "전에 없던 대제국을 건립"했다고 하여 "제국"은 내부통일과 대외 침략이 합쳐져 성립되었음을 분명히 한 것이다.

한과 수·당도 침략전쟁으로 중국의 강역을 확대한 것으로 파악되었다. 그에 따르면 한대의 서남이·흉노·서역·고조선·남월, 수당대의 돌궐·철륵과 쿠차·고창·토욕혼 등 서역 국가와 고구려 등이 모두 외족/외국(외부1과 외부2)이며 그에 대한 전쟁은 침략전쟁이다. 한과 수당은 국가 통일 후 "통치계급이 사회 내부의 모순을 완화하기 위해 대외 침략전쟁을 발동하여 전쟁으로 과잉인구를 해소했으며," 여기에는 한무제, 수양제, 당태종 등 무공을 과시하려는 황제 개인의 성향도 크게 작용했다(pp.118~119). 이로써 군신 간의 갈등을 줄이고 황제의 위엄을 높였을 뿐 인민에게는 아무런 이득이 없었다. 그중 "오직 돌궐을 멸한 것만 이연(고조)의 치욕을 씻은 (정당한) 일이고 나머지는 모두 무고한 침략이다"(pp.272·274~275).

이중 특히 주목되는 점은 진·한의 흉노에 대한 용병을 침략이라 본 것이다. 이는 흔히 흉노가 항상 중국을 침범해 약탈하는 세력으로 묘사된 것과 달리 전국시대 이래 중국이 흉노를 비롯한 북방민의 남방한계인 '반(半)정주–목축' 생활권을 점령해 농경 가능한 북방한계선을 극한까지 확장했고 이로써 그들의 대규모 남침을 초래했다는 서방 학계의 최근 견해의 선구라 할 만하다.[26] 수·당의 고구려에 대한 침략을 인정한 것도 『자치통감』과 『구당서』 등 중국사서에서 출병의 명분으로 중시된, 한의 고토를 회복한다는 논리를 뒤집은 것이어서 주목된다.[27]

판원란은 제국의 확대 과정에서 나타난 침략성은 물론 객관적 결과에 대해서는 따로 의미를 부여했다. 한족뿐만 아니라 수많은 이족/외족 인민이 전쟁 중에 무수히 죽었고, 투항하거나 포로가 되어 한족 지주를 위한 강제노동(奴役)에 제공된 사정을 상술했다(pp.117~118·135). 한편 진·한과 수·

당의 강역 확대 결과 "아시아 유일의 대제국을 건립"해 외국 문화에 개방적인 "강대한 대국풍의 민족성"을 양성했고 중국 문화가 주변국에 전파되었음"을 강조했다(p.120).

한편 뤄전위는 중국2 = '다민족중국'을 기준으로 대외관계를 파악한 결과 '외부1'을 내부로 간주했기에 침략전쟁을 제한적으로만 인정했다. 그에 따르면 '외부1'에 대한 전쟁은 침략이 아니라 "대한족주의적 압박"이다. '외부2'에 속하는 흉노·서역·토번과의 전쟁은 무역로 확보라는 관점에서 파악되었다(pp.223~227). 그중 흉노·서역에 대한 한의 전쟁과 돌궐·서역에 대한 당의 전쟁은 "자위전쟁에서 시작했으나 침략전쟁으로 전화한" 것으로 보았다. 그에 따르면 한무제는 약탈을 막는 데서 나아가 주동적으로 대군을 장성 밖까지 출정시켜 흉노족의 내분과 살상을 유도했고(p.215), 당태종은 무역로 확보를 넘어 군마와 모피를 얻기 위해 돌궐을 분열시켰다(p.390). 돌궐이 분열되어 약화하자 이 틈을 타고 티베트 세력이 커졌기에 당-티베트 전쟁으로 비화했다. 따라서 이들 전쟁은 "당조 봉건제국과 티베트 노예주 국가 간의 낙후 민족에 대한 권리 충돌"이다. 그럼에도 기본적으로 티베트가 먼저 인근 각 족을 침탈하는 데 맞서 당조가 대응한 전쟁으로 인식되었다(pp.395~403).

뤄전위가 진한-수당 시기 '외부2'에 대한 전쟁 중 명백히 침략이라 인정한 것은 한무제의 고조선에 대한 용병뿐이다. 그는 이를 "지주계급의 봉건주의적 침략전쟁"이라 하였다(pp.222~223). 수양제와 당태종의 고구려에 대한 전쟁은 침략이 아니라 '동정(東征)', 즉 동방 '정벌'로 간주했다. 그에 따르면 일본 노예주 계급이 백제에 의지해 조선 전체를 지배하려 기도하여 "당조의 종주권을 손상할 뿐 아니라 무역로 교통을 저해했으므로 당조와 일본 노예주의 조선쟁탈로 이어졌다(p.397)." 이 같은 '중일병진' 구도는 메이지 시기 일본에서 만들어진 동양사학의 인식 체계를 중일전쟁의 형세 속에 수용한 결과라 할 수 있다.[28] 그렇더라도 이 시기의 대외전쟁을 총괄하면서는 당이 "봉건 침략"을 확대함으로써 "방대한 봉건제국"을 형성했다고 썼다(p.402).

명청 시기

판원란의 서사에 따르면 명·청은 한·당과 마찬가지로 국가 통일 후 곧바로 대외 침략에 나섰다. 네 통사 중 명의 대외 침략을 다룬 것은 판원란뿐이다. "대외 침략과 변경의 근심" 절에서 "명조의 변경 바깥에 거주하는 종족은 동북의 여진, 북방의 몽골, 서방의 티베트과 위구르, 서남의 만족들(諸蠻)이다. 주원장(朱元璋, 명태조)은 중국을 통일하자 곧 대외 침략을 개시했다"라고 한(p.553) 다음 명대의 이들 각 족, 즉 '외부1'에 대한 침략전쟁을 차례로 상술했다.

이와 달리 '외부2'에 대한 명의 대외전쟁 중에는 정의로운 반침략전쟁도 있다. 판원란에 따르면 도요토미 히데요시(豊臣秀吉)가 조선을 침략하자 명은 "조선이 중국의 울타리(藩籬)이므로 반드시 다투지 않으면 안 된다"라고 보아 대군을 파견했고 따라서 이 전쟁은 명조에게 "완전히 정의로운 전쟁"이다. 이 시각에 따른다면, 영락제가 1406~1427년 베트남을 침략해 통치하면서 병합을 기도한 것은 불의한 침략전쟁으로 주목할 만하나 아예 언급하지 않았다.

청대 강희·옹정·건륭제의 대외용병은 모두 "침략"이라 하였다. '외부1'에 속하는 각 족이 청의 정복과 통치에 저항해서 이를 진압하느라 장기간 축적된 재부를 소진하면서 변경 밖의 토지를 탈취했고, 건륭제의 십전무공도 이러한 침략전쟁의 일부라는 것이다(pp.654~662).

이어서 세 황제의 "대외용병"을 상술했는데, '외부1'(외몽골, 준가르, 위구르, 티베트, 묘족, 대금천과 소금천의 藏族)과 '외부2'(미얀마, 베트남, 네팔)를 대상으로 한 용병을 모두 포함했다. 그중 전자에 속하는 준가르에 대한 서사는 전쟁의 참상을 극히 상세하고 리얼하게 묘사해 눈길을 잡아끈다.

> 청군은 준가르인을 학살하고 수십·수백 호의 산속 깊은 작은 부락까지 뒤져 한 사람도 살려두지 않았다. 준가르는 세력이 강성할 때 20여 만호에 인구가 60여만 명이었으나 패전한 후 청군에 의해 5/10가 학살되고 2/10는 역병으로 죽고 살아남은 3/10은 러시아 경내로 달아났다(p.663).

중앙유라시아 최후의 유목국가 준가르는 이렇게 사라졌다. '외부1'에 대한 용병을 침략으로 보았으니 '외부2'에 속하는 미얀마, 베트남, 네팔에 대한 용병을 침략이라 한 것은 당연하다. 청군은 여러 차례 대군을 동원하고서도 모두 패배했음을 상세하게 서술했다(pp.667~669). 이는 앞서 본 저우구청의 통사가 패전을 인정하지 않고 승전 스토리로 채워졌던 것과 판이한 서사다.

청조의 대외용병은 아편전쟁 이후에도 이어졌으니 청프전쟁과 청일전쟁이 그런 사례다. 이에 대해 판원란은 베트남과 조선에 대한 프랑스·일본 제국주의의 침략이라 규정하면서도 청조가 자신의 번속을 지키기 위해 파병했으나 "上國의 체면"을 유지하려는 이홍장(李鴻章)과 서태후의 유화정책 때문에 패배한 것으로 보았다.[29] 반침략의 명분이 있는 만큼 명의 임진전쟁 참전처럼 '정의의 전쟁'이라 하지 않은 것은 뜻밖이다. 이는 아마도 1882~1894년 위안스카이를 앞세워 청조가 조선을 종속국화 하려 기도한 사실을 강조한 것과 관련이 있어 보인다.

이와 관련된 서사는 다음과 같다. 임오군란 진압 후,

> 리홍장은 위안스카이에게 '총리'(교섭통상사의) 명의를 주고 조선에 머물게 하여 정치를 감독하도록 했다. 그는 공훈을 세우려는 개인적 야심을 품고 조선을 멸하고 조선왕을 폐위하려 기도했으며, 조선정부에 대한 태도가 오만하여 사사건건 간섭함으로써 한인의 반감을 야기했다. …… 조선은 …… 청정부가 조선을 군현화하여 감국(監國)을 파견하려는 계획과 위안스카이의 오만하고 횡포한 간섭에 저항하였다.[30]

당시 청조가 조선의 군현화를 직접 추진한 것은 아니지만 전통적 조공 관계를 뛰어넘어 내정과 외교를 주관하여 공법상의 종속국으로 전환하려는 방향으로 나아간 것은 부인하기 어렵다.[31] 이런 점들을 감안하고 보면 중국의 참전 명분이 정의롭다고 하기는 어렵다.

한편 뤼전위는 중국2 = '다민족중국'을 기준으로 삼은 만큼 명·청의 대외용병을 보는 관점이 판원란과 사뭇 다르다. 우선 명의 대외용병은 다루지 않은 채 청의 그것만 "대외 침략" 항목에서 서술했다. 그럼에도 '외부1'과 '외부2'를 구분해 전자에 대해서는 '정벌'이라 하고 후자에 대해서는 '침략'이라 한 것이 주목된다. 이는 한·당 시기에 부분적으로만 적용한 '다민족중국'을 청대에 전면적으로 적용한 결과다. 이 점에서 저우구청의 인식과 흡사하다.

먼저 '외부1'에 속하는 준가르·위구르·티베트에 대한 용병은 모두 그들의 반란에 대한 정벌이라고 했다. 그에 따르면, 준가르와 탕구트는 청조 군대에 의한 "대학살"에 맞서 "민족자위를 실행"하고자 반란을 일으켰고, 청조는 이를 구실로 대군을 파병해 준가르 인구의 70%에 해당하는 40만 명을 "학살"했다. 이 서사는 마르크스주의자로서 민족자결론을 지지하면서도 현실중국의 강역을 청제국 강역과 동일시하는 '다민족중국론'의 곤경을 보여준다. 더구나 이를 '대외' 용병이라 본 것은 '한족중국'이라는 기준에 따른 것이어서 곤경을 배가시킨다. 이와 달리 '외부2'에 속하는 미얀마·안남·구르카에 대한 용병은 청조의 침략임을 분명히 했다(pp.779~780).

흥미로운 점은 판원란은 '한족중국'을 기준으로, 뤼전위는 '다민족중국'과 '한족중국'의 이중기준을 편의적으로 혼용해 중국사를 인식하고 서술했음에도 둘 다 대한족주의에 빠지지 않았다는 것이다. 그들은 모두 이족·외족을 정벌·정복과 동화의 대상으로 간주하지 않고 그 주체성과 독자성을 상당 정도 인정하고 그것이 '한족중국'의 팽창으로 어떻게 파괴되고 왜곡되는지에 유의했다. 이는 마르크스주의 통사의 특징 중 하나라 할 수 있다. 특히 뤼전위는 『중국민족간사』(1947)에서 장제스의 '종족(宗族)기반 국족론'(제3장 5절에 상술)에 담긴 한족중심주의를 비판하고 각 민족의 역사와 상호관계를 민족평등의 시각에서 서술하고, 한족과 소수민족은 상호 보완하고 동화하는 관계에 있다고 보았다.[32]

판원란과 뤼전위의 침략전쟁론은 전통적인 역사인식의 연장선에서는 나오기 어려운 새로운 견해다. 이는 마르크스주의 사학의 새로운 면모라 할 수 있다. 그에 따르면 전쟁이란 인민대중의 이해와는 무관하게 통치계급의 필요에 따라 기획되고 진행되는 것이어서 자국 인민을 수탈해 상대국 인민을 침략하는 행위일 뿐이다. 오직 그러한 침략에 저항하는 반침략전쟁만 정당한 것으로 인정된다. 실제로 마오쩌둥은 1939년 1월 민족관계사를 다룬 허간즈(何幹之)의 글을 읽고 보낸 서신에서 "취약한 나라를 공격해 합병하고 큰일을 벌여 공훈을 세우려는 침략정책을 취한 예가 중국사에도 있었다"고 인정했다.[33] 당시 허간즈는 중국공산당의 항일군정간부학교(1937년 陝北公學 → 1939년 화북연합대학 → 1941년 延安大學) 교수로 중국문제연구실 주임과 사회과학원 원장을 역임하였으니 이 관점은 판원란을 비롯한 옌안의 역사연구자들에게 공유되었을 것이다.

5. 제국서사 | 봉건제국과 군현제국

앞에서 본대로 중국사의 범위와 주체를 한족으로 보든 다민족으로 보든 종족/민족들 간의 교류·교역뿐만 아니라 투쟁·전쟁도 불가피했다. 정복전쟁은 제국의 형성으로 이어졌으니 전쟁을 강조한 저우구청, 판원란, 뤼전위가 진한-명청을 제국으로 본 것은 자연스럽다. 진한 이래 통일왕조를 제국으로 여기는 제국서사는 나가 미치오(那珂通世)의 『지나통사』(1890)에서 비롯되었다. 특이하게 첸무는 평화를 강조했음에도 서주를 제국으로 보았다. 이처럼 네 통사는 역대 중국의 대부분 혹은 특정한 시기를 제국으로 보았다.

저우구청과 뤼전위는 고문헌에서 제국 형성과 직결되는 전쟁 관련 기사를 뽑아내어 전쟁이 얼마나 빈번했는지 드러냈다. 저우구청은 『역경』의 관련 사례 26개를 제시했는데 거기서는 용병이 대부분 벌(伐), 정(征), 출사(出師) 등으로 표기되어 있다(pp.77~79). 뤼전위는 『춘추』에 나오는 관련 기사의 용어를 분류해 벌(伐) 212회, 침(侵) 60회, 위(圍) 44회 등이며 취(取)와 멸(滅)은 셀 수 없을 정도로 많다고 했다(p.113). 대부분 상하 위계를 전제한 화이론적 용어들로서, 용병 주체의 무력 사용이 정당함을 나타낸다. 존스턴(A. I. Johnston)은 『손자병법』을 비롯한 무경(武經) 7서를 분석해 "무력 사용의 합법성"을 묘사하는 데 사용된 용어를 방어적인 경우와 공격적인 경우로 구분했는데, 전자가 20개(杜, 守, 固, 戍 등), 후자가 69개(征, 伐, 討, 破 등)다.[34] 후자가 세 배 이상 많은 것이다. 중국의 통치자와 식자들은 이런 경전을 떠받들면서 나라를 운영했으니 그들을 주체로 한 24사의 내용이 대부분 전쟁 스토리로 채워졌다는 량치차오의 지적은 자연스럽다.[35]

이와 달리 첸무는 중국사의 평화적 전개라는 특징을 군현제 및 덕치 이념과 연결 지어 강조했다. 그에 따르면 군현제를 통해 "평화적 대일통"을 추구했기에 "중국의 정치제도는 항상 중앙집중에 편중되었고 사방의 병단을 중시하지 않았다. 그 정신도 항상 평화에 치중했지 부강을 중시하지 않았다. 항상 이미 가진 것을 완정하게 하는 데 치중했고 아직 갖지 못한 것을 빼앗는 데 소홀했다. 대외적으로는 문덕을 분명히 보여 (사방이) 스스로 오게 하였고 대내적으로는 부족함을 걱정하지 않고 고르지 못함을 걱정했다"라고 썼다(서론, p.14~17). 안으로는 군현제가 밖으로는 덕치가 평화를 보장했다는 것이다. 그래서인지 그는 독자들에게 자국사에 대한 "온정과 경의"를 가지라고 당부했다.

한편 첸무도 춘추전국시대 중국민족의 폭력성과 침략성에 대해서는 인정했다. "서주의 봉건은 일종의 침략성을 띤 무장 이민과 군사점령이다. 후세의 통일정부가 단지 봉건제를 일종의 행정구역과 정권의 분할자로 간주한 것과 전혀 다르다. 그러므로 봉건제의 이면에는 일종의 부단한 무력의 관철이 필요했다"라면서 심지어 이는 "근대국가의 해외 식민 과정과 흡사하다"라고도 했다(p.28). 그렇다면 서론에서 거듭 강조한 평화적 전개는 진한 통일정부 수립 이후의 특징이고 "부단한 무력의 관철"은 그 이전 시대에 한정되는 것이라는 얘기다.

저우구청, 판원란, 뤼전위는 대외전쟁에 의한 영토 확장을 강조한 만큼 진한-명청의 국가 형태를 제국으로 보았다. 저우구청은 진한~명청을 모두 "통일제국" 혹은 "집권제국"이라 했는데, 그의 제국서사는 특별히 강렬해서 "대명제국", "대청제국"처럼 '大'자를 붙여 그 위대함을 강조했고 심지어 단막극으로 끝난 위안스카이의 중화제국(1916)까지 포함하였다. 판원란과 뤼전위는 제국이라는 용어를 저우구청처럼 장·절 제목에 쓰지 않고 본문에서 진한 이래 통일왕조를 미증유의 "대제국" 혹은 방대한 "봉건제국"이라 했다(p.95). 당시 소련의 마르크스주의사학과 마오쩌둥이 진한 이후 중국의 통일왕조를 '봉건제국'이라 보았으니 판원란과 뤼전위도 이를 따른 것이라 할 수 있다.[36]

그러나 이들 세 저자 모두 제국이 무엇인지 설명하지 않았다. 다만 뤄전위의 서사에서 어느 정도 미루어 짐작할 수 있을 뿐이다. 그에 따르면 군현제로 봉건제를 대체한 결과 진한 이후 "통일된 전제제국", "방대한 봉건제국"이 출현했다. 당제국에 대한 서사는 다음과 같다.

> 당조가 봉건침략을 확대한 결과 강토가 전에 없이 확대되었다. …… 본부를 10도로 나누고 돌궐, 회흘, 당항, 토욕혼에 29부 90주를 설치해 관내도에 예속시키고, 돌궐 별부, 해, 거란, 고려, 말갈 등에 14부 46주를 설치해 하북도에 예속시키고, 토욕혼, 쿠차, 우전 등 서역 각국에 51부 198주를 설치해 농우도에 예속시키고, 소위 강만족(羌蠻族) 지구에 261주를 설치해 검남도에 예속시키고, …… 50주는 강남도에 예속시키고 그 외 당항지구에 24주를 설치했다. 이것은 전에 없던 하나의 방대한 봉건제국이다(p.402).

이로 미루어볼 때 뤄전위는 이역과 이족을 정복하여 본국과는 다른 제도에 기초해 위계적으로 지배하는 체제를 '제국'이라 한 것으로 볼 수 있다. 서장에서 말한 제국1에 해당한다. 마르크스주의 사학에서 '봉건'이란 레닌의 견해에 따라 지주제와 이를 토대로 건립된 군주전제를 지칭한다.[37] 여기서 말한 '봉건제국'도 지주제 농업경제를 기초로 하는 제국을 의미한다.

특이하게도 첸무는 '봉건제국'을 진한 이전의 주대에 한정해 사용했다. 제3장의 제목이 "봉건제국의 창건과 홍성: 서주의 흥망"이다. 그는 "하(夏) 시기에 이미 소위 중앙의 공주(共主)와 사방 제후국의 국제관계가 존재했다"라고 한 다음 "서주의 봉건은 일종의 침략성을 띤 무장 이민과 군사점령"이라 하였다. 그의 스승 뤼스멘도 무왕으로 대표되는 군주가 군사력으로 이족·이역을 정복하고 점령지를 친속과 공신에게 분봉하여 다스리게 하는 느슨한 통치체제를 가리켜 봉건제라 했다.[38] 정복전쟁이라는 제국 성립 과정의 폭력성을 강조한 점에서 주목된다. 그러나 그들은 봉건성만 설명했을 뿐 제국성이 무엇인지는 말하지 않았다.

첸무의 봉건제국 개념을 이해하기 위해서는 거의 같은 시기 출간된 장인린(張蔭麟)의 『중국사강』(1941)을 참조할 필요가 있다. 그도 서주를 봉건제국이라 하면서 다음과 같이 설명했다. "무왕이 창시하고 주공(周公)이 안정시킨 '봉건제국'은 약 700년간 유지되었는데", "이 제국의 모든 땅은 '왕토'이며 제국 안의 모든 사람은 '왕의 신하'"이지만 왕실은 수도 부근의 기내(畿內)만을 통치할 뿐 나머지는 피라미드식 위계 속에 분봉된 제후들이 각 봉국을 자주적으로 통치한다. 그는 이를 "산만한 봉건제국"이라 하고 이것이 진한 이후 "통일된 군현제국"으로 나아갔다고 했다.[39] 요컨대 주대의 '봉건제국'은 무력에 의해 복속된 이족·이역을 '봉건' 원리에 따라 느슨하게 지배하는 체제다.

장인린처럼 첸무도 나중에 주 왕실과 각 봉국, 봉국과 봉국 사이의 관계는 의례와 문서에 의해 유지되었다면서 이를 "봉건의 통일"이라 하여 진한 이래의 "군현의 통일"과 대비하고, 중국의 통일이 진한 이후 비로소 이루어졌다고 보는 통설은 수정되어야 한다고 주장했다.[40] 그렇다면 첸무의 '제국'은 수대의 왕통(王通)이 말한 "강국은 무력으로 싸우고 패국은 지략으로 싸우고, 왕국은 인의로 싸우며" "제국은 덕으로 싸운다"(帝國戰德)라고 했을 때의 '제국'에 가깝다.[41]

그럼에도 첸무과 장인린은 진한 이후를 제국으로 볼 것인지에 대해 전혀 다른 견해를 보였다. 장인린이 진한 이래의 통일왕조를 봉건제국이라 한 것과 달리 첸무는 그것을 "대일통 정부" 혹은 "통일정부"라 칭할 뿐 제국이라 부르지 않았다. 그가 보기에 제국은 봉건제를 바탕으로 성립돼 존속하다가 군현제와 함께 사라진 것 같다. 장인린은 청화대학를 거쳐 스탠포드

대학교에서 박사학위를 받았으니, 서양사의 제국개념에 대한 이해가 깊었을 터임에도 중국을 그 나름의 제국으로 파악한 것이 주목된다. 코넬대학교 출신의 후스가 역사중국을 제국으로 보고 이를 자랑스럽게 여긴 것도 마찬가지다.[42] 저우구청은 진한 이래 명청까지를 모두 집권제국이라 하였다. 마르크스주의 역사학은 진한 이래의 통일왕조를 '봉건제국'으로 간주했는데, 그 존속 기간은 저우구청의 것과 일치한다.

흥미로운 점은 제국서사와 대외전쟁에 대한 성찰적 인식 간에는 상관성이 별로 없다는 것이다. 저우구청은 진·한, 수·당, 명·청을 모두 제국이라 칭하고 이 용어를 서사의 구조와 내용에 강하게 자주 드러냈으나 그 대외전쟁을 천자의 정벌로 보아 침략성을 부인했다. 반면 판원란과 뤼전위는 그것들을 제국이라 칭하되 저우구청처럼 남용하지 않고서도 제국성을 직시하고 성찰하는 모습을 보였다. 이 두 시각 사이에 위치하는 첸무는 제국이란 용어를 주대에 한정하여 사용했으나 진한 이후의 대외전쟁을 대부분 무용전쟁, 곧 쓸데없는 소모전이라고 비판했다.

6. 네 통사의 엇갈린 처지 | 1949년 이후의 변화와 지속

민국 시기에 서로 다른 관점의 네 통사가 경쟁하던 형국은 1949년 이후 인민공화국 수립으로 급속히 변화했다. 첸무는 홍콩을 거쳐 대만으로 갔으며 그의 통사는 대륙에서 금서로 지정되었다. 홍콩과 대만에서는 초판을 유지한 채 출간되어 호평을 받았다. 국민당 통치구에서 금서였던 판원란과 뤼전위의 마르크스주의 통사는 이제 주류이자 정통의 지위를 차지해, 대학 교재와 당 간부 독본으로 지정되었다. 그보다 더 주목되는 변화는 인민공화국의 성립에 따라 역사인식과 서사의 기준이 바뀌었다는 점이다. 새로운 기준은 인민을 주체로 하는 유물사관을 중시하는 것과 '다민족중국론'을 전면적으로 역사화하는 것이다. 임시헌법인 공동강령(1949)과 헌법(1954)에 중국은 "통일된 다민족국가"라고 명시됨에 따른 변화다.

이 같은 새로운 기준에 관한 논의는 연구자 개인과 단체 및 공산당 차원에서 진행되었다. 1950~1952년 잰보잔(중국사학회 주비위원, 베이징대학)과 바이서우이(베이징사범대학)가 앞장서고 1954년에 판원란이 이에 호응하는 식으로 글을 발표했다.[43] 이 장의 주제와 관련된 요지만 추리면 다음 두 가지다. 첫째, 중국은 "자고(진한) 이래 통일 다민족 국가"이며 "인민공화국의 국토 범위를 (역사상의) 역대 국토"로 간주하며, 이 범위 안에 있었던 민족/왕조는 모두 중국의 일부라는 것이다. 민국 시기의 중국3을 대신한 또 하나의 상상된 중국 = 신중국3은 이렇게 만들어졌고, 이에 따라 역대 왕조의 당시 강역 범위를 기준으로 쓰인 역사서를 비판했다. 둘째, 역사상 인물의 역할은 현재가 아닌 당시의 조건에 비추어 평가되어야 한다는 것이다. 이로써 한무제와 당태종 등의 대외전쟁을 부정적으로 평가한 역사서를 비판했다. 전자는 현재주의로 역사주의를 대신한 것이니, 이때 강조된 역사주의는 후자에만 선택적으로 적용됨으로써 역사주의의 입지가 좁아졌다.

집단적으로는 과학원 산하에 설립된 근대사연구소(1950)와 역사연구소(1954), 그리고 중국사학회(1951)가 조직적 논의를 이어갔다. '한족중국론'자였던 판원란은 근대사연구소 소장으로서 새로운 역사인식 체계를 정립하는 데 앞장서야 했으니 특히 곤혹스러웠을 터이다. 중국사학회 성립대회 때 궈모뤄(郭沫若)는 〈중국역사학의 신기원〉이라는 강연에서 유물사관과 집체작업을 강조하고 대한족주의와 구미중심주의를 비판하였다.[44] 당 차원에서는 1953년 성립된 중공중앙 역사문제연구위원회가 역사연구를 '지도'하는 컨트롤 타워 역할을 담당했다. 관련 자료가 공개되지 않아 '지도'의 실상을 파악할 수 없으나 위원은 당시 중국과학원의 원장 궈모뤄와 부원장 천보다(陳伯達)를 비롯해 잰보잔, 판원란, 뤼전위, 우위장(吳玉章), 후성, 류다넨(劉大年), 허우와이뤼(侯外廬), 두궈샹(杜國相), 인다(尹達) 등이었다. 중공 선전부장으로서 과학원의 실세인 천보다가 주도했을 것이다.

이상과 같은 변화된 정치 상황을 배경으로 네 통사와 그 저자의 처지가 각기 어떻게 달라졌는지를 살펴보자. 민주동맹 간부로서 인민공화국 수립을 지지해 대륙에 남은 저우구청은 물론 공산당원이었던 판원란과 뤼전위도 1950~1960년대에 자신의 통사를 대폭 수정하지 않으면 안 되었다. 심지어 천인커(陳寅恪)의 당대사(唐代史) 전문연구서도 예외일 수 없었으니,[45] 국가/민족의 정체성 형성과 직결되는 통사 저작이 처한 곤경은 더욱 심각했다. 판원란의 통사 초판은 역사주의 원칙을 상대적으로 잘 지킨 것으로 보이지만 그는 1954년 이를 제대로 적용하지 못했다는 장문의 자아비판 글을 발표하고 이를 수정판의 서론으로 삼았다.

판원란과 뤼전위의 수정본의 핵심 내용은 다음 두 가지다. 하나는 '다민족중국론'의 강화로 '외부1'을 중국의 내부로 편입해 중국사의 범위와 주체를 확대한 것이다. 그에 따라 현재 중국 강역 안에 거주한 역사상의 이족/외족들은 모두 중국의 소수민족/형제민족, 즉 중화민족의 일원으로 바뀌었다. 다른 하나는 중국의 대외 침략을 축소하거나 분식한 것이다. 이는 '외부1'이 내부로 바뀐 결과인 동시에 '외부2'에 대한 전쟁을 개전 명분에 따라 세분해 접근한 결과다. 그런데 이 두 가지의 수정도 각론에서는 부분적으로만 진행되었다. 여기서는 '외부2'에 대한 대외 침략의 축소와 분식에 대해 살펴보겠다.

중국의 대외 침략을 축소하고 분식하는 수정은 '한족중국론'을 취했던 판원란의 통사에서 더 뚜렷하고 전면적으로 나타났다. "대외 침략"이라는 제목(장·절과 항목)을 삭제하고 '외부1'을 내부화함으로써 곧 그에 대한 용병을 평정·정벌이나 할거의 소멸로 바꾸었다. 그리고 '외부1'에 속하는 국내 각 족에 대한 화족·한족의 전쟁을 "저항전쟁"과 "공벌전쟁"으로 구분하고 화하·한족의 침략을 부인했다.[46] "공벌(攻伐)"은 공격과 정벌을 합성한 용어여서 용병 주체를 정당화하는 쪽으로 기울었음을 의미한다. 이에 따라 한무제의 흉노에 대한 전쟁도 "약탈에 대한 정의로운 저항", "토벌전쟁"이라 했다.[47] '정벌·토벌' 같은 천자의 특권적 용어로 침략성을 분식하는 정사의 관점으로 돌아간 것이다. '외부2'에 속하는 조선과 남월에 대한 한무제의 용병도 침략이 아니라 "전쟁발동"이나 "정복"이라 하였다.[48]

그런데 수당의 대외용병에 대해서는 그 대상을 축소하면서도 침략성을 인정한 초판의 관점을 선택적으로 유지하였다. 수양제의 대외정책은 약위(耀威), 변경 개척, 침략의 세 항목으로 나누어 고구려에 대해서만 "침략" 항목에서 3차에 걸친 용병을 "침략전쟁"으로 보고 그 경과를 상술했다. 돌궐과 서역은 "약위" 항목에서, 토욕혼·위구르와 대만은 "변경 개척" 항목에서 다루었다.[49] '약위'는 "외국인에 대해 중국의 부강과 문명을 과시해 두려워서 복종하게 만드는 것"이다. 네 통사의 초판 어디에도 보이지 않던 근대 이전 시기의 대만이 여기서 갑자기 거론된 것은 대만이 일본 식민지에서 벗어나 국민당의 근거지로 바뀌었고 한국전쟁 때 미국의 군사기지가 된 사정을 반영한 것으로 보인다. 중공중앙(역사교학문제위원회)의 지도하에 마련된 「교학대강」(1956)에 "대만은 고대 이래 조국과 분리할 수 없는 신성한 영토"라고 명시한 것도 같은 맥락이다.[50]

당의 대외용병에 대해서도 그 모두를 침략이라 한 초판의 관점을 바꾸어 ① 외족의 침략에 맞선 것(돌궐을 멸함), ② 외국을 침략한 것(고구려 공격), ③ 약소국을 보호한 것(서역 등지에 도호부 설치)의 세 유형으로 구분했다.[51] 반침략과 약소국 보호는 제4장에서 본대로 항일전쟁 이래 공산당의 관점에 따르면 사실상 '정의로운 전쟁'에 속한다고 할 수 있다. 고구려에 대한 당의 전쟁은 침략일 뿐만 아니라 "정의롭지 않은 전쟁"이었음을 다음과 같이 강조했다.

> 태종이 돌궐을 멸하자 고구려는 당에 더욱 우호를 표시하였다. 태종은 오히려 침략 야심을 키워 자기의 나라가 크고 군사가 강함을 믿고 약소한 이웃 나라에 가해하면 반드시 승리할 것으로 기대했으나 결과는 정반대였다. …… 용병이 실패한 주요 원인은 스스로 거만하고 횡포하여 적을 경시했기 때문이다. 당연하지만, 더 주요한 원인은 전쟁의 정의성이 당태종 쪽에 있지 않고 고구려 쪽에 있었다는 것이다.[52]

이어서 태종 사후 고종이 신라와 연합하여 백제와 고구려를 잇달아 공격해 멸망시킨 과정을 서술했다. 그에 따르면, 무측천 때에 안동도호부로 대표되는 "당 세력은 고구려에서 퇴출하였는데 이는 고구려 민중이 마침내 침략자에 승리한 결과다." "고구려 민중이 강대한 당조에 저항한 것은 강인한 투쟁 정신을 보여주며 반도 전체를 통일하는 사업은 결국 고구려에 의해 완성되는 것이 자연스러운 추세였다."[53] 이처럼 고구려 민중의 투쟁 정신을 강조했지만 고구려를 한반도 안의 국가로 한정한 것은 인민공화국 국경을 기준으로 고대 이래 중국사의 범위를 규정하는 신중국3의 현재주의 관점이 투영된 결과다.

요컨대 판원란이 보기에 한·당의 4방 각 국가·민족에 대한 전쟁 중 흉노·돌궐에 대한 전쟁은 침략에 맞선 '정의의 전쟁'이고 고구려에 대한 전쟁은 '부정의의 전쟁'이라는 것이다. 초판은 명의 임진전쟁(1592~1598) 참전을 '정의의 전쟁'이라 했을 뿐인데, 수정판에서 이를 당-고구려 전쟁에 적용한 것이다. 그는 근대 부분의 수정을 진행하기 전에 쓴 사론에서 "1884년의 청프전쟁과 1894년의 청일전쟁은 청조가 침략에 반항한 민족전쟁이며"

"정의로운 것"이라 했다.[54] 이 정의론이 한무제와 청조 강옹건 3대의 전쟁에는 적용되지 않았으니 선택적이고 편의적이다.

뤼전위는 초판에서도 대외 침략을 극히 제한적으로만 인정했었는데, 수정본(1955)에서 그 범위를 더욱 축소했다. 한무제의 흉노에 대한 전쟁과 당 태종의 돌궐에 대한 전쟁은 초판과 달리 그 상대를 국내 타족으로 간주하여 "타족을 압박하는 전쟁"이라 했다.[55] 청의 통치에 대한 각 족의 저항을 "민족자위의 실행"이라 한 초판의 서술은 삭제되었다. 민족자위의 주체는 오직 중화민족으로 한정되었기 때문이다. 다만 한대의 조선, 청대의 베트남·미얀마·네팔에 대한 용병을 침략이라 한 초판의 관점은 거의 유지되었다. 그중 네팔에 대한 용병은 두 단계로 나누어 처음에는 티베트를 침략한 침략군 구르카스를 축출하는 "무장자위의 정의로운 행동"이었으나 그 후에 "네팔의 수도 가까이 깊숙이 진입해, 투항하여 칭신(稱臣)하라고 압박한 것은 침략"이라 하였다.[56] 뤼전위는 수정본에서 "평정", "정벌", "정토" 같은 천자의 특권화된 용어에 따옴표를 붙여서 사료 용어의 인용임을 드러냈다.

한편 저우구청의 수정본(1957)은 정벌론을 유지하면서도 중대한 변화를 보였다. 앞서 보았듯이 초판에서는 아편전쟁이래 열강에게 빼앗긴 영토를 본국 영토의 상실, 동남 영해권의 상실, 번속 영토의 상실, 조차지와 세력범위의 설정으로 나누어 제시한 바 있다. 그런데 수정본에서는 "번속 영토의 상실"과 "동남 영해권의 상실"을 삭제한 것이다.[57] 이러한 수정은 자국사의 제국성을 성찰한 결과라기보다 변화된 상황에서 중화민국/인민공화국 영토 범위를 넘는 '외부2'에 대한 영토권 주장, 즉 상상된 중국 = 중국3을 당국이 엄격히 통제한 결과로 보인다. 그 민족들은 제2차 세계대전 종결과 함께 독립을 회복했으니 중국3을 계속 주장하는 것은 이제 중대한 외교분쟁으로 비화할 수 있게 되었기 때문이다.

이들 세 통사의 민족관계와 대외전쟁 서사가 많이 바뀐 것과 달리 제국

서사는 인민공화국 수립 후에도 당분간 유지되었다. 이와 보조를 맞춰 1956년 중공중앙 역사교학문제위원회의 지도하에 마련된 소학·중학교 역사교학대강은 진한~청을 "통일다민족국가"라 하면서도 여전히 "봉건제국"이라 했다. 그러나 1963년 소학·중학 교과서부터 중국사에 대한 제국서사를 삭제하는 변화를 보였다.[58] 대학 교재인 위의 세 통사는 다소 약화된 제국서사를 유지하다가 개혁개방 이후 점차 삭제했다. 이는 국내외 정세의 변화로 인해 당과 정부가 제국서사를 불편하게 여기게 됨에 따른 변화로 보인다.

이상에서 본대로 인민공화국 수립 이후 '당의 지도'에 따라 수정을 거치면서 통사 서사의 다양성과 자성의 관점이 줄어들고 획일성과 자만의 관점이 커졌다. 그렇더라도 판원란의 통사에는 자국사의 제국성을 성찰하는 관점이 상대적으로 많이 남아 있다. 뤼전위의 통사는 1959년 한 번 더 수정을 거쳐 계속 출간되었다. 저우구청의 통사도 수정을 거쳤지만 대외용병에 관한 정벌론을 그대로 유지한 채 통용되고 있다.

오늘날 중국의 학계는 1958년을 "좌경 사학혁명"이라 부른다.[59] 반우파 투쟁의 정치 논리가 역사학계에 그대로 투영되어 급기야 문화대혁명으로 이어진 사태를 이렇게 지칭한 것이다. 뤼전위는 1963년 체포돼 구금되다가 1967년 투옥되었고 1975년 석방되었다. 주된 이유는 항일전쟁기에 류사오치의 비서로서 그를 도왔다는 것이다. 그 사이 그의 통사는 슬그머니 금서가 되었다.[60] 판원란은 마오쩌둥의 변호가 있어 잠시 건재할 수 있었으나 이윽고 그도 통사 수정작업을 당 말까지 마친 상태에서 중단해야 했으며, 잰보잔은 부인과 함께 수면제를 먹고 자결할 수밖에 없었다. 문화대혁명이라는 감옥이 학술을 아예 감금했기 때문이다.

제8장

'부흥중화'와 제국성·공화성

개혁·개방기 신편 통사

중국은 개혁·개방을 통해 급속한 경제성장을 이룩하고 국제사회에서 발언권을 높여 지역대국에서 세계대국으로 발돋움하고 있다. 이는 중국사회 각계에 "국학 붐"(國學熱)과 "문명국가론"을 불러일으켜 중국의 역사와 전통을 재평가하고 현창하는 분위기를 조성했다. 이런 변화는 인민공화국 시기 역사인식 체계의 유일한 근간이었던 스탈린의 5종사회형태설이 소련의 붕괴에 따라 근거를 상실한 것과 연동되어 있다. 그 결과 중국사와 동아시아 이웃 나라 역사를 이전과는 크게 다른 모습으로 인식해 서사했다.

서장에서 말한 공화3기인 이 시기에 편찬된 저작들은 다양한 형태와 방법·관점을 취하고 있다. 중국통사, 중화문명사, 중국사의 분야별 전문사와 시대사, 그리고 동아시아사와 아시아사, 세계사와 세계 각국사 등이다. 이들은 1980년대 이래 문화사와 사회사, 도시사, 경제사, 정치제도사, 법제사, 여성사, 민족사와 변강사 등 여러 방면의 연구가 급속히 진전된 데 힘입은 결과다. 1979년 중국역사학 기획회의가 교조주의적 유물사관을 비판하고 "중국 역사발전의 특수한 길"을 탐색한다는 새로운 방침을 제시한 것은 중대한 분기점이다. 마르크스주의 사학이 추상성·보편성을 중시해 단순화·교조화·형식화에 치우친 결과 중국사의 특성과 다양성을 경시했다는 반성에 따른 것이다. 이는 100년 전 "공화만세"와 함께 외친 "회복중화"를 넘어 "부흥중화(復興中華)"를 역사학의 주된 과제로 삼았음을 의미한다.

중국통사 방면의 대표작은 바이서우이 편 『중국통사』[12권 22책(1999), 이하 '바이편통사']와 차오다웨이(曹大爲) 외 편 『중국대통사』[15권 25책(2018), '차오편통사']다. 판원란·차이메이뱌오(范文瀾·蔡美彪) 편 『중국통사』[12권(1994), '판·차이편통사']도 주목되는 저작이나 앞 장에서 본대로 초판본을 수정한 것으로 5대10국 이전 부분은 1965년에, 그 이후 부분은 개혁·개방기에 펴낸 것이라 과도기적 성격이 강하다. 문명사의 대표적인 예는 챠오웨이핑(喬衛平) 편 『중화문명사』[10권(1994), '챠오편문명사']와 위안싱페이(袁行霈) 편 『중화문명사』[4권(2007), '위안편문명사']다. 시대사로는 장하이펑(張海鵬) 편 『중국근대통사』(10권, 2007)가 대표적이며, 분야사로는 『중국법제통사』(10권, 1999)를 비롯해 70종에 이르는데, 여기에도 "통사"라는 이름을 붙인 것이 눈길을 끈다. 시대별 통사와 분야별 통사는 우리에게 낯설지만, 일찍이 진위푸(金毓黻)가 『중국사학사』(1946)에서 이를 각각 '단대통사'와 '전문통사'로 인정했고 민국 시기에도 드물지만 실제로 편찬된 예가 없지 않다.[1]

이 시기의 통사편찬은 집체작업에 의한 대규모 편찬이라는 점에서 왕조시대 성세수사(盛世修史) 전통의 재현이라 할 만하다. 이에 관한 연구는 이제 막 시작된 상태다. 1901~1999년 사이의 저작을 분석 대상으로 삼아 그 표현 형식과 역사관의 변화를 3시기로 나누어 다룬 자오메이춘(趙梅春)의 연구가 선구적이다. 그 외 '바이편통사'가 1999년 완간되자 이에 대한 몇 편의 논문이 나왔다.[2] 논의는 통사의 의미와 편찬 체제에 집중되었고 중화문명을 현창하는 열정으로 가득하다. 다음에서는 개혁·개방기 편찬된 중국통사(문명사 포함)의 인식과 서사를 제국공화주의 시각에서 검토할 것이다. 앞 장에서 다룬 대외전쟁의 인식과 서사도 포함해, 거기에 나타난 변화와 지속을 중국의 내부자 관점과 동아시아 이웃의 외부자 관점에서 동시에 살펴 자국사 서사에 담긴 중화성, 공화성, 제국성을 음미해 보고자 한다.

1. 대규모 통사/문명사의 편찬과 주요 특징

개혁·개방기 = 공화3기에 출간된 중국통사는 300종을 넘는다. 이는 "○○통사"라는 이름으로 1980~2017년 출간된 저작을 검토한 결과다(서울대도서관, RISS4u, 베이징대학도서관, 2018년 6월 23일 검색). 거기에는 이전 시기에 출간된 통사의 재판본과 대만 판본도 소수 포함되어 있다. 대륙에서 새로 출간된 통사 중 3권 이상인 경우만 80종이 넘으며, 이는 일반통사, 시대별 통사, 분야별 통사의 세 유형으로 나눌 수 있다.

일반통사와 시대별 통사: 사회형태설에서 다민족국가론으로

이 유형의 통사는 단대사와 대비되는 일반적 의미의 통사다. 원래 중국에서는 『사기』 이래 고금을 관통하는 통사의 전통이 있으나 이는 종통(縱通)이라 불리는 중국 고유의 통사다. 근대적 의미의 통사는 거기에 정치·경제·학술·종교 등 각 분야를 관통하는 횡통(橫通)을 추가해야 비로소 성립된다. 판원란은 이 양자를 결합한 것을 회통(會通)이라 하였다.[3] 이 글에서 말하는 제1유형의 통사는 바로 이 회통형 통사, 즉 근대적 의미의 통사이다.

자오메이춘의 조사에 따르면 1979~1999년 출간된 통사가 50종인데, 그 대부분은 곧 사라지고 지속적 관심을 받은 것은 바이서우이의 『중국통사강요』(1980), '바이편통사'(1999), '판·차이편통사'(12권, 1994), 궈모뤄 편 『중국사고』(7권, 1995) 등이다. 그중 가장 대표적인 저작으로 꼽히는 것은 12권본 '바이편통사'다. 독특한 구성체제로 선사시대부터 1949년까지를 관통하였기 때문이다.

‘바이편통사’의 편찬 작업은 그 방식과 관점 등 여러 면에서 개혁·개방기 대규모 역사편찬의 모델로 알려져 있다. 바이서우이는 회족 출신으로 1930년대 연경대학(燕京大學)에서 구제강의 조교로 연구생활을 시작해 우공학회 일을 처리하면서 구제강의 “중화민족은 하나”라는 민족론을 신봉하게 되었다. 중앙대학 교수를 거쳐 1949년 베이징사범대학 교수로 옮겨 궈모뤄·잰보잔 등과 함께 중국사학회와 중국과학원 역사연구소 창립에 앞장섰다. 그가 새로운 통사편찬에 나선 동기는 1962년과 1974년 외국에 나갔을 때 학자들로부터 유럽중심주의를 벗어난 새로운 중국사를 보고 싶다는 말을 듣고 자극받아 그 필요성을 절감하던 중, 마오쩌둥과 저우언라이가 그에게 새로운 중국통사 편찬을 권한 데서 유래했다.[4] 이는 문화대혁명이 끝난 직후 1977년부터 구체화되었다. 원로 사학자 허우와이뤼를 고문으로 바이서우이를 주임으로 하는 편찬위원회가 구성되고 각 권의 편자는 쉬빙치(蘇秉琦, 고대사), 스녠하이(史念海, 중세사), 장카이위안·린쩡핑(章開源·林增平, 근대사) 등 저명학자들이 맡고 집필은 중장년학자들이 맡았다. 500여 명의 연구자가 참가한 이 편찬 작업은 1983년 국가중점 연구프로젝트로 선정되어 장기간 연구비를 지원받았다. 12권 22책으로 1989년부터 출간되어 1999년 완간되었다.

‘바이편통사’ 제1권(1989)에서 밝힌 편찬의 원칙은 다음 둘이다. 하나는 ‘역사상 중국’의 범위는 인민공화국 영토를 과거로 소급 적용해 고금을 관통하는 영토 범위로 한다는 현재주의 원칙이다. 둘째, 영토상의 현재주의를 민족문제에 적용한 ‘통일적 다민족국가론’으로, 중화인민공화국 영토 안에 거주하는 모든 민족은 고대 이래 중화민족의 일원이라는 것이다.[5] 이는 앞 장에서 본대로 이미 1950년대에 마련된 것이며 이를 위한 핵심 역할을 담당한 사람이 바이서우이다. 당시에는 통사의 총론에서 강조될 뿐 각론에는 부분적으로만 적용되었기에 신편 통사에서 이를 전면화한 것이다. 그는 이 원칙에 기초해 일부 역사가들이 각 "황조(皇朝)"의 강역을 단위로 하는 역사를 중국사라 하는 데 대해 "중국역사 발전의 총과정을 보지 못하는" "황조사관"이라고 비판했다. '역사중국'의 범위를 '현실중국'과 동일시한 것이다.

'바이편통사'는 이런 민족론에 따라 중국 다민족국가의 발전 과정을 서술했는데, 그 구성방식이 독특하다. 첫째, 인식 체계 면에서 기존의 유물사관을 지도 이념으로 삼아 "5종사회형태설"(원시공산사회-노예제사회-봉건사회-자본주의사회-사회주의사회가 계기적으로 이어진다고 보는 학설)을 유지하되 전면에 내세우지 않고 다양한 면모를 재현한 점이다. 서사 내용 면에서 혁명사 중심의 정치사를 줄이고 각종 제도, 사상문화, 학술, 사회풍속, 소수민족 등을 대폭 늘였다. 둘째, 구성방식 면에서 중국 전통의 역사편찬 체재와 근대사학의 장절체를 종합해 "신종합체"를 창안한 점이다. 각 권을 서설(연구 동향과 기본 자료), 종술(綜述: 자연환경, 민족과 강역, 황조의 건립과 흥망, 농민봉기, 세계상의 지위), 전지(典志: 농목업, 수공업, 상업과 화폐, 토지와 계급구조, 도시와 내외교통, 각종 제도), 전기(인물)의 네 편으로 나누고 각 편 안에 장·절을 두었다. 서양식 장절체로는 중국사의 다양한 면모를 온전히 재현하기 어렵다는 판단에 따른 것이다. 종술은 기사본말체의, 전지와 전기는 기전체의 장점을 살린 것으로서 편찬 체재상의 중화성을 회복하려는 시도라 할 수 있다.

이상과 같은 특징을 가진 중국통사가 1999년 완간되자, 당시 국가주석 장쩌민(江澤民)이 친서를 보내 축하했을 정도로 국가적 관심을 끌었다. 그는 친서에서 "중화민족의 역사는 전민족의 공동재산"이라 전제한 후 "중국통사는 중국사의 기본맥락과 중화민족의 발전 과정"을 담고 있으니 청소년과 당정(黨政)의 간부들은 이를 읽고 "중화민족의 우수한 문화전통"을 배워 "민족자존심과 자신감"을 높이고 "중화민족의 위대한 부흥"을 위해 힘써야 한다고 했다.[6] 그 직후 바이서우이 주도로 각종 컬러 자료를 곁들인 『회화중국통사』(4권, 2000)를 출간해 '바이편통사'의 주요 내용을 어린 학생들에게 널리 보급할 수 있게 하였다. "회복중화"를 넘어 "부흥중화"로 나아간 것이다.

그 후 더 큰 규모의 통사인 '차오편통사'(15권 25책)가 2018년 출간되었다. 편찬 작업은 '바이편통사'와 흡사한 공동연구 프로젝트 방식으로 1995년 시작되었다. 선사부터 1949년까지를 관통한 대규모 통사라는 점에서 같지만, 그 내용은 크게 다르다. 중국사의 발전 과정을 원시문화-농업문명(하~청 중엽)-공업문명을 향한 전환(청 중엽~1949년)의 3단계로 파악해 5종사회형태설을 완전히 벗어난 점에서 그렇다. "중화민족이 서방과 다르게 걸어온 문명 발전의 심층구조와 경로"를 파악해 "중국의 길"을 제시하는 데 주안점을 두었기 때문이다. 그에 맞춰 중국사회의 특질을 "가족-국가 중첩구조의 농경사회"로 파악하고 이를 종법(宗法)적 집약형(하~전국시대)과 전제(專制)적 개체형(진한~청 중엽)으로 구분하였다.[7] 조상 제사를 포함하는 종족·종법은 "국가가 가족을 대체하는 방식"의 서방과 달리 "가족 속에 국가가 혼재하는" 중국 사회의 특징이며, 이는 "계급투쟁의 특징과 사회발전의 추세를 제약하고 규정했다" 하는 점도 강조했다.[8]

각 권의 내용은 '종술'에 이어 치란흥망, 경제, 국가통제, 사회구조, 정신문화, 사회생활 등 6편으로 구성해 분야별 다양성을 반영했다. 공업문명을 향한 변화의 시작을 아편전쟁이 아니라 청 중엽으로 본 점이 눈에 띈다.

신편 통사들의 인식 체계는 5종사회형태설에서 다민족국가론으로 전환하는 가운데 3종의 통사가 이를 각기 다른 정도로 반영해 경쟁하는 형국이다. '판·차이편통사'는 사회형태설을 구성체제와 내용서사 양면에서 뚜렷이 드러낸 데 비해 '바이편통사'는 그것을 내용서사에만 간략히 반영했고 '차오편통사'는 완전히 타파했다. 두 통사에서 그것을 대신한 것은 통일다민족국가론이다. 다만 '바이편통사'가 유목민족의 동남진을 중국 내부의 일로 간주해 제국성을 당연시한 것과 달리 '차오편통사'는 "내륙아시아와 동아시아라는 좀 더 큰 범위에서 일어난 운동의 일부로 여겨" "제국을 되돌아보고 '중국'의 함의를 새롭게 이해해야 한다"는 차이를 보였다.[9]

이러한 인식 체계 변화는 5종사회형태설을 둘러싼 논쟁(1984~1992)을 통해 뒷받침되었다. 논쟁 결과 마르크스주의에서 원래 5종의 사회형태는 일국사가 아닌 인류 역사 전체로 볼 때 나타난 순서이며, 일국사 단위에서는 건너뛸 수도 있는 것이었으나 스탈린에 의해 각국사에 보편적으로 적용되는 것으로 간주된 이래 교조적으로 답습해 온 착오를 인정했다.[10]

시대별 통사는 특정 시대의 역사를 서술하되 어느 한 분야를 넘어 정치·경제·사회·문화 등 각 분야의 횡적인 상호 연관성을 드러내 서술한 것이다. 한국 학계에서는 이를 시대사라 한다. 이 같은 '시대별 통사'의 대표적인 예는 장하이펑 편 『중국근대통사』(10권, 2007)다. 이는 중국사회과학원 근대사연구소의 주도하에 편찬되었으며 책이 완간되자 학술지 『근대사연구』를 통해 이 책에 대한 저명학자들의 논평을 게재해 그 의미를 부각시켰다.

『근대통사』는 중국이 "백년 굴욕"을 극복함으로써 "부흥중화"의 발판을 만드는 과정을 다룬 역사다. "반식민지 반봉건사회에서 어떻게 사회주의사회로 전화되었는지"를 깊게 인식하는 데 중점을 두었다. 주요 특징은 다음 세 가지다. 첫째, "혁명사 패러다임"과 "현대화 패러다임"을 상호 보완해 혁명으로 민족의 독립을, 현대화로 국가의 부강을 실현하며 양자는 서로를 대신할 수 없는 것으로 파악했다.[11] 둘째, 그에 따라 정치사 위주에서 벗어나 사회경제의 발전, 사회 변천과 혁명의 전개에 대한 그 반작용을 중시했다. 셋째, 보수 낙후 세력과 반혁명 세력에 대해서도 상당한 지면을 할애했는데, 이는 중화성의 현창에 기여할 것으로 보인다.

분야별 통사와 문명사: 중화성의 현창

분야별 통사(전문사)는 어느 특정 분야의 역사를 다루되 고금을 관통하여 서술한 것이다. 개혁·개방기 출간된 다권본 통사의 대다수가 이에 속한다. 유구하고 풍부한 '중화성'(중국 문명·문화의 우월성과 선진성을 자랑스럽게 여기는 성향)을 다양하게 표현하는 데 가장 적합한 형식이기 때문일 터이다. 대표적인 예는 군사과학원편 『중국군사통사』(17권 20책, 1998), 장진판(張晉藩) 편 『중국법제통사』(10권, 1999), 정스취(鄭師渠)편 『중국문화통사』(10권, 2000), 치샤(漆俠) 편 『중국개혁통사』(10권, 2000), 샹화이청(項懷誠) 편 『중국재정통사』(23권, 2006), 천가오화(陳高華) 외 편 『중국부녀통사』(10권, 2011), 바이강(白鋼) 편 『중국정치제도통사』(10권, 2011), 장샤오위안(江曉原) 편 『중국과학기술통사』(5권, 2015) 등이다. 이런 유의 통사로 3권 이상의 다권본은 70여 종이며 단권본은 200종이 넘는다. 문학예술 분야에 특히 많다.

일찍이 량치차오 이래 중국 학계는 이를 일반적으로 전문사라 불러왔고 한국 학계에서는 이를 분야사(분류사)라 한다. 분야별 통사는 정초(鄭樵)의 『통지(通志)』와 두우(杜佑)의 『통전(通典)』이나 마단림(馬端臨)의 『문헌통고(文獻通考)』를 연상시킨다. 첸무는 『통전』과 『통지』를 "중국적 통사", "중국인이 생각하는 통사"라 한 바 있다. 그에 앞서 정초의 『통지』는 통사이며 본래 서명을 『통사』로 했다가 나중에 『통지』로 바꾸었으니 첸무의 견해는 역사적 근거가 있다.[12] 그러나 이들은 어느 한 분야가 아니라 여러 분야를 두루 함께 다룬 점에서 개혁·개방기 분야별 통사와 다르다. 차오다웨이가 종통과 횡통을 겸한 것이 '대통사'라 한 용법을 빌리면 분야별 통사는 종통에 그쳤으니 '소통사'라 할 수 있다.[13]

비록 일반통사가 5종사회형태설을 벗어나 사회의 다양한 면모를 두루 반영했다고 하더라도 각 분야를 종합하다 보면 그 다양하고 깊은 분야별 역사를 충분히 재현하기 어려울 수밖에 없다. 분야별 통사는 이런 필요에 부응하기 위해 편찬된 것이다. 다음에 나타나 있듯이 이런 유의 통사는 정치·경제·사회·문화의 대분류를 넘어서 그 각각을 다시 세분한 소분류의 경지까지 나아갔다. 가령 대분류의 한 분야인 문화사로 『중국문화통사』(10권, 2000)가 있으면 문화의 한 세부 영역인 『중화문학통사』(10권 13책, 2009), 다시 문학의 한 세부 영역인 『중국시가통사』(11권, 2012)가 있는 식이다. 3권 이상의 다권본 통사만 추려서 도표화하면 〈표〉와 같다. 일반통사 9종, 분야별 통사 72종, 시대별 통사 1종이다.

〈표〉 개혁·개방 시기 편찬된 주요 통사 82종

	편저자	서명	권수	출판지	출판사	완간 연도	비고
1	張傳璽·李培浩 等	中國通史講稿	3	北京	北京大學出版社	1982	일반통사
2	范文瀾·蔡美彪	中國通史	12	北京	人民出版社	1994	일반통사
3	羅琨 等	中國小通史	12	北京	中國青年出版社	1995	일반통사
4	郭沫若	中國史稿	7	北京	人民出版社	1995	일반통사
5	陳致平	中華通史	10	北京	花城出版社	1996	일반통사
6	白壽彝	中國通史	12	上海	上海人民出版社	1999	일반통사
7	中國史學會	繪畫中國通史	4	北京	海燕出版社	2000	일반통사
8	馮克誠·田曉娜	中國通史全編	19	西寧	青海人民出版社	2002	일반통사
9	卜憲群	中國通史	5	北京	華夏出版社	2016	일반통사
10	李光燦·幺丕祥	中國刑法通史	8	沈陽	遼寧大學出版社	1989	정치사/형법
11	白鋼	中國政治制度通史	10	北京	人民出版社	1996	정치사/제도

12	張晋藩	中國法制通史	10	北京	法律出版社	1999	정치사/법제
13	漆俠	中國改革通史	10	石家莊	河北教育出版社	2000	정치사/개혁
14	王峰	中華愛國通史	16	北京	印刷工業出版社	2000	정치사/애국
15	李光燦·張國華	中國法律思想通史	4	太原	山西人民出版社	2001	정치사/법률
16	李新·陳鐵健	中國新民主革命通史	12	上海	上海人民出版社	2001	정치사/혁명
17	張静如	中國共產黨通史	6	廣州	廣東人民出版社	2002	정치사/黨史
18	沙健孫	中國共產黨通史	5	長沙	湖南敎育出版社	2000	정치사/黨史
19	齊濤	中國政治通史	12	濟南	泰山出版社	2003	정치사
20	楊學爲	中國考試通史	5	北京	首都師範大學出版社	2004	정치사/考試
21	周振鹤	中國行政区劃通史	13	上海	復旦大學出版社	2017	정치사/행정
22	劉澤華	中國政治思想通史	9	北京	中國人民大學出版社	2014	정치사/사상
23	倪延年	中國新闻法制通史	8	南京	南京師範大學出版社	2015	정치사/법제
24	張希清·毛佩琦	中國科擧制度通史	5	上海	上海人民出版社	2015	정치사/과거
25	軍事科學院	中國軍事通史	17	北京	軍事科學出版社	1998	군사사
26	姜國柱	中國軍事思想通史	5	北京	中國社會科學出版社	2006	군사사
27	方漢奇	中國新聞事業通史	3	北京	中國人民大學出版社	1999	경제사/신문사업
28	方行·经君健 等	中國經濟通史	8	北京	經濟日报出版社	2000	경제사
29	孫健	中國經濟通史	3권 7책	北京	中國人民大學出版社	2000	경제사
30	魏明孔	中國手工業經濟通史	8	福州	福建人民出版社	2005	경제사/수공업

31	吳慧	中國商業通史	5	北京	中国财政经济出版社	2008	경제사/상업
32	趙靖	中國經濟思想通史	4	北京	北京大學出版社	2006	경제사
33	項懷誠	中國財政通史	23	北京	中国财政经济出版社	2006	경제사/재정
34	杜青林·韓長賦	中國農業通史	6	北京	中国農業出版社	2017	경제사/농업
35	葉振鵬	中國財政通史	10	長沙	湖南人民出版社	2013	경제사/재정
36	龔書鐸	中國社會通史	8	太原	山西教育出版社	1996	사회사
37	張明林	中華姓氏通史	12	北京	遠方出版社	2006	사회사
38	陳高華·徐吉軍	中國風俗通史	12	上海	上海文藝出版社	2011	사회사/풍속
39	袁祖亮	中國災害通史	12	鄭州	鄭州大學出版社	2010	사회사/재해
40	陳高華·童芍素	中國婦女通史	10	杭州	杭州出版社	2011	사회사/여성
41	毛礼銳·沈灌群	中國教育通史	6	濟南	山東教育出版社	1989	교육사
42	王炳照·閻國華	中國教育思想通史	8	長沙	湖南教育出版社	1996	교육사
43	李國鈞·王炳照	中國教育制度通史	8	濟南	山東教育出版社	1999	교육사
44	李喜所	中國留学通史	3	廣州	廣東教育出版社	2010	교육사
45	王炳照·李國鈞 等	中國教育通史	16	北京	北京師範大學出版社	2013	교육사
46	周洪宇	中國教育活動通史	8	濟南	山東教育出版社	2017	교육사
47	張庚·郭漢城	中國戲曲通史	3	北京	中國戲劇出版社	1981	문화사/희곡
48	楊憲邦	中國哲學通史	3	北京	中國人民大學出版社	1990	문화사/철학
49	王伯敏	中國美術通史	8	濟南	山東教育出版社	1990	문화사/미술

50	王運熙·顧易生	中國文學批評通史	7	上海	上海古籍出版社	1996	문화사/문학 비평
51	張炯	中華文學通史	10	北京	華藝出版社	2009	문화사/문학
52	鄭子瑜·宗廷虎	中國修辭學通史	9	長春	吉林教育出版社	1998	문화사/수사학
53	李迪	中國數學通史	4	南京	江蘇教育出版社	1999	문화사/수학
54	傅维康·李經緯 等	中國醫學通史	4	北京	人民衛生出版社	2000	문화사/의학
55	鄭師渠	中國文化通史	10	北京	中共中央黨校出版社	2000	문화사
56	吳懷祺	中國史學思想通史	10	合肥	黃山書社	2002	문화사/사학 사상
57	葉再生	中國近代現代出版通史	4	北京	華文出版社	2002	문화사/출판
58	張立文	中國學術通史	6	北京	人民出版社	2004	문화사/학술
59	張夢陽	中國魯迅學通史	3	廣州	廣東教育出版社	2005	문화사/魯迅學
60	馬祖毅	中國飜譯通史	5	長沙	湖南教育出版社	2006	문화사/번역
61	李希凡	中華藝術通史	14	北京	北京師範大學出版社	2006	문화사/예술
62	李劍國	中國小說通史	4	北京	高等教育出版社	2007	문화사/소설
63	肖東發 等	中國出版通史	9	北京	中國書籍出版社	2008	문화사/출판
64	姜國柱 等	中國思想通史	6	武漢	武漢大學出版社	2011	문화사/사상
65	趙敏俐·吳思敬	中國詩歌通史	11	北京	人民文學出版社	2012	문화사/시가
66	郭預衡·郭英德	中國散文通史	12	合肥	安徽教育出版社	2013	문화사/산문
67	陸建芳	中國玉器通史	11	深圳	海天出版社	2014	문화사/옥기
68	江曉原	中國科學技術通史	5	上海	上海交通大學出版社	2015	문화사/과기

69	魏道儒	世界佛教通史	8	北京	中國社會科學出版社	2015	문화사/불교
70	葉朗	中國藝術批評通史	7	合肥	安徽教育出版社	2015	문화사/예술
71	朱志榮	中國審美意識通史	8	北京	人民出版社	2017	문화사/예술
72	曾繁仁	中國美育思想通史	9	濟南	山東人民出版社	2017	문화사/예술
73	泰亦赤兀惕 等	蒙古族通史	4	沈陽	遼寧民族出版社	2004	소수민족
74	張晋藩	中國少數民族法制通史	10	北京	中央民族大學出版社	2007	소수민족
75	김춘선·김철수	중국조선족통사	3	연길	연변인민출판사	2009	소수민족
76	楊建新	中國西北少數民族通史	13	北京	民族出版社	2009	소수민족
77	楊繼國	中國回族文學通史	4	銀川	陽光出版社	2014	소수민족
78	安作璋	山東通史	8	濟南	山東人民出版社	1994	지방사
79	伍新福	湖南通史	3	長沙	湖南人民出版社	1994	지방사
80	曹子西	北京通史	10	北京	中國書店	1994	지방사
81	熊月之	上海通史	15	上海	上海人民出版社	1999	지방사
82	張海鵬	中國近代通史	10	南京	江蘇人民出版社	2006	시대별통사

〈표〉에서 보듯이, 각 분야의 전문사를 대분류법에 따라 정리해 보면 다음과 같다. 정치사(정치제도, 관제, 법제, 법률사상, 군사, 군사사상, 공산당 등), 경제사(경제, 경제사상, 농업, 신문사업), 사회사(사회, 신문, 부녀), 문화사[문화, 화극(話劇), 풍속, 문학비평, 번역, 비단, 역사소설, 희곡, 산문, 출판, 회화, 불교 등], 학술교육사[학술, 교육, 교육사상, 교육제도, 사학사상, 철학, 문학, 의학, 수학, 수사학, 루쉰학(魯迅學) 등]이다.

이러한 분야별 전문사는 중국의 유구하고 풍부한 역사 유산에 대한 자긍심을 보여주기에 족하다. 그중 하나인 『중국개혁통사』는, "중국 봉건사회가 창조한 물질문명과 정신문명은 더불어 필적할 만한 상대가 거의 없으며, 당시 세계 제1의 위치에 있었다. 만일 우리의 선조가 절대로 폐쇄적이고 보수 일변도여서 혁신을 도모하지 않았다면 중화민족은 아마도 일찍이 소리 없이 자취를 감추었을 것이다"고 했다. 이러한 문명유산에 대한 자부심은 다음과 같은 강렬한 현실인식과 직결되어 있다. "중화민족이 능히 다시 한번 위세를 떨쳐 세계 강국들의 대오 속에 우뚝 설 수 있을 것인가 아닌가는 개혁의 성패와 득실에 달려 있다."[14]

역사를 문명의 관점에서 파악하는 문명사는 18세기 유럽에서 처음 등장했다. 문명사는 문명 발전의 과정을 탐구하는 전문사의 하나며 방법론상으로는 학제적 연구의 대상이다. 문명은 문자·금속기·도시를 바탕으로 하는 국가 활동과 밀접히 연관된 속에서 성립했으나 그 후의 전개 과정은 국가 단위를 훌쩍 넘어선다.[15]

그러나 일본을 통해 1901년부터 중국에 소개된 문명사는 오늘날 우리가 말하는 초국가적 문명사와 달리 국가사의 의미가 강했다. 후쿠자와 유키치(福澤諭吉) 등이 일본의 구식 역사는 군신과 관료의 업적을 다룰 뿐이어서 "일본 국가의 역사는 없다"라고 비판하며 문명사를 제창한 이래 문명사가 '국가사', '국민발달사'의 한 형식으로 주목되었기 때문이다.[16] 이런 문명사는 앞에서 본 '통사'와 크게 다르지 않다. 일본식 문명사 저작은 산업·학술·종교·풍속 등을 정치사에 부수되는 현상으로 나열하는 '공식화 경향'이 돌출되어 문명 발달의 원리를 추구하는 서양식 문명사와 크게 달랐고 이런 병폐는 그 후 중국판 문명사에서도 재현되었다.[17]

그 후 중국인에 의한 중국문명사가 시도된 바 있지만 주목받은 저작은 별로 없었다. 따라서 개혁·개방기 중국에서 문명사가 다양하게 편찬된 것은 특기할 일이다. 이를 협의와 광의의 문명사로 나누어 보면 광의의 문명사가 다수다. 흔히 말하는 물질문명과 정신문명 외에 정치문명(제도문명)을 추가해 3자를 고루 포괄하여 구성한 문명사가 다수를 차지한다. '챠오편문명사'(10권, 1989~1994), '위안편문명사'(4권, 2007), 장다성(張大生) 편 『이야기 중화문명사』(6권, 2007)가 이 유형에 속한다. 그 밖에 문화사와 흡사하게 정신문명에 한정해 구성된 단권본 문명사도 있다. 눈에 띄는 점은 중화문명사가 처음부터 10권본의 광의의 문명사로 편찬되었다는 사실이다. 집체공작 방식으로 편찬되었기에 가능했다. 세계문명사도 다수 출간되었으나 이는 따로 다룰 문제다.

여기서는 '챠오편문명사'와 '위안편문명사'를 중심으로 검토하기로 한다. 전자는 저우구청을 고문으로 챠오웨핑(베이징사범대학)을 총주편으로 하는 편찬위원회를 구성하고 각 분야를 두루 포괄해 내용을 구성했다. 편찬위원과 집필자는 베이징대, 베이징사범대, 중국정법대를 비롯한 여러 대학에 소속되어 있다. 후자는 위안싱페이(베이징대 국학연구원) 주도하에 베이징대학의 문사철(文史哲) 분야 전현직 교수들로 편찬위를 구성하고 역시 각 분야를 두루 포괄해 내용을 구성했다. '위안편문명사'는 이미 영어·일본어·러시아어 등 7개 국어로 번역되었고 한국어로도 번역되었다.[18] 두 문명사는 모두 정치문명('챠오편문명사'에서는 '제도문명'이라 함)을 각 왕조의 경제·정치·법률·군사·민족융합으로 나누고, 물질문명과 정신문명에 대해서는 그보다 더욱 세분하여 다양한 면모를 서술했다.

이들 2종의 중화문명사는 두 가지 뚜렷한 공통점을 갖고 있다. 중화문명을 중국 각 민족의 공동 노력에 의해 창조된 '다원일체'의 문명이라고 본 점과 이를 고금을 관통하는 통사 형식으로 편찬한 점에서 그렇다. 전자는 중국통사에서 중국사의 범위를 현재주의 원칙에 따라 정한 것과 연동되어 있으나 그 안에서는 중화문명의 다원성을 중시한다. 한족문화도 처음부터 단일한 문화가 아니라 주변문화 속에서 많은 자양분을 흡수하여 더욱 풍부해졌다고 본다. 문명사는 문명이 장시간에 걸쳐 변화·발전해 온 이치를 탐구한다는 점에서 통사와 흡사하다. 하지만 문명사는 국가/민족을 넘어선 지역/세계를 단위로 한다는 점에서 통사와 다르다.[19] 이런 면에서 보면 중화문명사에서 가장 중시되는 내용 중 하나가 "통일다민족국가"의 발전인 것은 하나의 역설이다. 문명사는 통사 형식을 취했으나 선사부터 1949년까지 다룬 중국통사와 달리 1911년까지만 다루었다.

이들 두 저작에 나타난 중화문명의 특징은 다음과 같다. '위안편문명사'에 따르면, 하나의 문명이란 그 고유의 사유 체계를 갖고 있으며 중화문명의 사유 체계는 음양 관념, 인문 정신, 숭덕·상군(崇德·尙群), 조화 중시, 총체적 사유라 했다. 그리고 세계4대 고문명 중 오직 중화문명만 단절 없이 지속되었다면서 그 지속성을 뒷받침한 요인들을 제시했다. 외래문명에 휘둘리지 않고 오히려 그것을 자기 문명 속에 동화시키는 규모의 방대함, 중화민족의 공동 조상인 염제·황제를 정점으로 하는 조상숭배 관념, 가족·종족을 기본 단위로 하는 가족-국가 동형구조의 사회모델, 자강불식(自强不息)과 후덕재물(厚德載物)의 정신, 문명의 중요한 매체이자 표지인 한자 등 5대 요인이 그것이다.[20] 이어서 중화문명은 이러한 특징적 요인들에 기초해 끊임없이 발전해 왔는데, 거기에는 3대 규율이 있다고 했다. 첫째, 물질문명(특히 생산력의 발전)이 기초적·결정적 작용을 담당했고 물질문명·정치문명·정신문명은 각기 불균등하게 발전했다. 둘째, 경전 상의 상층문화(雅)와 경전 밖의 하층문화(俗) 간 상호작용을 통해 발전했다. 셋째, 복고를 통한 혁신의 방식으로 발전해 왔다.[21]

중화문명의 이러한 특징은 '바이편통사'가 주목한 중국역사의 특징과 상통한다. 그에 따르면 중국역사의 가장 큰 특징은 문명발전의 '연속성'과 국가발전의 "통일성"이다. 민족이동이 서양에서는 전통문명의 교체를 초래했으나 중국에서는 왕조의 교체와 분열에 그칠 뿐 중화문명의 포용력과 동화력을 바탕으로 다민족통일국가의 발전을 가져왔다는 것이다. 그 규모의 광대함으로 인해 각 민족·지역의 경제문화발전이 불균등하고, 전습(傳習) 역량의 완고성으로 인해 사회변혁이 불철저하며 유사한 사회현상이 중복 출현한 것 등이 세부적인 특징으로 주목되었다.[22] 전습역량(傳習力量)의 완고성과 복고를 통한 혁신이야말로 지속성·연속성을 보증한 핵심 특징이라 할 만하다.

한편 문명사는 문명의 발전과 성취만을 일방적으로 현창해서는 안 되며 그것을 가능케 한 희생과 대가에도 마땅히 관심을 기울여야 한다. '챠오편 문명사'는 이런 양면성을 직시해야 한다고 강조했다.

> 문명사의 발전은 …… 일정한 대가를 지불하지 않으면 안 되며 …… 그 사이에는 전쟁·폭력·항쟁도 수반되었다. …… 문명의 몸뚱이에는 줄곧 그 시대의 비문명적인 흔적 심지어 야만의 도장이 찍혀 있다. …… 이것이 문명발전의 변증법이다.[23]

이런 관점은 흔히 문명사가 발전의 측면만을 부각시킨 성공스토리로 채워지는 현실에 비추어볼 때, 중화문명사가 그런 폐단에 이르지 않도록 하는 지적 긴장을 보여준다.[24]

그런데 이런 지적 긴장이 '위안편문명사'에서는 보이지 않는다. 안이한 인식은 문명과 문명의 관계를 서로 "선물을 주고받는 관계"로 파악한 데서도 드러난다.[25] 정치사도 제도사로 좁혀 그 발전과 유산을 강조했고 정치세력들 간의 경쟁과 갈등·충돌은 거의 삭제했다. 결국 '위안편문명사'는 '챠오편문명사'에 비해 중화문명의 위대한 유산을 훨씬 일방적으로 현창하는 내용으로 구성되었다. 그보다 10년 뒤에 나온 '차오편통사'는 중화문명의 유산을 일방적으로 현창하지 않고 특히 정치적 전제주의의 폐해를 직시했다.

2. '부흥중화'의 역사서사 | 중화성의 현창과 성찰

앞에서 대규모 통사와 문명사 편찬에 보이는 중화성의 현창을 총론 수준에서 간략히 언급했으니 이제 구체적으로 검토해 보자. 중화의 회복과 부흥은 신해혁명 이래의 소망이었지만 '백년 굴욕'의 반(半)식민지 상태를 벗어나 인민공화국이 수립된 이후에야 비로소 그 기회가 생겼으나 보편성의 이름으로 특수성을 외면하는 마르크스주의 통치 이념이 걸림돌로써 작용했다. 개혁개방 이후 그것이 사라져 '중화 만세'를 외쳐도 좋을 정도의 여건이 되었다.

'바이편통사'는 중화성을 현창하기 위해 시대마다 "중국의 세계상의 지위"라는 장이나 절을 두어 서술했다. 그런데 그 '세계'는 일차적으로 서방 선진국이어서 걸핏하면 중국 역사상의 어떤 성취를 유럽과 비교해 "세계 제일"이라고 하는 식이다. 역사적 성찰 역시 근대 서방에 선두 지위를 내준 경우로 한정되어 있다. '차오편통사'도 마찬가지인데 해당 장절을 각 시대의 맨 앞에 두어 더욱 강조했다. 가령 진한제국을 로마제국과 비교해 그 문화의 "유구성·연속성·통일성은 세계 유일"이라 하는 식이다.[26] 동시에 '바이편통사'와 달리 같은 시대 유럽·인도·동아를 포함하는 세계사의 추세를 간략히 제시해 공시적 이해(횡통)에도 유의했다.

각 분야를 두루 검토할 수 없으므로 편의상 정치문명에 대한 새로운 이해에 집중해 보고자 한다. 서방 학계는 자유주의 관점에서든 마르크스주의 관점에서든 진한 이후 중국의 황제 통치를 전제주의로 간주해 왔다. 혹자는 황제전제를 송 이후나 명청대의 현상으로 한정하기도 하며 부정하기도 한다.[27] 기실 중국 정치사의 특징 중 하나는 황제 중심의 중앙집권 국가제도를 정비해 이를 2000년간 지속한 점이다. 그에 기초한 정치 과정에서 핵심 문제는 군주권과 재상권(신권)의 적절한 균형이다. 이 균형을 위한 정치

유산은 제도적인 것과 사상적인 것의 두 방면에서 찾을 수 있으니, 이를 어떻게 다루었는지 살펴보자.

그중 하나가 "봉건화"다. 여기서 '봉건'은 유럽 중세의 것도 중국 주대의 것도 아닌, 레닌의 견해에 따라 지주제와 이를 토대로 건립된 군주전제를 지칭한다.[28] 따라서 "봉건화"는 한족의 선진적 생산방식(지주제)과 그에 기초한 문물을 원시사회 말기 혹은 노예제사회의 변강이나 유목민족이 수용해 경제·언어문화·생활습관이 한족과 같아지는 현상을 말한다.[29] 그에 따르면, 중국은 춘추 중기 이후 노예제에서 봉건제로의 이행이 시작되어 진한대에 봉건제가 지배적인 생산방식으로 정착되었다. 따라서 중국은 진의 통일 이래 봉건사회인데, "중국보다 일찍 봉건사회에 진입한 국가는 없다. 서구 봉건제의 개시인 프랑크왕국은 중국보다 700년 늦다". 이러한 "선진적 사회제도가 중국을 세계사의 선도자로 만들었다". 그 후 중국 강역의 확대와 사회경제의 발전을 모두 "봉건화" 과정으로 보고 특히 송원대와 명청대의 그것을 강조했다.[30] "봉건화"는 잰보잔의 『중국사강요』(1965)에서 서한과 변경 민족의 관계를 다루면서 제기한 개념인데,[31] '바이편통사'는 이를 수용해 확대 적용한 것이다. "봉건화" 과정에 대해서는 '위안편문명사'도 주목했다.

따라서 진한 이후 중국의 범위와 중화민족의 확대는 모두 "봉건화"의 성취이자 결과인 셈이다. 3국~남북조, 5대10국~요송하금의 분열 시기는 모두 한족과 유목민족의 "조합"이 이루어지는 시기이자 '봉건화'에 의해 중국사회가 확대되고 새로운 통일을 위한 조건을 준비한 시기로 묘사되었다. 원·청의 통일과 강역 확대도 봉건화가 지속된 결과라 했다. 중국 봉건사회를 종래의 근대화 사관과 혁명사관이 이유는 다르지만 모두 정체·낙후의 시기로 본 것과 달리 개혁·개방기의 신편 통사와 문명사는 모두 이를 '세계 제일'로 평가한 점에서 눈길을 끈다.

여기서 중화성의 현창에 방해되는 중대한 문제가 등장한다. '바이편통사', '차오편통사', '챠오편문명사'는 그간의 통설에 따라 모두 진 통일~아편 전쟁을 하나의 시기로 간주했다. 이는 사실상 봉건사회가 2000년 지속했다는, "장기 봉건사회"라는 정체와 낙후의 문제로 이어진다. 다만 '위안편문명사'는 명 중기 이후 상공업에서 "자본주의 맹아"가 나타나고 "시민계급"과 "초기계몽사상"이 출현했으며, 대외무역의 증대로 중국경제는 "세계 제일의 지위에 도달"한 것으로 보았다.[32] GDP 기준의 국력평가(1800년 무렵 세계 총액의 33%로 1위)에 근거한 견해다. 그렇다고 명 중기 이후 봉건사회가 해체의 길로 접어들었다고 하지도 않았다. 그렇다면 어느 쪽도 봉건사회가 장기 지속한 원인을 설명하지 않으면 안 된다.

신편 통사의 다수는 이들 근대지향적 요소를 인정하면서도 "황권전제주의"에 의해 파괴되어 기껏해야 "초기근대를 향한 초보적 전환"에 그쳤다고 봤다. 특히 '바이편통사'는 전제권력의 경제외적 강제와 착취(行幇을 통한 수공업 통제, 소작료·고리대 보장), 해외무역 제한을 맹아의 성장을 방해한 주된 요인으로 여겼다. '차오편통사'는 청대 강·옹·건 시기를 "통일다민족국가의 완성"이자 "비교 대상이 없는 성세"라 칭하면서도 그것이 "전제주의 중앙집권에 의해 조성되고 전제주의를 더욱 강화하는 인과관계로 얽혀서" "후대의 자손에게 낙후와 피침략의 유산을 남겼다"라는 날카로운 인식을 보였다. 이에 두 통사는 각각 명과 "강옹건 성세"를 중국이 "세계의 선진에서 낙후로 이어지는" 시기라 했다. 특히 국가의 대외정책이 폐쇄적인 방향으로 선회한 것을 그 주된 요인으로 꼽아 서구와 대비시켰다.[33] 어느 견해든 모두 '장기봉건' 시기에 통일다민족국가가 지속 발전했음을 인정한 점은 다르지 않다. 명청대에도 '(다민족)국가'는 발전했으나 '(봉건)사회'는 노쇠했다는 이중 기준이 흥미롭다.

필자가 보기에는 다민족국가의 지속적 팽창 자체가 봉건사회 장기지속의 주요 원인이 아닌가 싶다. 중국의 판도는 진한 이후 청 중엽에 이르기까지 정복전쟁을 통해 끊임없이 확장되었고 황권전제주의는 이를 추동하는 동시에 이를 통해 강화되었다. 이를 뒤집어 보면, 이미 성숙기에 도달한 봉건사회의 선진지대에서는 새로운 사회를 향한 요소들이 생성되고 있었으나 새로 편입된 후진지역의 봉건화 = 문명화가 신요소의 질적 전환을 초래할 양적 축적의 기회를 갉아먹었음을 시사한다. 결국 봉건사회 장기화의 원인은 다민족국가의 팽창에 따라 지속된 "봉건화" 자체의 역설이라고 할 수 있다. 일찍이 장기지속의 원인을 "봉건화의 확대"(유목민의 남하와 한족의 남천으로 봉건생산관계가 새로운 지역으로 확대)에서 찾거나 "봉건화의 미완성"(주기적 농민봉기로 인해 봉건화가 원점으로 회귀)에서 찾는 견해도 나와 있다.[34] 이 두 견해는 서로 대립하는 듯하지만 실은 전자의 '양적 확대'가 후자의 '질적 미완성'을 초래한다는 점에서 보면 논리상 양립할 수 있다. 진·한·명 3대 강역이 중첩되는 전통적 군현지구라는 '중국1' = 소중국과 원청대 확장된 '중국2' = 대중국를 놓고 보면 전자 범위의 봉건화도 완성하기 쉽지 않은 큰 규모인데 하물며 후자 범위에서는 더 말할 나위가 없다. 이는 유목민의 남하나 한족의 남천을 뛰어넘는 문제다. 20세기 초까지도 '중국1'을 넘는 '중국2' 지역의 상당 부분이 봉건화에 이르지 못한 상태였다.

그렇다면 중화문명의 우월성을 어디서 찾아 "부흥중화"의 시대적 과제에 부응할 수 있겠는가? 명 이전의 정치방면에 있다고 보는 듯하다. '바이편통사'는 마르크스주의 사학의 일관된 통설에 기초해 진한 이래의 정치를 "봉건전제주의"라 칭하면서도 명청대에 크게 강화되었음을 강조했다.[35] 그에 따르면 명대에는 중서성·승상제의 폐지와 환관의 급증 및 명률 개정으로, 청대에는 군기처 설치, 임시기관이던 총독·순무의 상설화, 보갑 편제, 청률 개정으로 황제 전제권력을 뒷받침했다.[36] 명 이전에는 승상 = 재상으로 대표되는 신권에 의한 군주권의 견제와 양자의 조화가 가능했으나 그 후 이 균형이 무너졌다. 이 같은 황제전제주의는 원의 통치가 남긴 해악을 이어받은 것으로, 그 이전의 정치문명은 이와 달리 세계에 자랑할 만한 유산이라는 것이다. '차오편통사'는 "몽원정치"가 남긴 부정적 유산으로 북방 유목민족의 "대칸(大汗)은 지고무상이다"라는 관념이 "황권지고무상"을 제도화시킨 점에 주목하였다.[37]

2종의 문명사 모두 명 이전 왕조의 법전 정비와 그에 기초한 의법행정을 같은 시기 "세계 제일의 정치문명"으로 강조했다. 그중에 주목되는 것이 조의제도(朝議制度)다. 조의는 조정 신료들의 의견을 널리 모아 국익을 증진하는 기능을 담당하는 제도로서, 국정 현안을 승상의 주재하에 신료들이 의논하거나 자문성 정무토론회를 통해 각 방면의 의견을 수렴함으로써 황제의 전제와 대신의 전권을 방지하고 황제의 합리적 선택을 뒷받침한다. 조의 참가자는 아래로 사대부에서 위로 승상에 이르는 행정·군사 계통의 주요 인사들이다.[38]

당대의 정사당(政事堂)은 3공의 재상들이 모여 국사를 논의하고 결정하는 제도로, 수대에 건립된 후 당태종이 그 지위를 높여 문하성(후에 중서문하성)으로 개명했다. 당대 재상은 현능자(賢能者)로 임명해 집단책임제를 취했기에 전제주의 중앙집권하에서도 국가 권력기관의 효능을 현저히 제고할 수 있었다.[39] '위안편문명사'는 당대의 정사당과 당률소의 및 준법정신, 송대의 문관제도 완비와 사대부의 조의 참여(共治天下, 共定國是)를 강조하였다. 이를 통해 황제권이 강화되면서도 직권의 분립과 상호 견제가 추구되어 황제권의 제한이 제도화되었다면서 이를 "중화 정치문명 이념의 빛나는 성취", "상호 견제 원칙의 충분한 운용"이라 했다.[40] 1000년간 유지된 승상제와 700년간 유지된 중서성은 명대에 폐지되었다.

그래서 '바이편통사'와 '챠오편문명사'는 이 같은 조의제도가 명 이후 단절되었다고 본다. '위안편문명사'는 그 후에도 지속되었다고 보지만 그 근거는 취약하다. 다만 '챠오편문명사'가 제도가 아닌 사상의 측면에서 사대부의 '공치천하(共治天下)' 이념이 황종희를 거쳐 캉유웨이와 탄스퉁(譚嗣同)에 의해 근대적 정치제도의 구상으로 이어졌음을 강조한 것이 주목된다.

명말 청초의 황종희는 "천자도 (늘 옳은 것이 아니므로) 스스로 시비를 가리지 말고 학교에서 공의(公議)해 그 시비를 가리자"라고 하여 학교를 "독립적 여론기구"로 삼으려 했다.[41] 명청대에 관직에 나가지 못하는 사대부가 증가해 신사층을 형성하고 황제의 신하가 아닌 민간 엘리트로서 참정하고자 하는 요구를 반영한 구상이다. 그 사상적 영향 속에서 19세기 말 캉유웨이는 황제전제주의로 인해 단절된 군민(君民) 공동의정(共同議政)의 전통을 살려 군주입헌제를 추구했고, 탄스퉁은 각 분야별 "학회의 연합"을 결성해 국사를 논의하고 그에 따라 국책을 결정하자고 주장했다. '챠오편문명사'는 이를 "학회를 일으켜 의회를 대신한 것"이라 평했다.[42] 이들 학회는 이윽고 각종 직업단체로 발전했고 서로 연합해 "각계연합"을 형성한 후 여론형성의 사회관행을 정착시키면서 서구의 이론을 수용하여 직업대표제에 기초한 새로운 민의기관을 제도화하는 데 앞장섰다.[43] 캉유웨이와 탄스퉁의 구상은 황종희를 계승해 중국의 전통적 정치문명과 서방 근대문명을 결합하여 새로운 제도 설계로 나아간 점에서 중요한 의미를 지닌다.

이상과 같은 중화성의 현창에 비해 역사적 성찰을 보여주는 서사는 많지 않다. 현창이 흔히 유럽과 비교해 '세계 제일'이라는 식의 평가에 기초했던 만큼 성찰 역시 근대 서방과의 관계에 한정되어 있다. 가령 '바이편통사'는 "세계의 선진에서 낙후로" 기운 "명청대의 봉건세력은 인민을 진압하는 데 우세를 차지했을 뿐 (쇄국정책으로 인해) 낙후를 면치 못하다가 결국 서방 식민자의 침입에 저항할 수 없었다"라고 했다.[44] '차오편통사'는 청조가 "천조는 만국을 통어한다"라는 관념에 젖어 베스트팔렌조약(1648) 이후 달라진 국제 환경과 외교 관행에 무지해 "세계의 대세와 완전히 상반된 국책을 취했음"을 유감스럽게 여겼다.[45] '위안편문명사'는 당시 중국의 통치계급이 쇄국

정책을 펴고 부패·무능하여 낙후하게 되었다면서 "이는 우리가 중화문명사를 회고할 때 마땅히 기억해야 할 뼈아픈 역사적 교훈"이라고 했다.[46]

그럼에도 큰 맥락에서 중국의 근대사를 긍정적으로 서사한 것은 전과 달라진 점이다. '바이편통사'는 근대 중국의 큰 시련과 실패를 인정하면서도 중국의 존재 자체가 열강의 동방침략에 대한 방파제였다고 썼다. 청제국이 오스만제국이나 무굴제국과 달리 통일된 영토를 지켜낸 것은 곧 서방 제국주의의 침략 확장에 "거대한 장애를 조성한" 것이며 결과적으로 "제국주의 침략을 좌절시킨 것"이라 했다.[47] 이 서사는 잰보잔의 『중국사강요』(1965)에 처음 제시된 관점을 이어받아 더욱 강조한 것이다.[48]

3. 민족관계와 대외전쟁 서사 | 제국성과 공화성의 추이

'중국사'의 범위와 주체

'바이편통사'를 중심으로 개혁·개방기 신편 통사에 나타난 제정중국의 대외인식을 앞 장에서 검토한 1949년 전후의 그것과 비교하며 살펴보자. 그러려면 '중국1'과 '중국2'의 차이를 염두에 두고 그 범위와 경계를 어떻게 설정했는지부터 살펴야 한다. 이는 민족관계 인식과 직결되어 있다.

이미 앞 장에서 보았듯이 1950년대에 정립된 중국사 인식과 서사의 기준에 따라 '바이편통사'는 "역사상 중국"의 범위를 인민공화국 영토를 과거로 소급 적용해 고금을 관통하는 범위로 한다는 현재주의 원칙을 분명히 했다. 그 범위 안의 모든 민족이 하나의 중화민족으로서 '통일 다민족국가'를 형성했으니 중국1과 중국2 사이에 존재한 민족들, 즉 '외부1'은 중국의 내부가 되었다. 따라서 그들과의 전쟁은 모두 중국의 내부에서 일어난 분열과 통일의 전쟁일 뿐이고, 대외전쟁은 '중국2'의 외부에 있는 국가와의 전쟁으로 국한된다. 현재 중국 안에서 거자오광처럼 현재주의 기준을 비판하고 그들과의 전쟁을 "국제전쟁으로 인정하지 않을 이유가 없다"라고 보는 연구자는 극소수다.[49]

'바이편통사' 제1권의 제1장 제목이 "통일적 다민족의 역사"다. 거기서 먼저 1949년 이후 공산당의 민족정책의 요점을 대민족주의와 지방민족주의를 불허한다고 명시한 주요 문건에 기초해 소개하고 중화민족의 통일성과 일체성을 강조하였다. "다민족의 '다'와 통일의 '일'은 변증법적 통일"이라는 것이다.[50] 이어서 스탈린의 4대 민족 특질을 기준으로 진행된 민족식별조사와 그 결과 56개 민족이 중국 경내에 공존하고 있음을 설명했다. 그리고 이들 다민족이 변증법적 통일을 이루는 과정을 4단계로 나누어 설명했다. 약간의 단일민족 내부의 통일(하·상·주)-지역성 다민족의 통일(전국칠웅)-전국성 다민족의 통일(진한에서 명청까지)-사회주의 전국성 다민족의 통일(인민공화국)이 순서에 따라 진전되었다는 것이다.[51]

그에 따르면 '역사상의 중국' = 신중국3 범위 안에서 흥망을 거듭한 여러 민족과 왕조들은 하나뿐인 '중화민족 국가'의 구성 부분일 뿐이다. 그들의 국가성을 부정하여 단지 "정권"으로 호칭하는 이유도 여기에 있다. 가령 소수민족 왕조를 "지방민족정권"이라 하고 요·금·하(서하)를 "황조"라 칭해 "송 황조"와 동격으로 여겼으나 독립된 '국가'가 아니다. 그래서 7세기의 티베트를 "우리나라 고대 토번왕국"이라 칭하고 그 후의 티베트 정복을 "서장통일"이라 하고 청의 입관 이래 수차례 유목민족 왕조에 대한 정복을 모두 "통일전쟁"이라 하고 건륭제의 대만·위구르 정복을 "대만통일", "회강(回疆)통일"이라 하였다. 모두 "통일다민족국가"의 "변강 통일"로 여긴 것이다.[52] '차오편통사'도 마찬가지다.[53]

그로 인해 민족관계와 대외전쟁 서사는 직전 시기와 비교해 제국성을 분식하는 쪽으로 후퇴하였다. 이는 유목민족이 속한 '외부1'은 중국의 내부가 되었으니 그에 대한 용병을 정복·침략을 포함하는 대외전쟁이 아니라 "봉건화"와 "통일"로 간주한 데서 드러난다. "유목민족은 항상 (반농반목지구와 유목지구 사이의) 자연분계선을 넘어 농업지구를 침탈했다"라는 일방적 '침략자' 낙인도 그와 궤를 같이한다.[54] '외부2'에 대한 용병은 대부분 "황조"의 "정벌" 전쟁이라 하고 예외적으로만 "정의롭지 못한" 전쟁임을 인정한 점에서 직전의 관점보다 후퇴했다. 이런 서사의 구체 사례를 간략히 살펴보자.

대외전쟁 서사: 한·수당 시기

한 무제의 대외용병은 '종술' 편에서 고조선에 대한 것만 서술했다. "기원전 109년 조선왕 우거(右渠)가 한조의 조서(詔書)를 받들지 않았고 이듬해 조선의 니계상 삼(尼谿相 參)이 우거를 살해하고 한에 투항하자 한조는 마침내 조선을 평정하고 4군을 설치했다"라고 한 게 전부다.[55] '평정'이라 했으니 사실상 '정벌'로 보는 관점과 다르지 않고, 더구나 대군을 동원한 전쟁의 사실 자체를 빼버린 서사여서 용병의 제국성은 은폐되었다. '외부1'에 속하는 흉노·서역·서남이에 대한 용병은 "어떤 것은 소수민족 귀족이 도발한 중원 농업지역 약탈에 대한 방어"이고 "어떤 것은 소수민족 인민에 대한 침범으로 파괴를 초래했다"라고 하여 양면성을 인정했으나 결국 "교통과 개발을 대규모로 전개하여 봉건화와 통일을 진전시킨" 업적으로 평가했다.[56] 한 무제의 대규모 용병은 청 건륭제까지 이어진 역대 제왕의 모범이자 팽창정책의 원형이 되었으나 이에 대한 성찰의 시각은 극히 미약하다.

수당 시기의 대외용병에 대해서도 '종술' 편은 강역의 동서남북 범위와 그 수축·팽창의 결과, 그리고 점령지에 설치한 새로운 통치기구의 연혁에 관해서만 서술해 대외용병 사실을 생략했다. 다만 '전기' 편에서 수양제의 대군이 3차에 걸쳐 고구려를 "입조(入朝)하지 않는다는 구실로 정벌했다"고 하여 정벌론을 이어갔다. 당태종의 고구려에 대한 용병 서사도 마찬가지다. 앞 장에서 본 판원란의 『중국통사』(1965)와 상당한 차이를 보였기에 그대로 인용하면 다음과 같다.

> 동북 변강에서는 장기간 요동 일대를 점거한 고구려가 신라·백제와 당의 사절 왕래(通使)를 방해하고 수시로 요서(遼西)를 침범해 변경 주민을 살해했다. 644년 태종이 고구려 진공을 결정하고 645년 출병해 요동성을 공격했으나 안시성 전투에서 날씨가 추워지고 군량이 바닥나 철군하였다.[57]

상대의 죄를 징벌하기 위해 진공했다고 했으니 사실상 정벌론의 관점을 유지한 것이다. 특히 패배를 인정하지 않은 것은 물론이고 개전 이유가 고구려의 잘못에 있다고 하였으니 이는 정의전쟁론에 따라 전쟁의 정의성이 고구려에 있으므로 당군이 이길 수 없었다고 본 판원란의 서사와 정반대라 할 수 있다. 그 대신 뒤에 보듯이 건륭제의 미얀마·베트남에 대한 용병을 "정의롭지 못한 전쟁"이라 했다. '차오펀통사'도 당태종의 용병을 천자의 위엄을 지키려 개전의 책임을 상대에게 미루고 이를 징벌하는 정벌론의 관점에서 서사했다.[58]

대외전쟁 서사: 명청 시기

명조의 대외용병에 관해서는 두 가지를 다루었다. 하나는 "원조항왜(援朝抗倭)" 전쟁으로 도요토미 히데요시의 침략을 받은 조선의 요청에 따라 파병해 "조선의 독립과 명조 변경의 안전을 지켰다"라고 했다. 이는 통설적 서사다. 성조 영락제의 베트남에 대한 용병을 다룬 것은 새로운 시도에 속한다. 그에 따르면 베트남은 5대 시기에 "독립"해 줄곧 중국과 "번속관계" 속에 "우호를 유지"해 왔는데, 15세기 초 주변국에 대한 침략을 저지하기 위해 영락제의 군대가 나섰다는 것이다.

> 베트남(安南)은 현지의 소패주(小霸主)로서 남쪽의 참파를 침략하고 북으로 (중국의) 광시(廣西) 사명부(思明府)를 침점하고 윈난 원주(遠州)에도 침입했다. 모두 쩐조(陳朝) 재상이던 레씨(黎氏)가 왕권을 탈취한 후 황제를 칭하면서 벌인 일들이다. 이에 명 성조는 안남의 대외확장을 저지하기 위해 1406년 80만 명의 대군을 일으켜 정벌에 나섰다. 이듬해 레씨 부자를 격파하고 평정한 후 (중국) 내지의 각 성처럼 하나의 성으로 편제했다. 그러나 성조가 용병해 안남을 정벌하고 교지포정사를 설립한 것은 베트남 인민의 의사에 위배되는 것이어서 베트남의 반명(反明)투쟁을 불러일으켰다.[59]

베트남의 소패권주의에 대한 용병을 "정벌"이라 한 것은 천조 상국의 정당한 권한 행사로 여겼음을 의미한다. 다만 그곳을 중국의 직할성으로 편제해 통치한 것은 현지 인민의 의사에 반하는 것임을 분명히 했다. 응징과 통치를 구분해 이중 기준을 적용한 셈이다. 제국성과 공화성의 교차 지점을 보여주는 하나의 예가 아닌가 싶다. 명군의 내분으로 반명 투쟁을 진압하지 못해 양국은 "1436년 조공관계를 맺고 정상적 우호관계를 회복했다"라고 했다. 그렇다면 조공관계도 번속관계도 독립된 양국의 우호관계를 지칭하는 것이어서 '조공'과 '번속'의 차이를 외면한 서사가 아닐 수 없다. 이에 관한 서사는 '차오편통사'도 동일하다.[60]

청대의 대외용병에 관한 서사는 근대 이전과 이후로 나누어 볼 수 있다.

먼저 러시아, 미얀마, 안남에 대한 것을 보면, 모두 '종술' 편이 아니라 '전기' 편에서다. 강희제가 러시아의 중국 침략과 "약탈·방화·살인·겁탈을 자행하는 식민강도 짓"에 맞서 반격해 조약을 맺고 양국 변계를 확정한 것을 "위대한 민족자위전쟁"이라 했다.[61] '바이편통사'가 제정중국의 전쟁 중에서 "민족자위전쟁"이라 한 것은 이게 유일하다. 미얀마와 안남에 대한 건륭제의 용병은 그의 '10전무공'의 일부로 다루었다. "건륭은 1766~1969년 미얀마에, 1788~1989년 안남에 용병했다. 전쟁의 성질로 말하면 이 두 차례 용병은 모두 정의롭지 못한(不正義) 전쟁으로 중국과 미얀마·안남 인민에게 재난을 초래했다."[62] 인민의 관점에서 공화성을 보인 인식과 서사의 예라 하겠다. 다만 판원란 통사(1954~1965)와 마찬가지로 용병의 '부정의성'을 선택적으로 인정한 서사에 그친 것은 유감스럽다. 더 후퇴한 것은 '차오편통사'(2018)의 서사다. 건륭제의 미얀마·베트남에 대한 용병을 아예 외면하고 조공책봉과 종번관계·교역관계만 다루었다. 이는 시진핑 시기의 관점이 투영된 중대한 변화라 하겠다.

청조의 근대 시기 대외용병으로 청프전쟁과 청일전쟁을 다루었다. 그에 따르면 프랑스군과 일본군이 중국의 번속인 베트남과 조선을 침략해 그곳을 기지로 삼아 중국을 침략하려 기도했고, 청조는 "번리(藩籬)를 지키기 위해 파병해 선전했다"라는 것이다.[63] 두 전쟁을 사실상 "민족자위전쟁"으로 여긴다는 인식이 행간에 담겨 있다. 중국에게는 조선도 베트남도 "번리"에 속했으니 근대 시기에도 여전히 이웃 나라를 번리·번속으로 여긴 것은 천조 관념의 제국성이 지속되고 있음을 보여준다.

이와 관련해 중국과 주변국 간 "번속관계"를 강조한 서사도 눈길을 끈다. 제정 시기 중국의 대외관계는 조공과 호시(互市)에 의거했고 이를 통해 문화교류도 이루어졌다. 그런데 '바이편통사'는 조공관계보다 "번속관계", "종번관계"를 더 중시했다. "한과 고조선왕 위만이 번속관계에 있었다"라고 한 데서 시작해 조선과 베트남 등이 "견사조공했다"라고 가끔 조공관계를 간략히 언급할 뿐 번속관계의 지속을 강조했다.[64] '차오편통사'는 "청 정부는 역대 중앙왕조의 전통에 따라 주변 각국과 종번관계를 유지했다"라며 아편전쟁 이후 서사에서도 사방의 인국을 번속국/속국으로 칭했다.[65] 번속/종번이라는 용어를 사용해 조공국의 종속성을 실제 이상으로 강조한 것이다.

고대 이래 중국의 통치자는 제후왕과 주변 소국이 자신의 방호벽과 보위자가 되기를 희망하여 이를 "번위(藩衛)"·"번병(藩屛)" 등으로 칭했다. "번리"도 이와 다르지 않다. "번속"이란 여기에 속국을 의미하는 '속'을 붙여 만들어진 용어로 청대에 비로소 생겨났다.[66] 더구나 "종번관계"는 국제법의 종주권 개념을 기초로 근대 시기에 만들어진 용어인데, 최근 중국 학계는 이를 고대 이래의 것으로 소급 적용하는 경향을 보인다.[67] 최근 번속체제와 조공책봉의 관계에 대하여 후자는 전자를 구체화하는 정책 수단에 불과하다고 보아 전자를 상위개념으로 중시하는 견해도 나왔다.[68] 두 통사는 이런 경향을 앞서서 보여준다. 조공은 쌍방의 필요에 따라 맺은 외교관계인데 반해 번속은 상대의 독립성을 부인하는 군사적 종속관계다. 중국학자들은 번속이 자국의 방어를 위한 것일 뿐 서방의 식민지처럼 재부를 약탈한 게 아니라면서 그 종속관계에 눈을 감는다.[69] 공화3기의 이 같은 번속서사는 중화성과 제국성을 당연시하고 강화하는 인식의 반영이라 하겠다.

동아시아 이웃 나라를 황조의 "번속"으로 간주하고 그에 대한 정벌을 당연시하는 관점은 중국의 대외적 자기성찰을 차단하는 결과를 초래한다. 그리하여 역사상의 중국은 이웃과의 관계에서 문명의 시혜자, 평화의 수호자이기만 했던 것으로 인식될 뿐이다. 가령 '위안편문명사'가 "중화문명은 본질상 하나의 평화적인 문명이며 중화문명은 외래의 위협 속에서 자기를 보존하는 능력을 갖고 있으나 결코 남을 위협하는 데에는 흥미가 없다"라고 한 것은 그 단적인 예다.[70] 공화3기의 통사와 문명사는 역대 중국의 대내외전쟁을 '통일다민족국가'의 발전이자 중화문명의 발전 과정으로 파악하여 서술했다.

또 다른 관점의 서사

동아시아 이웃을 "번속"이 아닌 "이웃 나라(隣國)"로 대하면 전혀 다른 역사 인식이 가능해진다. 오늘날 대만에서 출간된 뤼정리(呂正理)의 『다른 눈으로 본 역사(另眼看歷史)』(2010)는 "이웃을 거울로 삼는(以隣爲鑑)" 관점에서 쓴 동아시아사다. 그는 한 무제에서 청 건륭제에 이르는 역대 중국 황제의 '외부2'에 대한 "정벌"을 일관되게 무용할 뿐 아니라 명백한 "대외 침략"이며 "침략 전쟁"이라 했다.[71] 마르크스주의 사학의 대표작 '판·차이편통사'(12권, 1994)와 흡사해 놀랍다. 그는 마르크스주의자가 아니어서 특히 그렇다.

그 사상적 배경이 궁금하나 저자가 별도의 사론을 남긴 게 없어 현재로선 파악하기 어렵다. 앞 장에서 본 첸무의 무용전쟁론을 바탕으로 하고 판원란의 관점을 참조해 자성의 방향으로 한 걸음 더 나아간 게 아닌가 싶다. 그렇지만 대만에서 첸무와 뤼정리의 관점은 이른바 '사료학파'가 '정통지위'를 차지하는 주류에 비하면 소수 견해다.[72] 가령 대만 주류 학계를 대표하는 푸러청(傅樂成)의 『중국통사』(1960/2014)는 강렬한 정벌론과 제국서사를 견지한 점에서 네 통사 중 저우구청의 것과 가장 흡사하다.[73]

여기서 판원란의 통사가 개혁·개방기에 어떻게 바뀌었는지 간략히 살펴 '바이편통사'와 비교해 보자. '바이편통사'와 함께 이 시기 또 하나의 대표적인 통사로 일컬어지는 게 '판·차이편통사'다. 판원란 『중국통사 간편』(수정본, 1954~1965)의 증보판으로, 그의 사후 제자들이 당말까지를 다룬 수정본을 제1~4책으로 삼고 5대10국~1949년 부분을 증보해 제5~12책으로 완간한 것이다. 증보판은 수정본의 관점을 제자들이 충실히 이어간 것으로 보인다.

증보판은 수정본에서 이미 한족중국론을 포기하고 다민족중국론을 취한 원저자의 관점에 따라 내용을 증보했다. 당말까지는 앞 장에서 검토했으니 여기서는 원명청대의 전쟁서사만 살펴보자. 수정본의 관점에 따라 '중국1'의 바깥인 '외부1'에 대한 용병은 모두 통일전쟁이라 했으나 '외부2'에 대한 용병은 사실상 침략전쟁이라 했다.

먼저 원의 고려·일본·베트남·미얀마·참파·자바에 대한 용병은 몽골국 노예주 귀족이 노예와 재부를 약탈하기 위한 전쟁이라 하고 그에 대한 각국 인민의 저항을 "정의"라 하였다. 그래서 "원조의 대외 침략군은 각국 인민의 정의로운 저항 앞에서 부단히 실패했다"라는 것이다(제4편, p.152). 명청의 외부2 에 대한 용병서사도 마찬가지다. 명 성조는 내란 상태의 베트남 레조에 대군을 파병하고(1406년, 1408년) 이를 반란세력에 대한 "정벌"이라 했으나, 그러나 레씨를 제압한 후 새로운 왕을 세우지 않고 "직할성으로 편제해 직접 통치한 것은 베트남 인민의 의사에 더욱 위배될 뿐만 아니라 명조에게도 전혀 무익한 일이었다"[74]라고 썼다. 그 연장선에서 청 건륭제의 베트남에 대한 용병을 "침략전쟁"이라 하고 침략군이 참패한 것은 "자주권을 지키려는 베트남 농민의 징벌을 받은 것"이라 했다.[75]

한편 청프전쟁과 청일전쟁은 제국주의 침략에 저항한 반침략전쟁임을 분명히 하였다. "프랑스가 조약을 위반하고 이유 없이 개전하였으며" "청조는 선전조서를 내려 반침략의 대전을 전개"했다는 것이다."[76] 청일전쟁에 대해서는 동학 농민의 봉기와 관련하여 계급관계도 고려해 다음과 같이 이중의 관점에서 접근하였다.

> 조선의 전봉준이 영도한 농민기의(起義)는 안으로 탐학을 제거하고 밖으로 강적을 몰아내자 하여 광대한 농민의 호응을 받았으며 이는 완전히 정의로운 행동이다. 청조는 출병하여 이를 진압하였으니 스스로 정의롭지 못

한 용병(不義之師)이다. 그러나 양국의 종번관계 전통에서 보면 조선정부의 구원요청에 응한 것이었으니 명분 있는 출사라고 할 수도 있다. 일본의 출병은 완전히 남의 위기를 틈탄 오래된 계획에 따른 침입이다.[77]

청군의 파병은 봉기한 농민과의 관계에서 보면 정의롭지 않으나 일본과의 관계에서 보면 일본의 침략으로부터 약소국을 보호하는 정당한 출병이라는 것이다. 이는 계급관계와 민족관계라는 이중의 눈으로 전쟁을 인식한 결과다. 그러나 여기서 새롭게 내세운 "명분 있는 출병"을 뒷받침하기 위해 초판에서 강조한 청조의 조선속국화 정책(1882~1894)에 관한 서술을 완전히 삭제했다.

판원란 통사의 수정증보판은 '공화2기'에서 '공화3기'로 넘어가는 과도기적 특징을 보여준다. 공화3기 = 개혁·개방기에 새로 편찬된 '바이편통사'보다 자국사의 제국성에 대한 성찰의 정도가 훨씬 높고 공화성 서사가 많다. 특히 대외전쟁 서사에서 민족관점에 계급 관점을 추가해 베트남·한국에 대한 용병의 부정의성을 복수의 눈으로 조망한 것이 눈에 띈다. 그리고 5종 사회형태설을 견지해 장절 제목에 드러냈다. 따라서 이 수정증보판은 비록 1994년 완간되었으나 개혁·개방기의 신편 통사라고 보기는 어렵다. 그렇더라도 중국 안에서는 보수적 관점의 대표적인 통사로 중시되고 있다. 2014년 시진핑 주석이 서울대를 방문했을 때 다수의 도서를 기증했는데, 그중에 포함된 중국통사가 다름 아닌 이 '판·차이편통사'인 것은 시사하는 바가 크다.

개혁·개방기는 중국현대 학술사에서 "공전의 활약 시기"로 일컬어진다. 이 시기에 편찬된 중국의 통사와 문명사는 인식 체계와 서사의 양면 모두 크게 바뀌었는데, 그 핵심은 전통의 재평가를 통한 복고적 혁신이라는 점에서 주목된다. 그 전통을 담아내는 인식 틀은 5종사회형태설을 대신하여 등장한 통일다민족국가론이다. 계급론/사회론에서 민족론/국가론으로의 전환이라고 할 수 있다. 이 새로운 틀은 추상화된 보편성을 중시한 계급/사회론과 달리 중화성, 즉 중국특색(지속성, 풍부성, 선진성)을 최대한으로 재현했다.

이 같은 역사학계의 복고적 혁신은 같은 시기 중국사상계의 새로운 움직임과 궤를 같이한다. 1990년대부터 자신의 전통문화를 재평가하고 계승하자는 "국학 붐"을 보이더니 이윽고 중화문명을 세계적 보편문명으로 발전시키자는 "문명국가론"으로 나아갔다. 72명의 지식인이 모여 "구미표준"의 질서와 가치관을 "중국표준"의 그것으로 대체하자고 주장한 「갑신문화선언」(2004)은 '부흥중화'의 의지와 지향을 보여주는 상징이라 할 수 있다.[78] 부흥중화가 문명적 의미를 지니려면 통일다민족국가론의 국가주의 틀에서 벗어나지 않으면 안 된다. 그것을 고대 이래 현대에 이르는 전체 역사를 인식하고 서사하는 지도 이념으로 삼는 한 제국성이 당연시되거나 은폐되며 심지어 증폭되기 때문에 공화이념, 특히 인민공화의 이념과 충돌할 수밖에 없다.

본론에서 확인한 공화3기 = 개혁·개방기 새로 편찬된 통사의 서사에 나타난 제국성은 다음 셋이다. ① 한족중국의 외부에 있던 비한족들(외부1)을 모두 오늘날의 통일다민족국가 영토 안에 있었다는 이유로 내부화해 그들의 국가성을 부정한 것, ② 그들과의 전쟁을 봉건화 = 문명화와 통일 과정으로 여긴 것, ③ 오늘날의 중국 영토 바깥에 있던 외국(외부2)에 대한 용병을 대부분 "정벌"이라 하여 천조의 특권화된 관념을 답습한 것. 다만 명 영락제와 청 건륭제의 베트남·미얀마에 대한 용병만을 "정의롭지 못하다"고 했을 뿐이다. 공화2기의 대표작이라 할 수 있는 판원란 통사(그 증보판 포함)보다 자성의 정도와 공화성 서사가 크게 후퇴했음을 말해준다.

문명은 국경을 넘는 보편성을 갖고 있지만 어떤 문명에도 제국성이 내포되어 있다. 그러므로 문명의 성취에 도취되어 희생과 대가를 강요한 제국성에 대한 성찰을 게을리하면 그럴수록 그 문명은 지속될 수 없다. 공화의 이념이기도 한 자유·평등·박애의 보편 가치를 중시하는 현대문명은 특히 더 그렇다. 따라서 중국 바깥의 필자가 보기에, 중국이 자신의 역사 속에서 현대문명 건설의 자원을 발견하고자 한다면, 자기 역사에 대한 성찰이 무엇보다 중요하다. 그러나 성찰은 기껏 앞서가던 중국이 서방에 뒤진 것에 한정되어 있다. 중국문명은 동아시아 이웃 나라들이 공유하면서 인정했기에 일국을 넘는 문명일 수 있었음을 환기하고 싶다.

제9장

중국특색 세계사 속의 중국과 세계

시진핑 시기 국가편찬 대학 교재

앞 장에서 검토한 중국통사가 대부분 대학 교재로 편찬되어 사용되었으니 이 장에서는 그와 짝을 맞춰 대학 세계사 교재를 검토하고자 한다. 중국인은 자국사를 인식하고 서사할 때도 늘 세계와의 관계를 중시해 세계 속의 중국의 지위를 확인하고는 했으며 세계사 영역에서도 마찬가지다. 세계의 현대사 분야에서는 특히 더 그렇다.

제1장에서 본대로 중국 역사상의 '현대사'는 한마디로 말해 공화국 시대(1912~)를 의미했고 1913년 탄생했다. 이윽고 현대사의 특징적 의미에 반제, 대중운동, 민주주의, 세계화가 추가되었다. 이처럼 '세계화'가 중시된 것은 현대중국의 현실이 세계의 동향과 분리될 수 없는 연관성 속에 있다는 자각의 표현이었다. 당시 그것은 객관적 연관성이라는 소극적 의미로 쓰인 것이다. 그로부터 100년이 지난 오늘날 '세계화'의 의미는 주체적 적극적 의미로 전환되었다. UN 안팎에서 국제기구와 규범의 개혁 및 창안에 주도적으로 나서거나 세계를 향해 "중국방안", "중국 모델"을 제공하려는 단계에 이르렀기 때문이다. '세계 속의 중국'을 넘어 '중국식 세계'를 꿈꾸기 시작한 것이다.[1]

그러나 중국은 종합 국력으로는 미국과 함께 'G2'로 불리지만 인민의 생활 면에서는 여전히 발전도상의 국가라는 면모를 동시에 지니고 있다. 시진핑 시기에 대학 교재로 편찬된 『세계현대사』[상·하, 2013(초판)/2020(개정판)]가 "발전도상의 사회주의대국 중국"이라 한 것은 이런 자기인식을 응축해 보여주는 예라 하겠다.[2] 이 책은 2013년 초판이 나온 후 2020년 수정판을 내어 10년 넘게 사용되고 있다.

이 교재가 편찬된 배경과 과정이 눈길을 끈다. 2004년 4월 중공중앙의 결정에 따라 중국에서 발전된 마르크스주의의 최신성과를 바탕으로 대학생의 사상정치 의식을 강화하기 위해 "마르크스주의 이론 연구와 건설 공정"(이하 '마공정')이 추진되었다. 20여 년간 꾸준히 진전되어 온 개방화 추세가 국가의 통치 이념을 약화·훼손한다는 당 지도부의 위기감이 중미 전략경쟁의 본격화와 겹치면서 고조된 결과다. 그런 추세가 혁명사를 폄훼하고 부정하는 이른바 '역사허무주의'를 조장했다고 보아 교육부와 중국사학회는 2005년 3월 "근현대 중국사 연구와 역사허무주의 사조"에 관한 학술회의를 열었다. 이런 문제의식에 기초해 대학 교재로 "마공정" 『세계현대사』(선택필수)가 편찬되었다. 그와 짝을 이루어 중등학교 역사 교과서의 국정화가 단행되었다.[3]

이른바 "중국특색 세계사"란 "중국의 관점과 사고"를 적용해 이론적 틀과 체계를 세움으로써 "중국의 특색과 기백 및 풍모"를 갖춘 세계사를 말한다. 이 작업은 1990년대 초 시작되었는데, 유럽과 소련 중심의 관점에서 벗어나는 것은 물론 세계사 인식과 연구를 위한 "중국특색의 이론 체계와 담론 체계"를 수립해야 비로소 성취될 수 있는 장기프로젝트다.[4] 차오샤오원(曹小文)에 따르면, 이런 논의와 성과를 종합해 "신형 세계사"를 편찬하는 것이야말로 중국의 역사학이 "국제역사학계에서 담론권(話語權)을 형성하는 것을 더욱 잘 추동하는 작업"이다.[5] 이는 각 학문 분과에 걸쳐 "중국특색"의 "당대중국(當代中國)학술사상사총서"를 기획해 출간한(2009년 초판, 2019년 수정재판) 거대한 프로젝트의 일부다.

다음에서는 "마공정" 『세계현대사』(2020, 이하 '20마공판')를 "중국특색 세계사"라는 관점에서 검토하여 그 속에 담긴 중국과 세계에 대한 인식을 드러내고자 한다. 교재는 현대사를 상반기(1900~1945)와 하반기(1945~)로 구분했는데, 이 글은 편의상 검토 범위를 주로 하반기에 한정하려 한다. 중국의 세계적 지위와 역할이 주로 하반기에 부상했기 때문이다. 아울러 '중국특색'을 추구하기 시작한 1990년대 이래의 세계통사 3종과 비교해 '20마공판'의 주요 특징이 형성된 유래와 계보를 확인할 것이다.[6]

1. 인식 체계 | 3종 주체의 상호 연관된 전체사

'20마공판' 현대사의 인식 체계의 골격은 3종의 역사주체가 상호 연관된 전체사다. 그에 따르면 현대사는 발전의 속도와 변화의 깊이, 그리고 연계의 정도가 역사상 가장 큰 시대다. 특히 "상호 연계와 의존이 날로 가속해 온 100여 년간의 현대사"라 하여 연계성의 강화를 강조했다. 이는 "21세기에 세계사의 모순운동이 더욱 발전하고 발전도상의 사회주의 대국 중국과 세계의 연계가 더욱 긴밀해짐에 따라 현실과 긴밀히 연관된 새로운 과목으로서 그 연구와 교육의 중요성이 날수록 현저해지고 있다"('20마공판' 하책, p.3, 이하에서는 면수만 표기)라는 과목의 의미에서 재확인된다.

이는 1990년대 초부터 모색된 "중국특색 세계사", 곧 '중국판 세계사'의 현대사 인식을 계승하여 그 후 진전된 세계경제의 지구화(글로벌화)를 반영해 재구성한 것이라 할 수 있다. 우위친(吳于廑) 등 편 『세계사』(고등교육출판사, 1994, 이하 '94고교판')에 따르면 "전체로서의 세계사"는 20세기에 이르러 세계의 경제·정치·문화 각 방면이 하나의 긴밀한 전체로 연계됨으로써 최종 형성되었고 "현대사란 곧 20세기사", "세계사란 곧 현대사"다.[7] 현대사는 그 '연계성'으로 인해 지구 범위에서 하나의 '전체성'을 갖게 되며 '전체로서의 세계사'란 다름 아닌 현대사에서 성립한다는 것이다. 이러한 글로벌 시각의 세계사 인식은 중국의 세계현대사학회 창립(1979) 이래 우위친의 제창과 치스룽(齊世榮), 리즈단(李植枏) 등의 계승으로 모색되었고 90년대부터 실제 저작으로 구체화되었다.[8]

중국의 세계사 교재가 1990년대 초부터 이처럼 연계성을 중시한 것은 구미 학계에서 기존의 세계사를 비판하면서 등장한 '새로운 세계사', 그 뒤를 이은 '지구사'와 상통하는 면이 있다. 이 둘은 서로 다르다고 주장되기도 하지만 주목되는 공통점은 (유럽)중심주의 탈피, 자기완결적 국민국가사관 극복, 생태학적 관점 도입 등이다. 이 셋을 관통하는 관점이자 방법이 연관사이다. 매닝(P. Manning)은 세계사를 강대국 간의 주도권 쟁탈이 아니라 "글로벌 인류공동체 안의 연관(connections)의 스토리"라 정의하고, 경계를 가로지르는 활동과 시스템들의 연계를 드러내고 그 속에서 광범위한 패턴을 찾아내는 것이 역사가의 임무라 하였다. 차하순과 조지형이 상호 연관된 글로벌 네트워크를 드러내자 한 것, 노스럽(D. Northrup)이 지구적 범위의 상호작용과 중장기적인 변화의 패턴을 파악하자고 한 것도 같은 취지다. 지구사학자들이 주장하는 트랜스, 인터(inter), 얽힘의 접근법도 크게 다르지 않다.[9]

그러나 이처럼 상호작용과 연관성을 강조하는 것만으로는 전체사에 도달할 수 없다. 첫째, '연결되는' 사실들보다 훨씬 더 많은 '연결되지 않은' 사실들을 외면하고, 공통성·유사성 못지않게 중요한 독자성·차이를 무시하기 때문이다. 아리프 딜릭(A. Dirlik)이 새로운 세계사든 지구사든 "모든 것을 단일한 서사 안으로 포섭"하는 역사라고 비판한 것도 같은 맥락에서다.[10] 차이의 존재를 발견하고 인과관계 속에서 파악해 그대로 인정하는 태도를 기르는 것이야말로 세계사 학습의 요체 중 하나다. 둘째, 글로벌 연계가 통합과 유사성뿐만 아니라 갈등과 이질감도 부추겨 내셔널리즘과 지역주의를 조장하는 또 다른 면을 간과하기 때문이다. 이 두 가지 편향은 역사상을 왜곡하고 거대자본의 글로벌화를 정당화하는 데로 이어질 가능성이 크다. 연관사를 비교사와 함께 추구해야 이런 편향을 최소화 할 수 있다.[11] 이 편향의 사상적 뿌리는 성장지상주의의 발전사관이다. 유감스럽게도 세계사/지구사학자들은 대부분 발전사관 자체에 대한 성찰이 취약하다. 드문 예이지만, 가령 매즐리시(B. Mazlish)는 일찍이 "제어되지 않는 경제발전"을 추구하는 서구식 근대화의 지속불가능성을 직시하고 이를 모델로 삼는 세계사에서 벗어날 것을 촉구했다.[12]

중국의 '20마공판'도 이 두 가지 문제를 소홀히 한 채 상호작용과 연관성을 중시해 현대사 인식 체계를 세웠다. 우선 현대사의 기점을 종래의 러시아혁명(1917)보다 앞당겨 1900년으로 잡았다. 이는 '94고교판'과 추이롄중(崔連仲) 외 편 『세계통사』(인민출판사, 1997, '97인민판')의 선례를 따른 결과인데, '20마공판'은 다음과 같이 네 가지 근거를 제시했다. ① 과학기술혁명으로 지구적 연계의 융합시대가 시작되고, ② 자본주의가 독점자본주의/제국주의 단계에 도달했으며, ③ 국제공산주의운동과 레닌주의로 사회주의가 현실화·제도화되었고, ④ 아시아·아프리카·라틴아메리카('아·아·라아'로 약칭) 민족해방운동이 홍기했다는 점을 꼽았다(pp.1~2). 이들 네 가지는 세계사 전반기(1900~ 1945, 상책)의 주요 주제로서 장절 구성의 핵심 사항이 된다. 이를 3종주체와 관련지어 보면 ①과 ②는 "주요자본주의국가"에 의해, ③과 ④는 각각 "사회주의국가"와 "발전도상국가"에 의해 주도된 주제다. 저자는 이 시기 세계사의 핵심 요지를 전쟁과 혁명을 큰 배경으로 하여 제국주의 모순이 파시즘 침략으로 이어지자 반파시즘 국제연대 투쟁으로 인류문명을 구출하는 과정이라고 집약했다.

이들 네 가지는 제2차 세계대전 후의 역사에 다음과 같은 세 가지 심각한 영향을 미친 점에서 주목되었다. 사회주의국가가 다수 출현해 자본주의의 통일적 세계지배를 타파하고 문명진보를 촉진한 것, (반)식민지에서 독립한 발전도상국이 패권주의와 강권정치에 반대하는 주요 역량이자 공정하고 합리적인 국제질서 건립의 주요 역량이 된 것, 경제의 글로벌화로 세계적 연계성이 가속화하고 인류 운명공동체 건설이 역사의 조류로 된 것 등이다(p.2). 이들 세 가지는 세계사 하반기(1945~, 하책)의 주요 주제로서 장절 구성의 핵심 사항이 된다. 그중에서도 중국이 핵심 구성원으로 포함된 발전도상국의 출현 및 발전과 역할을 특히 중시하여 장절의 구성과 내용 서술에 반영했다. 저자는 이 시기 세계사의 핵심 요지를 경제의 글로벌화와 세계 다극화 속에 평화와 발전이 시대 조류가 되는 과정이라고 간추렸다. 바로 이 글로벌화, 다극화, 평화발전의 세 키워드를 가장 대규모로 뚜렷하게 체현한 구체 사례가 중국특색사회주의('중특사') 건설이라는 것이다(pp.7~8).

여기서 이미 장절 구성으로 구체화된 인식 체계가 상당 정도 드러난 셈인데, 그 골격은 유럽중심주의를 탈피해 3종국가군을 세계사의 주체로 파악한 것이다. 가령 현대사 하반기 10개 장은 3종주체에 각기 2개씩 안배하고 국제질서에 3개를 할애하여 그들 간의 상호 연계성을 중시했고 과학기술에 1개를 할애했다. 이처럼 주요자본주의국가 못지않게 발전도상국과 사회주의국가를 상대적으로 중시한 점은 우리에게 익숙한 한·미·일의 세계사 교재와 다른 이 책의 특징이다. 국제질서와 과학기술도 흔히 그렇듯이 제국·대국들 위주로 인식되고 서술되기 쉬운 주제이며 이 책에서도 어느 정도 그렇지만, 특히 국제질서의 서사는 3종주체의 관점을 살린 결과 그런 편향이 상당 정도 해소되었다.

이러한 특징은 구미 중심 혹은 소련 중심과 대비되는 '3종주체론'이라 할 만하다. 이는 '94고교판'과 '97인민판', 그리고 중국사회과학원 세계역사연구소편 『세계역사』[전8권 38책(江西인민출판사, 2009~2012), '12강서판']의 선례에 따른 것으로, 자본주의·제국주의를 극복 대상으로 전제하는 '발전도상의 사회주의 대국 중국'의 자기 정체성이 반영된 결과라 하겠다. 그런데 이 3종국가군이 뒤에서 검토할 마오쩌둥의 "3개세계론"이 아니라 서방에서 통용된 "3개세계론"의 구분법과 동일한 것은 역설적이다.

세계사의 3종주체에 중국을 포함시켜 자국사-세계사의 이분 체제를 벗어난 점도 주목된다. '중국특색 세계사'를 모색해 온 선구자 우위친은 1990년 종래 "세계사를 곧 외국사로 여겨온" 잘못을 비판하고 중국사도 "인류 역사가 세계사로 발전하는 전체 과정의 한 구성 부분"이라고 했다.[13] 개혁개방 이전에 나온 세계사 교재가 중국사는 "세계사의 주요 구성 부분이지만 중국사라는 별도의 과목이 있으므로 포함하여 서술하지 않는다"라고 한 것과 비교해 크게 달라진 것이다.[14] '97인민판'이 이전처럼 중국사와 세계사를 분리한 것과 달리 '94고교판'과 '12강서판'은 양자를 통합해 서술했다.[15]

이런 문제의식과 관점에서 중국사를 포함하여 3종국가군을 주체로 하는 '중국특색 세계사'를 구성한 선구는 '94고교판'이다. 중국사를 포함하지 않은 채 3종주체론을 취한 효시는 저우이량(周一良) 외 편, 『세계통사』 1~4권(인민출판사, 1962, '62인민판')이다. 이 책은 그 "최대 특점이 소련과학원편 『세계통사』의 영향을 받은 것"이라 할 정도로 그것을 모범으로 삼아 편찬되었다. 따라서 3종주체론으로 유럽중심주의를 돌파해 다원주의를 취한 것을 '중국특색'의 표식이라 하더라도 그 원형의 상당 부분은 소련판 세계통사에서 연유한 것이라 할 수 있다. 심지어 '마공정' 『세계고대사』(2020)는 여전히 스탈린의 5단계 사회형태설에 의거했다.[16]

'20마공판'은 그 이후 30여 년의 모색을 나름의 필요에 따라 종합하고 반영한 결과라 할 수 있다. 나름의 필요란 "인류사회 발전의 과정과 법칙을 이해하고 중국특색 사회주의 건설과 중화민족의 위대한 부흥을 실현한다”(p.1)는 과목 목표에서 드러난다. 이를 위해 책의 서론에서 세계사 후반기의 주요 내용을 간추리면서 “중국특색 사회주의의 위대한 성취는 이미 사회주의의 지구적 생명력과 광명한 전도를 보여줌”으로써 “세계사회주의 운동의 주류 방향이 되었고 마르크스주의와 과학적 사회주의에 대한 세계 인민의 신뢰를 재건하였다.”고 중특사의 세계사적 의의를 강조했다(p.7)

3종주체를 모두 “○○○국가”라 한 것은 그만큼 주권국가와 그들의 상호관계인 국제질서를 중시한 중국 당국의 관점이 반영된 결과로 보인다. 3종주체는 대륙 범위를 넘어서는 분포를 보이는 ‘국가군’이므로 개별 국가나 문명과 다르지만 ‘지역사’의 ‘지역’도 아니다. 이는 한국과 일본 및 구미 학계 일각에서 문화권·문명과 다른 방식으로 규정된 지역들의 상호작용을 중시하면서 지역사들의 상호 연관과 비교로 세계사를 구성하려는 지역사적 접근법과 다르다.[17] ‘국제질서’를 다룬 장(章)이 가장 많고 ‘세계질서’가 아니라 ‘국제질서’라 한 데도 유의할 필요가 있다. 중국 지도자들이 보기에 ‘세계질서’란 패권국가 미국이 주도권을 쥐고 있는 체제인 데 비해 ‘국제질서’란 주권국가들의 상호관계를 규율하는 체제이다.[18]

이상에서 본 것처럼 ‘20마공판’은 인식 체계와 서사구조를 종합해 볼 때, 다음 세 가지 특징을 보인다. 1900년을 현대사의 기점으로 본 것, 3종주체를 안배하는 방식으로 소련·구미중심주의를 허물고 제3세계/발전도상국가를 부각한 것, 자국사-세계사 이분 체제를 극복하고 양자를 통합 서술한 것 등이다. 이는 모두 ‘20마공판’ 자체의 성취라기보다 ‘94고교판’을 저본으로 삼아 새로운 조건에서 보충한 것이라 할 수 있다. 결국 ‘94고교판’을 계승한 ‘20마공판’의 새로운 서사구조는 제3세계/발전도상국과 사회주의국가의 세계사적 역할을 상대적으로 강조하는 특징을 보였다. 그 중심에는 양쪽 모두에 속하는 중국이 자리하고 있다.

2. 제3세계/발전도상국의 단결과 남남협력 | 개념서사의 시도

제3세계/발전도상국의 역할을 강조하는 관점과 서사구조는 앞에 말한 대로 '94고교판', 좀 더 거슬러 올라가면 '62인민판' 이래 "중국특색 세계사"가 추구해 온 것이다. 가령 『간명세계사』(1979)가 "유럽중심주의를 타파하고 세계 특히 제3세계 각국 인민의 본래 역사의 모습을 회복"하는 데 중점을 두었다고 한 데서 이를 알 수 있다.[19]

'20마공판'은 이를 계승하면서도 '중국특색'을 구현하기 위해 중국 지도자(마오쩌둥, 덩샤오핑, 시진핑)의 주요 개념어를 가지고 '사실서사'를 넘어 '개념서사'로 나아갔다. 역사를 인식하고 서사하는 프레임을 스스로 만들려 시도한 것이다. 이는 '중국특색의 세계사'가 갖추어야 할 핵심 요소인 "중국의 학술담론권" 제고에 속하는 작업이다. 필자가 편의상 '담론권'으로 번역한 "화어권(話語權)"의 사전적 의미는 자신의 용어로 타자를 지배하는 권리와 자신의 견해를 표현할 권리라는 두 가지인데, 여기서는 전자의 의미가 강하다. 그것은 권리(right)가 아니라 권력(power)에 해당한다. 이를 추구한 것은 최근 중국의 세계사/지구사학계의 동향과도 호응하는 현상이다. 장웨이웨이(張偉偉)가 지구사의 용어·개념·이론 등이 모두 구미중심적 관점에서 유래했기에 계급적·인종적으로 제한적일 수밖에 없다고 비판하면서 동과 서의 지혜는 물론 북과 남의 지혜까지 아울러 약소국과 지배당하는 측의 관점을 살려야 한다고 주장한 것이 그런 예이다. 그래야 서양화된 '지구사를 지구화'할 수 있다는 것이다.[20]

중국식 개념서사의 첫 번째 사례는 "제3세계"다. 그에 따르면 제3세계는 '실제상으로는' 반둥회의, 비동맹운동, G77의 성립을 거쳐 형성되고 발전했으며 '개념상으로는' 마오쩌둥과 덩샤오핑의 세계관에 의해 정립되었다. 제국주의 식민체제가 붕괴하자 아·아·라아 민족독립국가가 탄생했고 그들은 육지 면적과 인구수 양면에서 전체의 70% 이상을 차지하며 독립된 국제역량으로 중요한 역할을 담당했다면서,

> 중국의 영도자 마오쩌둥은 이들 신생역량의 중요한 역할을 극히 중시하고 제3세계론을 제시하였다. …… 마오가 1974년 2월 '미·소는 제1세계이고 유럽·일본·호주·캐나다는 제2세계이며 우리는 제3세계다'라고 제시한 3개세계 구분론은 당시 객관적 실제에 부합하여 국제사회에서 신속히 인정받았다. 그 후 이 용어는 국제관계 속에서 광범하게 사용되었다. …… 중국과 기타 발전도상국은 똑같이 제3세계에 속한다는 마오의 논단은 발전도상국의 친구라는 태도를 밝힌 것이다. 제3세계론은 패권주의를 고립시키고 중국과 제3세계 각국의 단결 우호협력을 강화하는 중요한 의의가 있다(pp.92~93).

라고 하였다. 이어서 그 직후 덩샤오핑이 유엔총회 연설(1974.4)에서 마오쩌둥의 제3세계론을 좀 더 가다듬어 국제사회에 알린 사실도 그 어록을 인용해 추가했다. 이 연설에서 덩샤오핑은 "제3세계 발전도상국"의 이름으로 "불평등하고 착취적인 국제경제질서의 개혁"을 촉구하면서 중국이 그들의 지지자이자 대변자로서 경제적 해방을 실현하기 위해 분투할 것이라 선언하였다.[21]

이렇게 중국 지도자의 세계관을 바탕으로 세계사를 인식하고 서사하는 프레임으로 만든 것은 전에 없던 시도이지만 '제3세계'란 용어의 역사와 부합하지 않는다. 원래 이 용어는 1952년 레지스탕스 출신 알프레드 소비(A. Sauvy)가 프랑스혁명기에 제1·2신분인 성직자·귀족의 특권과 전횡에 맞선 제3신분 = 시민계급의 지위와 역할을 염두에 두고 만든 용어로, 미국 등 선진 자본주의국가군 = 제1세계와 소련 등 사회주의 국가군 = 제2세계 사이

에 있는 신생독립국가군을 지칭한 것이다. 그들이 아시아·아프리카회의(반둥회의, 1955)를 열고 반식민·비동맹의 평화10원칙을 앞세워 연대하기 시작한 것은 '제3세계' 개념의 구체화/현실화를 보여주는 쾌거로 평가된다. 이 국가들은 UN을 무대로 미·소중심의 진영대립에서 벗어나 경제협력으로 진정한 독립을 달성하기 위해 UN 산하에 군비축소위원회와 국제원자력기구(1957), UN무역발전협의회(1964)를 성립시켰고 이 과정에서 제3세계란 용어가 널리 쓰이면서 그 주요 국가들이 G77을 형성했다. 이로 인해 UN은 식민제국의 도구로서 유럽 내의 평화만을 추구한 국제연맹과 크게 달라졌다.[22]

이런 사실에 비추어 보면 이 교재가 '제3세계'의 실제와 개념을 구분해 실제는 그대로 인정하되 개념은 마오쩌둥과 덩샤오핑에 의해 만들어진 것으로 사실과 다르게 서사했음을 알 수 있다. '94고교판'은 이 주제를 개념의 설명 없이 사실서사만으로 채웠고 '97인민판'은 사뭇 다른 맥락에서 서사했다. 이에 따르면 1952년 소비가 처음 사용한 이 용어는 비동맹회의(베오그라도, 1961)가 회원국들을 '제3세계'라고 칭한 정치 선언을 채택한 후 '광범하게' 사용되었고, 마오쩌둥과 덩샤오핑은 이를 '더욱 널리' 쓰이게 했다고 썼을 뿐이다.

중국식 개념서사의 두 번째 사례는 "남북대화"와 "남남협력"이다. 그에 따르면 1980년대 이후 "제3세계"의 다른 이름으로 쓰인 "발전도상국"의 공통된 4대 기본과제는 공업화 실현, 국가 통치제도 완비, 독립자주의 다원외교, 남북대화와 남남협력이다. 특히 남북대화와 남남협력은 공업화와 독립자주 외교라는 다른 두 과제를 실행하는 집단적 추동력이라는 점에서 매우 중요하다. 발전도상국은 "여전히 불평등한 지위와 선진국(원문은 "發展國家")의 착취와 지배를 받는 위치에 있어 평등한 국제 지위를 쟁취하고 불합리한 국제질서를 개혁하려면 발전도상국의 단결을 강화해야 한다"라고

(p.196) 보기 때문이다.

이렇게 중대한 의미를 갖는 남북대화와 남남협력의 유래는 모두 덩샤오핑의 세계관으로 설명되었다. 덩샤오핑은 1984년과 88년 현재 세계의 가장 돌출한 문제는 평화문제와 발전문제인데 후자는 곧 남북문제라면서, 이를 해결하기 위한 남북대화와 남남협력의 필요성을 강조했다. 교재는 이에 관한 덩샤오핑의 어록을 다음과 같이 인용했다.

> 선진국은 갈수록 부유해지고 발전도상국은 갈수록 빈곤해진다. 남북문제를 해결하지 못하면 세계경제의 발전에 장애를 초래할 수 있다. 이를 해결하려면 당연히 남북대화에 의거해야 하며 우리는 남북대화를 주장한다(1984, p.197).
>
> 남북대화에만 의존해서는 안 되고 제3세계 국가 간의 협력을 강화해야 한다. 제3세계 국가들의 상호교류와 상호학습 및 상호협력, 즉 남남협력은 많은 문제를 해결할 수 있고 그 전망은 매우 밝다. …… 역사가 증명하는 대로 부유한 국가들은 갈수록 인색해지고 있으니 결국 우리 스스로의 힘으로 빈곤에서 벗어나 발전해야 한다(1988, p.200).

그런 다음, 남북대화의 남방 주체가 반둥회의와 비동맹회의를 발판으로 형성되어 유엔의 지지를 받아 실제 대화를 진행하고 일부 성과를 거두는 과정을 서술했다. 그에 따르면, 남북대화의 서막은 1964년 유엔무역발전회의이며 거기서 성립된 G77이 남남협력의 주체로서 그 추동 하에 석유수출국기구, 아세안, 중남미공동시장, 아프리카통일기구와 그 발전체인 아프리카연맹 등이 건립되어 각 지역과 각 분야별 협력을 추진했다.

이 서사도 앞의 경우처럼 실제와 개념을 구분해 개념은 1984년 덩에 의해 제시되었고 실제는 그 전부터 진행된 것으로 괴리되어 있다. 김태균에 따르면, 남남협력은 1986년 제8차 비동맹정상회의에서 말레이시아 총리 마하티르 모하메드(M. Mohamad)의 제안으로 사우스위원회가 건립된 후 이를 이어받은 사우스센터가 남반구 발전도상국의 활로를 개척하는 견인차로 활동하면서 본격화되었다. 제3세계론을 대신하는 글로벌사우스와 그 이론의 출현이다.[23]

세 번째 사례는 앞의 두 경우만큼 직접적으로 기술한 것은 아니지만 "인류운명공동체"를 꼽을 수 있다. 이 용어는 2015년 이래 시진핑이 강조해 온 새로운 세계관을 표현한 것으로, 오늘날 인류는 갈수록 상호 긴밀하게 연계되어 "네 속에 내가 있고 내 속에 네가 있는 운명공동체"의 시대에 살고 있음을 자각하고 이를 건립하자는 뜻을 담고 있다. '20마공판'은 시진핑의 2018년 어록을 인용해 현대를 인류운명이 그렇게 서로 연결된 "세계적 전체사 시대", 곧 "세계사 시대"로 규정했다(pp.9~10). 이는 인류운명공동체를 현대사 인식의 프레임으로 끌어올림으로써 중국 대학생을 넘어 세계 각국이 중국을 따라서 인류운명공동체 건설에 나서야 한다는 메시지를 담고 있다.

이상과 같은 중국식 개념서사는 이전 판본에 없던 시도다. '94고교판', '97인민판', '12강서판' 모두 관련 사실을 비중 있게 다루는 사실서사로 일관했을 뿐이다. '12강서판'의 제25책 『식민의 확장과 남북관계』는 남북대화와 남남협력을 '20마공판'보다 더 상세히 다룰 지면이 있었을 터인데도 관련 사실만 서술한 후 중국이 "중요한 공헌을 했다"고 썼을 뿐이다.[24]

중국식 개념서사를 앞세운 것과 짝을 이루어 남북대화와 남남합작에서 중국이 주도적인 역할을 담당했다고 강조한 것은 당연한 귀결이다. 그에 따르면, "최대의 발전도상국이자 유일한 유엔 안보리 상임이사국인 중국은 줄곧 이들 문제에 큰 관심을 가지고 국제경제 구질서의 개혁과 남북대화 강화를 주장해 왔다." 이어서 1974년 이래 2009년까지 여러 차례 남북대화에 참석해 "발전도상국의 합리적 요구를 지지하고 중국의 입장과 주장을 제시한" 사실을 상술한 다음, 이는 "세계의 발전사업에 대한 중국의 중대한 책임과 국제경제질서에 대한 전략적 사고를 체현한 것"이라고 의미를 부여했다(pp.199~200). 남남협력에서도 중국은 "창도자의 하나"로서 "평등·호혜와 공동발전 등의 원칙에 따라 남남협력에 적극 참여한 결과 중국과 발전도상국의 협력은 이미 다원화·기제화(機制化) 국면을 형성하였다"라고 썼다.

그 밖에 중국은 각종 회의를 주관해 국제적 의제 설정에서도 주도적 역할을 담당한 것으로 강조되었다. 가령 26국 대표가 베이징에서 첫 남남협력회의(1984)를 개최한 이래 "남방국가 환경과 발전 장관회의"(1991)와 최초의 "남남인권논단"(2017) 등을 베이징에서 개최하고 각각 베이징선언을 채택한 사실을 다루었다. 중국은 베이징선언을 통해 인권의 보편성을 인정하고 준수하되 "인권실현에는 지역이나 국가의 서로 다른 상황과 정치경제·문화역사적 배경의 차이를 고려해야 함을 분명히 했다"고 썼다(pp.202~203).

이상과 같이 제3세계/발전도상국의 역사를 그들의 국제적 역할에 초점을 두어 파악한 결과 그들 내부의 차이와 갈등, 과제와 해결 노력에 대해서는 홀시하는 편향을 보였다. 특히 제3세계 각국의 정부가 내부의 사회변혁을 외면한 채 구지배계급과 손잡고 국제연대에 치중한 것이 근본적 결함으로서 제3세계 프로젝트의 쇠퇴를 자초하는 중대한 원인이 되었다는 유의 성찰적 시각은 보이지 않는다.[25] 더구나 일찍이 '94고교판'은 한국을 포함한 '아·아·라아'의 '정치민주화' 과정과 추세를 독립 항목으로 설정해 다루었고 '12강서판'은 이를 발전도상국의 "민주주의에 대한 탐색"이라는 장에서 상술한 바 있으나, '20마공판'은 관련 내용을 완전히 삭제했다.[26] 이는 시진핑 체제의 퇴행적 성격을 반영하는 주목되는 변화라 하겠다.

3. 사회주의국가의 개혁과 중국 모델

오늘날 중국은 발전도상국인 동시에 초급단계의 사회주의 대국이라는 이중적 정체성을 갖고 있다. 이를 '20마공판'은 "발전도상의 사회주의대국 중국"이라 했다.[27] 그런 만큼 이 책이 사회주의제도의 건설과 개혁을 중심으로 세계사를 인식하고 서사한 것은 자연스럽다. 개혁개방을 통해 정립된 '중특사'야말로 세계 사회주의의 역사를 반성하고 미래를 전망하는 새로운 모델이 된다는 자부심으로 귀착된다.

우선 사회주의의 역사와 현실에 대한 서사를 간추려보자. 교재는 10월혁명과 이미 붕괴된 소련·동유럽의 사회주의 역사보다 현존 사회주의국가의 개혁을 더욱 중시했다. 그래도 10월혁명의 의의는 종전대로 인정해, "사회주의를 이상·운동에서 현실의 사회제도로 변화시키고 세계 각국 무산계급혁명과 (반)식민지 민족해방운동에 중대한 영향을 미친 점에서 인류 역사의 신기원을 열었다"라고 했다(상권, p.64). 중화인민공화국의 성립에 대해서도 "세계 인구의 1/4을 차지하는 동방 대국에서 제국주의와 그 대리인 세력을 소탕하여 '아·아·라아' 피압박 민족·인민의 해방투쟁을 고무·추동하고" "사회주의 진영의 역량을 전에 없이 강대하게 만든" 점에서 "세계사적 의의를 지닌다"라고 썼다(하권, p.25).

그 위에서 소련·동유럽 사회주의국가들은 개혁·개방에 실패해 사회주의제도의 붕괴로 이어졌으나, 중국과 베트남 등은 개혁·개방을 계속하면서 사회주의제도를 유지 발전시키고 있다 하고 그 원인을 제시했다. 무엇이 개혁·개방의 성패를 가르는 관건이라는 것인지 교재의 논지를 따라가 보자.

개혁 과정을 1950~1970년대와 1980년대의 두 시기로 나누어 설명했다. 그에 따르면, 우선 소련은 1950년대부터 물질적 이익과 시장조절 요소를 부분적으로 도입해 일정한 성과를 거두었으나 "고도집중 경제체제를 근본적으로 개혁하지 못해" 1970년대에 국가-기업-개인 간의 모순이 심화하고 경제효율이 하강하는 추세를 보였다. 이에 비해 고르바초프는 민주화·공개화·다원화를 골자로 하는 정치개혁을 먼저 추진하면서 마르크스레닌주의와 공산당의 영도라는 원칙을 포기한 결과 정치세력의 분열과 정국 불안, 이어서 연방의 붕괴를 자초했다. 동유럽 각국도 1950년대 이래 이와 흡사한 개혁으로 일정한 성과를 거두었으나 역시 고도로 집중된 소련 모델을 탈피하지 못한 채 고르바초프의 "신사고"에 영향받아 정국불안과 당내모순이 심화하여 결국 사회주의제도의 붕괴에 이르렀다.

실패의 핵심 원인은 마르크스레닌주의와 공산당의 영도를 포기한 데 있다는 이 진단은 소련 해체에 대한 서사에서도 반복되었다. 그와 함께 세 가지 요인을 더 들었는데, 가치법칙과 시장기제를 배척한 채 대외확장적 군비경쟁을 추진함으로써 과학기술혁명의 진전을 방해하고 인민의 생활개선 요구에 부응하지 못한 것, 사회주의 민주법제와 당내 민주의 진전을 저해함으로써 공산당이 인민대중의 신뢰를 상실한 것, 미국 등 서방국가의 "평화적 전복" 전략으로 자유·인권 등 자산계급 이데올로기와 생활방식이 침투해 특히 청년세대에 큰 영향을 준 것 등이다(pp.227~233면).

이와 관련해 이전 판본과 달리 "소련·동유럽 급변의 교훈"이라는 항목을 신설해 특별히 강조한 점이 눈에 띈다. 그에 따르면, 소련·동유럽의 급변은 "국제공산주의운동과 사회주의 발전에 중대한 좌절을 안기고 심각한 교훈을 남겨" "사회주의에 대한 반성을 촉진하였다". 소련의 개혁도 동유럽의 개혁도 모두 자국의 현실에서 벗어났기에 사회모순을 해결하지 못했는데, 이는 지도 사상의 착오 때문이라며 그 연원을 다음과 같이 지적했다.

> 과학적 사회주의를 견지하고 발전시키려면 마르크스주의를 자국 실제와 결합해 시대조건과 자국 실정에 맞는 사회주의건설 경로를 탐색해야

> 한다. 마르크스주의는 사회주의혁명과 건설의 지도 사상이지만 결코 경직된 교조나 궁극적 진리가 아니라 발전하는 학설이다. …… 사회주의 건설의 어떤 경로나 모델도 특정한 역사와 실정 속에서 형성된 것이어서 형세의 발전에 따라 부단히 개혁해 발전시킴으로써 사회주의의 우월성을 발휘해야 한다(p.235).

그래야 비로소 "체제의 폐단을 극복하고 민생 개혁과 인민 중심의 발전 사상을 견지할 수 있"으며 소련·동유럽의 경험은 이 점을 일깨우는 교훈을 주었다는 것이다. 여기서 중국의 개혁개방이 그와 달리 성과를 거둔 이유가 자명해진다. 사회주의의 길과 공산당의 영도를 포함하는 "4항 기본원칙"(나머지 둘은 인민민주독재, 마르크스레닌주의와 마오쩌둥사상)을 견지함으로써 지도 사상의 착오를 범하지 않아 '중특사'의 길을 성공적으로 개척하고 있다는 것이다(p.254).[28]

그런 만큼 소련·동유럽 개혁의 '교훈'과 짝을 이루어 "중국 사회주의 건설 탐색의 성과와 교훈"이란 항목을 신설해 다시 한번 '교훈'을 강조했다. 그에 따르면, 중국은 서방국가의 봉쇄로 소련의 방법을 배워 계획경제를 실행할 수밖에 없었는데, 사회주의 건설기인 1956~1978년 경제와 과학기술 방면의 상당한 성과를 거두고 UN 안보리 상임이사국이 되는 등 국제 지위를 제고했다.[29] 동시에 대약진운동과 문화대혁명의 좌경착오와 좌절을 겪으면서 "사회주의란 무엇이고 어떻게 건설해야 하는가의 핵심 문제를 직시하는 심각한 교훈을 얻었다"라고 했다(pp.247~249). 그러나 좌경착오가 왜 일어났는지에 대해 아무런 설명도 없이 마오쩌둥사상은 마르크스주의를 중국 실정에 맞게 발전시킨 정확한 이론 원칙이라고 찬양하고 있어 사실상 '교훈'에 이르기 어렵게 되었다.

이어서 중국이 추진한 개혁개방의 성취를 일방적으로 강조했다. 중공

12차 대회(1982)부터 19차 대회(2017)까지 당 영도자의 보고를 근거로 삼아 그 원문을 직접 인용하고 있어 정치선전을 앞세우는 당사(黨史)를 방불케 한다. 중국은 소련과 달리 "4항 기본원칙"을 견지했고, 그 결과 '중특사'는 "사회주의의 전통에서 현대로의 성공적 전환을 실현하여 세계사회주의운동의 주류방향이 되었고 과학적 사회주의에 대한 세계 인민의 신뢰를 재조했다"(p.7)라고 썼다. 이와 짝을 이루어 그 세계사적 의미를 다음과 같이 다시 강조했다.

> 이상의 사실들이 웅변적으로 말해주듯이 중국특색사회주의 길은 중화민족의 위대한 부흥을 위한 필수 경로인 동시에 인류문명 역사상의 위대한 창거(創擧)이며, 사회주의제도의 우월성을 찬란하게 보여주어 세계사회주의 발전에 중요한 경험을 축적하였다. 중국특색사회주의는 세계현대사 발전 중의 기적을 창조하고 발전도상국의 현대화 경로를 개척하여 세계에서 스스로 독립성을 유지 발전시키려는 국가·민족에게 완전히 새로운 선택을 가능케 하였다(p.268).

여기서 특히 주목해야 할 대목은 '중특사'가 발전도상국들의 현대화 경로, 곧 국가건설과 발전의 모델을 제시했다고 자부한 점이다. 냉전 시기 사회주의국가에 건설의 모범이 된 소련 모델보다도 더 광범한 세계사적 의미를 지닌다는 것이다.

이 서사를 1990년대 이래 모색해 온 '중국특색 세계사'의 문맥에서 음미해 보면 '중특사'의 의미는 더욱 커진다. 교재는 "중특사의 위대한 성취", 곧 생산력의 우월성은 "이미 사회주의의 장구한 생명력과 광명한 전도를 보여주었다"고 했다(상책, p.7). 그에 앞서 '94고교판'은 "주요사회주의국가가 노동생산성 면에서 자본주의 선진국을 앞지르게 될 때, 세계 인민은 사회주의제도의 우월성을 인정하여 자본주의를 포기하고 사회주의를 선택할 것"이라 했다. 이들을 서로 연결해 보면 '중특사'는 장차 발전도상국을 뛰어넘는 "세계 인민"에게도 수용될 것이라는 기대가 '중국특색 세계사'의 밑바탕에 깔려 있음을 알 수 있다.

그와 연관 지어 기타 발전도상국 중 현존 사회주의국가의 개혁과 "당대 사회주의의 발전"을 다루었다. "당대 사회주의"는 소련·동유럽 붕괴로 정지되지 않고 "각성과 반성을 거쳐 더 굳센 발걸음을 내딛고 있다"라면서, 베트남·쿠바·북한·라오스 등의 사례를 서술했다. 이들 네 나라는 "사회주의제도와 공산당의 영도"를 견지하며 "자국 특색 사회주의 발전"을 추구하고 있다고 했다(p.268). 유감스럽게도 각국 사례에 대한 서사는 주로 당 문건에 의존해 성과를 앞세우는 긍정 일변도로 되어버렸다. 이는 앞서 본 소련·동유럽의 개혁에 대해 일정한 성과와 중대한 착오를 동시에 드러낸 서사와 현저히 다르다. 그 밖에 비사회주의국가(남미와 아프리카 각국 등의 발전도상국, 서유럽과 미·일, 옛 사회주의권)의 공산당과 사회주의 세력이 소련·동유럽 붕괴 후 어떻게 새로운 활로를 모색하고 있는지를 다루었다. 이는 '94고교판'과 '97인민판'에는 없던 시도로, '12강서판'의 관련 내용을 재구성한 것으로 보인다. 문제는 제3세계 각국 공산당·사회당의 각종 사회주의가 "세계 사회주의의 역량을 확대하고 있다"라고 쓴 것이다(pp.275~277). 간판을 내걸기만 하면 모두 사회주의인가.[30]

소련·동유럽과 중국 등의 사회주의 건설 과정의 개혁을 다루면서 두 차례나 교훈을 강조했음에도 결국 '국가정권'의 논리를 넘어서지 못한 것으로 보인다. 마르크스레닌주의 지도 사상과 공산당의 영도 지위를 견지하는 속에 미숙한 생산력의 발전을 도모해야 한다는 결과론적 진단이 '교훈'의 거의 전부이기 때문이다. 생산력이 미숙한 조건에서 추진된 사회주의혁명 자체의 '태생적 한계'와 '이론적 단층'(마르크스의 이론과 20세기 현실 간의 단층)에 대한 자각이라는 원인론적 진단은 보이지 않는다. 당시 조급하게 단행된 "사회주의 개조"에 대해 류사오치와 덩즈후이(鄧子恢)를 비롯한 당내 온건파와 경제학계가 시기상조라 비판한 것은 이런 한계와 단층을 직시했기 때문이다.[31] 이런 자성의 관점이 확고해야 비로소 사회주의에 이르는 과도기인 '신민주주의'를 장기간 유지할 수 있게 된다. 실제로 '12강서판'은 코민포름과 소련의 압력에 의한 좌경화 풍조 속에 객관 조건이 미숙한 조건에서 서둘러 단행된 사회주의 개조로 인해 중국의 신민주주의와 동유럽의 인민민주주의가 조기에 종식되었음을 냉정하게 지적했다.[32]

이상의 서사가 남기는 하나의 중대한 의문은 '사회주의 제도'란 무엇인가이다. 덩샤오핑의 1992년 어록에 따라 "사회주의의 본질은 생산력을 해방하고 발전시켜 착취와 양극 분화를 소멸하고 최종적으로 공동부유에 도달하는 것"이라 했다(p.255).[33] 그러나 오늘날 중국에는 계급과 노동 착취가 부활해 빈부격차가 자본주의국가보다 더 크다. 서방에서는 이를 '국가자본주의', '중국특색자본주의'라 칭하는데, 중국의 역사적 경험 속에서 파악하면 '신민주주의 혼합경제'에 해당한다.[34] 교재가 말하는 제도로서의 사회주의란 결국 레닌주의 당-국가(party-state) 체제로 환원된 듯하다. 사회주의란 생산 수단의 소유는 물론 경영 관리와 생산 과정 및 그 결과물의 분배를 모두 '사회화'하는 것이고, 사회화는 이 전 과정에 대한 생산자 인민의 참여와 자기통제를 의미한다. 20세기에 제도화된 사회주의는 '국유화'와 동일시됨으로써 모든 것을 당-국가가 전유하도록 만들었다.[35] 이렇게 "형식적 사회화"와 "실질적 사회화"를 동일시한 결과 "고도로 집중된 소련 모델"을 낳았으니 이에 대한 성찰이 무엇보다 필요하고 중요하다. 교재는 결과론에 치우쳐 이를 간과한 채 소련 모델의 폐해와 그 극복만을 거듭 강조했을 뿐이다.

사회주의국가들의 개혁 과정을 다루면서 민족문제와 민족주의에 관한 종전의 서사를 삭제한 점도 주목되는 변화다. '94고교판'은 고르바초프의 개혁이 소련 해체로 이어지는 과정을 다루면서 "민족분리 운동의 흥기"라는 항목을 설정해 두 페이지 가깝게 상술했다. 유고슬라비아·체코·불가리아 등의 개혁 과정에서도 민족 모순이 심화하는 속에 "단일민족국가 건립을 목표로 내세운 민족주의 정당"이 출현하여 정치세력의 분열과 정국불안을 조성하다가 결국 민족별 공화국의 분리 독립으로 이어졌음을 서술한 바 있다. '12강서판'은 이를 더욱 상세하게 다루었다.[36] 그러나 '20마공판'은 이 항목을 삭제하고 체코·불가리아 등의 개별 사실도 삭제한 채 유고슬라비아에 대해서만 극히 소략하고 모호하게 언급했을 뿐이다(p.233). 발전도상국의 민주화에 대한 서사를 삭제한 것과 짝을 이루는 역사인식의 후퇴다.

4. 반패권과 국제질서 개혁의 인솔자

반패권은 제3세계/발전도상국이 미·소 및 주요자본주의국가 중심의 국제질서 속에서 실행해야 할 핵심 과제로 중시되었다. 그 중심에 중국이 있고 이 책 제6장에서 보았듯이 반패권은 사실상 1970년 이후 중국 외교의 핵심 원칙에 속한다.

인민공화국 초기 대외전략의 핵심 원칙은 중·소 동맹을 기초로 하는 반제반미였으나 1970년 이후 반패권으로 바뀌었다. 식민지가 거의 모두 정치적 독립을 획득함에 따라 반제의 의미가 감소하고, 소련이 대외확장을 추진해 중국 안보를 위협하면서 미국과 세계패권을 다투게 됨에 따라 빈소빈미(1964)-연미반소(1972)로 전환된 결과다. 그 후 중국의 반패권 외교의 주요 대상은 소련이었으나 미국 패권에 대한 경계도 여전해 미·소 두 초강대국의 패권을 가리켜 "양패(兩霸)"라 하였다. 중국은 미·일과의 국교정상화 과정에서 쌍방이 모두 패권을 추구하지 않을 것을 공동성명에 명문화했고,

중국공산당의 규약(1973)과 헌법(1975)에도 반패권을 명시했다.

여기서 우리는 동서양이 서로 다른 의미로 이해하는 '패권(주의)'의 개념을 살펴볼 필요가 있다. 서양에서 '헤게모니(hegemony)'는 국제관계에서 강제에 의한 '지배(domination)'와 달리 동의에 기초한 '지도'로서, 우월한 힘을 가진 강국이 보편적인 이해를 대변하는 것처럼 보임으로써 다른 국가들의 동의에 기초해 그들에게 자신의 규칙과 요구를 관철하는 것을 뜻한다.[37] 한자로는 이를 '패권'이라 번역하지만, 원래 '**霸權**'은 대외관계에서 힘/폭력으로 상대방을 강제해 자신의 요구에 복종하게 만드는 것이며, 중·일 모두 '패권'을 이런 의미로 쓴다. 이는 왕도와 패도를 대비하는 고전적 이분법을 연상시킨다. 패권주의(hegemonism)란 동·서방 각기 그러한 대외정책의 이념과 실행을 말한다. 중·일 평화우호조약(1978)에 '반패권'을 명문화하자는 중국 측 요구에 미국과 달리 일본이 집요하게 이의를 제기한 것은 소련측의 항의 외에도 이 같은 패권 개념의 차이와 무관하지 않은 듯하다.[38]

그런데 흥미롭게도 신중국은 레닌의 이론에 따라 패권주의를 자본제국주의의 정치경제적 산물로 이해하였다.[39] 1964년부터 미제국주의를, 그 후 70년대 말까지의 소련을 사회제국주의이자 패권주의라 비난하고 미·일과의 국교정상화에서 반패권의 명문화를 요구한 것도 이런 의미에서다. 사회주의 중국은 패권국가가 아니라는 논리다. 중국의 여러 세계사 교재는 당연히 패권(주의)을 이러한 의미로 써서 세계사의 국제관계를 인식하고 서사했다. 그러니까 중국은 제정 시기에도 패권을 추구하지 않았을 뿐만 아니라 현재 발전도상국의 사회주의국가로서 반패권 정책과 운동에서 중심적 역할을 담당하는 게 당연하다는 구도의 프레임이 설정된 것이다.

이제 '20마공판'의 (반)패권주의에 대한 서사를 살펴보자. 우선 이전 판본과 비교해 볼 때 중대한 차이가 드러난다. '94고교판'은 "서방대국의 경제패권주의"라는 소절과 "경제패권주의는 신식민주의의 표현이다"는 항목을 두어 서방 대국들의 다국적 기업 등의 경제패권을 폭넓게 기술했으나 '20마공판'은 이를 삭제하고 미·소 두 초대국으로, 이윽고 미국 하나로 집중하는 변화를 보였다.[40] 미·중 전략경쟁이 투영된 시진핑 시대의 서사라 하겠다.

그 연장선에서 교재는 냉전 초기부터 미·소 두 초강대국이 경쟁적으로 패권을 추구하는 속에 얄타 체제를 수립한 것으로 보았다. 미·소의 모순 그리고 투쟁과 타협으로 성립한 얄타체제 속에서 미국은 세계경찰로서 각국에 군사기지를 설치하고 소련은 미국 패권을 견제하면서 사회주의 진영 안에서 '대국쇼비니즘'의 착오를 범했음을 지적해 미·소 모두를 패권국가로 간주했다. 얄타체제는 반파시즘의 진보성과 동시에 "대국들의 패권쟁탈과 강권정치"를 수반했고, "중간지대의 발전도상국들"은 불평등하고 종속적인 지위에 처했으며 특히 "중국의 동북(만주)은 소련의 세력범위로 되었다"라는 것이다(pp.1~5). 국제경제질서 면에서도 미국은 브레튼우즈체제 형성을 주도해 국제통화기금(IMF)과 세계은행에서 부결권을 가짐으로써 발전도상국의 대표권과 발언권을 극히 취약하게 만들었고, 관세무역협정을 통해 소련과 중국 등 사회주의국가에 대한 운송금지와 무역제한을 실행하였음을 지적했다(p.12).

이렇게 미·소 패권주의를 수반한 얄타체제 속의 진영 대립은 크게 두 가지 요인으로 인해 점차 분화되어 양극 구도로 변화한 것으로 파악되었다. 유럽의 경제 회복과 공동시장 형성, 이를 바탕으로 하는 드골(C. Gaulle)과 브란트(W. Brandt)의 독립자주외교, 일본의 경제 회복과 미·일 안보조약 개정으로 미국 패권이 약화되고 자본주의 진영이 분화되었다. 주목되는 점은 "소련이 사회주의 진영 내의 공산당 및 국가와의 관계에서 항상 아버지당을 자처하며 대국쇼비니즘과 민족이기주의를 추진해 난폭하게 간섭함으로써 사회주의 진영의 분열을 초래"했으며(p.116), 그 때문에 중·소 관계는 급속히 분열로 이어졌고, 1961년 소련이 공산당 22차 대회에서 자신의 관점을 수용하지 않는 중공 등을 비판한 것을 계기로 "사회주의 진영의 단결과 통일은 이미 유명무실해졌다"라고 강조한 것이다(p.122). 두 진영 모두 이윽고 '진영'으로서의 의미를 상실하고 미·소의 패권 추구만 돌출된 양극 구도로 바뀌었다는 것이다.

미·소 양극 구도는 1991년 소련 붕괴를 계기로 종식되어 경제의 글로벌화와 세계 다극화가 심화했으나 그 속에서도 미국의 "패권주의와 강권정치"는 여전히 지속하는 것으로 파악되었다(p.279). 이 경향은 특히 트럼프 시기에 더욱 강화되었다면서 기후협정 탈퇴, 환태평양동반자협정 탈퇴, 보호무역주의에 따른 무역협정 개정 요구 등을 꼽고 이를 "역(逆)글로벌화" 정책이라 지적했다(pp.282~283). 이런 상황에서 이라크전쟁 이후 "미국 패권주의에 반대하는 세력이 증대하여 미국은 전에 없이 고립되고" 있으며 "반미주의가 인종과 정치적 배경을 넘어 광범하게 전파되었다"라고 했다(p.300).

이에 대비해 발전도상국과 중국이 반패권 세력으로서 담당한 역할이 강조되었다. 우선 발전도상국이 "패권주의와 강권정치에 반대하는 투쟁에서 담당한 주력군 역할"은 세계 다극화를 촉진하는 주체라며 그 이유를 다음과 같이 설명했다.

> 광대한 발전도상국은 모두 식민통치와 약탈을 당했으며 일부 국가는 정치상 독립을 취득한 후에도 여전히 선진국에 종속된 지위에 놓여 있어 선진국과 국제독점자본의 약탈과 착취를 당하고 있으며, 초강대국의 확장, 침투, 통제의 대상이어서 쉽게 침해를 받는다. 따라서 그들은 독립을 공고히 하고 발전을 가속화하며 낡은 국제질서를 개혁하며, 제국주의와 패권주의를 반대하여 세계평화를 지키는 역사적 임무에 직면해 있다. 바로 이러한 공통점이 발전도상국을 하나로 긴밀히 연결해 준다(pp. 300~301).

발전도상국들은 독립 후에도 선진국, 곧 주요자본주의국가에 경제적으로 종속되어 약탈과 착취를 당하고 있기에 그에 맞서 국제질서를 개혁해야 하는 임무를 공유하고 있다는 것이다. 이러한 인식 속에 중국의 제3세계 정체성이 여전히 살아 있음을 확인할 수 있다.

이어서 발전도상국의 굴기가 서방 주도의 국제정치경제질서를 동요시키고 있다면서 남북협상과 남남협력의 사례를 다시 강조했다(p.301). 그중 눈길을 끄는 것은 신해양법 제정투쟁이다. 종래 국제법상 연해국의 배타적 경제수역은 12해리였는데, 이는 초대국의 항해자유 범위를 극대화하기 위해 연안국의 권리를 침해한 것이라며 200해리로 늘릴 것을 요구하였고 UN이 1982년 이를 수용한 신해양법공약을 통과시켰다(p.202).

초대국의 패권을 보장하는 이 같은 불공정한 국제질서 개혁의 주체인 발전도상국 중에서도 UN 안보리 상임이사국인 중국의 역할은 재차 강조되었다. "평화적으로 굴기한 중국은 글로벌화의 가장 굳건한 창도자이자 수호자의 하나"일 뿐만 아니라 "냉전 종식후 세계다극화 추세의 가장 중요한 요인"이며 "인류운명공동체 건설 및 세계 거버넌스 개혁에서 중요한 공헌을 하였다"라는 것이다(p.279). 냉전 시기에 중국이 UN을 사실상 미국 패권을 위한 장치라고 비난했던 것과 대조적으로 탈냉전 시기 발전도상국의 남북대화와 남남협력에 관한 서사에서는 UN의 역할을 좋게 평가한 것도(p.199) 중국의 국제 지위 변화와 관련해 눈길을 끈다.

나아가 중국은 "일초다강(一超多强)"(미 + EU·중·일·러)의 다극 중 1극으로서 "책임지는 대국 이미지", "대국의 풍모와 도량"을 펼쳐 보인 것으로 강조되었다. 그 근거로 북핵 문제를 비롯한 지역 충돌의 공정한 해결을 위한 노력과 두 차례 금융위기를 거치면서 보여준 세계경제 회복과 발전을 위한 노력을 꼽았다. 그 결과 드디어 "국제무대에서 중심을 향해 나아가는 중국은 지금 막 인류사회발전의 인솔자 역할을 발휘하고 있다"라면서 인류

운명공동체 건설을 추동하자는 시진핑의 어록을 길게 인용했다(pp.300·302~306).

5. 중국특색 세계사의 (불)가능성

'20마공판' 세계현대사의 인식과 서사에 나타난 주요 특징은 다음과 같다. 인식 체계 면에서는 3종국가군을 세계사의 주체로 보고 그 상호작용에 주목하는 동시에 중국을 포함시켜 자국사–세계사의 이분 체제를 넘어서 통합적으로 파악한 것, 내용서사 면에서는 제3세계 발전도상국의 단결과 반패권 정책, 소련·동유럽 붕괴 이후 사회주의의 새로운 모색과 중국특색사회주의의 세계사적 의미(발전도상국 현대화와 세계사회주의의 새로운 모델)를 강조한 것이다.

이로써 중국 자신이 인식한 자국의 세계적 지위와 역할이 분명히 제시되었다. 사회주의 대국인 동시에 발전도상국으로서 초강대국 중심의 패권적 국제질서를 개혁하고 인류사회 발전을 이끄는 "인솔자"라는 것이다. "불완전한 세계대국"과 발전도상국가 등 복수의 정체성이 갈등하면서 뒤섞여 있는 상태라 할 수 있다.[41] 발전도상국을 자처하여 대국의 책임을 회피하려 한다고 보는 견해도 있으며, 2022년 미국은 이런 이유로 중국의 발전도상국 지위를 박탈하기로 결정했다. 그러나 이는 그 근간인 제3세계 정체성, 곧 반(半)식민지에서 장기간의 반제투쟁(항일, 항미)을 통해 건립하고 지켜낸 국가라는 자기인식의 역사적 맥락을 간과한 도구주의적 견해에 불과하다. "100년 굴욕"을 떨쳐내고 대국 지위를 회복한 중국으로서는 덩샤오핑의 말대로 이 정체성을 앞으로도 상당 기간 포기하지 않을 것이다.[42]

이 교재의 중국과 세계에 대한 인식은 개혁개방 이래 중국 역사학계가 지속해온 이른바 "중국특색의 세계사"를 체계화하기 위한 노력의 성과를 이어받은 것이다. 그 위에서 이 교재가 새롭게 시도한 것은 중국 주요 지도자의 세계관에 따른 개념서사를 시도해 사실서사의 프레임으로 삼은 점이다. "제3세계"(마오쩌둥), "남북대화"와 "남남합작"(덩샤오핑), "인류운명공동체"(시진핑)가 그런 예이다. 이는 시작에 불과하지만 "국제사무에서 중국의 담론권과 발언권'을 증대하려는(p.300) 국가 의지가 학술 영역에 투영된 것이어서 주목된다. 그것은 "중국특색의 담론 체계를 세워 중국의 이론으로 중국의 실천을 해석하고 이를 더욱 승화된 중국의 이론으로 만들어 국제학계에 중국학술사상의 영향력과 중국 문화의 소프트파워를 확대·증강함으로써 세계가 학술의 중국, 이론의 중국을 인식하게" 만들겠다는 거대한 프로젝트의 일부다.[43] 이런 점에서 '20마공판'의 현대사 인식은 '세계의 중국'과 함께 부분적으로 '중국의 세계'를 추구하려는 의지를 드러낸 예이다.

그런 포부와 의욕은 학술의 주체성이라는 면에서 바람직하다고 본다. 다만 그것이 중국 예외주의로 빠져들지 않도록 학술의 자유가 보장된 속에서 추구될 때 비로소 의미 있는 성과로 이어질 수 있음을 간과한 점은 유감스럽다. 현직 지도자(시진핑)의 어록을 인용해 '중특사'의 세계사적 의의를 당의 선전 책자도 방불할 정도로 강조하는 무리수를 둔 것 또한 그 때문이다. 특히 '94고교판' 이래 유지해 온 민족자결(사회주의국가)과 민주화(발전도상국)에 관한 서사를 삭제한 것은 시진핑 시대의 중대한 퇴행이다. 이 점에서 '20마공판' 세계사는 사실상 중국사의 확대판이며 국가주도 프로젝트로 편찬된 교재의 한계라 하겠다.

그렇더라도 자국사도 포함하는 '3종주체'의 상호 연관성을 강조한 인식체계는 자국의 역할을 사실과 개념의 양면에서 중시한 서사와 더불어 유럽중심 세계사를 넘어 '새로운 세계사'로 나아가자는 국내외 학계의 오래된 과제와 통하는 면이 있다. 그 속에는 메이지 시기 일본에서 형성되어 근현대 동아시아 각국에 공유된 '일본판 세계사'를 벗어나는 의미도 담겨 있다. 기실 다원주의적 역사상을 향한 일보 전진이라 할만하다. 세계인구의 3/4과 UN 회원국수의 3/4을 차지하는 제3세계 발전도상국을 세계사의 한 주체로 중시한 것은 마땅하다. 사회주의국가군을 또 하나의 주체로 포함시켜 주요자본주의국가와의 상호작용(전쟁·충돌과 경쟁, 착취와 억압, 협력과 상호 영향 및 학습)을 드러내려 한 점도 소련 붕괴 이전 시기에 한해서는 적절하다. 당과 정부가 요구하는 국가주의 충동을 학술성으로 적절히 제어하면서, 이런 기조를 살려 나간다면 시행착오를 거쳐 "중국특색 세계사"의 가능성이 열릴 수 있을 것이다.

그러나 이처럼 비유럽을 중시하는 것만으로는 큰 의미를 갖기 어렵다. '새로운 세계사' 구성에 도달하려면 근대성을 곧 유럽근대성으로 간주한 채 이를 사실 파악과 평가의 기준으로 삼는 가치관 자체를 혁신하지 않으면 안 된다. 그러려면 근대성 실현의 원동력인 자본주의와 성장지상주의의 발전사관에서 벗어나야 한다.[44] 이와 달리 '20마공판'은 소련 붕괴 이후 "사회주의에 대한 각성과 반성"을 거쳤음을 강조하면서도 '중특사'가 생산력 발전 면에서 자본주의보다 우월하다는 것을 증명하는 것을 핵심 임무로 삼고 있다고 했으니, 여기에 자본주의를 넘어서는 새로운 비전이 담겨 있다고 할 수 있을까.

더구나 성장지상주의의 발전사관은 국가의 정치안정을 우선함으로써 민족과 계급의 해방운동을 억압하거나 외면하는 국가주의로 이어질 수 있다. '94고교판'에 있던 발전도상국들의 민주주의운동과 옛 사회주의국가 안의 민족자결운동에 관한 내용을 '20마공판'이 삭제한 것이 그런 예이다. 착취와 억압의 주체를 초강대국/패권국을 포함한 '주요자본주의국가'에 한정하는 편향을 보인 것이니, 이는 결코 작은 문제가 아니다. 그리고 "사회주의의 생명력"이 여전하다고 강조하고 있는데, 그것은 빈곤과 병립할 수 없는 동시에 정치적 억압과도 병립할 수 없다. '국가' 자체의 양면성(해방기능과 억압 기능)에 유의해 인민에게 국가란 무엇인가를 따져 묻는 자세가 긴요한 까닭이다. 지구사가 자본의 글로벌화를 대변해 계급·젠더·국가·인종·남북 간의 양극화를 교류와 네트워크 속에 녹여버려 역사적으로 정당화해 주는 것을 경계해야 하는 것도 같은 이치다.

요컨대 이 교재에 드러난 '중국특색'의 '중국판 세계사'는 지구화 시대에 조응하는 '새로운 세계사'의 면모를 포함하면서도 자국사의 논리를 지나치게 강조함으로써 '자국사의 확장'이 되어버린 한계가 있다. 이를 비판할 수는 있으나 그것만으로는 의미를 갖기 어렵다.[45] 세계사가 자국사의 확장으로 된 예는 중국뿐만 아니라 20세기 '일본판 세계사'를 비롯해 영국·미국 등의 제국에서 쉽게 찾아볼 수 있기 때문이다.[46] 더구나 그 자체가 제국성의 표현이다. 그럼에도 지금 "중국특색 세계사"는 역사상 전에 없이 다원화된 21세기를 배경으로 기존의 세계사를 비판하고 나선 만큼, 그에 걸맞게 중국이 담당한 역할을 실사구시적으로 자리매김하되 '또 하나의 제국성'을 어떻게 제어할 것인가는 비켜갈 수 없는 질문이다. 이 질문을 외면하는 한 그것은 국내용의 중국 예외주의에 머물 수밖에 없을 터이다. 제국공화주의의 문제의식을 살려 공화이념으로 오랜 제국관성을 직시하고 극복하려는 지적 긴장이 요구되는 까닭이다.

종장

중국 예외주의를 넘어

최근 중국의 급속한 부상과 대국화에 따라 자국 발전 경로의 예외성을 강조하면서 이 모델을 보편화하려는 '중국 예외주의'가 대두했다. 대외 침략과 식민지 없는 평화로운 발전을 통해 인류 역사의 새로운 길을 개척하는 위대한 실험을 하고 있다는 것이다. 독립혁명 이래 형성되어 지속되고 있는 미국 예외주의와 흡사하다. 이에 대응해 서방에서는 중국이 대내적 일당전제와 대외적 제국화로 평화로운 세계질서를 위협하고 있다는 비난이 갈수록 강화되고 있다. 전자가 '왕도중국론'이라면 후자는 '패도중국론'이라 할 수 있다.

세계패권이 대영제국에서 미국으로 바뀔 때는 '패도미국론'이 거의 없었다. 동일한 자유주의 질서 안에서의 전이인 데다 보편적 가치로 포장된 소프트파워가 갖춰져 있었기 때문이다. 이와 달리 당-국가 체제를 고수하며 영미식 자유주의 질서를 금기시할 뿐 아니라 타국이 스스로 동의하고 협력하도록 하는 문화적 매력을 갖추지 못한 상태여서 패도중국론이 자라나게 되었다.[1] 그로 인해 중국 바깥에서 극단적으로 상반된 두 개의 중국예외론이 부딪치고 있으며 한국에서는 특히 남북문제와 얽혀 있어 더 그렇다.

필자는 '왕도중국론'처럼 '패도중국론'도 예외주의라고 말하고 싶다. 미국을 예외적인 왕도국가라 믿는 이들은 중국을 예외적인 패도국가로 간주하기 때문이다. 다만 이는 타국에 의한 비난성 예외주의여서 종래의 '자칭 예외주의'와 다르나 논의의 편의를 위해 '타칭 예외주의'로 간주하고자 한다.[2] 아래에서는 본론의 검토를 바탕으로 '현대중국' = '공화중국' 100년의 자기인식을 제국공화주의의 관점에서 조명해 두 개의 중국예외론을 상대화하고 무엇이 진정 중국의 예외적인 면모인지를 가늠해 보겠다.

1. 국가주의와 제국성

1부와 2부에서 공화중국의 현실인식을 몇 개의 주제로 나누어 검토한 결과 공화성과 제국성의 양면을 보이면서도 주제에 따라 어느 한쪽이 더 강하게 표출되었음을 확인했다. 가령 현대사 인식에서는 '공화민국'의 탄생을 강조하는 공화성이, 민족·영토 인식에서는 '5역통합'으로 구체화된 제국성이 두드러지는 식이다. 전자가 현대사의 주요 특징이자 과제를 반제, 대중운동, 민주주의, 세계화로 집약함으로써 지난 100년 동안 확충해야 할 공화성을 드러낸 것이라면 후자는 중화공화국이 같은 기간 성취할 부흥중화의 제국성을 드러낸 것이라 하겠다.

주목되는 점은 후자의 제국성이 전자의 공화성을 제약하는 요인으로 작용했다는 것이다. 한족이 주도하는 중화공화국에서 비한족은 공화국 영토의 2/3를 차지하고 있음에도 자신의 의사와 무관하게 "소수민족"의 특수행정구역으로 편입되었다. 사전에 그들의 동의를 구해야 마땅하다는 제국공화주의 원칙이 총리대신에게 제시되었으나 간단히 무시되었다. 중화공화국에 지속된 제국성의 원점이다. 이는 공화성을 양면에서 갉아먹는 요인이 되었다. 몽·장·회족의 분리 독립을 막기 위해 그 특권계급인 왕공·세작을 유지하고 우대함으로 공화국 안에 사실상의 귀족정체를 허용했고, 그와 짝을 이루어 소중국 = 한족중국 = 중국1의 내지에서도 수구 관료집단을 그대로 용인하고 재임용함으로써 공화의 제도와 이념을 훼손했다. 영토 보전을 무엇보다 우선하는 국가주의/제국성이 공화주의/공화성을 억압한 것이다. 공화중국 100년의 자기인식을 구조적으로 제약하는 장기지속의 요인은 이렇게 탄생했다.

이 영토 인식을 떠받친 국가주의는 아편전쟁 이후, 특히 1870년대 이후 급속히 형성된 '대중국' = 다민족중국 = 중국2의 국가주의로서 민족인식에 적용되어 중화민족론을 낳았다. 그런 만큼 중화민족론에 내면화된 제국성은 누구도 부정하기 어렵다. 그뿐만 아니라 대중국의 영토를 보전하려는 수세적 영토 인식은 천하사상과 결합해 중국2의 범위를 넘어선 팽창적 영토 인식으로 치달았다. 청조의 번속국 = 조공국을 제국주의 열강에 빼앗긴 영토로, 그래서 회복해야 할 중국 영토로 여기는 '번속영토론' = 중국3이 그것이다. 이는 제국주의 시대 반제열망으로 증폭된 영토 상상이 아닐 수 없다. 중국2가 약법의 규정으로 법제화되었다면 중국3은 국민정부 교과서의 서술로 제도화되었다. 중국2의 외부라는 전혀 다른 이족·이역에 대한 또 하나의 제국성이다.

이상은 공화1기의 현실인식에 나타난 제국성으로 공화2기에 지속과 변화를 보였다. 몽·장·회족의 귀족정은 1949년까지 이어지다가 1950년 인민공화국의 무력 점령에 이은 토지개혁으로 티베트의 경우 "인구의 94%를 차지하는 농노가 해방"됨으로써 종식되었다.[3] 이 "해방"은 청대 이래 줄곧 자치를 누려온 현지인이 보기에 그 방법과 절차가 외부의 무력에 의한 것이어서 공화성에 부합하지 않는다. 따라서 민족구역자치는 여전히 제국공화주의에 머물러 있다.[4] 이는 제국성을 내장한 채 거의 그대로 지속된 중화민족론과 연동되어 있다. 다만 번속영토론은 지속되지 않고 "역사상의 중국"

론 = 신중국3으로 바뀌었으나 고구려사 문제에서 보듯 이웃 나라와의 역사 분쟁을 낳았다. 특히 주목되는 점은 중국 안에서 공화성이 심각하게 억압받던 문화대혁명기에 번속영토론이 잠시 재등장했었다는 사실이다.[5] 필요에 따라 이후에도 재현될 가능성을 보여주는 사례다.

제2부에서 본대로 공화중국은 동방/세계 각 민족 및 국가들 사이로 나아가 자국을 정점으로 하는 국제질서의 형성을 추구했다. 그것은 반제반침략의 정의전쟁론, 국민당의 삼민주의 인터내셔널과 공산당의 동방정보국 구상, 인민공화국의 '대3각' 외교와 세계혁명중심론으로 구체화되었다. 이들 셋을 관통하는 공통의 가치는 국가·민족의 자주독립과 평등이다. 세계의 피압박 민족이 이를 실현할 수 있도록 중국이 지원하고 연대하며 지도하겠다는 것이며 실제로 그렇게 했다. 이를 통해 중화민국도 인민공화국도 공화성을 세계성과 함께 추구하면서 자신을 제국1에서 제국2으로 상승시키려는 강렬한 의지를 보였으나 국력이 뒷받침되지 않아 의도와 지향에 그쳤다.

삼민주의 인터내셔널과 공산당동방정보국(아시아 코민포름)으로 대표되는 국공 양당의 국제질서 구상은 상당 정도 중첩된다. 전자는 코민테른을, 후자는 코민포름(유럽7국 공산당정보국)을 벤치마킹한 세계혁명 지휘기구인데. 그 지도 이념이 삼민주의냐 마오주의냐의 차이가 있을 뿐 그것을 국제화하려는 의지, 기구의 구조와 역할은 거의 같다. 둘 다 세계를 삼분해 그 중의 하나를 자국 중심의 질서 하에 두겠다는 천하삼분지계 구상이라는 점도 흥미롭다. 지도자의 의지와 역량 면에서는 큰 차이가 있었으니 장제스가 국민당 안의 강렬한 요구에도 불구하고 외교문제로 비화할 것을 우려해 소극적이었던 데 비해 마오쩌둥은 스스로 한국전쟁 참전을 결단함으로써 스탈린의 승인을 받고 전면에 나서 추진했다. 이는 스탈린 사망 후 평화공존 노선의 급부상에 따라 취소되었으나 문화대혁명의 바람을 타고 1966~1967년 세계혁명중심론으로 재기했다.

민족의 자유·평등을 앞세운 이 같은 중국 중심의 질서구상은 공화 이념에 상당 정도 부합한다. 각기 자신의 역사와 문화 전통을 간직한 약소민족이 모두 세계를 구성하는 독립된 주체로 거듭날 수 있도록 지원하고 연대하는 것을 목표로 삼았기 때문이다. 이 대외적 공화성은 자국 안에서 각 민족·인민의 자유·평등을 보장하는 대내적 공화성과 짝을 이루어 추구할 가치다. 문제는 한족 92 대 비한족 8이라는 대내적 비대칭성과 마찬가지로 현격한 대외적 비대칭성이 구조적 제약으로 작용할 수 있다는 점이다. 그로 인해 평등 지향의 공화성이 축소되고 위계 지향의 제국성이 부상할 가능성이 내재했으되 단지 현실화하지 않았을 뿐이다.

이 같은 공화중국의 제국성을 중국만의 예외적인 현상으로 여겨 '패도중국'을 부각하는 타칭 중국 예외주의가 최근 갈수록 커지고 있다. 그러나 제국공화주의의 관점에서 비교사적으로 보면 중국보다 제국 경험과 그로 인한 제국 관성이 훨씬 짧고 적은, 그 대신 근대적 의미의 공화국 경험은 가장 길고 풍부한 미·프에도 공화성과 제국성의 타협이 혁명 직후부터 출현해 장기간 지속했음을 확인할 수 있다. 이는 영토 확장과 대외정책의 양면에서 나타났다.

미국은 독립혁명(1776) 직후부터 영토 확장 방법을 둘러싸고 제국 노선과 공화국 노선 사이의 경쟁과 타협을 오갔다. 편의에 따라 둘을 번갈아 쓰면서 13주의 미국은 이역으로 팽창해 제국이 되었다. 레몽 아롱(R. Aron)과 제임스 윌슨(J. G. Wilson)은 이를 "제국적 공화국(imperial republic)"이라 불렀다.[6] 윌슨에 따르면 이른바 "서부개척"을 통해 무력이나 구매로 획득한 새로운 영토는 백인 남성에게 평등한 선거권을 인정하는 '공화제국'에 편입되었고, 그 후에는 미-스페인 전쟁으로 획득한 필리핀을 식민지로 삼은 "식민제국"이 되었다. 공화주의 안에도 몽테스키외의 소규모 평화적 노선과 마키아벨리의 팽창하는 공세적 노선이 있었는데 후자가 제국 노선과 손잡은 결과다. 초창기 미국 의회 기록에 미국을 "empire"로 묘사한 사례가 200여 회 나오며 그 의미는 영토와 국력과 영향력을 확대하여 위대해지려는 팽창하는 국가다. 이 책의 서장에서 분류한 '제국1'일 수도 '제국2'일 수도 있다. 그에 앞서 아롱이 주목한 냉전기 미국은 군사기지로 영토 확장을 대신한 점에서 '제국3'에 해당한다.

아롱은 미국의 "제국공화"가 예외적 현상이 아님을 강조했다. "몽테스키외는 공화국이 정복과 양립할 수 없다고 보았으나 역사적으로 어떤 체제도 제국의 유혹에 맞선 증거는 없다"라고 일반화함으로써다.[7] 이를 확인이라도 해주듯이 에드워드 앤드루(E. G. Andrew)는 근대 영국과 프랑스도 미국처럼 로마공화국을 모델로 삼아 이역으로 팽창해 식민제국을 건설한 '제국적 공화국'으로 보았다. 그에 따르면 영국의 공화주의자들도 18세기 내내 제국과 자유라는 상반된 요구를 조화시키려 시도했고 이는 결국 제국의 확대로 이어졌다.[8] 홍태영에 따르면 프랑스 혁명기에 산악파와 지롱드파 간에 식민정책에 대한 견해차가 있었는데, 테르미도르의 반동 이후 노예제에는 반대하면서도 식민지는 강대국 정치를 위해 보존해야 한다는 논리로 지롱드파의 주도하에 식민지 확대에 나서는 "제국적 공화국"이 되었다.[9]

기실 공화를 단지 군주제에 반대하는 정체 개념으로만 이해한다면 황제와 무관하게 성립하는 제국1이나 제국2와 양립할 수 없는 것도 아니다. 그렇지만 미국 독립선언과 프랑스 인권선언의 정신을 바탕으로 이해하면 어떤 공화국도 "제국의 유혹"에 맞서지 않으면 안 된다. 같은 공화국 안에서 이처럼 상반된 두 노선 간의 긴장과 경쟁이 지속되었고, 양자의 현실적 타협이 "제국공화"로 나타난 것이다. 국가란 현실의 권력체이기에 이상주의보다 현실주의에 따라 운영되기 일쑤다. 어느 나라에서도 '국위 선양'이라는 국가주의가 이를 부채질한다. 그러나 이념과 이상, 곧 사상을 간단히 무시하고 부정하면 인류 역사의 진화는 멈추고 말 것이다.

제국은 그 규모의 광대함과 피할 수 없는 이질성으로 인해 공화주의적 시민권을 보장하기 어렵다. 데이비드 밀러(D. Miller)에 따르면 주권자 인민의 공덕에 기초한 공화주의적 시민권이 온전히 작동하려면 "민족적 일체감"이 있어야 하는데 그 형태에 대해서는 두 견해가 있다.[10] 하나는 공통의 역사와 문화에 기초한 문화민족의 일체감으로 그 위에서 비로소 시민으로서의 책임감과 상호신뢰가 형성될 수 있다는 것이다. 이런 '민족국가'는 현재 UN 회원국의 10%에 불과하다. 다른 하나는 헌법과 법률에 기초한 국가민족의 일체감으로 공통의 민족문화가 없어도 가능하다는 것이다. 오늘날 대다수의 다민족국가, 곧 '국민국가'가 이에 해당하는데 동일한 헌법 아래서도 주류민족과 소수민족 간의 차별과 위계가 있어 갈등을 일으키고는 한다. 밀러도 필자도 전자를 선호하는 것은 이 때문이다. 더구나 제국은 이질적인 주민에게 헌법과 법률을 일률적으로 적용하지 않기에 문화적 일체감도 정치적 일체감도 부여할 수 없다. 광대한 국가는 최소한 연방제 형태를 취해야 한다는 요구가 일찍부터 제기된 까닭이다.

간과할 수 없는 것은 제국은 대외적 팽창으로 대내적 권위나 강제력을 강화함으로써 본국 안에서 제국성에 대한 공화주의적 견제를 침식한다는 점이다. 국내에서의 도미니엄과 국외에서의 임페리움은 상호 긴밀히 연계되어 상승작용을 일으키며 제2차 세계대전기 추축국의 전체주의가 이를 웅변한다. 헌법은 오직 제한된 공동체에만 적용되는데 확장된 제국은 그러한 헌법이 보장하는 시민의 권리조차 침해한다.[11] 한나 아렌트(H. Arendt)가 베트남전쟁기 미국의 제국주의적 대외전략이 "자기기만을 내면화하면서" 국내정치에서 공화국의 위기를 초래했다고 날카롭게 지적한 것도 같은 맥락이다.[12]

제국과 공화국의 이분법을 넘어 양자의 상호 중첩에 주목해야 공화국의 실상을 더 깊게 파악하고 한 걸음 나아갈 계기를 마련할 수 있다. 제국공화주의, 곧 "제국적 공화국"이라는 관점은 중국/미국 예외주의를 상대화하면서 우리의 역사 이해를 심화하는 데 새롭게 기여할 가능성을 보여준다. 이는 제국과 국민국가의 이분법을 넘어서자는 취지에서 나온 "국민제국"론과 상통하는 바가 있으나 분명히 다른 면도 있다. 전자가 제국성과 공화성 간의 긴장을 상수로 전제하는 데 비해 후자는 그렇지 못하다. 장친의 제국공화주의는 제국의 유혹에 맞서지 못한 한계가 있으나 제국관성과 제국화의 문제성을 드러내고 직시하려는 지적 윤리적 긴장을 내장한 점에서 의미가 있다.

미국과 프랑스는 중국보다 앞서 자본주의 공화국 체제로 시민계급 주체의 공화성과 제국성을 서로 엇갈리게 실현했으니, 이와 비교해 보면 공화중국이 추구한 공화성과 제국성은 몇 가지 독특한 바가 있다. 공화성과 제국성의 양면 모두 실현 범위가 청대의 전통제국 강역에 제한되어 있다는 점(제국2에서 제국1로 위축되고 중국2와 신중국3이 작용한 결과), 유구한 전통과 비교적 짧은 근대성이 혼재되어 있다는 점, 그로 인해 중화적 특질이 도드라져 보인다는 점(제국1과 중국1의 결합), 제국성이 반(反)제국주의의 이념과 운동을 통해 내면화되었다는 점 등이 그렇다.

2. 평화중국 서사

현실인식과 짝을 이루는 역사인식 차원의 자기인식은 제3부에서 다루었다. 중국통사의 동아시아 이웃 나라와의 대외전쟁 서사를 검토한 결과 공화1기에는 역사중국의 제국성을 상대화할 수 있는 여지를 마련했음을 확인했다. 천자의 논리와 동일하게 정벌로 보는 서사 외에 쓸데없는 무용전쟁이나 정의롭지 못한 침략전쟁으로 보는 3종의 서사가 병존한 것이 이를 말해준다. '중국' 범위와 관련해서는 총론에서 다민족중국론을 취한 통사조차 각론의 서사에서는 모두 한족중국론으로 돌아갔다. 청말에 형성된 대중국론을 역사화하는 게 쉽지 않았음을 보여준다. 그것을 훌쩍 뛰어넘은 번속중국론을 역사화하기는 더 어려웠다.

공화2기에는 정벌론과 침략전쟁론의 2종 서사가 병존하는 상태에서 마르크스주의 통사인 후자가 정통지위를 차지해 대학 교재로 널리 읽혔다. 그 대신 보편성을 중시한 나머지 역사중국의 특수성 = 중화성이 홀시되었다. '중국' 범위 면에서는 대중국론을 전면적으로 적용하도록 중공중앙 역사연구위원회가 지도했음에도 각론에는 여전히 부분적으로만 적용되는 데 그쳤다. 인민공화국 혹은 청제국 전성기의 영토 범위 안에 있던 고대 이래 모든 민족/국가를 중국으로 여기는 "역사상 중국"론은 역사서사에 거의 적용되지 못했다.

공화3기에는 국책의 기본방침을 개혁개방으로 전환함에 따라 역사서사에 큰 변화가 일어났다. 계급투쟁 대신 생산력을 가장 중요한 역사 동력으로 규정하고 그 연장선에서 역사중국을 재인식한 결과다. 두드러진 변화는 그동안 홀시되던 중화 전통을 적극적으로 해석해 부활시키려는 '부흥중화'의 서사가 전면화 한 것이다. 이는 제도문명, 물질문명, 정신문명이란 이름으로 중화 전통 전체를 각 분야별로 세분해 대규모 통사로 편찬한 데서 잘 드러난다. 다민족의 대중국론과 중화민족론, '역사상의 중국'론이 전면적으로 적용되었다. 모두 공화1~2기에 없던 국가주의의 팽창이라 할 수 있다. 공화3기의 역사서사는 공화성의 약화와 제국성의 강화를 보여준다. '부흥중화'의 중화성이 그 연결고리 구실을 하고 있다.

'부흥중화'의 가장 큰 특징은 평화중국 이미지를 부각하는 서사라 할 수 있다. 역대 중국의 침략전쟁은 1940~1960년대 통사에서 상당 정도 인정되었으나 1999년판 통사에서 현저히 축소되더니 2018년판 통사에서는 아예 사라졌다. 이는 화평굴기론과 평화발전론이라는 현실의 국정 방침을 뒷받침하기 위한 역사적 정당화 작업의 일환으로 보인다. 중화민족은 평화를 사랑하는 민족으로서 대외 침략을 한 적이 없다는 주장이 갈수록 강화되었는데 중국의 대외전쟁은 서방의 그것과 달리 천하의 "보편도덕을 재건하기 위한 정의로운 전쟁"(義戰)이었다는 견해가 대표적인 예이다.[13] 중국은 정복에 기초한 제국과 다르다는, '왕도중국'의 자칭 예외주의다. 쑨원과 장제스가 일찍이 강조한 평화중국 = 왕도중국 담론을 이어받아 2014년 시진핑 주석은 "중국은 일찍이 식민과 타국침략을 한 적이 없다"라면서 "중국인의 혈통에는 패권이나 전쟁을 일삼는 궁병독무의 DNA가 없다"라고 했다.[14] 서방보다 상대적으로 덜하다는 차이를 유전자론까지 동원해 예외성으로 포장한 것이다.

중국의 학계에서 평화중국 서사를 이끄는 핵심 담론이 조공체제론, 문명국가론, (신)천하체제론이다. 이를 제국담론의 일종으로 보거나 천하를 제국과 동일시하는 견해가 있다.[15] 필자가 보기에 천하는 구성논리 면에서 제국과 얼마간 겹치는 게 사실이나 그것을 자신의 일부로 포함하는 극상위 개념이다. 더구나 세 담론은 모두 '천조중국'을 주체로 하기에 문덕교화의 관용만 인정할 뿐 자신의 군사적 팽창과 침략을 인정하지 않는다. 이와 달리 제국은 그것 없이 형성될 수 없다. 따라서 세 담론은 부정적 이미지의 제국을 우회하여 문덕교화의 중국특색을 강조하기 위한 중국예외론이라 할 수 있다. 중국 정부는 이런 담론을 방패로 삼아 『중국의 평화발전』(2011)이라는 백서를 간행해 서방의 제국과 다른 역사중국의 평화주의를 역설했다. 거기서 그치지 않고 평화주의의 핵심인 왕도정치 사상을 중심으로 새로운 국제규범을 만들어야 한다고 했다.[16]

기실 공자와 맹자가 무력 사용은 최후의 선택이어야 한다고 해서 문관우위의 전통과 함께 평화주의적 경향이 생겨나 지속된 것은 사실이다. 그렇다면 왕도사상이 역대 중국 왕조의 정복 충동과 팽창 욕구를 효과적으로 제어하거나 대신했다는 말인가? 이를 현실과 실제에 기초해 설명하는 견해로 다음 몇 가지가 있다.

그중의 하나가 지대물박론이다. 거젠슝에 따르면, 중국은 서구국가들처럼 부지런히 식민지를 찾아 나서거나 대외 침략에 진력하지 않았다. 그 원인은 "광대한 농경지로 풍부한 농업생산력을 갖추고 있어 식민지 개척의 필요성이 없었고", 그로 인해 "해외를 알고 싶어 하는 흥미와 적극성도 없었기" 때문이라 했다.[17] '해외' 식민지를 탐하지 않았다는 것일 뿐 역내에서 인접한 농경 가능지구로의 영토 확장에 대한 설명은 아니다. 또 다른 견해로 소용돌이론과 눈덩이론이 있다. 자오팅양(趙汀陽)에 따르면 중국은 중원 세력의 확장이 아니라 그 바깥의 다양한 세력이 경쟁적으로 중원을 다투는 "천하쟁탈 게임의 소용돌이 효과"를 통해 형성되었다. 그래서 중국사는 누구에게나 개방된 "만인 공동의 역사"라는 것이다.[18] 그는 한족 반군이나 비한족이 안/중앙으로 쇄도할 때 수반된 무력에 의한 살육과 정복은 없는 듯 지나쳤다. 페이샤오퉁과 쉬제순(徐杰舜)은 2000년에 걸쳐 한족은 마치 눈덩이(雪球)가 구르면서 저절로 커지는 것처럼 확대되었다고 보고 중화민족도 같은 원리로 형성되었다고 했다.[19] 그들은 동질의 눈이 합쳐져 커지는 눈덩이와 달리 한족은 각기 다른 역사와 문화를 가진 이족을 흡수·동화하여 커진 차이, 그 과정에서의 자연스러운 호한(胡漢) 잡거 외에 정복과 사민(徙民)정책에 의한 폭력적 강제동화를 마치 없는 듯 지나쳤다.

이러한 평화주의 이념과 서사는 량치차오가 지적한 대로 역대 중국의 정사인 24사에 가득한 각종 전쟁 서사와 괴리되어 있다. 정사의 기록이 모두 허구가 아닌 한 설명이 필요하다. 여기에도 몇 가지 견해가 있다.

우선 중국 "전략문화"의 이중성으로 보는 견해다. 존스턴에 따르면 그것은 유가경전에 기초한 이념(전쟁기피)과 무경7서에 기초한 실제(전쟁선호)

의 상반된 두 세트로 이루어져 있다. 따라서 실제로는 역사상의 중국도 여느 제국들처럼 국제관계에서 필요하면 무력을 사용했다.[20] 『춘추좌전』은 폭력을 반대하면서도 호전적 군사행동을 수없이 많이 수록하는 모순을 보였고, 그에 수반되는 곤란은 도덕적 우월성을 지닌 것으로 전제된 황제에 의해 해결되는 서사구조를 취함으로써 결국 군사행동을 너무 많이 중시하도록 만들었다.[21] 이에, 천자의 정벌을 갈망하는 이적의 기대를 외면할 수 없다는 의전(義戰)의 논리, 중국의 우환거리가 될 이적에 대해서는 덕화를 위한 정벌이 불가피하다는 논리가 구사되었다.[22]

다음에는 문인과 무인의 분업이라는 권력구조로 설명하는 견해다. 페어뱅크(J. K. Fairbank)는 문헌과 기록을 담당하는 문관·사대부와 군사를 담당하는 무인·장군들(특히 이민족 출신)의 분업·협업 구조는 한제국 이래 지속되었고 그 속에서 문관·사대부는 덕치론을 맘껏 펼칠 수 있었다. 이로 인해 군사행동을 선호하는 전략문화와 상반된 평화국가/평화민족 이미지가 중국인의 자기인식으로 장기 지속되었다는 것이다.[23] 이와 비슷하지만 좀 다르게 조정 안에서 문인 관료와 황실의 인척 및 고문·가신들 간의 경쟁으로 보는 견해도 있다. 덕치를 중시하는 문관과 달리 황실과 측근들은 왕조의 군사적 우월성을 과시하여 황제의 권위를 드높이려 했고, 이를 통해 문관 세력을 약화시키는 대신 자신과 상인들의 힘을 증대했다는 것이다.[24]

역사중국의 평화국가 이미지는 군사적으로 우세한 서북방 유목민과의 대비라는 이항대립 구도 하에 만들어져 전승된 것이다. 그에 대해 수세적인 중국 왕조도 국력이 뒷받침될 때는 공세적 원정에 나섰고 서북으로 강역을 확대함으로써 정통성의 근간인 '화이 대일통' 국면을 확보할 수 있었다. 아울러 서남의 농경하는 이적(묘족·요족 등 서남이)에 대해서는 군사력이 취약한 그들 사이로 쉽게 치고 들어가 식민을 진행했다. 오늘날에도 의

사소통이 안 될 정도의 중국어 방언이 남아 있는 것은 "한족의 팽창과 식민의 결과"다.[25] 서방의 제국과 다른 중화제국의 특징으로 내부 안정 우선의 "피동적 팽창"을 강조하는 견해와 "주변 침투적이고 점진적인 팽창"을 강조하는 견해가 있는데, 필자가 보기에 전자는 서북 유목민에 대한 것이고 후자는 서남 농경민에 대한 것이다.[26]

그렇다고 필자가 역사중국에 중국적 특수성과 예외적 현상이란 없다고 주장하는 것은 아니다. 문화체로서든 정치체로서든 '광대한 중국의 지속성'이야말로 세계역사상 유례없는 중국만의 특징이다. 중화제국은 하나의 제국이 붕괴하면 그 폐허 위에서 또 다른 제국이 일어나 2000년간 단속적으로 이어졌다. 이는 누구나 인정하는 바이지만 어떻게 그게 가능했는지 그 경로와 원리를 설명하기는 쉽지 않다. 전인갑은 "문명의 구조적 안정과 총체적 응집력"을 자산으로 하는 "제국의 복원력"이 있었기 때문이라 했다.[27] 복원력에 주목한 의미가 있으나 그것이 흔히 말하는 동화력과 다른 것이라면 '붕괴후 재건'의 방법과 경로에 대한 설명이 뒤따라야 한다. 그렇지 않으면 동어반복으로 보일 수 있다.

그 방법과 경로에 대해 위평춘은 중화제국을 구성하는 5대 문명 판상(서북의 사막, 범중원, 요동, 서남의 雪域, 동남연해의 해상)의 경쟁적 수렴과 확산으로 설명했다. 그런 제국 구조 속에서 한·당·원·청은 중원의 변방에서 출발해 대일통사상의 깃발을 들고 핵심구역으로 들어가 형성되었기에, 중심에서 주변으로 강역을 확장해 성립한 여타 제국이 일단 망하면 재기할 후속 역량이 없었던 것과 다르다는 것이다.[28] 소용돌이론과 흡사한 발상인데, 5개 판상이 인민공화국 영토 범위를 과거로 소급 적용해 만들어진 '상상된 중국' 개념에 따른 것이어서 수긍하기 어렵다. 역사주의를 무시한 또 하나의 현재주의 담론이다.

또 다른 설명으로 "플레이스 홀더(placeholder)로서의 중화"라는 개념에 주목하고 싶다. 김영민은 18세기 조선과 일본이 청조는 중화가 아니라면서 스스로 중화를 자처한 것을 설명하기 위해 이 개념을 제시했다. 그는 이때의 '중화'를 "정통성에 기반하고자 하는 계보적 사유 일반에서 흔히 발견되는 '플레이스 홀더'로서의 픽션"으로 보았다. 조선과 일본은 '중화'를 종족·지리를 초월한 문화적 개념으로 보고 유덕자에게 천자의 지위를 부여하는 천명론에 기초해 중화를 자처할 수 있었다는 것이다.[29] 천명론에 정통론을 더하면 진한에서 명청에 이르는 동안 붕괴된 제국의 복원 원리를 설명할 수 있을 듯하다. 이는 두 단계로 나누어진다. 먼저 출신 종족·지역과 무관하게 누구든 중원 쟁탈에 참여해 그 농업생산력에 기초한 제국 시스템으로서의 중국을 장악할 수 있었다.[30] 그런 다음 무력으로 제국성 = 대일통을 회복해 문덕(예의)의 이름으로 중화를 자처하면 다음 왕조가 이를 정통으로 인정했다. 이 '승인정치'는 자신의 정통지위를 확보하기 위한 사후 승인일 뿐이니 정통론이란 참으로 편의적인 권력 정당화론이다.[31] 그 연속이 소위 "만인공동의 역사"로서의 중국사다.

이처럼 편의적인 승인정치의 연속이 곧 장기 지속된 '중국'이고 보면 '중국'이란 누구나 들어가 주인 행세를 할 수 있는 편의적인 개념으로서 '플레이스 홀더'라 할 수 있지 않을까. 이적으로 간주되던 원·청이 "중원에 들어와 주인이 되었다"(入主中原)는 제정 시기 사서의 기록과 공화중국의 역사서사야말로 이를 뒷받침하는 유력한 증거로 보인다.

그래도 남는 문제가 있다. 이적의 '입주중원'을 현재 중국의 영토를 확보한 쾌거로 여겨 흔쾌히 받아들이는 대중국론 외에 진땀 나는 치욕과 곤혹으로 여기는 소중국론이 병존하는 심리적 괴리가 지속된다는 점이다. 량치차오, 주즈신과 쑨원, 루쉰과 후스 등이 모두 그러했음을 보면 정파와 무관하게 한족 일반에 공유된 현상이라 할 수 있다. 그렇다면 비한족이 느끼는 심리적 괴리는 더욱 클 수밖에 없다. 대중국 = "법률적 국가"의 역사는 너무 짧고 소중국 = "심리적 국가"의 역사는 너무 길어 양자가 합일되려면 장구한 시간이 필요할 것이다.

3. 안보 딜레마와 포위공포증

'중국'과 '중화'는 글자의 뜻 그대로 자신을 '중앙지국'으로 인정하는 타자로서 4이의 존재를 필요로 한다. 우월한 경제력과 문화력으로, 때로는 군사력으로 4이를 흡수·동화해 한족중국을 키웠으나 4이를 과도하게 흡수·동화해서는 중국 자체가 존립할 수 없다. 중국/중화의 모순이다. 그런 만큼 4이에 대한 중국의 대책은 일방적일 수 없다. 이적을 중화와 구분하여 배척하는 종족주의 논리와 교화·동화를 전제로 수용하는 문화주의 논리를 양날의 검처럼 병행한 까닭이다. 고문헌은 이를 병기해 중국인에게 지속적으로 환기했다.[32] 중국의 복잡성도 이로 말미암은 것인데, 여기서는 이와 관련된 '안보 딜레마'에 주목하고 싶다.

중국은 4이에 둘러싸인 광대한 평원인 중원을 핵심부로 하는 국가이기에 그곳은 뛰어난 전투력을 갖춘 이적의 포위 공격에 늘 노출되었다. 그로 인해 조성된 안보 딜레마는 고대 이래 현대에 이르기까지 중국인에게 강렬한 포위공포증을 유발하여 장기 지속시켰고 대외전략에도 영향을 미쳤다. 냉전 시기 미·소 두 초강대국의 포위에 대한 중국의 공포증을 간파한 키신저는 중·미 국교 정상화 협상에서 이를 자신의 지렛대로 활용했을 정도다. 시간이 흘러 중국이 '세계 대국화'를 추구하게 된 상황에서도 이 공포증은 사라지지 않았다. 가령 예쯔청은 『중국 대전략』(2003)에서 전통시대 중국인의 오랜 포위 심리를 구체적 사례에 기초해 환기했는데, 한 이래 유목민의 침략을 뒤이어 제정러시아에 150만km^2의 중국 영토를 빼앗겼다는 것이 그 결말이어서 눈길을 끈다.[33] 2006년 후진타오(胡錦濤) 주석은 중앙외사공작회의에서 "미국과 그 동맹국들의 공조로 중국이 포위될 것"을 염려하면서 미국 주도의 "민주주의 국가연합"을 그 근거로 들었다.[34]

이 같은 포위 심리와 공포증은 기나긴 역사적 유래와 맥락을 갖고 있다. 기동력이 탁월한 유목민의 습격과 약탈·정복에 대한 공포증은 고문헌의 기록에 가득하다. 『춘추좌전』이 희공 24년(기원전 636년), 주(周)왕조가 "덕으로 천하를 귀복시킨 후에도 밖에서 업신여김(外侮)이 있을까 근심했다"라고 한 것은 이적으로부터 공격받을 수 있다는 근심을 보여주는 선구적인 사례다. 이런 사정은 진한 이후에도 변하지 않아서 24사에 실제 기록으로 남아 있으며 여러 학자가 이에 주목한 바 있다.

고중세에 포위공포증이 생겨나 지속된 맥락을 간추려보자. 한 제국에서는 천조의 지위에 어울리지 않게 흉노의 위협으로 인한 공포가 가장 심각했다. 바필드는 "위태로운 변경"의 침략자들로 인한 역대 중국의 두려움을 통시적으로 밝혔다. 그에 따르면 흉노는 변경 지역을 철저히 파괴하고 약탈해 황폐하게 만들었는데 더 큰 위협은 변경 지역의 왕들이 흉노와 연맹을 맺어 중앙정부에 대항하면서 북쪽 변경을 와해시키는 것이었다.

포위공포증의 최고 상징이라 할 '평성의 변'은 그로 인해 일어났다. 흉노의 공격을 받은 한신(韓信)이 투항하자 이 위기를 타개하려고 고조가 기원전 200년 직접 토벌전에 나섰다가 평성(平城, 산시성 大同 부근)에서 묵특선우의 군대에 포위되었다. 고조는 묵특의 부인에게 뇌물을 주고 간신히 빠져나왔고, 그 직후 화약으로 형제관계를 맺어 흉노에게 매년 비단·술·곡물 등을 보내고 공주를 선우와 혼인시키기로 했다. 사실상 중원왕조가 흉노에게 조공하는 것과 다를 바 없게 된 것이다. 그 후 묵특이 투르키스탄 지역의 소왕국들을 정복하고 이를 국서로 알려오자 문제(文帝)는 위협을 느끼고 협정을 다시 맺어 국경무역을 추가로 허용했다.[35] 관련 사실이 사서에 기록되어 대대로 전승되었다.

그렇게 전승된 포위와 치욕의 기억이 2000년이 지나는 동안 중국인에게 어떻게 각인되어 상기되었는지의 맥락을 한마디로 보여주는 어구가 있다. 량치차오는 난카이대학에서 학생들에게 이를 "고문의 숙분(高文之宿憤)"이라 했고 이는 『중국역사연구법』(1922)이라는 명저를 통해 널리 공유되었다.[36] 흉노에 대한 "고조와 문제의 쌓인 원한"을 이렇게 약어로 표기해도 될 정도로 사회심리적 공감대가 형성되어 있었다는 얘기다. "고문의 숙분"을 상기시키는 이적의 위협은 지속되었으니, 한족중국이 통째로 몽골족의 통치하에 들어간 원대와 몽골족을 초원으로 몰아낸 명조의 몽골 공포증은 더욱 컸다. 동서 초원을 통일한 오이라트에 의해 명 황제가 사로잡히고 그 군대의 절반이 살해된 '토목의 변'(1449년)은 '평성의 변'을 능가하는 치욕으로 남아 후대에 전승되었다. 몽골의 위협은 청대에도 이어졌고 청조는 할하몽골을 외교협상으로 팔기(八旗)에 편입하고서야 그에 힘입어 1757년 최후의 유목국가 준가르를 정복해 멸망시킬 수 있었다.

근현대의 포위공포증은 더욱 심각했다. 근현대 중국의 안보 위협은 이전과 달리 서북방의 육상세력(러)과 동남방의 해양세력(영·프·미·독·일) 양쪽으로부터 조성되었다. 이젠 정말로 거의 동시에 제국주의 열강으로부터 사방이 포위되었다는 위기감이 절정에 달했다. 그로 인해 전통적인 변방지대와 인접 국가에 대해 직접적인 통제를 확보할 필요성이 커졌고, 중국의 문화적 우월성이 사라지는 것은 물론 자국 방어용 울타리라는 "번속"은 근대적 의미의 완충국으로 재해석되어 이전보다 더 중시되었다. 그러나 번속국은 이내 열강의 식민지가 되어 중국은 처음으로 '울타리 방벽'이 없는 상태, 곧 '중국 아닌 중국'으로 전락해 "100년 굴욕"을 감내해야 했다. 번속국의 '울타리 방벽' 효과란 중국의 압도적 국력을 바탕으로 할 때 비로소 작동하는 것임을 확인해 준다.

과거의 번속국들은 제2차 세계대전 후 독립했으나 일부 예외가 있을 뿐 대부분 미국이 중국을 주변부에서 포위하는 동맹국이나 반중연합의 상대가 되었다. 이게 남방의 초승달이라면 서북방의 유목 세계는 모두 소련의 영토나 위성국이 되어 중국을 포위하는 북방의 초승달이 되었다. 남북방 모두 '울타리 방벽'이 없는 상태가 이어진 것이다. 마오쩌둥이 미·소와의 대결을 무릅쓰면서 중간지대/제3세계 국가들과 반제/반패권 연대를 형성하려 공을 들인 이유다. 냉전 시기 "중국이 미·소를 동시에 적대시하는 데서 보인 경멸과 자기확신의 정의감은 과거 왕조시대 내륙아시아 이적들에 대한 전통적 반응을 상기시킨다".[37]

'울타리 방벽'을 새로운 형태로 회복해 포위 심리에서 벗어날 계기는 개혁개방 이후 경제대국으로 부상한 새로운 조건에서 마련되었다. 최근 중국은 어느 대국도 먼저 자기가 속한 지역에서 주변국의 지지를 받지 않고는 세계대국이 될 수 없음을 인지하고 있다.[38] 인접국들을 중국위협론에 대응하는 적극 전략의 터전으로 보고 이른바 "주변외교"를 중시하기 시작한 까닭이다. 전통적인 양국관계가 아니라 다자협력의 국제기구를 통해서다. 상하이협력기구와 아시아인프라투자은행 등이 그런 예다. 그럼에도 약간 다른 맥락에서 포위 심리가 지속됨을 주목하는 견해가 있다. 현재 중국의 초강대국화를 추구하는 강경파는 전국시대의 전략적 사고를 중시하는데 그중의 하나가 "상대에게 포위되지 않도록 경계를 늦추지 마라"는 것이다. 이는 바둑의 원리로서 중원의 지형조건이 바둑판 같은 데서 연유한 것이기도 하다. 이에 착안한 필스버리는 키신저가 그랬듯이 "바둑을 알든 모르든 반대자의 무리에 포위당하는 것은 위험하다. 중국은 이웃 국가들이 연합하는 것을 태생적으로 두려워한다"라고 했다.[39]

그와 동시에 인민공화국은 역사중국이 이웃 나라들의 기억 속에 남긴 두려움과 경계심을 직시해야 하는 곤혹스런 처지에 놓여 있다. 마오쩌둥과 저우언라이는 1954~1957년 미얀마, 파키스탄, 태국, 필리핀, 인도, 네팔, 베트남 등 각국 지도자와 만나면서 그들에게 각인된 '두려운 중국' 이미지를 누차 확인했다. 각국의 총리는 역사적 사례에 기초해 중국이 강대해지면 다시 침략할 수 있다는 우려를 직접 전했고 마오쩌둥과 저우언라이는 "중국 봉건제국"이 대외로 확장해 여러 주변국을 침략한 사실을 인정하면서 각국은 이를 자연스레 연상할 것이라는 반응을 보였다. 이어서 신중국은 식민지를 경험한 국가로서 평화공존의 국제규범을 존중하는 사회주의 국가이므로 과거의 봉건제국처럼 팽창하는 것은 불가능하다고 답했다.[40]

그러나 공업화 이후의 사정은 다를 수밖에 없다. 계급과 사유재산이 부활하고 자본가들이 공산당의 당원으로 활동하고 있는 만큼 "국가자본주의"든 "사회주의 시장경제"든 자본의 무한한 자기증식을 작동 원리로 하며 끊임없이 시장의 팽창을 요구한다. 농업경제나 농목경제에 의거한 전통시대 중화제국도 황제와 지배계급의 탐욕에 따라 침략과 팽창을 멈추지 않았으니 이제는 그보다 덜하지 않을 것이다. 1956년 마오쩌둥이 중국은 "몇십 년 공업화를 진행한 후에는 대국쇼비니즘과 오만을 범할 가능성이 더욱 커질 것"을 예상하고 "전 세계로 하여금 이를 감시케 해야 한다"고 경계한 까닭도 여기에 있을 터이다.[41]

'G2중국'이 중화제국의 오랜 관성 위에 '대국화'라는 이름의 전략을 더해 제국2의 제국성을 회복하거나 미국처럼 제국3이 되려면 안팎의 딜레마를 지혜롭게 풀어가야 한다. 안에서는 이전의 제국과 달리 더 민주적인 통치 형태와 중층적 주권 및 다양한 수준의 자치를 허용하고도 제국적인 체제로 존속할 수 있을지가 그것이다. 공화이념이 일반화된 21세기 "제국의 딜레마"다.[42] 이 딜레마는 국가주권을 다양한 형태와 수준에서 재구성함으로써 인민주권을 제고하려는 "복합국가론"의 문제의식을 돌아보게 한다.[43] 밖에서는 '중국'의 명의상 존립 근거이자 국방상의 완충국인 사방의 이웃 나라들이 "조용한 두려움"과 경계심을 떨치고 자발적으로 중국의 국제적 공화성을 인정하도록 만들 수 있을지가 그것이다. 이는 중국의 21세기 소프트파워 프로젝트의 핵심과제다.[44]

그에 앞서 한국을 비롯한 이웃 나라들도 중국의 딜레마를 역사와 현실 양면에서 파악하고 중국(과 자국)의 제국성을 제어하고 공화성을 고양하는 다자간 협력에 나설 수 있어야 한다. 예전처럼 일대일의 관계로 접근해서는 압도적 비대칭의 구조적 제약을 벗어날 수 없으므로 중소국가들의 다자협력기구를 통하는 게 바람직하다. 우리는 마오쩌둥과 저우언라이가 역대 중국의 제국성을 솔직히 인정하고 이를 제어하려 한 시점과 배경에 유의할 필요가 있다. 중국측의 평화공존 외교노선 외에 따로 주목해야 할 것이 아시아 중소국가들의 연대와 단결의 첫 사례인 반둥회의(1955)다. 반둥정신을 지혜롭게 되살려 상호 연대와 단결을 강화하는 일이야말로 우리가 역사에서 얻을 수 있는 교훈의 하나가 아닐까 싶다.

주

서장 | 현대중국 100년을 보는 눈

1 백영서 외, 『동아시아의 지역질서: 제국을 넘어 공동체로』(창비: 2005); 백영서, 「중화제국론의 동아시아적 의미: 비판적 중국연구의 모색」, 『핵심현장에서 동아시아를 묻다』(창비, 2013).

2 汪暉, 『現代中國思想的興起』 上(北京: 三聯書店, 2004); 거자오광, 『이 중국에 거하라』, 이원석 옮김(글항아리, 2012). 거자오광은 후속작에서 미묘한 변화를 보여 제국 자체가 아니라 제국 의식과 상상이 지속되었음을 강조했다. 거자오광, 『전통시기 중국의 안과 밖: '중국'과 '주변' 개념의 재인식』, 김효민 외 옮김(소명출판, 2019).

3 Henrietta Harrison, *Inventing the Nation: China*(London: Oxford University Press, 2001), 서론; pp.264~265.

4 조병한, 「근대중국 민족주의 형성과 중화제국의 전통」, ≪동북아역사논총≫ 제23호(2009); 유용태, 「근대중국의 민족제국주의와 단일민족론」, ≪동북아역사논총≫ 23호(2009); 「四夷藩屬을 中華領土로: 민국시기 중국의 영토상상과 동아시아 인식」, ≪東洋史學硏究≫ 제30집(2015), 배경한, 『중국과 아시아: 근현대 중국의 아시아인식과 아시아주의』(한울엠플러스, 2016).

5 전인갑, 『현대중국의 제국몽: 중화의 재보편화와 100년의 실험』(학고방, 2016); 차태근, 『제국주의 담론과 동아시아의 근대성: 현대중국의 정치적 무의식을 찾아서』(소명출판, 2021).

6 山室信一, 「'國民帝國'論の射程」, 山本有造 編, 『帝國の研究』(東京: 岩波書店, 2004).

7 Stefan Berger and Alexei Miller eds., *Nationalizing Empires*(Budapest: Central European University, 2015), pp.4~7·25~30; 割田聖史, 「ヨーロッパにおける國家體制の變容」, 『岩波講座 世界歷史 16: 國民國家と帝國』(東京: 岩波書店, 2023).

8 이 관점의 대표적인 예는 이중톈, 『제국을 말하다: 중국제국 시스템의 형성에서 몰락까지, 거대중국의 정치제도 비판』, 심규호 옮김(에버리치홀딩스, 2008).

9 다만 '(皇)帝'는 세속 통치자인 왕이나 패주를 능가하는, 하늘과 연결된 초월적 존재였으니 empir

e의 어원인 'imperium'이 가진 지상권력(군대를 지휘하며 법령을 공포·시행)과 상통한다는 점에 유의할 필요가 있다. '(皇)帝'의 어원과 용례 및 의미에 관해서는 김영진, 『중국, 대국의 신화: 중화제국 정치의 토대』(성균관대학교출판부, 2015), 444~ 453쪽 참조.

10 이삼성, 『제국』(소화, 2014); 제인 버뱅크·프레데릭 쿠퍼, 『세계제국사』, 이재만 옮김(책과함께, 2010); 안토니 파그덴, 『민족과 제국』, 한은경 옮김(을유문화사, 2003); 山本有造, 「'帝國'とはなにか」; 木畑洋一, 「帝國と帝國主義」, 木畑洋一 編, 『帝國と帝國主義』(東京: 有志社, 2012).

11 스티븐 하우, 『제국』(뿌리와이파리, 2007); 헤어프리트 뮌클러, 『제국: 평천하의 논리』, 공진성 옮김(책세상, 2015).

12 배영수, 「미국제국론」, 『미국예외론의 대안을 찾아서』(일조각, 2011).

13 로스 테릴, 『새로운 제국: 중국』, 이춘근 옮김(나남, 2005).

14 그는 동시에 이런 이분법이 불편한지 근대 세계의 주요 국가를 따옴표 붙인 제국으로 표기해 근대의 '제국'을 부정하지 못하고 있다. 가라타니 고진, 『제국의 구조: 중심, 주변, 아주변』, 조영일 옮김(도서출판b, 2016).

15 1908년 上海總稅務司가 간행한 조약집에 따르면, 조약문의 중문본과 외국문본에 표기된 청조의 국명은 다음과 같다. 中國/Chinese Empire(1842), 大淸國/Ta Tsing Empire(1844), 中華大淸國/Ta Tsing Empire(1858), 中國/Empires Chinois(1858), X/the Empire of China(1908). Treaties, Conventions, etc. *Between China and Foreign States vol. 1(China, the Maritime Customs no. 30)*[Shanghai: the Statistical Department of the Inspectorate General of Customs, 1908(1917)].

16 山內文登, 「文明·文化言說と國民帝國·中華帝國·日本帝國 (1)」, ≪東洋文化硏究所紀要≫ 第171期(2018). 야마우치는 청이 1895년 이후 제국을 자처하면서 "국민제국화"했고 이때 "근대중국"이 탄생한 것으로 보았으나 왜 그때부터인지는 설명하지 않았다.

17 제인 버뱅크·프레데릭 쿠퍼, 『세계제국사』, 681쪽; 柳鏞泰, 「民族大一統論和內在化了的帝國性在近代中國」, ≪學海≫ 2008年 第5期; 柳鏞泰, 「自國史の帝國性を問う: 韓中日3國の東アジア地域史比較」, 田中仁編, 『21世紀の東アジアと歷史問題』(京都: 法律文化史, 2017); Yu Yongtae, "Questioning the Empireness of National History: East Asian History Narrated in Korea, China, and Japan", Tanaka Hitoshi ed., *Historical Narratives of East Asia in the 21st Century: Overcoming the Politics of National Identity*(London: Routledge, 2020).

18 질 망스롱, 『프랑스 공화국 식민사 입문: 인권을 유린한 식민침탈』, 우무상 옮김(경북대학교출판부, 2013).

19 Marianne Bastid-Bruguiere, "Sun Yat-sen's Republican Idea in 1911", Eto Shinkichi and Harold Z. Schiffrin eds., *China's Republican Revolution*(University of Tokyo Press, 1994).

20 桑兵, 「民國開國的歧見,新說與本相」, 吳淑鳳 外 編, 『近代國家的型塑』(臺北: 國史館, 2013); 桑兵, 「辛亥康有爲的虛君共和論」, ≪中山大學學報≫(社會科學版) 2018年 第4期(2018); 李冬木·佐藤海山 外, 「帝國共和: '淸帝'から'大聖皇'へ: '袁世凱加筆民國憲法草案'について」, ≪佛教大學文學部論集≫ 第99期(2015).

21 James G. Wilson, *The Imperial Republic: A Structual History of American Constitutionalism from the Colonial Era to the Beginning of the Twentieth Century*(Aldershot: Ashgate, 2002); 홍태영, 「프랑스 계몽주의와 혁명 그리고 제국적 공화국」, ≪한국정치외교사논총≫ 2017년 특별기획호(2017).

22 이는 이 책 제2장에서 검토한 당시 중국인의 논의와 James G. Wilson, *The Imperial Republic*, pp.25~26를 참조한 분류다.

23 王明珂, 『華夏邊緣: 歷史記憶與族群認同』(北京: 社會科學文獻出版社, 2006).

24 黃興濤, 『重塑中華: 近代中國中華民族觀念硏究』(北京: 北京師範大學出版社, 2017), pp.43~50.

25 胡阿祥, 『吾國與吾名:中國歷代國號與古今名稱硏究』(南京: 江蘇人民出版社, 2018), pp.318~ 319.

26 량계초, 『신민설』, 이혜경 주해(서울대학교출판문화원, 2014), 118~119·396~398쪽.

27 량치차오, 『중국역사연구법』, 유용태 역주(서울대학교출판문화원, 2019), pp.214~215·230쪽.

28 이에 관한 상세한 논의는 유용태, 「四夷藩屬을 中華領土로: 민국시기 중국인의 영토상상과 동아시아 인식」; 배경한, 『쑨원과 한국: 중화주의와 사대주의의 교차』(한울엠플러스, 2007), 130~133쪽 참조.

제1장 | 현대사의 탄생 공화와 반제의 새로운 시대

1 민두기, 「중국에서의 역사의식의 전개」, 민두기 엮음, 『중국의 역사인식』 上(창작과비평사, 1985), 56쪽.

2 민두기 엮음, 『중국사 시대구분론』(창비, 1984); 이신철 엮음, 『동아시아 근대역사학과 한국의 역사인식』(선인, 2013); 歷史硏究編輯部 編, 『中國近代史分期問題討論集』(北京: 生活·讀書·新和三聯書店, 1957); 鈴木俊·西嶋定生 編, 『中國史の時代區分』(東京大學出版會, 1975); 閔斗基, 「中華民國史と中國現代史」, ≪近きに在りて≫ 第15號(1989); 小野澤秀, 「'同時代'と歷史的時代としての'現代'」, ≪思想≫ 第1149號(2020.1).

3 沈國威, 「近代關鍵詞考源: 傳統, 近代, 現代」, ≪東亞觀念史集刊≫ 2013年 第4期(2013), pp.432~434.

4 차하순, 「시대구분의 이론과 실제」, 차하순 외, 『한국사시대구분론』(소화, 1995), 41·49쪽.

5 "現代の名優は眞實に近づける演技を硏究している"; "隱居の學問無用論に反論, 現代の學問は實益をもたらす"(이상 독자투고), ≪讀賣新聞≫ 1875.7.15.

6 沈國威, 「近代關鍵詞考源: 傳統, 近代, 現代」, 433~435쪽.

7 「生存的價値」(1914.6), 『朱執信集』 上(北京: 中華書局, 1979); 「現代歐洲文藝史譚」(1915.11), 『陳獨秀著作選』 1(上海人民出版社, 1993); 「介紹哲人尼傑」(1916.8), 『李大釗文集』 上(北京: 人民出版社, 1984); 「新教育與舊教育的岐點」(1918.5), 『蔡元培全集』 3(北京: 中華書局, 1988).

8 李大釗, 「青春」, ≪新青年≫ 第2卷 第1期(1916.9.1); 「今」, ≪新青年≫ 第4卷 第9期(1918.4.15); 張崧年, 「勸讀雜誌」, ≪新青年≫ 第5卷 第4期(1918.10.15); 羅家倫, 「近代中國文學思想的變遷」, ≪新潮≫ 第2卷 第5期(1920.9.1).

9 陳獨秀, 「孔子之道與現代生活」, ≪新青年≫ 第2卷 第4期(1916.12.1); 李大釗, 「聯治主義與世界組織」, ≪新潮≫ 第1卷 第2期(1919.2.1); 譚鳴謙, 「現代民治主義的精神」, ≪新潮≫ 第2卷 第3期(1920.4.1).

10 余箴, 「現代人生之救濟策」, ≪東方雜誌≫ 第10卷 第9期(1914.3.1); 堅瓠, 「現代生活之機械化」, ≪東方雜誌≫ 第18卷 第15期(1921.8.10).

11 Sun Lung-kee, "The Presence of the Fin-de-Siecle in the May Fourth Era", Gail Hershatter et al., eds., *Remapping China: Fissures in Historical Terrain*(Stanford: Stanford University Press, 1996), pp.194~209.

12 '과정표준'은 그 후 학당장정(學堂章程), 시행규칙, 교학대강(教學大綱) 등의 다양한 이름으로 바뀌었으나 이 글에서는 편의상 이를 '교육과정'으로 통칭하기로 한다. 「中學校課程標準」(1913.3.19), ≪政府公報≫ 第315期, 1913.3.23.

13 課程教材研究所 編, 『20世紀中國中小學課程標準教學大綱滙編: 歷史卷』(이하 『課程滙編』으로 약칭)[北京: 人民出版社, 2001(동북아재단 번역본)], 29~36쪽.

14 「對外宣言書」(1912.1.5), 『孫中山全集』 2(北京: 中華書局, 1982), p.8; 「普通教育潛行辦法」, ≪臨時政府公報≫ 第4期(1912.2.1).

15 趙玉森, 『共和國教科書 初中 本國史』 下[上海: 商務印書館, 1913(1916)], pp.114~115·123~124.

16 「臨時大總統宣言書」(1912.1.1), 『孫中山全集』 2, p.2.

17 沈頤 등, 『共和國教科書 高等小學用 新修身』[上海: 商務印書館, 1912(1913)].

18 傅斯年, 「中國歷史分期之研究」, ≪北京大學日刊≫, 1918.4.17~4.23.

19 王鍾麒, 「擬編高等小學史地教材的大綱」, ≪新潮≫ 第2卷 第1期(1919.10.30).

20 「吾校新劇觀」, ≪校風≫ 9月 第38~39期(1998); 『周恩來早期文集』 上(天津: 南開大學出版社, 1916), p.207.

21 譚鳴謙, 「'德謨克拉西'之四面觀」, ≪新潮≫ 第1卷 第5期(1919.5.1).

22 「奏定高等小學堂章程」(1904); 「奏定中學堂章程」(1904), 課程教材研究所 編, 『課程滙編』(원본), p.7. 이 부분에서 번역본에 일부 착오가 보여 원본을 따랐다.

23 오병수, 「중국 중등학교 역사교육과정의 추이와 최근 동향」, ≪歷史教育≫ 제84집(2002), 78~80쪽. 상세한 사정은 呂達, 『中國近代課程史論』(北京: 人民教育出版社, 1994) 참조.

24 나가하라 게이지, 『20세기 일본의 역사학』, 하종문 옮김(삼천리, 2011), 68쪽; 海後宗臣, 『歷史教育の歷史』(東京大學出版會, 1969).

25 海後宗臣, 같은 책, p.62; 高桑駒吉, 『中等西洋史』(大日本圖書, 1898).

26 三上參次, 『近世史』(東京專門學校, 1895); 松島剛, 『中學 西洋歷史』(東京: 春陽堂, 1897); 廣田直三郎, 『中學西洋歷史』[東京: 來島正時, 1899(1900)].

27 廣田直三郎, 같은 책, p.3~4.

28 근세사는 다시 5기로 구분했는데 1기는 발명과 문물 융성시대, 2기는 종교개혁시대, 4기는 프랑스혁명, 5기는 '현대사'이다. 이 책도 중학교 교재다. 市村瓚太郎, 『萬國史』(東京: 松榮堂書店, 1897), pp.5~6.

29 宋井廣吉, 『新撰大日本帝國史』(東京: 博文館, 1896); 關根正直 외, 『日本史要』(大倉書林, 1896); 東久世通禧, 『中學國史』(東京: 國光社, 1897).

30 상고 앞에 태고(太古)를 신설해 신화에 의거한 신대(神代)를 역사로 간주한 것이 주목된다. 이때 동서양사는 상고-중고-근고-근세로 구분할 뿐 현대를 따로 구분하지 않았다. 文部省訓令第三號, 「中學校教授要目」, ≪官報≫ 第5575號, 1902.2.6.

31 有賀長雄, 『(中學)國史教科書』(東京: 三省堂, 1902); 棚橋一郎·稻葉常楠, 『日本歷史教科書』(東京: 田沼書店, 1902).

32 市村瓚太郎, 『萬國史』, pp.330~333.

33 國府鍾德, 『大日本現代史』(東京: 博文館, 1909), 서문.

34 小柳司氣太, 『東洋史綱要』(東京: 哲學館, 1900); 北村三郎, 『新撰支那國史』(東京: 博文館, 1901); 桑原隲藏, 『東洋史教科書』(東京: 開成館, 1903); 羽田亨, 『中等東洋史教科書』(東京: 富山房, 1926).

35 일본의 市村瓚太郎, 『지나사요(支那史要)』(1895)가 예외적으로 중국의 "근대사"를 구분했으나 아편전쟁이라는 비주체적 계기를 기준으로 삼은 점에서 서양사·일본사의 그것과 다르다. 구와바라 지츠조(桑原隲藏)의 『동양사교과서(東洋史教科書)』(1925)가 처음으로 동양의 현대사를 구분했는데, 그 기점은 청일전쟁이다. '동양'을 한·중·일 3국으로 한정한 채 일본의 주체성을 중시한 결과다.

36 呂達, 『中國近代課程史論』(北京: 人民教育出版社, 1994), pp.171~175·199~200.

37 劉超, 『歷史書寫與認同建構: 淸末民國時期中國歷史教科書硏究』(北京: 社會科學文獻出版社, 2016), p.230.

38 「初級中學歷史課程綱要」(1923), 課程教材研究所 編, 『課程滙編』, pp.39~40. 민국 시기 근세사의 기점에 대해서는 송 이후, 원 이후, 청 이후로 보는 세 견해가 있었다.

39 顧頡剛·王鍾麒,『現代初中教科書 本國史』上(上海: 商務印書館, 1924), p.22. 그에 상응해 '근세'의 특징은 "동서문명의 접근 시대"로 파악되었다.

40 徐國琦,「第一次世界大戰與中國之大轉變」; 丘爲君,「第一次世界大戰與中國的現代性」,『一戰與中國:一戰百年會議論文集』(北京: 東方出版社, 2015), pp.1~26·30~37.

41 顧頡剛과 달리 王鍾麒는 베이징대학 학생이 아니었으나 동향 친구인 구(顧)의 소개로 신조사의 특별 동인으로 활동했다. 顧潮 編,『顧頡剛年譜』(北京: 中國社會科學出版社, 1993), pp.46~52·71~76;「新潮社紀事」.≪新潮≫ 第2卷 第2期(1919.12.1).

42 검토한 교과서 중 중국사와 동아각국사만 제시하면 다음과 같다.

베이징정부 시기: 趙玉森,『共和國教科書 初中 本國史』下; 李秉鈞,『新制東亞各國史教本』(中華書局, 1914); 鍾毓龍,『新制 本國史 教本』下(師範學校用)(中華書局, 1917); 傅運森,『共和國教科書東亞各國史』[商務印書館, 1918(1927)]; 顧頡剛·王鍾麒,『現代初中教科書 本國史』上; 呂思勉,『新學制高中本國史』[商務印書館, 1924(1927)].

난징정부 시기: 周予同,『開明本國史教本』(開明書店, 1931); 呂思勉,『復興教科書高中本國史』(商務印書館, 1934); 梁園東,『新生活教科書初中本國史』(大東書局, 1934); 周予同,『新標準初中本國史』(開明書店, 1936); 孟世傑,『新標準高中本國史』(文化學社, 1937).

43 「初級中學歷史課程標準修訂」(1940.9), 課程教材研究所 編,『課程滙編』, pp.104~105.

44 「初級中學歷史課程潛行標準」(1929), 課程教材研究所 編, 같은 책, pp.46~52.

45 周予同,『開明本國史教本』上(上海: 開明書店, 1931), pp.17~18.

46 周予同,『開明初中本國史』下(上海: 開明書店, 1931), pp.132~133·138.

47 유용태,『지식청년과 농민사회의 혁명: 1920년대 중국 중남부 3성의 비교연구』(문학과지성사, 2004), 324~330쪽.

48 呂思勉,『復興高中教科書本國史』(上海: 商務印書館, 1934).

49 劉超,『歷史書寫與認同建構: 清末民國時期中國歷史教科書研究』, p.231.

50 張海珊,「孫中山與民國史」, ≪學術研究≫ 第6期(1986); 張至善,「張相文和北京大學附設國史編纂處」, ≪史學史研究≫ 第3期(1991).

51 「向教育部報送國史編纂略例呈」(1918.3),『蔡元培全集』3(北京: 中華書局, 1988), pp.142~143.

52 劉永祥,「民國時期國史館的變遷」, ≪學術研究≫ 第2期(2015).

53 최은진,「중국국립중앙연구원 역사어언연구소와 근대역사학의 제도화」, ≪중국사연구≫ 第67期(2010); 천이아이(陳以愛),『현대중국의 학술운동사』, 박영순 옮김(도서출판 길, 2013).

54 蕭超然 外,『北京大學校史, 1898~1949』(上海: 上海教育出版社, 1981), p.189.

55 桑兵,『晚清民國的國學研究』(上海: 上海古籍出版社, 2001), 제 3장; 王晴佳,「中國史學的科學化: 專科化與跨學科」, 羅志田 編,『20世紀的中國: 學術與社會』史學卷(下)(濟南: 山東人民出版社, 2001), pp.531~532.

56 溫曉靜,「呂思勉歷史教育思想與實踐硏究」, 華中師範大學 碩士論文(2010), pp.12~15.

57 蔡尙思,『中國歷史新硏究法』(上海: 中華書局, 1940), pp.41~45.

58 다만 조선사편찬위원회 회원들이 주축이던 조선사학회의 조선사 강좌 시리즈(1927)는 조선사의 "최근세"(고종 즉위 이후)를 구분했다. 정상우,『조선총독부의 역사편찬사업과 조선사편수회』(아연출판부, 2018), 298쪽; 신주백,『한국역사학의 기원』(휴머니스트, 2016), 79~80·152쪽.

59 張越,『五四時期中國史壇的學術論辯』(南昌: 百花洲文藝出版社, 2004), pp.22·78~82·97.

60 량치차오,『중국역사연구법』, 52쪽.

61 蔡尙思,『中國歷史新硏究法』, pp.4·140; 顧頡剛,『當代中國史學』(南京: 勝利出版公司, 1947), p.7.

62 羅志希,「我們對於中國現代史應有的認識」, ≪燕京大學學報≫ 第3期(1928). 그는 1925~1926년에는 아편전쟁 이후를 '근대사'나 '근백년사'라 부르기도 했다.

63 孫宏運,「中國現代化觀念溯源:『申報月刊』的中國現代化問題討論」, ≪鄭州大學學報≫ 第2期(2007), pp.41~43.

64 梁園東,『本國現代史』上(上海: 世界書局, 1932), pp.19~20·26.

65 李達,「中國現代經濟史之序幕」, ≪法學專刊≫ 第3·4合期(1935.5);「中國現代經濟史概觀」, ≪法學專刊≫ 第5期(1935.9),『李達文集』1(北京: 人民出版社, 1980), pp.608·634.

66 陳恭祿,『中國近代史』(上海: 商務印書館, 1935), 서문. 1940년 당시 중국에는 "중국근백년사"라는 제목의 저서가 5종이나 출판되어 있었다.

67 일본의 한 학자는 '근세사'가 일본사와 중국사에서 처음부터 early modern의 의미로 쓰였다고 보았으나 이는 오해다. 岸本美緖,「中國史硏究中的"近世"概念」,『新史學』4(北京: 中華書局, 2010).

68 다만 중국통사 중의 한 시대로 신해혁명 이후를 현대사로 구분해 서술한 예는 있다. 뤼스멘(瀋陽高等師範)의『白話本國史』(1923)가 그런 예이다. 李波,「呂思勉與二十世紀前半期的新史學」, 華東師範大學 博士论文(2012), pp.88~89.

69 平川淸風,『支那共和史』(上海 : 春申社, 1920); 松井等,『支那現代史』(東京: 明善堂, 1924).

70 「新民主主義論」(1940.1),『毛澤東集』7(東京: 蒼蒼社, 1971), pp.147~148.

71 范文瀾,『中國近代史』(上海: 生活·讀書·新知聯合發行所, 1949), 서두의 설명(범례).

72 「中國史大綱」(1936),『吳玉章文集』下(重慶出版社, 1987), pp.838~839.

73 張海鵬은 "1950년대부터 신중국 건립 이전의 구분법을 따라 근대사(1840~1919)와 현대사(1919~1949)로 구분했다"라고 했으나 이는 사실과 다르다. 張海鵬,「中國近代史硏究理論和方法」, 曾業英 主編,『五十年來的中國近代史硏究』(上海: 上海書店出版社, 2000), p.15.

74 徐秀麗,「中國近代史硏究70年(1949~2019)」, ≪經濟社會史評論≫ 2019年 2期(2019), pp.10~12.

75 彭明,「五四運動與二十世紀的中國」,『五四運動與二十世紀的中國: 北京大學紀念五四運動八十周年國際學術硏討會論文集』下(北京: 社會科學文獻出版社, 2001), p.29.

1 侯宜杰, 『二十世紀初中國政治改革風潮』(北京: 人民出版社, 1993), pp.534~536.

2 桑兵, 「民國開國的歧見,新說與本相」; 「辛亥康有爲的虛君共和論」; 李冬木·佐藤海山 外, 「帝國共和: '淸帝'から'大聖皇'へ: '袁世凱加筆民國憲法草案'について」. 桑兵의 논문은 단행본 『歷史的原聲: 淸季民元的「共和」与「汉奸」』(桂林: 廣西師範大學出版社, 2020)에 수록되었다. 張琴의 헌법 초안은 일본 新潟縣 諸橋轍次記念館에 보존되어 있다.

3 「形式共和與精神共和」, ≪盛京時報≫, 1912.1.14.

4 「憲政淺說」, ≪國風報≫ 第2期/4期, 1910.3.2·3.21; 『梁啓超全集』 4(北京: 北京出版社, 1999), p.2057.

5 桑兵, 『歷史的原聲: 淸季民元的「共和」与「汉奸」』, pp.133·136.

6 桑兵, 같은 책, pp.146~149.

7 조승래, 「공화국과 공화주의」, ≪역사학보≫ 제198집(2008), pp.227~228.

8 桑兵, 『歷史的原聲: 淸季民元的「共和」与「汉奸」』, pp.149~171.

9 李學智, 「民國初年的法治思潮」, ≪近代史硏究≫ 2001年 第4期.

10 蘇州公立第一中學校 학생 葉紹鈞(葉聖陶)의 일기다. 桑兵, 『走進共和: 日記所見政權更替時期親歷者的心路歷程(1911-1012)』, 北京師範大學出版社(2016), pp.43~44.

11 '공화학교'란 中國公學 재학생들이 전제적 학교 운영을 비판하며 시정을 요구하는 시위를 벌였다가 거부되자 집단 퇴학해 중국교육회의 도움을 받아 설립한 학교다. 학교 운영의 원칙을 공화에 두고 교과목 편성과 교사초빙에서 학생활동에 이르는 교육과정 전체를 학생들 스스로 논의해 결정토록 함으로써 공화의 핵심가치인 협동과 자치를 전면적으로 실행했다. 桑兵, 『歷史的原聲: 淸季民元的「共和」与「汉奸」』, pp.89~91.

12 竟盦, 「政體進化論」, ≪江蘇≫ 第1期, 1903.4.27.

13 竟盦, 같은 글.

14 네덜란드 국왕의 통치 아래에 있던 벨기에인은 프랑스 7월혁명의 틈을 타고 봉기해 독립을 선언했으나 네덜란드의 간섭 요청으로 영국·러시아·프랑스·프로이센과 함께 런던회의를 열고, 독립을 승인하되 순수 공화정체가 유럽 각국에 퍼질 것을 우려해 군주입헌정체를 수립하도록 결정했다. 竟盦, 같은 글.

15 竟盦, 「政體進化論」, ≪江蘇≫ 第3期, 1903.6.25.

16 竟盦, 같은 글.

17 章開源 外, 「武昌起義與湖北革命運動」, 『辛亥革命五十周年紀念論文集』 下(北京: 中華書局, 1962), pp.455~467.

18 亓冰峯, 『淸末革命與君憲的論爭』(臺北: 中央研究院近代史研究所, 1980), pp.190~203; 朱浤源,

『同盟會的革命理論: "民報"個案研究』(臺北: 中央研究院近代史研究所, 1985), p.96·117.

19 李恭忠, 「晚清的共和表述」, ≪近代史研究≫ 2013年 第1期; 李忠恭, 「共和國尙德: 20世紀初梁啓超的積極共和觀念」, ≪江蘇社會科學≫ 2020年 第5期.

20 쑨원은 '공화'를 '합중'이나 '민주헌정' 혹은 '민국'으로 바꿔 표현했는데, 한자어 '공화'로는 본래의 의미를 전달하기 어렵고 오해를 불러일으킬 소지가 있다고 보아서다. 桑兵, 『歷史的原聲: 淸季民元的「共和」与「汉奸」』, pp.99~100.

21 「中國同盟會革命方略」(1906), 『孫中山全集』 1, p.318.

22 「"新國民"雜誌序」(1912.6), 같은 책, pp.381~382.

23 「在東京民報創刊周年慶祝大會的演說」(1906.12), 『孫中山全集』 1, pp.330~331면; 「臨時大總統宣言書」(1912.1); 「在國民黨成立大會上的演說」(1912.2); 『孫中山全集』 2, pp.2·324~326·408~409.

24 Petter Zarrow, *After Empire: The Conceptual Transformation of the Chinese State, 1885~1924*(Stanford: Stanford University Press, 2012), pp.183~191.

25 윤세철, 「宋敎仁과 사회주의」, 고병익선생회갑기념사학논총간행위원회편, 『역사와 인간의 대응: 중국사편』(한울엠플러스, 1985), 464쪽.

26 楊昌濟, 「治生篇」, ≪新靑年≫ 第2卷 第4期(1916.12.1).

27 閔斗基, 「辛亥革命以前時期之孫中山與梁任公: 應付理想與現實之分岐」, ≪東亞文化≫ 第33期(1995).

28 민두기, 『중국의 공화혁명』(지식산업사, 1999), 55~57쪽.

29 조승래, 「공화국과 공화주의」, 233~234쪽; 김민철, 「루소의 사회계약이론에 대한 역사적 독해」, ≪역사비평≫ 131(2020), 447~452쪽.

30 입헌파의 분화와 혁명으로의 선회는 사상의 변화라기보다 청조에 대한 실망과 배신감, 정국안정을 우선하는 기득권 심리에서 나온 대세 편승으로 설명된다. 侯宜杰, 『二十世紀初中國政治改革風潮』, 459~480; 胡維革·于秀芹, 『共和道路在近代中國』(長春: 東北師範大學出版社, 1991), pp.183~201; 張朋園, 『立憲派與辛亥革命』(臺北: 中央研究院近代史研究所, 2005), pp.89~108.

31 康有爲, 「與黎元洪, 黃興, 湯化龍書」(1911.11.9), 『康有爲全集』 9(北京: 中國人民大學出版社, 2007), pp.202~203·210~212.

32 정세련, 「淸朝 멸망후 만주족의 부흥노력과 좌절, 1911~1937」(서울대학교 박사논문, 2022), 20~22쪽.

33 「與黎元洪, 黃興, 湯化龍書」, 『康有爲全集』 9, pp.202~203·205~217.

34 「共和政體論」(1911.12), 같은 책, p.250.

35 「新中國建設問題」(1911.11), 『梁啓超全集』 4, pp.2433~2443.

36 桑兵, 『歷史的原聲: 淸季民元的「共和」与「汉奸」』, 제5장; 李時岳, 「辛亥革命與帝國主義」, 『辛

亥革命五十週年紀念論文集』下, pp. 670~672.

37 徐士瀛,「讀大公報論中國今日政體上之解決書後」, ≪大公報≫, 1911.11.29~30.

38 「中華民國與聯組織」(1914.7),『戴季陶集: 1909~1920』(武昌 : 華中師范大學出版社, 1990).

39 ≪民立報≫,「唐紹儀講和策」, 1911.12.16.

40 桑兵,『歷史的原聲: 清季民元的「共和」与「汉奸」』, 제5장.

41 이에 관한 상세한 검토는 謝從高,『聯省自治思潮研究』(北京: 中國社會科學出版社, 2009) 참조.

42 張朋園,『立憲派與辛亥革命』, pp.179~197; 胡維革·于秀芹,『共和道路在近代中國』, pp.189~196.

43 「共和統一會意見書」(1911.12.22), 中國史學會 編,『辛亥革命』7(上海: 上海人民出版社, 1981), pp.501~502.

44 張季子,「致袁內閣代辭宣慰使兼農工商大臣電」;「辛亥九月致內閣電」,『張季子九錄』3(上海: 上海書店, 1992), pp.41~42.

45 James Reeve Pusey, *China and Charles Darwin*(Cambridge: Harvard University Press, 1983), p.333.

46 「宣統三年十一月00日全國聯合進行會代表張琴等致內閣袁世凱呈」, 中國史學會 編,『辛亥革命』7, p.162. 문건에 제출 시점은 표기되지 않았으나 侯宜杰은 1912년 1월 2일로 추정했다.

47 흔히 '제국'은 경계가 없다고 하지만 중화제국은 근대 주권국가의 국경처럼 엄격한 배타성을 띤 것은 아니라도 국방·징세·교통관리를 위해 필요한 곳에 인접국과의 경계를 정했다.『史記』이래 正史는 중국과 외국의 경계가 있음을 명확히 인지하고 서술했다. 許卓雲,『我者與他者: 中國歷史上的內外分際』(臺北: 時報文化出版公司, 2009); 천라이,「중화문명의 가치관과 세계관」, 김광억·양일모 엮음,『중국 문명의 다원성과 보편성』(아카넷, 2014); 川島眞,「近現代中國における國境の記憶: '本來の中國の領域'をめぐる」, ≪境界研究≫(北海道大學) 1(2010). 더구나 근대제국은 그 본국이 국민국가이므로 그 국경개념의 연장선에서 확장된 자기 영역을 분명히 하지 않을 수 없었다. 山室信一,「'國民帝國'論の射程」, pp.94~95.

48 그들은 헌법초안에 표기되지 않은 제출 시점을 건의문 제출 직전으로 추정했다. 李冬木, 佐藤海山 外,「帝國共和: '淸帝'から'大聖皇'へ: '袁世凱加筆民國憲法草案'について」.

49 天高山民,「帝國共和主義論」, ≪協和報≫, 第2卷 第18號, 1912.2.3. 이 글의 작자는 天高山民로 되어 있으나 제19호에 연재된 글의 작자 天馬山民(張琴의 필명)의 오기다.

50 「國民協會爲議和問題與全國同胞商推意見書」(1912.2), 中國史學會 編,『辛亥革命』7, pp.493~494.

51 「國民協會幹事長溫宗堯演說辭」(1912.2), 같은 책, p.486.

52 天高山民,「帝國共和主義論」(제18기).

53 天高山民, 「帝國共和主義論」(제18기); 天馬山民, 「帝國共和主義論」, ≪協和報≫, 第2卷 第19期, 1912.2.10.

54 공화국이 노예제와 식민지를 유지하는 것에 대해 인권의 보편 원리에 반하는 것이라는 비판이 제기되어 논쟁이 일어났다. 이를 유지하려는 측은 인종주의와 문명화 사명을 내세워 이 민족에 대한 위계적 지배를 정당화했고, 나아가 인간(백인)과 비인간(식민지 원주민)을 구분해 인권은 전자의 전유물로 한정하기도 했다. 질 망스롱(Gilles Manceron)은 공화국의 윤리적 책임이라는 관점에서 이런 논리와 정책을 "공화국의 역설"이라 했다. 질 망스롱, 『프랑스 공화국 식민사 입문: 인권을 유린한 식민침탈』, pp.29~40.

55 天馬山民, 「帝國共和主義論」(제19기).

56 한동훈, 『프랑스 제3공화국 헌정체제』(한국학술정보, 2009), 제3장 참조.

57 天高山民, 「帝國共和主義論」(제18기).

58 天馬山民, 「帝國共和主義論」(제19기).

59 같은 글. 이 논설은 아직 청 황제가 제국의 영토와 인민을 중화민국에 이양한다는 요지의 퇴위조서를 정식 공포하기(2월 12일) 전에 공간되었다. 따라서 그가 이를 미리 알고서 이렇게 썼을 수도 있고 ≪協和報≫의 실제 발행 시점이 표기된 간기보다 약간 늦을 가능성도 없지 않다.

60 天高山民, 「帝國共和主義論」(제18기); 天馬山民, 「帝國共和主義論」(제19기).

61 몽골인은 우창봉기 3개월 전인 1911년 7월에 청조로부터 분리독립하기 위해 회의를 열고 젭춘담바 호탁트(Jebtsundamba Khutughtu)를 군주로 봉대하기로 결의했다. 청조의 신정 추진이 몽장의 이반을 자초한 원인이라는 張琴의 견해는 오늘날의 실증연구로 확인되었다. 우치나, 「한인이 주체가 되는 중화민국에 직면하여: 신해혁명시기 소수민족들의 곤경과 선택」, 배경한 엮음, 『동아시아 역사속의 신해혁명』(한울엠플러스, 1913).

62 양녠췬, 『강남은 어디인가: 청나라 황제의 강남 지식인 길들이기』, 명청문화연구회 옮김(글항아리, 2015), 493~506쪽.

63 「答英國"泰晤士報"訪員問」(1911.11.21); 「答"巴黎時報"特派員之談話」(1911.11.23); 「答倫敦"泰晤時報"訪員之談話」(1911.11.23), 『袁世凱全集』 19(鄭州: 河南大学出版社, 2013), pp.65~66·70~71. 그 직전 급진공화파 왕징웨이와 입헌파 양두가 국사공제회를 발기해 국체문제는 무력이 아니라 국민회의를 소집해 해결하자고 제안했으며 량치차오도 같은 제안을 했으니 주변의 이런 의견이 고려되었을 터이다. 桑兵, 「辛亥國事共濟會與國民會議」, ≪近代史研究≫ 2015年 第2期.

64 「致袁世凱電」(1912.1.25), 『伍廷芳集』 下(北京: 中華書局, 1993), pp.454~455. 남북협상 대표의 회의록을 보면 선거법에 합의하던 날(12월 31일) 탕사오이가 한 달 이내 개최하자고 한 데 대해 우팅팡은 너무 늦다고 해 결국 8일 이내에 개최하기로 합의했다. 그 후에도 마찬가지였다. 「南北代表會議問答速記錄」(1911.12.18~12.31), 『伍廷芳集』 上, p.404.

65 「致孫文, 黃興電」(1912.1.19), 같은 책, pp.445~446.

66 원래 황태후가 내각에 내린 퇴위조서를 위안스카이가 임의로 수정해 공포했다. ①의 "公諸全國"이라는 모호한 어구의 원문은 "통치권과 영토를 국민에게 이양한다"(付畀國民)였고 ②의 원문은 "위안스카이가 전권을 가지고 민군과 함께 임시공화정부를 조직하여 통일방법을 협상한다"였다. 「手批淸帝遜位詔書稿」(1912.2.12), 『袁世凱全集』 19, pp.544~545.

67 「附錄: 議和北方全權代表唐紹儀致內閣電」(1911.12.31), 같은 책, p.237.

68 「內閣請速定大計摺」(1912.1.5), 같은 책, p.260.

69 이런 경위는 우대조건의 초안과 10종의 수정본을 비교해보면 알 수 있다. 「與署外務大臣胡惟德等全體內閣大臣銜副署上諭」(1912.2.12)에 첨부된 「附錄 1」~「附錄 10」, 같은 책, pp.547~563.

70 「復譚人鳳電」(1912.2.13), 『孫中山全集』 2, p.91.

71 「伍廷芳通告全國文」(1912.2.17), 『袁世凱全集』 9, pp.563~565; 「伍代表解釋優待淸帝條件」, ≪東方雜誌≫ 第8卷 第10期(1912.4.1).

72 「祭明太祖文」; 「謁明太祖陵文」(1912.2.15), 『孫中山全集』 2, pp.94~97.

73 「南北代表會議問答速記錄」, 『伍廷芳集』 上, p.390.

74 정세련, 「淸朝 멸망후 만주족의 부흥노력과 좌절, 1911~1937」, 42~43쪽.

75 이는 벨기에 공사 겸 헌법기초위원회 회장 汪榮寶가 군주입헌으로 바꾸면 외국의 승인을 다시 받기 어렵고 무력간섭을 초래할 우려가 있다면서 형식상 대외적으로 공화국 국체를 유지하면서 실질상 안으로 군주제를 실행해 정국안정을 꾀하는 방안으로 제기한 것이다. 이를 둘러싸고 1915년 9~11월 ≪神州日報≫, ≪上海亞細亞日報≫, ≪中華新報≫, ≪新聞報≫, ≪時報≫, ≪申報≫, ≪時事新報≫, ≪甲寅雜誌≫ 등에서 논쟁이 일어났다. 張仲民, 「民國初年朝野關于三種國體構建方式的爭論」, ≪學術月刊≫ 第54卷 第2期(2022).

76 백영서, 「공화에서 혁명으로: 민초 논쟁으로 본 중국 국민국가 형성」, ≪동양사학연구≫ 第59期(1997).

77 유용태, 『직업대표제, 근대중국의 민주유산』(서울대학교출판문화원, 2011).

78 박상수, 「계급과 공화: 중국공산당의 '공화국' 구상의 변천」, ≪중국근현대사연구≫ 第52期(2011).

79 진관타오, 「공화에서 민주로: 서방 현대 정치관념의 선택적 흡수와 재구성」, 진관타오·류칭펑, 『관념사란 무엇인가』 2, 양일모 외 옮김(푸른역사, 2010).

80 민두기, 『중국의 공화혁명』, 269~270쪽; 전용만, 「중국동맹회의 공화주의 연구」(서강대학교 박사논문, 1996); 유용태, 「20세기 중국혁명의 이해: 신민주주의론을 재음미하며」, 『환호 속의 경종』(휴머니스트, 2006).

81 백영서, 『중국현대사를 만든 세 가지 사건: 1919, 1949, 1989』(창비, 2021), 프롤로그와 에필로그.

82 정원규, 『공화민주주의』(씨아이알, 2016), pp.89~90·110~113.

83 「附錄: 議和北方全權代表唐紹儀致內閣電」(1911.12.31), 『袁世凱全集』 19, p.237; 「在張家口各界歡迎會的演說」(1912.9), 『孫中山全集』 2, p.451.

84 이 점에 주목한 연구자는 중화민국의 정체를 내지의 공화정과 몽장의 군주정이 결합된 "일국양제"라 하였다. 章永樂, 『舊邦新造』(北京: 北京大學出版社, 2016), pp.211~219.

제3장 | 대중국론과 중화민족론의 구조 5족공화의 반제와 제국성

1 劉曉原, 「從'五族共和'到'五域統合': 辛亥革命和中國國家形態近代轉型」, 吳淑鳳 等 編, 『近代國家的型塑』(臺北: 國史館, 2013).

2 관련 논저는 무수히 많지만 어느 정도 지적 긴장을 보여준 연구로 李國棟, 『民國時期的民族問題與民國政府的民族政策研究』(北京: 民族出版社, 2007); 黃興濤, 『重塑中華: 近代中國"中華民族"觀念研究』가 있다.

3 김승욱, 「근현대 중국에서 민족 담론의 전개: 다양한 지식 기반과 내적 긴장」, ≪동북아역사논총≫ 第78期(2022); 松本眞澄, 『中國民族政策之研究: 以淸末至1945年的民族論爲中心』(北京: 民族出版社, 2003); 王柯, 『20世紀中國の國家建設と"民族"』(東京: 東京大學出版會, 2006); Zhao Suisheng, *A Nation-State by Construction*(Stanford: Stanford University Press, 2004).

4 葛劍雄, 『普天之下: 統一分裂與中國政治』(長春: 吉林敎育出版社, 1989)[숙사연구회 옮김, 『중국통일 중국분열』(신서원, 1996), 50쪽]; 김광억·양일모 엮음, 「갈조광-김병준 대담: 중국문화의 역사적 다양성」, 『중국문명의 다원성과 보편성』(아카넷, 2014), 160쪽.

5 5중의 중국은 중원왕조, 지리, 문화, 종족, 가치로서의 중국이다. 그 공간 범위는 모두 진제국 강역의 한문화권이며, 따라서 그는 원과 청을 '중국'이 아니라고 본다. 이성규, 「왜 아직도 '중국'인가?」, 김광억·양일모 엮음, 같은 책.

6 김한규, 「'中國' 개념을 통해서 본 고대 중국인들의 세계관」, 『全海宗박사화갑기념논총』(일조각, 1979); 顧頡剛·王樹民, 「"夏"和"中國": 祖國古代的稱號」, 『中國歷史地理論叢』 1(陝西人民出版社, 1981).

7 이성규, 「중화제국의 팽창과 축소: 그 이념과 실제」, ≪역사학보≫ 제186집(2005); 葛劍雄, 『歷史上的中國:中國疆域的變遷』, 동북아역사재단 번역본(上海: 上海畫報出版社, 2007), pp.37~38.

8 「"中國新報"敍」(1907.1), 『楊度集』(長沙: 湖南人民出版社, 1986), pp.210~211.

9 「與諸國務大臣會銜副署上諭」(1912.2.12), 「手批淸帝遜位詔書稿」(1912.2.12); 「附錄: 淸帝遜位詔書各種修改稿」, 『袁世凱全集』 9, p.544~546.

10 조병한, 「淸代 중국의 大一統的 中華體制와 대외인식의 변동」, ≪아시아문화≫ 제10집(1994); 이춘복, 「淸代 公羊學派의 대일통사상과 청말 개혁파의 대민족주의」, ≪중국근현대사연구≫ 제71집(2016).

11 김한규, 『天下國家: 전통시대 동아시아 세계질서』(소나무, 2005), 819~822쪽.

12 거자오광, 『전통시기 중국의 안과 밖: '중국'과 '주변' 개념의 재인식』, 김효민 외 옮김; 許卓雲, 『我者與他者: 中國歷史上的內外分際』.

13 于逢春, 『時空座標, 形成路徑與奠定: 構築中國疆域的文明板塊研究』(哈爾濱: 黑龍江教育出版社, 2012), pp.366~367; 黃興濤, 『重塑中華: 近代中國"中華民族"觀念研究』, pp.43~50; 胡阿祥, 『吾國與吾名:中國歷代國號與古今名稱研究』, pp.312~315.

14 Evelyn S. Rawski, "Reenvisioning the Qing: The Significance of the Qing Period in Chinese History," *The Journal of Asian Studies*, 55(4)(1996); 羅友枝, 「再現清代: 論清代在中國歷史上的意義」, 劉鳳雲 外 編, 『清朝的國家認同: 新清史研究與爭鳴』(北京: 中國人民大學出版社, 2010); 필립 큔, 『중국 현대국가의 기원』, 윤성주 옮김(동북아역사재단, 2009).

15 葛劍雄, 『統一與分裂: 中國歷史的啓示(增訂版)』(北京: 中華書局, 2008); 王明珂, 『華夏邊緣: 歷史記憶與族群認同』.

16 구범진, 『청나라, 키메라의 제국』(민음사, 2012); 王柯, 『민족과 국가: 중국 다민족 통일국가 사상의 계보』, 김정희 옮김(고구려연구재단, 2005).

17 茂木敏夫, 「清末中國の確立と日本」, ≪中國-社會と文化≫ 第10號(1995); 岡本隆司, 『中國の誕生: 東アジアの近代外交と國家形成』(名古屋: 名古屋大學出版會, 2017), 제11장; William C. Kirby, "When did China Become China?: Thoughts on the Twentieth Century," Joshua A. Fogel ed., *The Teleology of the Modern Nation-State: Japan and China*(Philadelphia, University of Pennsylvania Press, 2005).

18 「大清國籍條例」(1909)는 그 명칭과 달리 일정한 요건을 갖춘 청조 신민에게 "대청인"이 아닌 "중국인" 국적을 부여한다고 명시했으며, 『滿蒙漢三文合璧教科書』(1909)는 "나는 이미 중국인이거늘 어찌 중국을 사랑하지 않으리오?"라 했다. 黃興濤, 『重塑中華: 近代中國"中華民族"觀念研究』, 43~50쪽.

19 葛劍雄, 『統一與分裂: 中國歷史的啓示(增訂版)』, 29쪽.

20 「三民主義: 民族主義」(1924.1), 『孫中山全集』 9(北京: 中華書局, 1986), pp.185·188쪽.

21 「燈下漫筆」(1925.4); 「再論雷峰塔的倒掉」(1925.2), 『魯迅全集』 1(北京: 人民文學出版社, 1998); 「無聲的中國」(1927.2), 『魯迅全集』 4. 이 글들은 첸리췬 편, 『루쉰정선』, 정겨울 외 옮김(글항아리, 2023)에 번역되어 있다.

22 「報"奇哉所謂……"」(1925,3), 『魯迅全集』 7.

23 「中國歷史的一個看法」(1932), 『胡適全集』 13; 「建國與專制」; 「再論建國與專制」(1933), 『胡適全集』 21(合肥: 安徽教育出版社, 2003).

24 주즈신에 따르면 국가에는 법률적 귀속을 의미하는 법리상의 국가와 심리적 귀속을 의미하는 심리상의 국가가 있다. "우리에게 청조는 법률적 국가일 뿐 심리적 국가가 아니다. 우리는 '구제달

로 회복중화'를 수단으로 진정한 국가인 심리적 국가를 건립하고자 한다." 縣解(朱執信), 「心理的國家主義」, ≪民報≫, 1908年 6月(第21期); 張枏·王忍之 編, 『辛亥革命前十年間時論選集』 2(上)(『辛亥時論選集』으로 약칭)(北京: 生活·讀書·新知三聯書店, 1978), pp.52~54쪽.

25 이하 중화민족론에 관한 내용은 유용태, 「근대중국의 민족제국주의와 단일민족론」, ≪동북아역사논총≫ 제23집(2009)을 바탕으로 새로 쓴 것이다. 이전과 겹치는 부분의 전거는 일부 생략했다.

26 고유경, 「'문화민족'과 '국가민족' 사이에서: 통일 이전 독일 민족형성의 길」, ≪梨花史學硏究≫ 제30집(2003).

27 「政治學大家伯倫知理之學說」(1903), 『梁啓超全集』 2, 1067쪽.

28 精衛, 「民族的國民」(1905.10~11), 『辛亥時論選集』 2(上), 83쪽.

29 이때 왕징웨이의 민족 개념은 인종학상의 용어로서, 혈통·언어문자·거주·습관·종교·정신체질 등이 같은 지속적인 인류 집단을 지칭한다. 그에 비해 국민은 법학상의 용어로서 국가의 구성분자를 지칭한다.

30 李大釗, 「青春」, ≪新青年≫ 第2卷 第1期(1916.9.1), pp.5~7; 「新中華主義」(1917), 『李大釗文集』(北京: 人民出版社, 1984), p.288.

31 민족주의 감정은 지배자와 피지배자 사이의 인종적/민족적 불일치로 인해 가장 심하게 상처받는다고 한다. 어네스트 겔러, 『민족과 민족주의』, 이재석 옮김(예하, 1988), 8~16·182쪽.

32 안쏘니 D. 스미스, 『세계화 시대의 민족과 민족주의』, 이재석 옮김(남지, 1997), 140쪽.

33 이에 관한 담론의 수용과 전파는 차태근, 『제국주의 담론과 동아시아의 근대성』에 상세하다.

34 梁啓超, 「論民族競爭之大勢」(1902), 『梁啓超全集』 2, pp.887~899.

35 榮澤幸一, 「帝國主義成立期における浮田和民の思想的特質」, ≪歷史學硏究≫ 第332期(1968); 石川禎浩, 「梁啓超と文明の視座」, 狹間直樹 編, 『梁啓超』(東京: みすず書房, 1999), pp.120~122.

36 차태근, 『제국주의 담론과 동아시아의 근대성: 현대중국의 정치적 무의식을 찾아서』, 제2장~3장.

37 夏新華 外, 「考察憲政大臣達壽考察日本憲政情形折」(1906.8), 『近代中國憲政歷程: 史料薈萃』(北京: 中國政法大學出版社, 2004), p.58.

38 王柯, 「帝國と民族」, 山本有造 編, 『帝國の硏究』, pp.204~209.

39 유장근, 「清末 개혁가의 식민주의: 龔自珍의 西域建省論을 중심으로」, 『근대중국의 지역사회와 국가권력』(신서원, 2004), pp.413~454.

40 「中國國會制度私議」(1910), 『梁啓超全集』 4, p.2126.

41 李國棟, 『民國時期的民族問題與民國政府的民族政策硏究』, pp.29~31; 黃興濤, 『重塑中華: 近代中國"中華民族"觀念硏究』, p.947.

42 恨海(田桐), 「滿政府之立憲問題」, ≪復報≫, 第1期, 1906.5, 『辛亥時論選集』 2, p.550.

43 그에 따르면, ≪民報≫에 "한족이 깨어나면 만주족은 한 명도 살아남지 못할 것"이라는 언설이 자주 실렸으나 이는 우승열패의 진화론적 추세를 말한 것이다. James R. Pusey, *China and Charles*

Darwin, pp.317~333.

44 유용태, 「근대중국의 민족제국주의와 단일민족론」.

45 朱執信, 「不可分的公理」, ≪星期評論≫ 第16期(1919.9.21), 『朱執信集』 下, p.468.

46 周竟紅, 「"共和"政體包容"五族": 辛亥革命前後變更與民族關係建構」, ≪滿族研究≫ 2013年 第1期.

47 陳儀深, 「二十世紀上半葉中國民族主義的發展」, 『認同與國家: 近代中西歷史的比較』(臺北: 中央研究院近代史研究所, 1994), p.48. 그는 蔣廷黻의 이런 주장을 "반성적 민족주의"라고 불렀으나 일면적인 이해다.

48 유용태, 「근대중국의 민족제국주의와 단일민족론」.

49 「與黎元洪, 黃興, 湯化龍書」(1911.11), 『康有爲全集』 9, p.205.

50 유용태, 「근대중국의 민족제국주의와 단일민족론」.

51 精衛, 「民族的國民」, pp.87~89·100.

52 金衡鍾, 「淸末 革命派의 排滿論과 五族共和論」, ≪中國近現代史研究≫ 제12집(2001.12), p.15; 片岡一忠, 「辛亥革命時期の五族共和論をめぐつて」, 『中國近現代史の諸問題』(東京: 國書刊行會, 1984), pp.301~302.

53 鷄鳴, 「民國報六大主義之宣言」, ≪民國報≫ 第1號, 1911.10.1; 「群進會總章」(1912.10), ≪歷史檔案≫ 1982年 第1期, pp.44~45; 李劍農, 『中國近百年政治史』(上海: 商務印書館, 1948』, pp.368~369.

54 「在北京蒙藏統一政治改良會歡迎會的演說」(1912.9.1); 「在北京五族共和合進會與西北協進會的演說」(1912.9.3); 「在張家口各界歡迎會的演說」(1912.9.7), 『孫中山全集』 2, pp.429~430·438~440·451.

55 在中國國民黨本部特設駐粵辦事處的演說」(1921.3), 『孫中山全集』 5, pp.473~474·480.

56 朴章培, 「近現代 中國의 歷史敎育과 中華民族 整體性 1」, ≪中國近現代史研究≫ 第19期, 2003. 9; 이병인, 「'種族'에서 '국민'으로의 전환 모색과 굴절: 중화민국시기 변강교육과 역사교과서」, ≪歷史敎育≫ 제96집(2005).

57 국공 양당의 민족정책에 관해서는 김세호, 「중화민국시기 헌법초안과 정치문건에 나타난 변강의 위상과 중앙정부와의 관계」, ≪중국근현대사연구≫ 제65집(2015); 허종국, 「신민주주의혁명시기 중국공산당의 민족정책 및 민족구역자치제 채택 배경」, ≪한국과 국제정치≫ 제20집(3)(2004); 송한용, 「중화인민공화국 초기 국가통합으로서의 구역자치」, ≪역사학연구≫ 제57집(2015); 윤휘탁, 『신중화주의: '중화민족 대가정' 만들기와 한반도』(푸른역사, 2006); 李國棟, 『民國時期的民族問題與民國政府的民族政策研究』 참조.

58 박상수, 「중국 근대 '민족국가'의 창조와 변강문제」, 안병우 외, 『중국의 변강인식과 갈등』(한신대학교출판부, 2007).

59 그에 앞서 구제강은 일원적 단일민족론이 허구이므로 타파해야 한다고 주장했다. 김병준, 「"고사

변" 자서와 고힐강」, 『고사변 자서』(소명출판, 2006), p.222.

60 「內蒙巡視報告」(1934.10); 「內蒙盟旗要求高度自治問題」(1934.11~12); 「回族問題和目前應有的文化工作」(1936.11); 「邊疆問題」(1938.12), 『顧頡剛全集』 36(北京: 中華書局, 2010), pp.28~30·41~48·77~78.

61 「中華民族是一個」(1939.2), ≪邊疆週刊≫(益世報 부간) 9(1939.2.13), 『顧頡剛全集』 36, 94~106.

62 오토 바우어의 민족이론은 강성호 외, 『중유럽 민족문제: 오스트리아·헝가리제국을 중심으로』(동북아역사재단, 2009), 173~197쪽 참조.

63 張廷休, 「苗夷漢同源論」, ≪中央週刊≫ 第1卷 第33期(1939.4).

64 「發刊辭」; 周昆田, 「三民主義之邊政建設」, ≪邊政公論≫ 創刊號(1941.8.10).

65 費孝通, 「關於民族問題的討論」, ≪邊疆週刊≫ 第19期(1939.5.1).

66 초판에서는 "融化"와 "同化"가 혼용되었으나 나중의 수정본은 모두 "融和"나 "融合"으로 고쳤다. "동화"의 일방성을 분식하기 위함으로 보인다.

67 김세호, 「중화민국시기 헌법초안과 정치문건에 나타난 변강의 위상과 중앙정부와의 관계」, p.56.

68 가족은 소국가이고 국가는 대가정으로 족장이 구성원을 부양할 의무와 동시에 단속할 권리를 갖는다. 宋育仁, 「論國家性質」(1923), 『宋育仁集』(北京: 中國人民大學出版社, 2016), pp.215~216.

69 衛惠林, 「如何確立三民主義的邊疆民族政策」, ≪邊政公論≫ 第4卷 第1期(1945.1).

70 陳伯達, 「評"中國之命運"」(1943.8), 解放社 編, 『評"中國之命運"』(華北: 華北新華書店, 1949), pp.2~3.

71 『近代中國憲政歷程』에 수록된 임시약법 이래 5·5헌초에 이르는 각종 헌법성 문건 참조.

72 齊思和, 「民族與種族」, ≪禹貢≫ 第7卷 第1~3合期(1937).

73 羅家倫, 「民族的國家」, ≪新民族≫ 第1卷 第3期(1938.3); 「民族與種族: 中華民族血統的混合性」, ≪新民族≫ 第2卷 第6~8期(1938.8~9). 그는 1945년 이 두 논설을 수정해 장제스의 종족설을 전면적으로 수용했다. 『羅家倫先生文存』 2(臺北: 國史館, 1976)에 수록된 동명의 논설 참조.

74 岑家梧, 「論民族與種族」, ≪邊政公論≫ 第3卷 第4期(1944.4).

75 김광억 외, 『종족과 민족: 그 단일과 보편의 신화를 넘어서』(아카넷, 2005).

76 「三民主義: 民族主義」(1924.1), 『孫中山全集』 9, pp.186~188.

77 보흐단 나하일로 외, 『러시아 민족문제의 역사』, 정옥경 옮김(신아사, 2002), 77~89쪽; 趙常慶 外, 『蘇聯民族問題研究』(北京: 社會科學文獻出版社, 2007), 제2장.

78 연방제 논의와 추진을 절차·수단과 제도·목표의 양면으로 구분해 파악한 예는 윤세철, 「中國에 있어서의 聯省自治: 1920년대를 중심으로」, ≪歷史教育≫ 제23집(1978); 민두기, 「20세기 중국의 집권론과 분권론: 중공의 입장과 관련하여」, 『시간과의 경쟁: 동아시아 근현대사론집』(연세대학교출판부, 2001).

79 謝從高,『聯省自治思潮研究』, pp.204~206.

80 Thomas Heberer, *China and Its National Minorities: Autonomy or Assimilation?*(New York: M.E.Sharpe, 1989), pp.30~33.

81 黃光學·施聯朱,『中國的民族識別』(北京: 民族出版社, 2005), p.81.

82 費孝通,「中華民族的多元一體格局」,『中華民族多元一體格局』(北京: 中央民族學院出版社, 1989).

83 「關于處理中國歷史上的民族關係問題」(1962.6),『翦伯贊歷史論文選集』(北京: 人民出版社, 1980), pp.115~119.

84 그 전에는 "북방민족의 침입과 동화"(1929), "변경민족과 한족에의 동화"(1932)로 되어 있었다. 課程教材研究所 編,『課程匯編』의 1936~2001년도 과정표준과 교학대강.

85 馬戎,「理解民族關係的新思路: 少數族群問題的"去政治化"」, ≪北京大學學報≫(哲社版) 第41卷 第6期(2004); 郝時遠 外,『中國民族發展報告』(北京: 社會科學文獻出版社, 2015), pp.382~384.

86 山室信一,「'國民帝國'論の射程」, pp.87~128.

87 荒川章二,「日本近代史における戰爭と植民地」, 倉澤愛子 外 編,『アジア·太平洋戰爭1: なぜ `いまアジア.太平洋戰爭か』(東京: 岩波書店, 2005), pp.195~196.

88 김희신,「국민정부시기 '邊疆' 지식인의 '민족'·'국가' 인식과 西康 건설방안: 티베트인 국민당원 格桑澤仁을 중심으로」, ≪東洋史學硏究≫ 제98집(2007); 윤욱,「중화민국 국민과 만주족 사이: 琿春 滿洲族의 이중적 정체성, 1911~1931」, ≪東洋史學硏究≫ 제234집(2017).

89 Michal Ng-Quinn, "National Identity in Premodern China: Formation and Role Enactment," Lowell Dittmer & Samuel S, Kim eds., *China's Quest for National Identity*(Ithaca: Cornell University Press, 1993), p.35.

90 유용태,「근대중국의 민족제국주의와 단일민족론」.

제4장 | 정의전쟁론의 형성과 전개 항일전쟁에서 항미전쟁까지

1 김재명,「'정의의 전쟁' 이론에 대한 비판적 연구: 전쟁종식의 정당성 논의를 중심으로」(국민대 정치학과 박사논문, 2007), 51~60쪽; 김재창,「동양의 전쟁」, 문정인 외,『동아시아의 전쟁과 평화』(연세대학교출판부, 2010).

2 마이클 왈저,『전쟁과 정의』, 유홍림 옮김(인간사랑, 2009), pp.23~25. 그밖에 정의전쟁론과 그에 대한 비판에 관해서는 철학연구회 엮음,『정의로운 전쟁은 가능한가』(철학과현실사, 2006); 조현일,『잿빛전쟁: 正戰論 비판』(접힘과펼침, 2014) 참조.

3 James A. Stroble, "Justification of War in Ancient China," *Asian Philosophy* 8(3)(1998); Mark E. Lewis, "The Just War in Early China," Torkel Brekke ed., *The Ethics of War in Asian Civilizations: A Comparative Perspective*(London: Routledge, 2006); Peter L. Lorge ed.,

Debating War in Chinese History(Leiden: Brill, 2013).

4 창청윈에 따르면, 중국고전이 인정한 義戰은 ① 폭력을 종식하고 질서/평화를 회복하는 전쟁, ② 복종하지 않는 국가를 응징하는 전쟁, ③ 강국의 침략에 맞서 약소국을 돕는 전쟁, ④ 자위를 위한 전쟁 등 네 가지이다. 한국전쟁은 ③과 ④에, 중인전쟁(1962)은 ④에, 중월전쟁(1979)은 ①과 ②에 가깝다. 그러나 결국 전통적 의전론은 개전 결정의 핵심적 역할을 담당하지 못한 채 전쟁을 사후적으로 정당화하는 데 그쳤다고 하였다. 스코벨은 중국의 한국전쟁 참전 결정에 작용한 전통사상으로 의전론(앞의 ④) 외에 守在四夷(천자는 중화를 4이에서 지킨다)의 적극방어론, 後發制人(남이 도발하기를 기다렸다가 쳐서 제압한다)의 대응적 방어론 등을 함께 고려했다. Chang Cheng-yun, "Were Those Decisions Righteously Made?: The Chinese Tradition of Righteous War and China's Decisions for War, 1950~1979," *Foreign Policy Analysis* 13(2)(2017), pp. 398~415; Andrew Scobell, *China's Use of Military Forces: Beyond the Great Wall and the Long March*(New York: Cambridge University Press, 2003), pp.26~39.

5 「東報論美國對獨態度」, ≪時事新報≫, 1917.2.8.

6 「國務院致馮國璋等關于宣布對德斷交及保護德僑應辦事宜電」, 王建朗 主編, 『中華民國時期外交文獻滙編』 1(下)(이하 『民國外交文獻』으로 약칭)(北京: 中華書局, 2015), pp.1359~1360.

7 「反對宣戰之切要談」, ≪上海民國日報≫, 1917.5.10.

8 「先覺者之責任」; 「勿失機會」, ≪上海民國日報≫, 1918.11.16; 1918.11.28.

9 「自由正義與平和」, ≪新青年≫ 第5卷 第1號, 1918.11.28.

10 「太平洋會後援會之主張」, ≪時事新報≫ 1921.10.9; 「各界對日艦兵長沙暴行之憤慨」, ≪上海民國日報≫ 1923.6.7.

11 「刁作謙致外交部電」(1921.12.13), 『民國外交文獻』 2(下), p.489.

12 「東報揭破山梨來華之作用」, ≪時事新報≫, 1927.6.17.

13 「日人不忘'對美國恥」, ≪時事新報≫, 1926.7.7. 청일전쟁 이래 일본제국의 국제정의론에 대해서는 장인성, 「근대 동아시아 국제사회에서의 '질서'와 '정의': 근대일본 지식인의 동아시아 국제사회관」, ≪동북아역사논총≫ 28(2010) 참조.

14 「中國共産黨第二次全國代表大會宣言」(1922.7), 中央檔案館 編, 『中共中央文件選集』 1(北京: 中共中央黨校出版社, 1989), p.100.

15 「海關問題決議案」(1924.1), 榮孟源 主編, 『中國國民黨歷次代表大會及中央全會資料』 上(이하 『國民黨歷次資料』로 약칭)(北京: 光明日報社, 1985), p.39~40.

16 羅家倫 編, 『革命文獻』 18(臺北 : 中國國民黨中央委員會黨史史料編纂委員會, 1963), pp.130~134.

17 「國民政府對外宣言」(1928.2), 彭明 主編, 『中國現代史資料』 3(中國人民大學出版社, 1988); 「第二屆中央執行委員會第四次全體會議宣言」(1928.2), 『國民黨歷次資料』 上, p.514; 「撤廢領事裁判權運動」(九), ≪華北日報≫, 1929.11.9.

18 「紀念濟南慘案」, ≪華北日報≫, 1929.5.4.

19 「太平洋會議與東北」, ≪華北日報≫, 1929.9.28.

20 「'對全世界宣言'; 對日寇侵略暴行之決議案」(1931.11), 『國民黨歷次資料』 下, pp.33~-34·38~39.

21 「蔣中正致各戰區司令長官等戰」(1937.10.22), 秦孝儀 主編, 『中華民國重要史料初編: 對日抗戰時期』 2, 作戰經過(一)(臺北: 中國國民黨黨史委員會, 1981), p.55.

22 「第五屆五次中央全會開會辭」(1939.1.21), 『國民黨歷次資料』 下, p.539.

23 맹자의 의전론에 관해서는 윤대식, 「맹자의 전쟁과 반전쟁: 義戰論을 중심으로」, ≪국제정치논총≫ 제43집(2003); 兪英玉, 「'齊伐燕之事'를 통해 본 孟子의 義戰」, ≪대동문화연구≫ 제89집(2015) 참조.

24 「臨時全國代表大會宣言」(1938.4.1), 『國民黨歷次資料』 下, p.464.

25 「第五屆中央執行委員會第五次全體會議宣言」(1939.1.29), 같은 책, pp.542~545.

26 77사변 이후 일본의 성전론에 대해서는 鄒燦, 『"蘆溝橋事件記念日"をめぐる日本と中國: 政治的語りに見る日中戰爭像の比較研究』(大阪: 大阪大學出版會, 2018), 제1장 참조.

27 앤드루 고든, 『현대일본의 역사』, 김우영 옮김(이산, 2007), pp.330~331.

28 「貫徹人類正義戰爭決殲滅敵人而後已」, ≪新申報≫, 1943.12.31; 「大東亞民族獲得自覺正義戰爭必獲勝利」, ≪華北申報≫, 1944.8.22.

29 「國民政府對日宣戰文」; 「國民政府對獨宣戰布告」(1941.12.9), 『民國外交文獻』 8(上), pp.7~88.

30 「對于軍事問題報告決議案」(1941.12.22); 「加强國家總動員實施綱領案」(1941.12.23), 『國民黨歷次資料』 下, pp.744~745.

31 「我們對于雅爾達秘密協定的抗議」, ≪大公報≫(天津), 1946.2.24.

32 「第六屆中央執行委員會第三次全體會議宣言」; 「對于外交報告之決議案」(1947.3), 『國民黨歷次資料』 下, pp.1095~1096·1099.

33 「中國國民黨抗戰時期建國綱領草稿」(1938.4.1), 秦孝儀 主編, 『重要史料初編: 對日抗戰期』 4, 戰時建設(一)(臺北: 中國國民黨黨史委員會, 1988), pp.39·40~41. 이 서두 부분은 심의과정에서 삭제된 채 통과되었다.

34 「中央關于日本帝國主義强占滿洲事變的決議」(1931.9.22), 中央統戰部 等 編, 『中共中央抗日民族統一戰線文件選編』 上(이하 『統戰文件』으로 약칭)(北京: 檔案出版社, 1986), pp.19~25; 「爲國民黨反動政府出賣中華民族利益告全國民書」(1931.12), 毛澤東文獻資料研究會 編, 『毛澤東集』 3(東京: 蒼蒼社, 1978), p.63.

35 「中央致各級黨部及全體同志的信: 論反帝運動中的統一戰線」(1933.6.8), 中央檔案館 編, 『中共中央文件選集』 9(北京: 中共中央黨校出版社, 1991), p.220.

36 코민테른 지시의 원문은 「中央局轉發國際關于反帝統一戰線的指示」(1933.6.15), 『統戰文件』 上, p.130~131에 담겨 있다. 원문의 작성일자는 여기에 표기되어 있지 않고 코민테른의 중국 관련 공간 자료에도 수록되어 있지 않아 특정할 수 없다.

37 「王明和康生給中共中央政治局的信」(1933.10.27), 中共中央黨史研究室第一研究部 編譯, 『聯共(布)共產國際與中國蘇維埃運動(1931-1937)』 13(北京: 中央黨校出版社, 2007), p.567.

38 「討論季米特洛夫的報告」(1935.8.7·8.11), 中國社會科學院近代史研究所編譯室編譯, 『共產國際有關中國革命的文獻資料(1929-1936)』 2(北京: 中國社會科學出版社, 1982), pp.400·403·423.

39 「中共中央關于目前政治形勢與黨的任務決議」(1935.12); 「論紅一方面軍的東征」(1936.2), 『張聞天文集』 2(北京: 新華書店, 1993), pp.42·73~74.

40 「中國革命戰爭的戰略問題」(1936.12), 『毛澤東集』 5, pp.85·88~89.

41 「論持久戰」(1938.5), 같은 책, p.96.

42 마오쩌둥의 지도권이 1935년 준의회의에서 확립된 것으로 알려졌으나 그때엔 단지 정치국 상무위원 중 하나가 되었을 뿐이다. 1938년 7월 마오쩌둥을 당의 수장으로 하라는 스탈린의 지시에 따라 그해 10월 중공 6기 6중전회에서 처음으로 정치국의 대표로서 정치보고를 행함으로써 비로소 그의 최고지도자 지위가 확립되었다. 첸리췬, 『모택동시대와 포스트 모택동시대, 1949~2009(상)』, 연광석 옮김(한울엠플러스, 2012), 18~19쪽; 楊奎松, 『中間地帶的革命』(太原: 山西人民出版社, 2020), pp.321·369~372.

43 「第二次帝國主義戰爭講演提綱」(1939.9), 『毛澤東集』 7, pp.32~33.

44 「社會主義與戰爭」(1915), 『列寧選集』 2(北京: 人民出版社, 1972), p.669.

45 「無產階級革命的軍事綱領」(1917), 같은 책, pp.873~874.

46 鄭學稼, 『第三國際興亡史』(香港: 亞洲出版社, 1954), p.62.

47 제1차 세계대전 후의 전쟁을 ① 제국주의 국가 간의 전쟁, ② 제국주의 반혁명세력이 무산계급혁명을 진압하거나 건설중인 사회주의국가에 대해 벌이는 전쟁, ③ 식민지민족이 제국주의에 반대하는 민족혁명전쟁으로 구분했다. 「制止帝國主義戰爭危機的措施」(1928.8), 中國社會科學院近代史研究所編譯室 編譯, 『共產國際有關中國革命的文獻資料(1919~1928)』 1(中國社會科學出版社, 1981), pp.576~578.

48 「中國共產黨中央委員會爲抗戰四周年記念宣言」(1941.7), 『毛澤東集』 8, p.9.

49 「中國共產黨與中華民族: 爲中共二十二周年紀念而作」, ≪解放日報≫, 1943.7.1.

50 「中國人民解放軍宣言」(1947.10.10), 『毛澤東集』 9, pp.75~77; 「目前的形勢和我們的任務」(1947.12.25), 같은 책, pp.98~100; 「中國的社會經濟形態, 階級關係和人民民主革命」(1948.2.15), 『毛澤東文集』 5, p.62.

51 「關于美國武裝侵略中國領土臺灣的聲明」(1950.6.28), 中華人民共和國外交部 等 編, 『周恩來外交文選』(北京: 中央文獻出版社, 1990), pp.18~19.

52 「將革命進行到底」(1948.12.30),『毛澤東集』 10, pp.201~202.

53 「中國人民一定要解放臺灣」(社評), ≪新華日報≫, 1949.3.15. 廖文毅는 대만 태생으로 1935년 미국 아이오와대학에서 화공학 박사학위를 취득한 후 浙江大學 교수를 역임하고 1945년 8월 일본패망 후 국민정부의 대만접수 공작에 참여했는데, 1947년 2.28 사건 직후 대만독립론을 제기해 오늘날 대만에서는 대만독립론의 선구로 알려져 있다.

54 朱德, 「中國人民解放軍總部命令」(1949.10.1), 中共中央文獻硏究室 編, 『建國以來重要文獻選編』 1(北京: 中央文獻出版社, 1991), p.22.

55 「各民主黨派聯合宣言」(1950.11.4), ≪人民日報≫, 1950.11.5.

56 「今後的世界必需是人民的世界」(1951.10.23), ≪人民日報≫, 1951.10.24.

57 「抗美援朝, 保衛和平」(1950.1.24), 『周恩來外交文選』, p.31; 「關于美英對日和約草案及舊金山會議的聲明」(1951.8.15), 같은 책, pp.38~46; 「今天國際上的主要矛盾是戰爭與和平問題」(1953.6.5), 같은 책, pp.58~62; 「中共中央關于進一步普遍開展抗美援朝愛國運動的指示」(1951.2.2), 中央檔案館等編, 『中共中央文件選集』 5(北京: 中共中央黨校出版社, 1990), p.94; 「中共中央關于反對美帝進行細菌戰宣傳工作的指示」(1952.2.21), 『中共中央文件選集』 8(北京: 中共中央黨校出版社, 1991), p.81.

58 彭德懷, 「關于中國人民志願軍抗美援朝工作的報告」(1953.9.12), 『建國以來重要文獻選編』 4(北京: 中央文獻出版社, 1993), pp.376·384~387.

59 「中國革命戰爭的戰略問題」(1936.12), 『毛澤東選集』 1(北京: 人民出版社, 1966), p.185.

60 「中國革命戰爭的戰略問題」(1936.12), 『毛澤東軍事文選』(香港: 中華書局, 1968), p.64.

61 「在日內瓦會議上關于印度支那問題的發言」(1954.5.12), 『周恩來外交文選』, p.66.

62 「反對美國: 吳廷艶集團侵略越南南方和越南南方人民的聲明」(1963.8.29), 中華人民共和國外交部 等 編, 『毛澤東外交文選』(北京: 中央文獻出版社, 2011), pp.504~505; 「支持越南反對美國和談騙局的立場」(1965.11.30), 『周恩來外交文選』, p.455; 「中國誓作阿拉白人民堅剛後循:首都三十萬人示威行堅決支持阿拉白人民正義戰爭」, ≪人民日報≫, 1967.6.8.

63 「我國代表黃華在安理會會議上發言重申」, ≪人民日報≫, 1972.11.24.

64 「初中世界歷史教學大綱(草案)」(1956.6); 「高中世界近現代史教學大綱(草案)」(1956.6), 課程教材硏究所 編, 『課程滙編』, pp.203·216~217.

65 人民教育出版社課程教材硏究所 等, 『歷史: 20世紀的戰爭與和平』(北京: 人民教育出版社, 2018). 선택과목 '역사'는 몇 개의 주제별로 편성되었는데 이는 그중의 하나다.

제5장 | 삼민주의 인터내셔널 혁명중국의 자기표상과 질서구상

1 李雲漢, 『從容共到淸黨』(臺北: 及人書局, 1987), pp.234~245; 윤세철, 「胡漢民과 淸黨: 참여과정과 이념적 기초」, 민두기 엮음, 『중국 국민혁명 지도자의 사상과 행동』(지식산업사, 1988); 백영서, 「戴季陶의 국민혁명론의 구조적 분석」, 같은 책; 久保純太郎, 「戴季陶における'中國革命'とその思想: 中國, 日本, アジアをめぐつて」(神戶大學 文化學硏究科 박사논문, 2005).

2 張文濤, 「"新天下三分策": 國民革命時期國民黨人的"民族國際"論」, ≪寧夏社會科學≫ 2018年 第1期.

3 전자의 예로 張力, 『國際合作在中國: 國際聯盟角色的考察, 1919~1946』(臺北: 中央硏究院近代史硏究所, 1999), 후자의 예로 水野直樹, 「東方被壓迫民族連合會(1925~27)について」, 狹間直樹 編, 『中國國民革命の硏究』(京都: 京都大學人文科學硏究所, 1992); 安井三吉, 「延安における東方各民族反ファッショ代表大會(1941)について」, ≪歷史評論≫ 第327期(1977.7)가 주목된다.

4 陳錫祺, 「孫中山亞洲觀論綱」, 華中師範大學近代史硏究所 編, 『辛亥革命與20世紀中國』(武漢: 湖北人民出版社, 2001), pp.599~602.

5 그러나 쑨원의 아시아관은 중·일 제휴를 골자로 하는 강대국의 지지를 얻는 데 중점을 두는 경향이 강해 1923년 이후에도 중·러 제휴가 추가되었을 뿐 그런 경향은 견지되었다. 桑兵, 「孫中山の國際觀およびアジア觀試論」, 孫文硏究會 編, 『孫文とアジア』(東京: 汲古書院, 1993), pp.31~34; 배경한, 『중국과 아시아: 근현대 중국의 아시아 인식과 아시아주의』, pp.87~88·119~120.

6 共産國際第4次大會, 「東方問題之提要」; 屈維它, 「東方文化與世界革命」, ≪新靑年≫(季刊) 第1期(1923.6.15); 惲代英, 「中國革命與世界革命」, ≪中國靑年≫ 第53期(1924.6.14).

7 「接受總理遺囑宣言」, 『國民黨歷次資料』 上(北京: 光明日報社, 1985), p.76; 「關于確定最高原則事訓令全體黨員」(1925.5.24), 같은 책, p.91.

8 「第二次全國代表大會宣言」(1926.1), 같은 책, p.114; 「致蘇俄電」(1926.1), 같은 책, p.193.

9 「警告蔣介石書」(1926.8), 같은 책, p.469.

10 「革命的發展與廣東的建設」(1926.12), 陳天錫 編, 『戴季陶先生文存』 續編(台北: 中國國民黨中央委員會黨史史料編纂委員會, 1974), p.220.

11 총정치훈련부 편역위원회 산하에 국제편역국(책임자는 羅家倫)을 설치해 "삼민주의 기초 위에서 세계현상과 외교지식을 관찰·연구하여 군 장병과 일반 민중에게 보급"하도록 했다. 국제신문과 영어 선전물을 발행하며 소총서를 편역하고 있으며 특히 "국민당의 主旨를 외국에 알려 삼민주의를 국제화하고 있다"고 하였다. 「國際編譯局之組織與使命」, ≪時事新報≫, 1927.6.30.

12 「三民主義之認識」(1927); 「三民主義與世界革命」(1927.5.28); 「三民主義是世界革命的最高原則」(1927.5.29), 『胡漢民先生文集』 3(臺北: 中國國民黨中央委員會黨史資料編纂委員會, 1978), pp.20~22·30·33~40.

13 「第二屆中央執行委員會第四次全體會議宣言」(1928.2.7),『國民黨歷次資料』上, pp.509~510·517~518.

14 李恩涵,『北伐前後的革命外交, 1915~1931』(臺北: 中央研究院近代史研究所, 1993), pp.8~9.

15 「對于外交報告之決議案」(1929.3),『國民黨歷次資料』上, pp.652~653.

16 「第五屆中央執行委員會十次全體會議開幕詞」(1941.12);「現段階的黨務方針」(1947.3),『國民黨歷次資料』下, p.764·1105~1106.

17 孫科,「三民主義的新中國」(1944.2), 秦孝儀 主編,『孫哲生先生文集』3(下)(臺北: 中國國民黨中央委員會黨史資料編纂委員會, 1990). pp.53~60.

18 王建朗,「大國意識與大國作爲: 抗戰後期的中國國際角色定位與外交努力」, ≪歷史研究≫ 2008年 第6期; 王建朗,『太平洋戰爭爆發後國民政府外交戰略與對外政策』(武漢大學出版社, 2010).

19 「對于政治報告之決議案」(1942.11);「中國國民黨第六次全國代表大會開幕詞」;「對于外交之決議案」(1945.5),『國民黨歷次資料』下, pp.787~788·900·923.

20 「第六屆中央執行委員會三次全體會議宣言」(1947.3), 같은 책, p.1096.

21 胡漢民,「民族國際與第三國際」, ≪新亞細亞≫ 第1卷 第1期(1930.10).

22 陳公博,「今後的國民黨」, ≪革命評論≫ 第1期(1928.5).

23 「孫哲生關於民族國際之談話」, ≪廣州民國日報≫, 1925.9.15.

24 제3국제는 제2국제에게 입장 차이를 넘어 중국 노동자를 지원하기 위한 모금과 집회를 제안하고 장기적인 지원방안을 마련하기 위한 국제회의를 개최하자고 제안했다. 베이징대 교수들은 職工國際가 그동안 보여준 성원에 감사하는 전문을 보냈다.「援助中國之國際會議」;「北大教授致國外同情者之兩戰」, ≪廣州民國日報≫, 1925.7.1·7.8.

25 「被壓迫民族聯合會宣言」;「被壓迫民族聯合會致第三國際電」, ≪廣州民國日報≫, 1925.7.20·1925.7.22. 코민테른은 1928년 가을 상하이 소재 극동국 안에 동방 피압박 민족 담당 서기국을 두어 관련 업무를 전담토록 했다. 蔣永敬,『胡志明在中國: 一個越南民族主義的僞裝者』(臺北: 傳記文學出版社, 1972), pp.48~49; 水野直樹,「東方被壓迫民族連合會(1925~27)について」; 윌리엄 J. 뒤이커,『호치민평전』, 정영목 옮김(푸른숲, 2003), pp.206~207·262.

26 「戴季陶對時局之談話」, ≪上海民國日報≫, 1925.7.31;「戴季陶對時局之談話」, ≪廣州民國日報≫, 1925.8.11. 당시 국제연맹 상임이사국은 영·프·일·이·소였으나 후에 각국이 퇴출하여 1939년부터는 영·프만 남았다. 중국은 비상임이사국(1921~1923, 1926~1928, 1931~1934, 1936~1946)이었다. 張力,『國際合作在中國: 國際聯盟角色的考察, 1919~1946』, pp.21~22.

27 「形成反帝國主義聯合戰線」(1924.1.8),『孫中山全集』9, pp.23~24; 周興樑,「孫中山復興亞洲思想略論」, 胡春惠 編,『近代中國與亞洲學術討論會論文集』下(香港: 珠海書院亞洲研究中心, 1995), p.956.

28 「戴季陶君關於民族國際的談話」, ≪上海民國日報≫, 1925.9.2.

29 당시 소련/제3국제에 대한 戴季陶의 입장에 대해서는 중국의 내정과 외교를 분리하여 내정간섭에는 반대하되 국제문제에서는 제휴할 수 있다고 보았다는 견해(張文濤)와 서로 경쟁하면서 연합하려는 국공합작 시기 계급관념의 산물이라는 견해(久保純太郎)가 있다.

30 「戴季陶對時局之談話」, ≪上海民國日報≫, 1925.7.31; 「戴季陶對時局之談話」, ≪廣州民國日報≫, 1925.8.11.

31 戴季陶, 「民族國際」, 『大亞雜志』 제36기(1925.10); 戴季陶, 「新縱斷的民族國際:新天下三分策, 孫先生的宿願」, 『國民革命』 제1권(廣州: 孫文主義學會, 1926).

32 錢義璋, 「什麽是'新縱斷的國際'」, ≪上海民國日報≫, 1925.9.4; 梁紹文, 「介紹'國際民族'的運動幷勗北上代表團」, ≪廣州民國日報≫, 1925.9.15; 周佛海, 「國民革命運動的展開: 告全國革命同志」, ≪覺悟≫(≪상해민국일보≫ 부간), 1926.9.15.

33 「秘密關于國際計劃之決議案」(1926.4), 「警告蔣介石書」(1926.8), 『國民黨歷次資料』 下, pp.401~403·422~423·469~470.

34 「僞第二次全國代表大會宣言」(1926.3), 같은 책, pp.399-400.

35 당시 다이지타오의 행보에 대해서는 백영서, 「戴季陶의 국민혁명론의 구조적 분석」 참조.

36 代英, 「民族國際與民族解放」, ≪中國青年≫ 第4卷 第99期(1925.9.28).

37 「對外政策進行案」(1926.1.13), 『國民黨歷次資料』 下, pp.149~150.

38 이 연관성을 명시해 민족국제를 즉시 조직하자고 주장한 예는 張曾益, 「建立弱小民族國際同盟」, ≪革命外交週刊≫ 第6期(1930); 杜湛津, 「怎樣來組織三民國際」, ≪前導≫ 第9期(1930.12); 儀, 「東方國際論」, ≪互助週刊≫ 第1卷 第20期(1930.4) 등이다.

39 이런 이유에서 1930년의 긴급한 과제로 동방국제를 조직해 자본주의를 끝장내자고 주장한 예는 儀, 「東方國際論」이다.

40 「三民主義與世界革命」(1927.5.28), 『胡漢民先生文集』 3, pp.20~22; 「三民主義是世界革命的最高原則」(1927.5.29), 같은 책, p.30.

41 胡漢民, 「民族國際與第三國際」, ≪新亞細亞≫ 第1卷 第1期(1930.10).

42 編者, 「民族國際專號(1) 弁言」, ≪現代青年≫ 第123號(1927.6.15).

43 馮節, 「建設民族國際」; 鄧文儀, 「我對於民族國際的意見」, ≪現代青年≫ 第123號(1927.6.15).

44 민두기, 「국민혁명기의 陳公博의 혁명이론과 정치활동」, 『중국 국민혁명 지도자의 사상과 행동』, 268~269쪽; 이병인, 「개조동지회의 국가건설구상과 정치활동」, ≪중국현대사연구≫ 제1집(1995); 김하림, 「제1차국공합작 결렬 이후 국민당개조파의 국민혁명 이해와 사상적 전환: 陳公博의 국민혁명론을 중심으로」, ≪東洋史學研究≫ 제147집(2019), p.423~425.

45 陳公博, 「今後的國民黨」, ≪革命評論≫ 第1期(1928.5).

46 蕭淑宇, 「打倒北京以後(1)」, ≪革命評論≫ 第2期(1928.5).

47 蕭淑宇, 「打倒北京以後(3)」, ≪革命評論≫ 第5期(1928.6).

48 藍以瓊, 「世界革命與民族東方國際」, ≪雙十月刊≫ 第6期(1928.11).

49 駱介庵, 「促成東方國際組織」, ≪革命評論≫ 第7期(1928.6).

50 荊璞, 「弱小民族國際問題:對於第五次會議的一個建議」, ≪青年呼聲≫ 第11·12合期(1928.7).

51 「中國國民黨改組同志會第一次全國代表大會宣言」(1929.2), 『國民黨歷次資料』 上, p.557.

52 「宣傳部告同志書」, ≪民國日報≫(3차 대표대회 기념특간 5호), 1929.3.15.

53 方覺慧, 「第三次全國代表大會中之黨務上幾個基本問題」, ≪民國日報≫, 1929.3.21; 方覺慧, 「黨務上幾個基本問題」, ≪華北日報≫, 1929.4.13.

54 「各省市民衆團體聯會第一日」, ≪時事新報≫, 1929.3.16; 「山東省代會閉幕」, ≪華北日報≫, 1929.3.23.

55 「提案審査委員會認爲應交中央執行委員會核辦之提案」, 『國民黨歷次資料』 上, pp.725~726.

56 「本市執委會呈中央組織三民主義國際以期澈底打倒帝國主義」, ≪民國日報≫, 1929.12.15.

57 ≪화북일보≫(국민당北平市黨部), ≪三民半月刊≫, ≪新平月刊≫(국민당北平특별시당무정리위원회), ≪혁명외교주간≫(국민당중집위선전부), ≪互助週刊≫(국민혁명군 제24군 학우호조사), ≪前導≫(국민혁명군 제8로군 교도대), ≪선전주보≫(국민당江西省당무지도위원회), ≪湖北省黨部公報≫, ≪신아세아≫ 등이 국민당과 직간접으로 연계되어 있다. 반면 ≪익세보≫(天津), ≪촌치월간≫, ≪潮聲≫(海寧), ≪晋潮≫, ≪警光≫, ≪신동방≫, ≪신생활≫, ≪학생문예총간≫(上海) 등은 그렇지 않다.

58 漢輝, 「民族運動與民族國際」; 天任, 「構築東方民族國際的基礎是我們偉大的使命」, ≪新東方≫ 第3 卷 第8期(1932.8).

59 杜湛津, 「怎樣來組織三民國際」.

60 漢輝, 「民族運動與民族國際」.

61 荊璞, 「弱小民族國際問題」, ≪青年呼聲≫ 第12·13合期(1928.7),

62 杜湛津, 「怎樣來組織三民國際」.

63 譚披朦, 「如何組織民族國際」, ≪村治月刊≫ 第1卷 第7期(1929.9).

64 成聖昌, 「組織東方民族國際之討論」; 破浪, 「答成聖昌」, ≪新東方≫ 週年紀念特刊(1931.1); 成聖昌, 「建設東方民族之國際組織」, ≪三民半月刊≫ 第5卷 第6期(1930.11).

65 「三民主義的民族國際」, ≪益世報≫(天津), 1931.4.10; 張文濤, 「"新天下三分策": 國民革命時期國民黨人的"民族國際"論」, pp.205~206.

66 「對日外交的路線」(社論), ≪華北日報≫, 1932.7.12.

67 「國際聯盟與中華民族」, ≪東南日報≫, 1936.1.24.

68 잡지의 인지도로 볼 때, 老裳, 「亞洲民族運動與民族國際組織」, ≪亞洲文化≫ 第2卷 第11~13期(193

5). pp.4~5; 陳彌它, 「弱小民族應該組織民族國際了」, ≪時論≫(南京) 第30號(1936.7); 編者, 「亞洲被壓迫民族聯合起來」, ≪亞洲文化月刊≫ 第2期(7·8合期), 1936.6; 錢實甫, 「民族國際與民族主義的國際關係」, ≪黨義研究≫ 第6期(1942.1) 등이 눈에 띈다.

69 王貽非, 「三民主義國際的建立」, ≪大路≫(泰和) 第6卷 第3~4期(1941.9).

70 王貽非, 「三民主義與世界革命」, ≪時代思潮≫ 第37·38合期(1942.3).

71 「關於第二屆五中全會議案編制之決議」(1928.8.7), 「第三次全國代表大會議題草案提議案」(1929.3), 『戴季陶先生文存』 三續編, pp.109~111.

72 胡漢民, 「民族國際與第三國際」, ≪新亞細亞≫ 第1卷 第1期(1930.10).

73 焦易堂, 「組織三民主義國際」, ≪宣傳週報≫(南昌) 第31期(1929.8); 方覺慧, 「方覺慧報告出席國際勞工大會之經過」, ≪湖北省政府公報≫ 第112期(1930.9).

74 국련외교에 관해서는 彭敦文, 『太平洋戰爭爆發前國民政府外交戰略與對外政策』(武漢: 武漢大學出版社, 2010), 제1장 참조.

75 국민정부의 혁명외교는 1928년 이후 그것을 떠받쳐 온 주요한 조건들(국공합작에 의한 대중동원과 소련의 지지 등)이 사라져서 사실상 유명무실해졌으나 국내의 경쟁하는 정파들에 대해 남경정부가 혁명정부임을 과시하기 위해 형식상 유지되었다고 보는 견해가 있다. 古屋光方, 『汪精衛と蔣汪合作政權』(東京: 人間の科學社, 2004), 제4~5장.

76 張力, 『國際合作在中國: 國際聯盟角色的考察, 1919~1946』, pp.302~306.

77 彭敦文은 이를 "국련외교"에 이은 "대국합작외교"라 부르고 만주사변 이후의 형성과 전개 과정을 검토했다. 彭敦文, 『太平洋戰爭爆發前國民政府外交戰略與對外政策』, 제3장 참조.

78 楊天石, 「蔣介石: 韓國獨立最大援助者」, ≪抗日戰爭史研究≫ 2000年 第4期.

79 오웬 라티모어, 『근대중국의 형성사』, 김종복 옮김(문우사, 1984), 196~197쪽.

80 徐特立, 「紀念"五四"」, ≪解放日報≫, 1946.5.4. 徐는 당시 중공중앙위원이자 선전부 부부장이었으니 이 기념사는 사실상 당의 견해라 할 수 있다.

81 중국, 조선, 베트남, 미얀마, 말레이, 타이, 일본, 필리핀, 인도 등의 대표가 참가한 속에, 동방 각 민족은 "항전의 최대 역량인 중화민족의 주위에 단결해야 비로소 공동의 적인 일본제국주의를 분쇄할 수 있다"면서 그 실행 방안을 제시했으나 국·공 관계가 악화되어 공산당 지배구역이 축소되었기에 여의치 않게 되었다. 安井三吉, 「延安における東方各民族反ファッショ代表大會(1941)について」.

82 한상도, 「조선의용군의 위상과 동방각민족반파시스트대동맹의 관계」, ≪역사와현실≫ 제44집(2002); 염인호, 『조선의용군의 독립운동』(나남, 2003), 218~221쪽.

83 沈志華, 「毛澤東與東方情報局: 亞洲革命領導權的轉移」, ≪華東師範大學學報≫(哲社版) 2011年 第6期; 선즈화, 『최후의 천조: 모택동·김일성 시대의 중국과 북한』, 김동길 외 옮김(선인, 2017), 249~263쪽.

84 「堅定信心,共謀發展」(2016.10), 『習近平關于中國特色大國外交論述摘編』(北京: 中央文獻出版社, 2020), p.235.

제6장 | 중간지대에서 제3극으로 한국전쟁 참전 후 중국의 자기인식과 대외정책

1 Chen Jian, *China's Road to the Korean War*(University of Culumbia Press, 1994), pp.24~27·208~209; Chen Jian, *Mao's China and the Cold War*(University of Columbia Press, 2001), pp.87~88·117. 이와 달리 김동길은 알렌 휘팅의 견해를 따라 중국의 참전은 자국의 안보위협에 대한 대응일 뿐 혁명 확대의 목적은 없었다고 보았다. 이는 전후 맥락을 간과한 채 특정 시점의 언설을 확대해석한 주장으로 보인다. 김동길, 「중국의 한국전쟁 참전요인 연구: "국방선"의 무혈확장」, ≪한국정치외교사논총≫ 제37집 제2호(2016).

2 牛軍, 『冷戰與新中國外交的緣起, 1949~1955』(北京: 社會科學文獻出版社, 2013), pp.231~232.

3 John Grittings, *The World and China, 1922-1972*(New York: Harper & Row, 1974), pp.142~146; 牛軍, 『冷戰與新中國外交的緣起, 1949~1955』, pp.137~144.

4 Chen Jian, *China's Road to the Korean War*, pp.17~23.

5 「和美國記者安娜·路易斯·斯特朗的談話」(1946.6), 『毛澤東選集』 4(北京: 人民出版社, 1966); 陸定一, 「對于戰後國際形勢中幾個基本問題的解釋」, ≪解放日報≫, 1947.1.4~5. 중간지대론에 관한 국내의 연구로는 이병한, 『붉은 아시아: 1945~1991 동아시아 냉전의 재인식』(서해문집, 2019), 제5장; 이원준, 「'中間地帶論'과 '一邊倒' 노선의 연속성: 건국 전후 시기 毛澤東의 세계 인식을 중심으로」, ≪東洋史學研究≫ 제148집(2019)가 있다.

6 세르게이 곤차로프(Sergei N. Goncharov) 외, 『흔들리는 동맹: 스탈린과 마오쩌둥, 그리고 한국전쟁』, 성균관대학교한국현대사연구반 옮김(일조각, 2011), 90~94쪽.

7 楊奎松, 『中間地帶的革命: 國際大背景下看中共成功之道』(太原: 山西人民出版社, 2020).

8 와다 하루키, 『한국전쟁』, 서동만 옮김(창비, 1999), pp.44~52; 주지안롱, 『모택동은 왜 한국전쟁에 개입했을까』, 서각수 옮김(역사넷, 2005), pp.98~102.

9 「朝鮮戰局和我們的方針」(1950.9), 『毛澤東集』 6(東京: 蒼蒼社, 1983), p.93.

10 「關于決定派軍隊入朝作戰給斯大林的電報」(1950.10.2), 中共中央文獻研究室 編輯, 『建國以來毛澤東文稿』 1(北京: 中央文獻出版社, 1987), p.539. 이 전보는 발송되지 않았으나 당시 한국전쟁에 대한 마오쩌둥의 인식을 가장 체계적으로 보여주는 문건의 하나에 속한다.

11 주지안롱, 『모택동은 왜 한국전쟁에 개입했을까』, 98~99쪽.

12 陶文釗, 『中美關係史, 1949~1972』(上海: 上海人民出版社, 1999), pp.146~147·476~477.

13 1949년 1월 미국은 중국에 공산당 정권이 수립되는 것을 기정사실화 하고 이를 소련에서 분리하고

서방으로부터 고립시켜 무력으로 타도하거나 붕괴시키려는 전략을 세웠었다. 애치슨선언은 마오쩌둥의 소련 방문 중에 중·소를 이간시키려는 계책이었다고 한다. 陶文釗, 같은 책, pp.7·147·217·477.

14 「關于中華人民共和國憲法草案的報告」(1954.9), 『劉少奇選集』 下(北京: 人民出版社, 1981), pp.140.

15 謝益顯, 『當代中國外交思想史』(開封: 河南大學出版社, 1999), p.57.

16 중국 측의 관련 자료는 공개되지 않았고 오직 모스크바의 국립문서보관소에 보존된 마오쩌둥-스탈린 전문에 기초한 선즈화의 연구가 독보적이다. 沈志華, 「毛澤東與東方情報局: 亞洲革命領導權的轉移」; 선즈화, 『최후의 천조: 모택동·김일성 시대의 중국과 북한』, 249~263쪽.

17 베른트 슈퇴버, 『냉전시대 최초의 열전: 한국전쟁』, 황은미 옮김(여문책, 2016), 181쪽; 毛里和子, 「アジアにおける冷戰構造の變容と地域紛爭」, 『東アジア近現代通史』 9(東京: 岩波書店, 2014), p.97.

18 바둑이라는 중국 전통의 게임은 "전략적 포위"를 두려워하며 미리 방지해야 한다는 심리를 내면화시켰다. 헨리 키신저, 『헨리 키신저의 중국 이야기』, 권기대 옮김(민음사, 2012), pp.45·138·424.

19 木畑洋一, 「アジア諸戰爭の時代, 1945~1960」, 『東アジア近現代通史』 7, pp.12~14.

20 「帝國主義是不可怕的」(1960.5), 『毛澤東文集』 8, p.173.

21 「我們的外交方針和任務」(1952.4), 中共中央文獻硏究室 編, 『建國以來重要文獻選編』 3(北京: 中央文獻出版社, 1992), pp.168~170.

22 신생독립국가들 = 제3세계의 이러한 노력에 주목한 대표적인 연구는 윌리엄 스툭, 『한국전쟁의 국제사』, 김형인 외 옮김(푸른역사, 2001)이다. 특히 제4~5장·8장 참조.

23 김경수, 『인도와 한국전쟁 : 인도 비동맹외교의 기원』(한국학술정보, 2006); 권헌익, 「제3세계 운동의 기원으로서 한국전쟁: 버마의 우 누의 중립주의를 연결고리로」, ≪역사비평≫ 제138집(2022).

24 김동성, 『중공대외정책론』(법문사, 1988), pp.115~116; Jeremy Friedman, *Shadow Cold War: The Sino-Soviet Competition for the Third World*(Chapel Hill: University of North Carolina University Press, 2015), pp.198~199.

25 牛軍, 『冷戰與新中國外交的緣起, 1949~1955』, p.477.

26 정비젠, 『중국 평화부상의 새로운 길』, 이희옥 옮김(한신대학교출판부, 2007), 115~116쪽.

27 헨리 키신저, 『헨리 키신저의 중국 이야기』, p.187.

28 유용태, 「동아시아의 베트남전쟁: 남북삼각동맹의 대응」, 『환호속의 경종』(휴머니스트, 2006).

29 「高擧毛澤東思想偉大紅旗把無産階級文化大革命進行到底」, ≪解放軍報≫, 1966.6.6.

30 「中國要成爲世界革命的兵工廠」(1967.7.7), 『毛澤東思想萬歲』 1(臺北: 中華民國國際問題硏究所, 1974), pp.689~681.

31 바바 기미히코, 『세계사 속의 중국 문화대혁명』, 장원철 옮김(에이케이커뮤니케이션즈, 2020); 줄리아 로벨, 『마오주의: 전 세계를 휩쓴 역사』, 심규호 옮김(유월서가, 2024); 鄭映虹, 『毛主義革命: 二十世紀的中國與世界』(九龍: 田園書屋, 2008). pp.63~76.

32 「高擧巴黎公社革命旗幟將世界革命進行到底」, ≪人民日報≫, 1966.4.14; 손승회, 「문화대혁명과 파리코뮌」」, ≪대구사학≫ 143(2011).

33 「亞非記協總書記查禾多的祝詞」, ≪人民日報≫, 1966.6.28; 「美國"爭取成立馬列主義黨特委會"高度評價中國革命的意義」, ≪人民日報≫, 1966.6.1; 「瑞典"星火"讚頌毛主席創造性地發展了馬列主義世界革命者正集合在毛主席周圍」, ≪人民日報≫, 1967.12.5.

34 「對外宣傳不要加强于人」(1968.5), 『毛澤東文集』 8, p.431.

35 鄭映虹, 『毛主義革命: 二十世紀的中國與世界』, pp.78~79.

36 줄리아 로벨, 『마오주의: 전 세계를 휩쓴 역사』, 제2장·제4장.

37 션즈화, 『최후의 천조: 모택동·김일성 시대의 중국과 북한, 788쪽.

38 陶文釗, 『中美關係史, 1949~1972』, p.469.

39 첸리췬, 『모택동시대와 포스트모택동시대 1949~2009(상)』, p.283.

40 陶文釗, 『中美關係史, 1949~1972』, p.98.

41 王緝思, 「美國對華政策中的"戰略大三角"」, ≪美國研究≫ 1992年 第2期; 사익현(謝益顯), 『신중국 외교이론과 원칙』, 정재남 옮김(아세아문화사, 1995), 177~178쪽; 예쯔청, 『중국의 세계전략』, 이우재 옮김(21세기북스, 2005), p.55; 헨리 키신저, 『헨리 키신저의 중국 이야기』, 제5장.

42 김옥준, 『중국 외교노선과 정책: 마오저둥부터 후진타오까지』(리북, 2011), pp.43~44.

43 김동성, 『중공대외정책론』, 38~43쪽; 예쯔청, 『중국의 세계전략』, 56~59쪽.

44 세르게이 곤차로프 외, 『흔들리는 동맹: 스탈린과 마오쩌둥, 그리고 한국전쟁』, 106쪽; John Gittings, *The World and China, 1922~1972*(New York: Happer and Row Publishers, 1981), pp.7~9.

45 楊奎松, 『中間地帶的革命』, pp.540~541.

46 김영문, 『중국외교론』(대왕사, 1990), 37~48쪽; 이원준, 「'中間地帶論'과 '一邊倒' 노선의 연속성: 건국 전후 시기 毛澤東의 세계 인식을 중심으로」.

47 「我們的外交方針和任務」(1952.4), pp.168~170.

48 「美國可怕,又不可怕」(1955.4), 『毛澤東外交文選』, pp.205~207; 「同巴西記者馬羅金和杜特列夫人的談話」(1958.9), 『毛澤東文集』 7, p.401.

49 「我們的外交方針和任務」(1952.4).

50 John Gittings, *The World and China, 1922~1972*, pp.268~269.

51 주지안롱, 『모택동은 왜 한국전쟁에 개입했을까』, 380~383쪽.

52 陶文釗,『中美關係史, 1949~1972』, pp,431~432.

53 益尾知佐子 外,『中國外交史』(東京: 東京大學出版會, 2017), pp.49~50.

54 「論十大關係」(1956.4);「吸取歷史教訓,反對大國沙文主義」(1956.9);「同蘇聯大使尤金的談話」(1958.7),『毛澤東文集』7, pp.42~43·117·125·385~387.

55 牛軍,『冷戰與新中國外交的緣起, 1949~1955』, 253면.

56 Qiang Zhai, *China and the Vietnam War, 1950~1975*(Chapel Hill: University of North Carolina Press, 2000), pp.148~149.

57 사익현(謝益顯),『신중국 외교이론과 원칙』, 141~144쪽; 陶文釗,『中美關係史, 1949~1972』, pp.504~505·517.

58 케네디정부는 중국이 이데올로기 면에서도 자국의 전통적 이익의 수요 면에서도 동남아에 대한 야심이 있어 옛날의 세력 범위를 회복하려 한다고 보았다. 陶文釗,『中美關係史, 1949~1972』, pp.374~376.

59 李丹慧,「中蘇在援越抗美問題上的衝突與矛盾, 1965~1972」, ≪當代中國史硏究≫ 2000年 第7期; 覃雪源,「中蘇在越南問題上的博弈對中越關係的影響, 1965~1978」, ≪廣西師範學院學報≫(哲社版) 26卷 第3期(2005), pp.145~148.

60 陶文釗,『中美關係史, 1949~1972』, p.517.

61 김동성,『중공대외정책론』, 85~86쪽; 헨리 키신저,『헨리 키신저의 중국 이야기』, 제9장; 陶文釗,『中美關係史, 1949~1972』, 제8장.

62 竹入義勝,「歷史の齒車が回った流れ決めた周首相の判斷」, 石井明 外 編,『記錄と考證: 日中國交正常化·日中平和友好條約締結交涉』(東京: 岩波書店, 2003), p.201.

63 謝益顯,『當代中國外交思想史』, p.274; 何理,「毛澤東關于三個世界劃分理論與二十世紀七十年代中國外交戰略調整」, ≪中共黨史硏究≫ 2010年 第4期; 李丹慧,「毛澤東"三個世界劃分"戰略和策略思想的歷史考察」, ≪世界歷史≫ 1994年 第1期, pp.9~11.

64 「和平發展是當代世界的兩大問題」(1985.3),『鄧少平文選』3(北京: 人民出版社出, 1993), pp.57·105.

65 青山瑠妙,「アジア冷戰の溶隆としてのニクスン訪中と田中訪中」, 和田春樹 外 編,『東アジア近現代通史』8(東京: 岩波書店, 2011).

66 중국의 반패권 정책에 대해서는 김동성,『중공대외정책론』(법문사, 1988), 제4~7장; 김옥준,「떵샤오핑(鄧小平)의 반패권주의 외교」, ≪대한정치학회보≫ 第10卷1第(2002) 참조.

67 김동성,『중공대외정책론』, 158~159쪽.

68 石井明 外 編,『記錄と考證: 日中國交正常化·日中平和友好條約締結交涉』, pp.163~168; 헨리 키신저,『헨리 키신저의 중국 이야기』, 439쪽.

69 김영문,『중국외교론』, 67~80쪽. 마오쩌둥의 3개세계론은 1974년 제기된 후에도 지속적으로 보

완되었다. 관련된 주요 자료는 Chen King C, ed., *China and the Three Worlds: A Foreign Policy Reader*(New York: M. E. Sharpe, 1979)에 수록되어 있다.

70 「在聯合國大會第六屆特別會議上的發言」(1974.4), 『鄧小平文集』 下(北京: 人民出版社, 2014), p.355; 「革命和建設都要走自己的路」(1984.10), 『鄧小平文選』 3(北京: 人民出版社, 1993), p.94.

71 옌쉐퉁, 『2023년: 세계사 불변의 법칙』, 고상희 옮김(글항아리, 2014), 62~63·69·84~85쪽.

72 김동성, 『중공대외정책론』, 제5장.

73 김동성에 따르면 중국의 반패권 외교는 "상징적 심리적 측면"을 중시하는 독특한 외교 관행으로서 국제적 세력균형은 군사·경제력 외에 여론을 포함한 "사회적 영향력"에 의해서도 형성된다는 전제에서 나온 것이라 한다. 김동성, 『중공대외정책론』, 124·149쪽.

74 노영순, 「1979년 중월전쟁: 중-베상호적대의식의 발전사와 베트남 화인문제」, 『중국의 변강인식과 갈등』(한신대학교출판부, 2007); 유인선, 「양국의 역사적 관계에서 본 1979년 중월전쟁」, ≪국제문화연구≫ 제4집 제2호(2011).

75 「中共中央關于對越進行自衛反擊, 保衛邊疆戰鬪的通知」(1979.2.14.), 中共中央文獻硏究室 編, 『三中全會以來: 重要文獻選編』 上(北京: 人民出版社, 1982), pp.64~66.

76 중국 인민의 지원에 대해서는 "영원히 잊을 수 없는 전투적 연대의 숭고한 자세"라고 찬양했으나, 중국 당국은 확장주의와 패권주의 정책을 취했다며 그 3대 사례로 1954년 제네바회의에서 남북분단을 강요한 것, 1972년 항미전쟁 중에 배신하고 미국과 화해한 것, 1973년 파리평화협정 후 남부해방을 방해한 것을 꼽고 그 근거를 제시했다. 개별 사실의 서술에 억측도 있으나 당국에 대해서도 지원에 대한 은혜와 배신에 대한 원한의 양가감정을 보이면서 중국 세력의 남진은 베트남과 동남아 각 민족에 패권주의적 위협이라 한 총론은 대체로 수긍할 만하다. 백서의 원명은 The Truth about Vietnam-China Relations over the 30 Years(1979.10)다. ベトナム社會主義共和國外務省, 『中國白書: 中國を告發する』, 日中出版編輯部 譯(東京: 日中出版, 1979.12), pp.8~10·31~32·93~94·118~123.

77 謝益顯, 『當代中國外交思想史』, pp.358~359.

78 益尾知佐子 外, 『中國外交史』, pp.117~118.

79 「結束過去, 開闢未來」(1989.5), 『鄧少平文選』 3, pp.292~295.

80 「以和平共處五項原則爲準則建立國際新秩序」(1988.12), 같은 책, pp.282~283.

81 「旗幟鮮明地反對資産階級自由化」(1986.12), 같은 책, pp.195~196; 「社會主義必需擺脫貧窮」(1987.4), 같은 책, p.225.

82 「維護世界和平, 搞好國內建設」(1984.5), 같은 책, p.57; 「和平發展是當代世界的兩大問題」(1985.3), 같은 책, p.105; 「第三代領導集體的當務之急」(1989.6), 같은 책, p.312.

제7장 | 제정중국의 대외전쟁을 보는 세 관점 인민공화국 수립 전후의 통사

1 김택중, 「錢穆의 "국사대강" 저술동기」, ≪한국사학사학보≫ 제12집(2005); 문명기, 「민국시대 학술사회의 분기와 수렴: '전통파' 錢穆과 '신파' 傅斯年의 離合을 중심으로」, ≪중국근현대사연구≫ 제46집(2010); 오병수, 「항전시기 중국의 "중국 근대사" 서술과 동아시아 인식의 변용 및 그 유산」, ≪서강인문논총≫ 제50집(2017).

2 Chan Wai-Keung, "Contending Memories of the Nation: History Education in War Time China," Tze-ki Hon and Robert J. Culp eds., *The Polities of Historical Production in Late Qing and Republican China*(Leiden: BRILL, 2007), pp.195~203.

3 이는 趙梅春이 이들 4종의 통사를 민족주의 사학과 마르크스주의 사학으로 분류한 데 따른 것이지만, 다른 견해도 있다. 가령 아리프 딜릭은 마르크스주의 역사학을 1930년대 소련에서 정형화된 의미로 한정하지 않고 폭넓게 정의해 ① 사회경제사(陶希聖 등), ② 유물사관과 사회학의 결합(周谷城 등), ③ 스탈린의 5단계 사회형태설(翦伯贊, 范文瀾, 呂振羽 등)로 분류하였다. ①과 ②는 유물론의 영향을 받았을 뿐 계급투쟁론과 무산계급혁명론을 부인했기에 필자는 이를 ③과 같은 범주로 분류하는 데 동의하지 않는다. 趙梅春, 『二十世紀中國通史編纂硏究』(北京: 中國社會科學出版社, 2007); 아리프 딜릭, 『혁명과 역사: 중국 맑스주의 역사학의 기원』, 이현복 옮김(산지니, 2015), 257~258쪽.

4 錢穆, 『國史大綱』(上海: 商務印書館, 1940/1948), pp.7~12. 이 글에서 검토한 錢穆, 周谷城, 范文瀾, 夏曾佑, 呂思勉의 통사 저작은 "民國叢書" 판본(1992)이며, 인용할 때는 후주 대신 본문에 면수만 표기한다.

5 周谷城, 『中國通史』(上海: 開明書店, 1939/1948), pp.74~76.

6 량치차오(梁啓超), 「중국사서론」(1901), 김형종 편역, 『서문으로 보는 중국의 역사사상』(위더스북, 2017), 361·367~370쪽; 량치차오, 『중국역사연구법』, 28~31쪽.

7 夏曾佑, 『中國古代史』(上海: 商務印書館, 1935); 呂思勉, 『白話本國史』(上海: 商務印書館, 1923).

8 范文瀾, 『中國通史簡編』(上海: 新知書店, 1947), pp.43·62. 이 책의 다양한 판본에 대해서는 범문란(范文瀾), 『중국통사(상)』, 박종일 옮김(인간사랑, 2009), 39~51쪽 참조.

9 范文瀾, 『中國通史簡編』, p.8.

10 張越, 「范文瀾與漢民族形成問題爭論」, ≪中國社會科學≫ 2020年 第9期; 羅志田, 「以国家說民族:范文澜關于漢民族形成思想的特色」, ≪南京大學學報≫ 2021年 第6期.

11 翦伯贊, 「略論中國史硏究」(1943), 『中國史論集』(上海: 文風書局, 1947); 白壽彝, 「評范本中國通史簡編」(1947), 『白壽彝史學論集』下(北京: 北京師範大學出版社, 1994), p.1250.

12 저우 원지우, 「판원란(范文瀾)의 경학과 사학」, ≪중국사연구≫ 제93집(2014); 오병수, 「范文瀾의 학술궤적과 中國通史簡 編저술 배경: 중화인민공화국의 흠정사서는 어떻게 탄생했나?」, ≪歷

史敎育≫ 제165집(2023).

13 呂振羽, 『簡明中國通史』(大連: 光化書店, 1948), pp.9~15.

14 전국 시기에는 이런 구분이 원칙일 뿐 실제로는 제하의 제후국이 제후국을 친 것과 만이융적이 제후국을 친 것을 征·伐이라 한 예도 적지 않다. 무력이 중앙권력에 독점된 진통일 이후에 천자의 용병만을 정토벌이라 하는 관행이 정착되었다. 좌구명·신동준 옮김, 『춘추좌전(상)』(인간사랑, 2017), pp.257·655.

15 이는 1914~1928년 『淸史稿』 편찬자들이 조선·베트남·유구 등의 조공국을 "속국전"에 넣은 다음 그 국가들이 청 및 열강과 조약으로 邦交하고 주권국가들의 국제사회에 진입한 사실을 외면한 인식과도 상통한다. 유용태, 「四夷藩屬을 中華領土로: 민국시기 중국의 영토상상과 동아시아 인식」; 정동연, 「淸史稿에 나타난 동아시아 주변국 인식: 屬國傳과 邦交志를 중심으로」, ≪중국근현대사연구≫ 80(2018).

16 가령 태국이 1780년대 청조에 보낸 태국문 국서는 대등한 관계에서 무역의 일환으로 사절과 공물을 보낸다고 했을 뿐 번속국 관념을 담고 있지 않았다. 그런데 청조 관리들에 의해 번역되어 황제에게 전달된 한문본 국서에서는 천조상국에 대한 번속국의 상하 위계를 분명히 하는 표현으로 바뀌었다. 普拉實·馬諾馬威博, 「論中國-暹羅的朝貢關係: 以1780年代的中暹政府的往來信件爲例」, 王元周 編, 『中華秩序的理想, 事實與想像』(南京: 江蘇人民出版社, 2017), pp.97~119.

17 김정희 외, 『중국 정사 외국전이 그리는 '세계'들』(역사공간, 2016).

18 대만의 한 연구자는 십전무공이 국고를 탕진했다는 견해가 사실과 다르다면서 그것은 변강의 안정과 변민 보호를 위한 방어전쟁이라고 변호했다. 張吉發, 『淸高宗十全武功硏究』(臺北: 中華書局, 1987), p.495.

19 토마스 바필드, 『위태로운 변경: 기원전 221년에서 기원후 1757년까지의 유목제국과 중원』, 윤영인 옮김(동북아역사재단, 2009).

20 呂思勉, 『白話本國史』 中古史(上), pp.42~45·72. 이 책에 대한 중국 학계의 평가는 劉永祥, 『中國歷史編纂學史』(北京: 國家圖書館出版社, 2018), pp.91~92 참조.

21 錢穆, 『中國歷史硏究法』(北京: 九州出版社, 2011), pp.68~69. 첸무가 얼마나 "인문이상"을 중시했는지는 훗날 『尙書』의 「西周書」를 중국 최초의 역사서로 높이 평가하면서 다음과 같이 말한 데서도 알 수 있다. "(商에 있던 천명이 周에게 주어질 때) 天命은 周의 문왕에게 준 것이지 무왕에게 준 것이 아니다. 천명의 수여는 文德에 있지 武功에 있지 않았다. 서주서는 이 점을 명확히 하고 있다. …… 공자의 춘추정신은 주공과 서주서에서 온 것이다." 전목(錢穆), 이윤화 옮김, 『전목 선생의 사학명저강의』(신서원, 2006), p.30.

22 錢穆, 『中國歷史硏究法』, pp.68~69.

23 呂思勉, 『白話本國史』 近世史(下), pp.31~44.

24 니콜라 코스모, 『오랑캐의 탄생』, 이재정 옮김(황금가지, 2005), 3장과 6장 참조. 사마광이 『자치

통감』에서 한무제와 당태종이 만년에 끊임없는 정벌전쟁의 폐해를 인정하고 참회했다고 기술했으나 이는 근거 없이 자신이 바라는 군주상을 "제조"한 것에 불과하며 두 황제는 군사주의를 포기하지 않았다는 연구가 나와 학계의 논쟁을 불러일으켰다. 辛德勇, 『制造漢武帝』(北京: 三聯書店, 2018).

25 波卡洛夫·雅尼夏尼 合著, 『唯物史观世界史』 1~5, 方天白 等译(上海: 神州国光社, 1936).

26 니콜라 코스모, 『오랑캐의 탄생』, 171·211~213쪽; 許卓雲, 『我者與他者: 中國歷史上的內外分際』, pp.69~70. 許卓雲은 대만 출신으로 미국에서 활동하는 학자다.

27 윤용구, 「隋唐의 대외정책과 고구려 원정: 裵矩의 '郡縣回復論'을 중심으로」, ≪북방사논총≫ 제5집(2005); 김수진, 「隋唐의 高句麗 失地論과 그 배경」, ≪한국사론≫ 제54집(2008); 이기천, 「7세기초 당의 대외전쟁 명분과 국제질서」, ≪중국고중세사연구≫ 제39집(2016).

28 유용태, 「학설의 유령: 당대 중국 동아시아 인식 중의 '임나일본부설'」, ≪역사비평≫ 제131집(2020년 여름).

29 范文瀾, 『中國近代史』(上海: 生活·讀書·新知, 1949), p.256.

30 范文瀾, 『中國近代史』, pp.253~254.

31 판원란에 따르면, 張謇이 "朝鮮善後六策"에서 군현화 필요성을 제기하여 옹동화를 비롯한 청조 내의 帝黨에 수용되었으나 실권을 쥔 后黨의 리훙장이 온건 노선을 취하는 바람에 묻혀버렸다. 그러나 군현화는 거기에 명시되지 않았고 1880년 주일청국공사 何如璋에 의해 처음 제기되었다. 유용태, 「중국의 지연된 근대외교와 한중관계」, ≪한중인문학연구≫ 제37집(2012), 6~7쪽; 최우길, 「임오군란 직후 淸종군 인사들의 조선 내정 개혁안 새 자료 『三籌合存』 독해를 중심으로」, ≪열상고전연구≫ 제39집(2014).

32 최은진, 「중국 마르크스주의 역사학의 민족담론 분석: 뤼전위(呂振羽)의 민족사 연구를 중심으로」, ≪이화사학연구≫ 67(2023), pp.188~195.

33 「關于硏究民族史問題給何干之的信」(1939.1), 『毛澤東文集』 2(北京: 人民出版社, 1993), p.143.

34 Alstair Iain Johnston, *Cultural Realism: Strategic Culture and Grand Stratege in Chinese History*(Princeton: Princeton University Press, 1995), pp.270~273.

35 량치차오, 「신사학」(1902), 김형종 편역, 『서문으로 보는 중국의 역사사상』, 376쪽.

36 마오쩌둥은 1939년 서주를 "할거적 봉건국가"로, 진한 통일 이후를 "전제주의적 중앙집권적 봉건국가"로 구분하고 후자를 "봉건제국"이라 했다. 「中國革命與中國共産黨」(1939), 『毛澤東集』 7(東京: 蒼蒼社, 1983), pp.97·101.

37 이 같은 레닌의 봉건 개념은 1920년대 코민테른을 통해 중국공산당에 수용되었다. 馮天瑜, 『"封建"考論』(武漢大學出版社, 2006), 7장·9~10장.

38 呂思勉, 『白話本國史: 第1編 上古史』, p.94.

39 張蔭麟, 『中國史綱』(臺北: 正中書局, 1955), p.27. 37세(1905~1942)에 요절한 그의 미완의 통사

는 서남연합대학 吳晗 등에 의해 교재로 쓰이면서 세대를 넘어 읽혔다. 그의 학문과 이력에 관해서는 Brian Moloughney, "ZHANG YINLIN's Early China", Tze-ki Hon and Robert J. Culp ed., *The Politics of Historical Production in Late Qing and Republican China*(Leiden: BRILL, 2007), pp.443~467 참조.

40 錢穆, 『中國歷史研究法』, pp.20~21.

41 王通, 『中說』 卷5. 李揚帆, 「中華帝國的概念及其世界秩序: 被誤讀的天下秩序」, ≪國際政治研究≫ 2015年 第5期, p.34에서 재인용.

42 "중국 고대의 수많은 철학사상은 2100년간 제국제도하에서 하나하나 실시되었다"라면서 그 첫 번째 사례로 "하나의 통일된 제국이 평화와 無爲의 治라는 정치작풍을 형성한 것"을 꼽았다. 「中國抗戰也是要保衛一種文化方式」(1942), 『胡適全集』 13(合肥: 安徽教育出版社, 2003), p.252.

43 翦伯贊, 「怎樣研究中國歷史」, ≪新建設≫ 第3卷 第2期(1950.11); 白壽彝, 「論歷史上祖國國土問題的處理」, ≪歷史教學≫ 第6期(1951.5); 翦伯贊, 「關于歷史人物評論中的若干問題」, ≪新建設≫ 第48期(1952.9); 范文瀾, 「關于中國歷史上的一些問題」, ≪中國科學院歷史研究所第三所集刊≫ 第1集(1954)[『中國通史簡編』(수정본)(北京: 人民出版社, 1954), 제1편 서문].

44 이개석, 「현대중국의 역사학(1949~1999): 사회주의 역사학의 모색과 좌절, 그리고 새로운 지평」, ≪동아시아역사연구≫ 제6집(1999), pp.47~48.

45 陸鍵東, 『진인각, 최후의 20년』, 박한제·김형종 옮김(사계절, 2008).

46 范文瀾, 『中國通史簡編』(수정본) 제1편(北京: 人民出版社, 1954), pp.152.

47 范文瀾, 『中國通史簡編』(수정본) 제2편(北京: 人民出版社, 1964), pp.81~82면.

48 范文瀾, 같은 책, pp.89·91.

49 范文瀾, 『中國通史簡編』(수정본) 3편 1책(北京: 人民出版社, 1965), pp.37~47.

50 課程教材研究所 編, 『課程滙編』, p.141.

51 范文瀾, 『中國通史簡編』(수정본) 3편 1책, p.276.

52 范文瀾, 같은 책, p.282.

53 范文瀾, 같은 책, pp.353~354.

54 范文瀾, 「中國近代史的分期問題」(二, 1956.10), 『范文瀾歷史論文選集』(北京: 中國社會科學出版社, 1979), p.155.

55 呂振羽, 『簡明中國通史』(수정본)(北京: 人民出版社, 1955), pp.172·318·391.

56 呂振羽, 같은 책, pp.662~664·666.

57 周谷城, 『中國通史』(수정본) 下冊(上海: 上海人民出版社, 1957/1990), p.398.

58 課程教材研究所 編, 『課程滙編』, pp.159~160면, 168~185면, 231~240·269.

59 李明山·左玉河, 『當代中國學術思想史』(開封: 河南大學出版社, 1999), pp.182·517~524.

60 劉茂林·葉桂生, 『呂振羽評傳』(北京: 社會科學文獻出版社, 1990), pp.199·209.

제8장 | '부흥중화'와 제국성·공화성 개혁·개방기 신편 통사

1 金毓黻,『中國史學史』(臺北: 鼎文書局, 1976).

2 趙梅春,『20世紀中國通史編纂研究』(北京: 中國社會科學出版社, 2007)(朴正鉉 옮김, 동북아역사재단 내부자료); 陳其泰,「史學體系的重大創新: 白壽彝先生主編"中國通史"成就略論」,『史學理論研究』 2000年 第1期. 한국에서는 김형종 편역,『서문으로 보는 중국의 역사사상』(위더스북, 2017)에 白壽彝 주편『중국통사』의 도론(부분)이 사학사적으로 중대한 의미를 갖는 것으로 다루어졌다.

3 周予同,「50年來之中國史學」(1941), 王學典·陳峰 編,『二十世紀中國史學史論』(北京: 北京大學出版社, 2010), p.122; 趙慶雲,「范文瀾與中國通史撰著」, ≪史學理論研究≫ 2017年 第4期.

4 이하 白編通史의 편찬 경과는 瞿林東,「關于多卷本『中國通史』的編纂工作」, ≪歷史教學≫ 1985年 第5期 참조.

5 白壽彝 主編,『中國通史』 1 導論[上海: 上海人民出版社, 1989(2002년 10쇄)], pp.79~81; 范國强,「把歷史知識交給更多的人: 白壽彝先生的通史編纂及其思想淵源析論」, ≪理論界≫ 2004年 第12期. 바이서우이의 현재주의 영토관·민족관은 1949년 전후 제기된 것을 기초로 후에 사론 형태로 정리·보강되었다. 白壽彝,「關于中國封建社會的幾個問題」(1977),「中國歷史上的12個方面346個問題」(1981),『白壽彝史學論集』 上(北京: 北京師範大學出版社, 1994).

6 江澤民,「中共中央總書記江澤民給白壽彝同志的賀信」, ≪史學史研究≫ 1999年 第3期, pp.1~2.

7 曹大爲,「關于新編『中國大通史』的幾店理論思考」, ≪史學理論研究≫ 1998年 第3期.

8 曹大爲等 主編,『中國大通史』 5(北京: 學苑出版社, 2018), p.7; 曹大爲,「通史編纂對歷史發展路徑的把握: 以新編"中國大通史"爲例」, ≪光明日報≫ 2019.7.20. 이런 취지를 살리기 위해 시대별로 사회구조 편에서 가족·종족 문제를 독립된 장으로 설정해 결혼과 가족제도, 종족의 구조와 기능(생산의 조직, 상호구조, 조상제사, 혈연의 복수 등), 任子制(음서제의 일종)와 연좌제, 국가권력 간 협력과 갈등 관계를 다루었다.

9 曹大爲等 主編,『中國大通史』 1 導論·先史(北京: 學苑出版社, 2018), pp.24~25·91.

10 李明山·左玉河,『當代中國學術思想史』, 392~394; 曹大爲等 主編,『中國大通史』 1 導論·先史, p.14.

11 張海鵬 主編,『中國近代通史』 1(南京: 江蘇人民出版社, 2006), pp.49~50·59~60.

12 金毓黻,『中國史學史』, p.194; 錢穆,『전목 선생의 사학명저강의』, 이윤화 옮김, p.296.

13 劉家和는 중국의 "通史"가 통시적 맥락의 縱通을 중시하는 데 비해 서양의 general history, universal history, ecumenical history, total history 등은 모두 공시적 맥락의 橫通을 중시한다고 대비했다. 이들 영어 명칭은 縱通을 필수 요건으로 전제하지 않으므로 어느 것도 "通史"의 번역어가 될 수 없다는 것이다. 劉家和,『史學, 經學與思想』(北京: 北京師範大學出版社, 2007), pp.90~103 참조.

14 漆俠 主編,『中國改革通史』1(石家莊: 河北教育出版社, 2000), pp.1~2.

15 김응종, 「문명의 개념과 문명사 연구」, ≪역사와 담론≫ 제52집(2009); 조동일, 『동아시아 문명론』(지식산업사, 2010), pp.21~23.

16 胡逢祥·張文建, 『中國近代史學思潮與流派』(上海: 華東師範大學出版社, 1991), pp.208~211.

17 李孝廷·林旦旦, 「清季日本文明史作品的譯介及回應」, ≪福建論壇≫(人社版) 2005年 第3期.

18 우안싱페이 외, 『중화문명사』(전8권), 구자원 외 옮김(동국대학교출판부, 2017).

19 馬克堯 主編, 『世界文明史』 1(北京: 北京大學出版社, 2004), pp.7~8.

20 袁行霈 主編, 『中華文明史』 1(北京: 北京大學出版社, 2007), pp.4~11.

21 袁行霈 主編, 『中華文明史』 1, 13~14면.

22 白壽彛 主編, 『中國通史』 1 導論, pp.234·283~290.

23 喬衛平 主編, 『中華文明史』 5(石家莊: 河北教育出版社, 1994), pp.1~3.

24 이러한 지적 긴장의 필요성에 대한 논의는 유용태, 『동아시아사를 보는 눈』(서울대학교출판문화원, 2017), pp.365~366; 李劍鳴, 「文明的概念與文明史研究」, ≪華中師範大學學報≫(人社版), 2016年 第1期, pp.111~112 참조.

25 袁行霈 主編, 『中華文明史』 1, p.19.

26 曹大爲等 主編, 『中國大通史』 5 秦漢(上), p.5.

27 중국 황제의 전제주의를 고대 이래의 현상으로 본 카를 비트포겔(Karl Wittfogel)과 달리 나이토 코난(内藤 湖南)은 문벌 귀족이 폐지된 송 이후, 첸무는 내각제가 폐지된 명 이후의 현상으로 본다. 반면 김영민은 명청대는 인구가 폭증해 관료행정의 지배력이 이전보다 약화되었기에 전제주의로 볼 수 없다고 했다. 전체주의와 혼동한 게 아닌가 싶다. 錢穆, 『중국 역대정치의 득실』, 신승하 옮김(박영사, 1974), pp.158~161; 김영민, 『중국정치사상사』(사회평론아카데미, 2021), 제8장, 624~629쪽.

28 馮天瑜, 『"封建"考論』, 제7장·9~10장.

29 白壽彛 主編, 『中國通史』 6 隋唐時期(下)(上海: 上海人民出版社, 1997/2002), pp.338·451~465·495~497; 『中國通史』 7五代遼宋夏金時期(上), pp.155~157.

30 「關于中國封建社會的幾個問題」(1977), 『白壽彛史學論集』 上, pp.13~15.

31 翦伯贊 主編, 『中國史綱要』 1(北京: 人民出版社, 1979), pp.134~135. 翦은 하·상을 노예제, 서주를 봉건영주제, 진 이후를 봉건지주제 사회로 보는 점에서 白의 견해와 다르다.

32 袁行霈 主編, 『中華文明史』 1,17~18면.

33 白壽彛 主編, 『中國通史』 9 明時期(上)(上海: 上海人民出版社, 1999/2002), pp.347~350; 喬衛平 主編, 『中華文明史』 8, p.37; 曹大爲 等 主編, 『中國大通史』 18 明(上), pp.31~32; 『中國大通史』 20, pp.37~39.

34 전자는 胡寄窓, 「論中國封建經濟成熟甚久瓦解特慢的原因」, ≪經濟研究≫ 1981年 6期; 후자는 田居儉, 「中國封建社會の長期延續に關する討論の由來と發展」, 和田正廣 編, 『中國傳統社會の

歷史的特質: 宗族, 官僚, 啓蒙』(福岡: 中國書店, 1997).

35 마오쩌둥이 「중국혁명과 중국공산당」(1939)에서 중국의 봉건제를 진 이전의 분권국가와 진 이후의 전제주의적 중앙집권국가로 구분한 이래 마르크스주의 사학은 중국의 전제주의가 2000년 지속된 것으로 본다.

36 明律은 謀反(역모)과 謀叛(외적과 내통해 역모), 내란과 비밀결사에 대한 처벌을 더욱 강화하여 '10惡'의 죄는 종범까지 능지처참하고, "奸黨" 조를 신설해 붕당 연루자에 대해 본인은 참하고 처자는 노비로 삼고 재산을 몰수함으로써 결당을 엄금했다. 淸律은 명률을 계승하면서도 새로 강화된 내용이 있으니 만주 귀족의 특권을 보장한 것, 황제의 유지에 따른 例가 律을 대신하는 경향이 강화된 것, 기존의 5형 외에 이주·充軍·유배·효수 등을 추가한 것, 몽장회족에 대한 통치를 강화하기 위해 민족별 법률을 제정한 것 등이다. 白壽彝 主編, 『中國通史』 9 明時期(上), pp.327~328, 『中國通史』 10 淸時期(上)(上海: 上海人民出版社, 1996/2002). pp.170~171.

37 曹大爲等 主編, 『中國大通史』 18 明(上), p.29.

38 喬衛平 主編, 『中華文明史』 3, p.37; 袁行霈 主編, 『中華文明史』 2, p.55.

39 喬衛平 主編, 『中華文明史』 5, pp.37~38.

40 袁行霈 主編, 『中華文明史』 3, pp.48~51·139~145·158~162.

41 袁行霈 主編, 『中華文明史』 4, pp.65~66.

42 喬衛平 主編, 『中華文明史』 10, p.88.

43 유용태, 『직업대표제, 근대중국의 민주유산』(서울대학교출판문화원, 2011).

44 白壽彝 主編, 『中國通史』 9 明時期(上), p.350

45 曹大爲等 主編, 『中國大通史』 20 淸(1644~1840)(上), p.25~26.

46 袁行霈 主編, 『中華文明史』 1, p.19.

47 白壽彝 主編, 『中國通史』 1 導論, pp.298~309; 『中國通史』 11 近代前編(上). pp.1~2.

48 翦伯贊, 『中國史綱要』 3, p.262.

49 푸단대학 교수인 그의 저작이 대륙 현지가 아닌 홍콩과 대만에서 출판된 것은 당국의 현재주의와 충돌을 우회하기 위한 선택으로 보인다. 거자오광, 『전통시기 중국의 안과 밖』, p.97.

50 白壽彝 主編, 『中國通史』 1 導論, 98면.

51 4단계의 다민족 통일은 "융합"(화하문화를 바탕으로 한족이 형성되어 확대됨)과 "조합"(組合, 3국과 원말 시기에 각 민족이 섞이면서 55개 민족을 형성)을 거쳐 이루어졌다고 한다. 원과 청이 자민족 이외의 여러 민족을 격리하고 차별·억압해 무장반란을 초래한 사실을 언급하면서도 "원과 청의 정권은 사실상 몽고귀족, 만주귀족과 한족 지주계급의 연합정권"이라 했다. 만일 이런 논리가 성립한다면 "만주국"(1932~1945)은 만주귀족과 일본군부의 연합정권이 되지 않겠는가? 白壽彝 主編, 『中國通史』 1 導論, p.91; 『中國通史』 3 上古時期(上), pp.422~426; 『中國通史』 4 秦漢時期(上), pp.170~172.

52 白壽彝 主編, 『中國通史』 6 隋唐時期(下), pp.1048·1088~1104; 『中國通史』 10 淸時期(上), 제

4장 3~4절.

53 曹大爲等 主編, 『中國大通史』 20, pp.72~87.

54 白壽彛 主編, 『中國通史』 6 隋唐時期(上), pp.239~240.

55 白壽彛 主編, 『中國通史』 4 秦漢時期(上), p.331.

56 白壽彛 主編, 같은 책, p.324.

57 白壽彛 主編, 『中國通史』 6 隋唐時期(下), p.1278.

58 曹大爲等 主編, 『中國大通史』 9 隋唐五代(上), p.186. 다만 이 통사는 무제의 용병에 대해서는 예외적으로 성찰적 시각에서 서사했다. "일찍이 사마천이 말한 대로 '국가가 비록 크더라도 전쟁을 좋아하면 반드시 망한다'. 이는 무제의 행위에 대한 진실 묘사다. 그후 昭帝와 宣帝의 중흥이 있었다 해도 서한 왕조는 너무 빨리 쇠락했다"라고. 曹大爲等 主編, 『中國大通史』 5, p.106.

59 白壽彛 主編, 『中國通史』 9 明時期(上), p.392.

60 曹大爲等 主編, 『中國大通史』 18, pp.195~196.

61 白壽彛 主編, 『中國通史』 10 淸時期(下), p.166.

62 白壽彛 主編, 같은 책, p.648.

63 白壽彛 主編, 『中國通史』 11 近代前篇(上) - 1840~1919, 1999/2002, 221~229면; 『中國通史』 11 近代前篇(下), p.1720.

64 白壽彛 主編, 『中國通史』 4 秦漢時期(上), p.331; 『中國通史』 8 元時期(上), pp.644~646; 『中國通史』 9 明時期(上), pp.386~390.

65 曹大爲等 主編, 『中國大通史』 20(上), pp.129·141~145; 『中國大通史』 22(上), pp.101~104.

66 이석현 외, 『중국 번속이론과 허상』(동북아역사재단, 2010), 26~27쪽.

67 이동욱, 「청말 국제법 번역과 '藩屬' 관련 개념의 의미 확장」, ≪중국근현대사연구≫ 제80집(2018; 손성욱, 「20세기 '종번관계'론의 형성과 변용」, ≪東洋史學硏究≫ 제164집(2023).

68 李大龍, 『政權與族群: 中國邊疆學基礎理論硏究』(北京: 人民出版社, 2021), pp.174~179.

69 黃松筠, 『中國古代藩屬制度硏究』(長春: 吉林人民出版社, 2008)(동북아역사재단 번역 내부자료), pp.244·274~275.

70 袁行霈 主編, 『中華文明史』 1, p.20.

71 이 책은 대륙에서도 출간되었다. 呂正理, 『東亞大歷史: 從遠古到1945年的中日韓多角互東歷史』(北京: 群言書社, 2015). 두 판본을 비교 검토한 글로 유용태, 「內聖의 거울에 비친 지역사: 대만판 동아시아사의 실험」, ≪역사학보≫ 제240집(2018.12)가 있다.

72 1950~1960년대 전통문화를 숭앙하는 錢穆 사학이 대만에서 잠시 유행한 것은 공산화된 대륙에 맞서 대만의 중화민국이 중화문명의 계승자임을 국제사회에 알리기 위한 정치적 필요 때문이었을 뿐 대만 역사학계의 정통지위는 사료학파가 차지하고 있었다. 王晴佳, 『臺灣史學50年, 1950~2000』(臺北: 麥田出版社, 2002), pp.25~42.

73 傅樂成, 『중국통사』, 신승하 옮김(지영사, 1998). 푸러청은 대만대학 교수로서 이 책을 강의용 교재로 집필했는데, 장인린처럼 서주를 봉건제국으로, 진한 이후를 집권제국으로 보았다. 그는 사료학파의 창시자 중 하나인 傅斯年의 조카로서 숙부의 영향 속에 역사학자로 성장했다.

74 范文瀾·蔡美彪 主編, 『中國通史』 8(北京: 人民出版社, 1995), pp.93~94.

75 건륭제가 부단히 발동한 전쟁은 막대한 국력을 소모하고 사회의 여러 모순을 격화시켜 결국 대규모 농민봉기가 폭발했음을 강조했으니 여기엔 무용전쟁론의 관점도 들어있다. 范文瀾·蔡美彪 主編, 『中國通史』 10, p.104~108.

76 范文瀾·蔡美彪 主編, 『中國通史』 11, p.397.

77 范文瀾·蔡美彪 主編, 『中國通史』 12, p.50.

78 전인갑, 『현대중국의 제국몽: 중화의 재보편화와 100년의 실험』, pp.350~363; 조경란, 『현대중국의 지식인 지도』(글항아리, 2013), pp.266~267; 張維爲, 『중국의 GI전략: 새로운 문명국가의 시대가 온다』, 이정훈 옮김(역사인, 2015), p.74.

제9장 | 중국특색 세계사 속의 중국과 세계 시진핑 시기 국가편찬 대학 교재

1 "중국식 세계"냐 중국과 세계의 상호적응이냐를 둘러싼 중국 내부의 논의는 김재철, 『중국과 세계: 국제주의, 민족주의, 외교정책』(한울엠플러스, 2017) 참조.

2 "世界現代史"編寫組, 『世界現代史』 上, 馬克斯主義理論研究和建設工程重點教材(北京: 人民出版社/高等教育出版社, 2013/2020), p.3.

3 오병수, 「시진핑 시대 중국의 역사정책과 자국사의 재구성: 『歷史: 中外歷史綱要』 과목의 개설배경과 이데올로기」, ≪歷史教育≫ 제156집(2020); 윤세병, 「중국의 역사교과서 논쟁과 국정화」, ≪역사교육연구≫ 제33집(2019).

4 이와 같은 의미의 "중국특색 세계사"의 모색에 관한 논의는 吳于廑, 「世界歷史」, 『中國大百科全書: 外國史卷』(中國大百科出版社, 1990); 李植枏, 「世界歷史與整體發展」, ≪世界歷史≫ 1991年 第2期; 於沛, 『世界史研究』(福建人民出版社, 2006); 齊世榮, 「編寫一部簡明的世界史是時代的需要」, ≪全球史評論≫ 第2期(2009); 徐藍, 「關于世界現代史教材編寫的一些想法」, ≪世界歷史≫ 2010年 第4期; 曹小文, 『20世紀以來中國的世界通史編纂研究』(北京: 中國社會科學出版社, 2015); Luo Xu, "Reconstructing World History in the People's Republic of China since the 1980s", *Journal of World History*, 18(3)(2007) 등 참조. 이 필자들 중 於沛, 徐藍, 曹小文은 '20마공판'의 집필과 수정에 참여했다.

5 曹小文, 『20世紀以來中國的世界通史編纂研究』, p.341.

6 이 교재는 "통일적으로 편찬·심사하며 통일적으로 사용한다"는 원칙하에 국가주도 프로젝트로

편찬된 것이어서 집필조(10인)와 수정조(9인) 위에 사실상 영도조 역할을 담당하는 "마공정 자문위원 및 심의전문가"(48인)가 있을 뿐 누가 어느 부분을 쓰고 수정했는지 알 수 없다. 제시된 명단 중에 집필조와 수정조에 참여한 於沛가 주도적 역할을 담당한 것으로 보인다. 연장자인 데다 세계역사연구소장으로서 세계사 편찬 경험이 많기 때문이다.

7 吳于廑等 編,『世界史』現代編 上冊(北京: 高等敎育出版社, 1994), 導言.

8 우위친(1913~1993)은 유럽중심주의와 소련판 세계사의 5단계 사회형태설을 비판하고 지구적 관점에 의거한 "중국특색의 세계사"를 제창한 선구자이다. 미국 유학을 거쳐 武漢大學 교수로 있던 우위진의 주장과 그 영향에 관해서는 Luo Xu, "Reconstructing World History in the People's Republic of China since the 1980s", pp.326~334 참조.

9 Patrick Manning, *Navigating World History: Historians create Global Past*(New York: Palgrave Macmillan, 2003), pp.1~7; 차하순, 「새로운 세계사의 조건」, ≪서양사론≫ 제92집(2007); 조지형, 「유럽중심주의를 넘어 지구사로」, 조지형·김용우 엮음, 『지구사의 도전: 어떻게 유럽중심주의를 넘어설 것인가』(서해문집, 2010); Douglas Northrop ed., *A Companion to World History*(Chichester: Willey-Blackwell, 2012), pp.5~8; 박혜정, 『하나의 지구 복수의 지구사』(연세대학교출판문화원, 2022), 1장. 그 외 각국에서 진행된 '새로운 세계사'에 관한 논의는 조지형·강선주 외, 『지구화시대의 새로운 세계사』(혜안, 2008); 하네다 마사시, 『새로운 세계사: 지구시민을 위한 구상』(선인, 2014); 編輯委員會, 「われわれが目指する世界史」, 秋田茂·永原陽子 外 編, 『世界史の世界史』(東京: ミネルヴァ書房, 2016) 참조.

10 아리프 딜릭, 「탈중심화하기: 세계들과 역사들」, 『지구사의 도전』, pp.143~144.

11 연관과 마찬가지로 비교도 그 목적과 기준에 따라 결과는 달라질 수 있다. 유용태 외, 『함께 읽는 동아시아 근현대사』 1(창비, 2010), 서장; 유용태, 『동아시아사를 보는 눈』(서울대학교출판문화원, 2017); Douglas Northrop ed., *A Companion to World History*, 서장; C. A. Bayly, *Remaking the Modern World 1900~2015: Global Connections and Comparisons*(Chichester: John Wiley & Sons Ltd, 2018).

12 Bruce Mazlish and Ralph Buultjens ed., *Conceptualizing Global History*(Boulder: Westview Press, 1993), p.8.

13 吳于廑, 「總序」, 吳于廑等 編, 『世界史』 現代史編 上冊, p.1. 이 글은 앞의 「世界歷史」, 『中國大百科全書: 外國史卷』(1990)을 약간 증보한 것이다.

14 "簡明世界史"編寫組, 『簡明世界史』(北京: 北京大學出版社, 1979), 편자설명.

15 '12강서판'은 주제사 방식으로 "중국특색의 세계사 인식 체계"를 제시하여 중국의 "학술 담론권"을 제고한 것으로 평가받았다(曹小文, 『20世紀以來中國的世界通史編纂研究』, p.93). 주제는 이론과 방법, 경제발전, 정치제도, 민족과 종교, 전쟁과 평화, 국제관계, 사상문화, 중국과 세계 등

8개이다. 각 주제를 독립된 권으로, 각 권은 3~5책으로 편성했다. 於沛(세계역사연구소 소장, 러시아사 전공)는 편집위원회 부주임 겸 "이론과 방법"권 책임자로 참여해, 중국의 "세계사 연구를 중국특색 사회주의 건설사업과 일치하여 발전시키는 것"을 목표로 제시했다. 그는 '20마공판'의 집필과 수정에도 참여했다. 於沛, 『中國世界史研究的產生與發展』 "世界歷史" 제1책(南昌: 江西人民出版社, 2010), 前言.

16 "世界古代史"編寫組, 『世界古代史 上』 馬克斯主義理論研究和建設工程重點教材(北京: 人民出版社/高等教育出版社, 2020), 導論.

17 지역사와 메가지역사의 상호 연관된 스토리로 세계사를 구성하려는 논의는 유용태, 『동아시아사를 보는 눈』; 메리 위스너-행크스, 『케임브리지 세계사 콘사이스: 글로벌시대 새로운 세계사를 위하여』, 류형식 옮김(소와당, 2018); Paul A. Kramer, "Region in Global History", Douglas Northrop ed., *A Companion to World History*, pp.201~211; 羽田正 編, 『地域史と世界史』(東京: ミネルヴァ書房, 2016); Nicholas Doumanis, "Region, Connectivity, and the Making of the Modern World: Some Recent Big-Picture Histories", *The Australian Journal of Politics & History*, 66(1)(2020) 참조.

18 정융녠, 『21세기는 중국의 시대인가: 민족주의, 정체성, 그리고 국제관계』, 승병철 옮김(문화발전소, 2005), 262쪽.

19 "簡明世界史"編寫組, 『簡明世界史』, 편자설명. 이는 1945~1960년 무려 60개국이 식민통치를 벗어나 독립한 것과 짝을 이루어 유럽이 급격히 쇠퇴한 사정을 반영한다.

20 Weiwei Zhang, "The World from China", Douglas Northrop ed., *A Companion to World History*, pp.415~416.

21 「在聯合國大會第六屆特別會議上的發言」(1974.4), 『鄧小平文集』 下, pp.345~351. 중국에서 제3세계란 용어는 마오쩌둥이 1946~1947년 제기한 "중간지대"를 이어받은 것이므로 이를 중시하는 편이 더 적절했을 듯하지만 그러지 않은 것은 뜻밖이다. 중간지대론에 관해서는 이 책 제6장 참조.

22 비자이 프라샤드, 『갈색의 세계사: 새로 쓴 제3세계 인민의 역사』, 박소현 옮김(뿌리와이파리, 2015), 21~83쪽.

23 김태균, 『반둥 이후: 글로벌 사우스의 국제정치사회학』(진인진, 2023), 제5장.

24 高岱 外, 『植民擴張與南北關係』 "世界歷史" 제25책(南昌: 江西人民出版社, 2011), pp.256~264·366~368.

25 비자이 프라샤드, 『갈색의 세계사: 새로 쓴 제3세계 인민의 역사』; 김태균, 『반둥 이후: 글로벌 사우스의 국제정치사회학』은 이런 성찰적 시각을 잘 보여주는 예이다.

26 吳于廑等 編, 『世界史』 現代編 下冊, 451~452·476~477·486~487면; 馮秀文 外, 『發展中國家政治制度』 "世界歷史" 제12책(南昌: 江西人民出版社, 2011), 5장.

27 '사회주의국가'와 '대국'을 분리해 3중의 정체성으로 보는 견해도 있다. 뉴쥔, 『냉전과 신중국 외

교의 형성』, 박대훈 옮김(한국문화사, 2015), 436쪽.

28 이와 관련해 20세기 사회주의국가는 오직 두 모델, 즉 대외적으로 개방적인 사회주의와 (半)폐쇄적인 사회주의 모델 중의 하나라는 예쯔청의 견해가 주목된다. 그에 따르면 소련·동유럽은 진영 안에서만 교역할 뿐 서방 자본주의 세계와 완전히 또는 부분적으로 단절된 채 지냈고, 따라서 20세기 사회주의제도의 실패는 폐쇄적 사회주의의 실패다. 마르크스와 레닌은 낙후한 국가가 사회주의혁명을 진행할 때에는 자본주의국가와의 경제 교류가 필요하고 가능하다고 인정했으나 소련의 국민경제에서 대외 교역이 차지하는 비중은 스탈린 시대 1~3%였고 1970~1980년대에도 9%에 불과했다. 이는 객관적 요인 외에 소련 스스로 문호를 닫은 결과다. 예쯔청, 『중국의 세계전략』, 223~246면.

29 1952~1978년 연평균 8.2%의 농공업생산 증가율을 기록해 "인류 1/4의 기본 생활수요를 만족시킴으로써 하나의 기적으로 세계의 공인을 받았다"고 강조했다.

30 '12강서판'은 제2차 세계대전 이후 사회주의를 옛 사회주의권의 "과학적 사회주의", 서방 선진국의 "민주사회주의와 유로꼬뮤니즘", 제3세계의 "자칭사회주의"로 나누어 다루었다. 孫耀文 外, 『社會主義思潮的興起與發展』 "世界歷史" 제31책(南昌: 江西人民出版社, 2012), 제5~6장.

31 유용태, 「20세기 중국혁명의 이해: 신민주주의론을 재음미하며」, 91~99쪽; 劉輝, 「新中國成立前後經濟學界對新民主主義的理論思考」, ≪中共黨史研究≫ 2013年 第1期; 謝宏, 「我觀"理論斷層": 兼評"社會主義"的再定義」, ≪黨的文獻≫ 2015年 第2期.

32 孫耀文 外, 『社會主義思潮的興起與發展』, pp.226~235.

33 이에 대한 해설에 따르면 사회주의의 기치를 내걸든 아니하든 "양극 분화를 소멸하고 공동부유를 실현하는 데 유리한 조치는 모두 사회주의적 조치"다. 韓運川, 「社會主義再定義」, ≪科學社會主義≫ 2008年 第5期; 于維力, 「關于科學社會主義基本原則的研究述評」, ≪當代世界與社會主義≫ 2021年 第1期.

34 유용태, 「현대중국의 혼합경제 구상과 실천, 1940~1956」, ≪중국근현대사연구≫ 제74집(2017).

35 송병헌, 『왜 다시 사회주의인가: 사회주의의 역사적 전개와 재조명』(당대, 1999), 279~282쪽.

36 張建華 外, 『20世紀的民族與宗教』 "世界歷史" 제18책(南昌: 江西人民出版社, 2012), 2~3장.

37 로버트 보콕, 『그람시 헤게모니의 사회이론』, 이향순 옮김(학문과 사상사, 1991), 제1장; 지오바니 아리기 외, 『체계론으로 보는 세계사』, 최홍주 옮김(모티브북, 2008), 53~60쪽.

38 일본 측의 이의제기에 관해서는 石井明 外 編, 『記錄と考證: 日中國交正常化·日中平和友好條約締結交涉』(東京: 岩波書店, 2003), 163~168면; 최은봉·오승희, 『전후 중일관계 70년』(이화여자대학교출판문화원, 2019), 2009-214 참조.

39 사익현(謝益顯), 『신중국 외교이론과 원칙』, 120~123쪽.

40 吳于廑等 編, 『世界史』 現代編 下冊, pp.512~513.

41 데이비드 샴보, 『중국, 세계로 가다: 불완전한 강대국』, 박영준·홍승현 옮김(아산정책연구원,

2013), 62~84쪽.

42 그는 중국은 장차 부강해져도 "영원히 제3세계에 속한다"면서 "우리 같은 제3세계 발전도상국들은 민족자존심이 없으면 국가가 존립할 수 없다"라고 했다. 鄧小平, 「維護世界平和搞好國內建設」(1984.5); 「結束嚴峻的中美關係要由美國採取主動」(1989.10), 『鄧小平文選』 3, pp.57·332.

43 이는 시진핑 주석이 2016년 철학사회과학공작좌담회에서 "중국특색 철학사회과학 체계의 건립을 더욱 가속화 하라"고 지시한 데 따라 중국사회과학원의 謝伏瞻 원장이 제시한 학술과제다. 謝伏瞻, 「書寫當代中國學術史, 加快構建中國特色哲學社會科學」(당대중국학술사상사총서의 總序, 2019).

44 이와 관련된 국내외 학계의 논의에 대한 검토는 김택현, 「유럽중심주의 비판을 다시 생각함」, ≪서양사론≫ 제114집(2012), pp.325~340; 유용태, 『동아시아사를 보는 눈』, 종장 참조.

45 이를 비판한 예로는 최덕규, 「글로벌 히스토리의 수용과 변용: 중국, 러시아, 한국 사례에 대한 비교연구」, ≪세계역사와 문화연구≫ 제40집(2016); 도미니크 작센마이어, 「세계사의 진화」, 데이비드 크리스천 엮음, 케임브리지 세계사 1 『세계사의 탄생』, 류충기 옮김(소와당, 2021), 130~133쪽 등이 있다.

46 小川에 따르면 얼마 전까지 '일본판 세계사'는 사실상 "내셔널리즘을 고취하는 자국사로 되어버렸다". 그에 앞서 영국과 미국은 세계제국으로서 자국의 논리와 규범 및 지향을 세계사에 투영하는 모범을 보였다. 어느 경우든 단지 과거의 일로 치부할 수는 없을 듯하다. 21세기 '미국판 세계사'의 다수가 여전히 구미중심주의를 유지하는 것을 보라. 小川幸司, 「'私たち'の世界史へ」, 『岩波講座 世界歷史 1: 世界史とは何か』(東京, 岩波書店, 2021), 37~44면; 박혜정, 「유럽중심주의 극복과 전지구적 연계성 사이에서: 미국 대학용 세계사 교과서 7종의 인도양, 산업혁명, 제국주의 내용 분석」, ≪역사교육논집≫ 제68집 제3호(2018).

종장 | 중국 예외주의를 넘어

1 Benjamin Tze Ern Hong, *China's Political Worldview and Chinese Exceptionalism: International Order and Global Leadership* (Amsterdam: Amsterdam University Press, 2021), pp.20~23·207~213.

2 미국·중국의 예외주의에 관한 논저는 모두 자칭의 경우만을 다룬다. 그것은 자국의 도덕적 우월성과 평화주의를 일방적으로 주장하는 신념 체계로서 문명론의 형태를 취하고 있다. 배영수, 「미국예외론의 맹점」, 『미국예외론의 대안을 찾아서』; 박홍서, 「전반서화와 중국모델 사이: '중국 예외주의' 담론의 구조와 배경」, ≪담론201≫ 제20집 제1호, 2017; 張鋒, 「"中國例外論"芻議」, ≪世界經濟與政治≫ 2012年 第3期; Benjamin Tze Ern Hong, *China's Political Worldview and Chinese Exceptionalism: International Order and Global Leadership.*

3 저우언라이는 이를 링컨의 노예 해방에 비유했다. 「在尼泊爾加德滿都答記者」(1960.4.2), 中共

中央文獻硏究室 編,『周恩來問答錄』(北京: 人民出版社, 2016), p.290.

4 필자가 중화민족론에 내면화된 제국성을 지적한 데 대해 왕후이는 그것이 인민주권론과 결합해 탄생했고 약법과 헌법에 국내 각 민족의 평등이 명시되었음을 근거로 이전과 다르다고 한 바 있으나, 그 후 민족구역자치제를 청제국 "종주권의 변형"이라며 "제국적 요소"로 인정했다. 왕후이, 『아시아는 세계다』, 송인재 옮김(글항아리, 2010), 210~219쪽; 汪暉,「革命, 妥協與連續性的創制」(代序), 章永樂,『舊邦新造』(北京: 北京大學出版社, 2016).

5 마오쩌둥의 지시에 따라 국가 프로젝트로 편찬된 譚其驤 주편『중국역사지도』내부발행본의 청대 강역지도에 번속영토론이 재현되었으나 문혁 이후 나온 정식 간행본은 이를 바로잡았다. 譚의 제자로 편찬 작업에 참여한 거젠슝의 이 진술은 수정본에서 삭제되었다. 거지엔슝(葛劍雄),『중국통일 중국분열』, 숙사연구회 옮김(신서원, 1996); 葛劍雄,『統一與分裂: 中國歷史的啓示』增訂版(北京: 中華書局, 2008).

6 Raymond Aron, *The Imperial Republic: The United States and the World 1945~1973*, Cambridge: Winthrop Pub, 1974), 프롤로그와 pp.254~258; James G. Wilson, *The Imperial Republic: A Structual History of American Constitutionalism from the Colonial Era to the Beginning of the Twentieth Century*(Aldershot: Ashgate, 2002), pp.26~48.

7 아롱은 냉전기 미국의 대외정책을 동의·협의에 기초한 "제국적" 외교와 강제에 기초한 "제국주의적" 외교로 구분했다. 전자는 유럽에 대한 것이고 후자는 제3세계에 대한 것이다. 아롱의 구분법과 달리 학계에서는 흔히 국제관계에서 자신의 요구를 동의에 기초해 관철하는 국가를 "헤게모니" 국가로, 강제에 기초해 관철하는 국가를 제국으로 구분한다. 권력행사의 수단이 아니라 범위에 초점을 두어 외교에 한정하면 헤게모니, 내정·외교를 포괄하면 제국으로 구분하기도 한다. 이에 관해서는 배영수,「미국제국론」; 山本宣吉,『'帝國'の國際政治學: 冷戰後の國際システムとアメリカ』(東京: 東信堂, 2006) 참조.

8 Edward G. Andrew, *Imperial Republics: Revolution, War, and Territorial Expansion from the English Civil War to the French Revolution*(Toronto: University of Toronto Press, 2010).

9 홍태영,「프랑스 계몽주의와 혁명 그리고 제국적 공화국」.

10 데이비드 밀러,「공화주의, 민족적 정체성, 그리고 유럽」, 세실 라보르드 외,『공화주의와 정치이론』, 곽준혁 옮김(까치, 2009).

11 제임스 보먼,「비지배와 초국가적 민주주의」, 같은 책.

12 한나 아렌트,『공화국의 위기』, 김동식 옮김(두레, 1979), 43~95쪽.

13 Liu Tiewa, "Chinese Strategic Culture and the Use of Force: Moral and Political Perspectives", *The Journal of Contemporary China*, 23(87)(2014).

14 「在德國科爾伯基金會的演講」(2014.3);「弘揚和平共處五項原則, 建設合作共榮美好世界」(2014.

6), 中共中央黨史和文獻研究院 編, 『習近平關于中國特色大國外交論述』, pp.121·127. 그에 앞서 장제스의 지시에 따라 편찬된 『중국역대전쟁사』(1963)는 "중화민족의 군사사상은 仁愛에서 출발"하기에 "그 나라를 공격해 그 백성을 사랑한다면 그 공격은 허용되며, 전쟁으로 더 큰 전쟁을 막을 수 있다면 전쟁도 가하다. 이는 서방의 병학가가 살육과 정복을 숭상하는 것과 판이하다"라고 했다. 編纂委員會, 『中國歷代戰爭史』 1(臺北: 軍聯合參謀大學, 1963), 서언.

15 백영서, 「중화제국론의 동아시아적 의미: 비판적 중국연구의 모색」; 전인갑, 『현대중국의 제국몽: 중화의 재보편화와 100년의 실험』; 전인갑, 「비대칭적 국제질서: 천하질서, 그 변용과 현대적 재구성(1)」, ≪서강인문논총≫ 제51집(1918); 王柯, 『從天下國家到民族國家: 歷史中國的認知與實踐』(上海: 上海人民出版社, 2020).

16 옌쉐퉁, 『2023년: 세계사 불변의 법칙』, 126~127면.

17 거젠슝, 『불변과 만변: 거젠슝, 중국사를 말하다』, 김영문 옮김(역사산책, 2022), pp.244~249.

18 자오팅양, 『천하, 세계와 미래에 대한 중국의 철학』, 김중섭 옮김(이음, 2022), pp.198~204.

19 費孝通, 「中華民族的多元一體格局」; 徐杰舜, 『從多元到一體: 中華民族論』(桂林: 廣西師範大學出版社, 2008), 제9장.

20 중국은 기원전 1100년부터 1911년까지 3790회의 국내외 전쟁을 겪었다. 연평균 1.26회다. Alstair Iain Johnston, Cultural Realism: Strategic Culture and Grand Stratege in Chinese History, 27~31면.

21 Frank A. Kierman Jr., "Phases and Modes of Combat in Early China", F.A. Kierman Jr. and J.K. Fairbank eds., *Chinese Ways in Warfare*(Cambridge: Harvard University Press, 1974), pp.30~31.

22 이성규, 「중화사상과 민족주의」, ≪철학≫ 제37집(1992), 46-47쪽.

23 이처럼 군사주의가 상업적 팽창 대신 관료주의와 결합했기에 해외로 나가려는 경향은 극도로 적었다. John K. Fairbank, "Intruduction: Varieties of the Chinese Military Experience", F A Kierman Jr. and J.K. Fairbank eds., *Chinese Ways in Warfare*, pp.12~26.

24 마이클 스와인, 애슐리 텔리스, 『중국의 대전략: 과거, 현재, 미래』, 이홍표 옮김(한국해양전략연구소, 2007), 94·139~141면.

25 오웬 라티모어, 『근대중국의 형성사』.

26 전자는 蔡東杰, 『中華帝國: 傳統天下觀與當代世界秩序』(臺北: 曖曖書屋, 2019), p.315, 후자는 中西輝政, 『帝國としての中國』(東京: 東洋經濟新報社, 2004), pp.41~42.

27 전인갑, 『현대중국의 제국몽: 중화의 재보편화와 100년의 실험』, 특히 제 8장과 에필로그.

28 于逢春, 『時空座標, 形成路徑與奠定: 構築中國疆域的文明板塊研究』, pp.373~374.

29 김영민, 『중국정치사상사』, 724~741쪽.

30 자오팅양은 이를 천하사상으로 설명한다. "천하의 정권을 잡는 권리는 세계의 어떤 민족에게도

개방되어 있다"라고. 자오팅양, 『천하체계: 20세기 중국의 세계인식』, 노승현 옮김(길, 2010), p.85.

31 정통론은 居正(도덕적 정당성)과 一統(광대한 강역 확보)의 두 의미를 포함하며 원칙상 시간(전후 왕조 사이의 계승 관계), 공간(강역의 대일통), 종족(화이의 구별)의 세 요소를 아울러야 하는 것으로 되어 있으나 각 왕조는 흔히 자신에게 유리한 요소만을 편의적으로 취했다. 특히 청조는 역대 최고의 대일통 실현이라는 공간 요소를 내세워 이적이라는 종족 요소를 무시하였다. 양녠췬, 『강남은 어디인가: 청나라 황제의 강남 지식인 길들이기』, 제6장.

32 전자는 논어(헌문편), 국어, 춘추좌전 등에서 흔히 보이고 후자는 논어(계씨전), 순자, 춘추공양전에 보인다. 전국시대에 출현한 천하일통론은 후자, 특히 공양전의 논리에 따른 것이다. 호리 도시카즈, 『중국과 고대 동아시아 세계: 중화적 세계와 여러 민족들』, 정병준 외 옮김(동국대학교출판부, 2012), 제2장.

33 예쯔청, 『중국의 세계전략』, 122~129·166~167쪽.

34 러쉬 도시, 『롱게임: 미국을 대체하려는 중국의 대전략』, 박민희·황준범 옮김(생각의힘, 2022), 105쪽.

35 토마스 바필드, 『위태로운 변경: 기원전 221년에서 기원후 1757년까지의 유목제국과 중원』, 94~96쪽.

36 량치차오, 『중국역사연구법』, 221쪽.

37 John K. Fairbank, *China: The People's Middle Kingdom and the U.S.A.* (Cambridge: Harvard University Press, 1966), 44~46면.

38 이정남, 『세력전환시대 중국의 대외정책』(고려대학교출판문화원, 2021), p.74.

39 마이클 필스버리, 『백년의 마라톤』, 한정은 옮김(영림카디널, 2016), 59·305쪽.

40 「和平共處五項原則是一個長期的方針」(1954.12.1), 『毛澤東外交文選』, 177~182쪽; 「在亞非會議政治委員會會議上的發言」(1955.4.23); 「關于訪問亞洲和歐洲十日國的報告」(1957.3.5), 『周恩來外交文選』, pp.131~132·175~180·195.

41 「吸取歷史教訓, 反對大國沙文主義」(1956.9), 『毛澤東文集』 7, pp.124~125.

42 제인 버뱅크·프레데릭 쿠퍼, 『세계제국사』, 630~631면.

43 백영서, 『동아시아 담론의 계보와 미래』(나남출판, 2022), 제7장; 白永瑞, 「'複合國家'論の可能性: 民主主義の危機と向き合う」, ≪思想≫ 2024年 第2月號.

44 Sui Sheng Zhao, "Projection of China's Soft Power in the New Century: Reconstruction of the Traditional Chinese World Order," Kingsley Edney etal. eds., *Soft Power with Chinese Characteristics: China's Campaign for Hearts and Minds* (London: Routledge, 2020), pp. 25~26.

각 장의 출처

서장 현대중국 100년을 보는 눈

○ 새로 쓴 원고.

제1장 현대사의 탄생: 공화와 반제의 새로운 시대

○ 第62회 전국역사학대회(한국역사연구회 주최, 2019.10) 공동주제 "현대사의 탄생"에서 발표한 「'現代史'의 早産과 지체된 성장: 중국사의 '現代'는 언제 왜 탄생하여 오늘에 이르렀나?」를 보완해 ≪동양사학연구≫ 제153집(2020.12)에 게재했고, 이를 다시 보완한 원고.

제2장 제국공화주의: 제국관성과 공화이념의 절충·긴장

○ 새로 쓴 원고.

제3장 대중국론과 중화민족론의 구조: 5족공화의 반제와 제국성

○ 학술대회 "동아시아의 민족문제와 단일민족론"(역사학회 주최, 2008.2)에서 발표한 「근대중국의 민족제국주의와 단일민족론」을 ≪동북아역사논총≫ 제23호(2009.3)의 민족문제 특집에 게재했고, 이를 보완하고 확충한 원고.

제4장 정의전쟁론의 형성과 전개: 항일전쟁에서 항미전쟁까지

○ 「현대중국의 정의전쟁론의 형성과 전개: 항일전쟁에서 항미전쟁까지」, ≪중국근현대사연구≫ 제92집(2021.12)을 약간 조정한 원고.

제5장 삼민주의 인터내셔널: 혁명중국의 자기표상과 질서구상

○ ≪중국근현대사연구≫ 제99집(2023.9)에 게재된 같은 제목의 원고.

제6장 중간지대에서 제3극으로: 한국전쟁 참전후 중국의 자기인식과 대외정책

○ 한국전쟁 정전 70주년에 쓴 시론 「중간지대에서 제3극으로: 한국전쟁 정전후 중국의 자기인식과 대외정책」, ≪동북아역사포커스≫ 제7호(2023 겨울)를 바탕으로 대폭 확장해 새로 쓴 원고.

제7장 제정중국의 대외전쟁을 보는 세 관점: 인민공화국 수립 전후의 통사

○ 국제학술대회 "20세기 한중관계사와 '동아시아연대'"(부산대학교 한국민족문화연구소 주최, 2022.9)에서 발표한 「帝政中國의 대외전쟁을 보는 세 관점: 中外관계사의 基層」을 보완한 원고.

제8장 '부흥중화'와 제국성·공화성: 개혁·개방기 신편 통사

○ 국제학술대회 "현대중국과 동아시아의 신형세: 개혁개방 40년의 역사인식"(서울대역사교육과·중국근현대사학회 공동주최, 2018.8)에서 발표한 「개혁개방시기 중국의 통사·문명사 편찬과 그 인식체계: 사회형태설에서 다민족국가론으로」를 ≪동양사학연구≫ 제147집(2019.6)에 게재했고, 이를 보완한 원고.

제9장 중국특색 세계사 속의 중국과 세계: 시진핑 시기 국가편찬 대학교재

○ 학술대회 "중국의 대학 역사교육과 사관, 그리고 세계사 서술"(동북아역사재단 주최, 2023.11)에서 발표한 「발전도상국, 사회주의대국, 반패권: '마공정' 세계사(2020)의 현대사 인식과 중국형상」, 『중국 시진핑시대 국가편찬 대학교재의 역사교육』(동북아역사재단, 2024)을 보완하여 「"중국특색 세계사"의 현대사 인식과 서사: '마르크스주의공정세계사'(2020)을 중심으로」라는 제목으로 ≪중국근현대사연구≫ 제102집(2024.6)에 게재했고, 이를 보완한 원고.

종장 중국 예외주의를 넘어

○ 새로 쓴 원고.

찾아보기

사항

라

마

바

사

아

차

카

타

파

하

인명

가

지은이

유용태 柳鏞泰

서울대학교 역사교육과 명예교수. 한국중국근현대사학회 회장, 동북아역사재단 자문위원, 일제강제동원피해자지원재단 이사 역임. 주요 저서로 『중국역사연구법』(역주, 2019), 『21세기 동아시아와 역사문제』(공편, 2018), 『동아시아사를 보는 눈』(2017), 『직업대표제, 근대중국의 민주유산』(2011, 중문판 2017), 『동아시아의 농지개혁과 토지혁명』(엮음, 2014), 『한중관계의 역사와 현실: 근대외교, 상호인식』(엮음, 2013) 등이 있으며, 서울대학교학술상(2021)을 수상했다.

한울아카데미 2464

제국공화주의

현대중국의 자기인식과 역사서사

지은이 | 유용태
펴낸이 | 김종수
펴낸곳 | 한울엠플러스(주)
편집 | 이동규

초판 1쇄 인쇄 | 2025년 10월 10일
초판 1쇄 발행 | 2025년 11월 10일

주소 | 10881 경기도 파주시 광인사길 153 한울시소빌딩 3층
전화 | 031-955-0655
팩스 | 031-955-0656
홈페이지 | www.hanulmplus.kr
등록 | 제406-2015-000143호

Printed in Korea.
ISBN 978-89-460-7465-1 93910 (양장)
978-89-460-8265-6 93910 (무선)

* 책값은 겉표지에 표시되어 있습니다.
* 무선 제본 책을 교재로 사용하시려면 본사로 연락해 주시기 바랍니다.